正法眼蔵三百則提唱

安谷白雲

春秋社

まえがき

今般、故白雲室権心量衡老大師の、未完ではありますがご遺稿「真字正法眼蔵三百則」の上梓に、携わることが出来ました事はまことに、法幸の極みであります。

この「三百則」は白雲室老大師の、畢生の大作と申すべきものであり、「高祖大師が非常に看話禅を重視せられた証左である」と、生前常に申して居られました。現在、この「三百則」は、高祖様の『仮字正法眼蔵』の下書きの意味をなしていることは、宗門の定説となっており、法孫と称するからには、その参究はおろそかにすべきではないと考える次第であります。

老大師の「三百則」に対する思い入れは、老大師の修行時代より、当時の宗門の一部において、看話禅を誹謗中傷する流れがあり、又、見性眼なき学僧が文字言句を弄し、正伝の仏法が地を払うに到った事への、切迫した危機感があったと拝察しております。

只、老大師が「三百則」を知ったのは戦前の昭和十五年頃に、金沢文庫の中巻の存在であり、参究の資料も乏しく、指月慧印禅師の『三百則不能語』を底本としたものと思われますが、百則を過ぎる頃から、金沢文庫本に代えた形跡が見られます。又、この参究において、各則の末尾の偈頌は、従容録の宏智禅師の頌古にならい、老大師がご自身で、本則の批評として拈弄なされたと申すべきであると、法孫の安谷淳信老師よりご指摘を受けました。老大師の御詩稿に、類似の頌が相当数見受けられるとの事であります。

貧道の如き修行未熟の雛僧が老大師の提唱に携わることは、銀山鉄壁に素手で挑むが如き、己を弁えぬ罪過弥天の所業であることは重々承知を致してはおりますが、法のためお見逃し頂きますよう幾重にもお願い申し上げます。

更に、老大師の活句をこうして活字にすること自体、鮮血淋漓たる仏法の血滴々を、腐敗した泥水にたたき落とす大罪であります。何卒、参玄の高流におかれましては、自らの力量におかれまして、活句として改めて生命を吹き込まれますよう、伏してお願い申し上げます。尚、本文中、現代では忌避されるべき表現がみられますが、それは、悟了・未悟を示す策励の意味であり、十分に御配慮の上参究されたく、伏してお願い申し上げます。

此処に、江湖の諸龍象にこれらの次第をご報告致し、出版の辞に代えさせて頂くと共に、浅学非才の貧道に、忌憚のない三十棒を賜りますと共に、老大師のご遺徳に免じましてご海容の程、伏してお願い申し上げます。

尚、出版に際しましては、来迎寺東堂・安谷量寿老師の越格なるご高配、本則の中国語校正につきましては、来迎寺御尊董・安谷淳信老師のご教示を賜りました。更に、初中後に渉りまして、全面的なご協力を頂きました春秋社社長神田明氏、取締役佐藤清靖氏のご関係諸氏に、甚深なる謝意を表し、大寂定中の老大師に虔んで献じる次第であります。

令和元年七月

全修寺小住　泉　宏勝　　頓首百拝

はじめに

道元禅師が支那から御帰朝なされて今の宇治の興聖寺に居られ、最初に『普勧坐禅儀』をお書きになり、それから後に『正法眼蔵弁道話』をお書きになるまでの間、約四ヶ年の歳月を費やして、精選集録なされたものが、この『正法眼蔵三百則』であると思われます。

そして漢字漢文を日本読みにする場合に、どう読んだら最も適格に正しい意味を伝えることができるかということを、丹念に検討なされ、同じ言葉でも、場合によって、幾種にも訳読の仕方を替えておられるなど、実に審細に攻究しておられる。

これらのことは、道元禅師がいかに古則公案というものを、重要視しておられたかということを、証明するに十分であると思われる。申すまでもなく、古則公案は仏祖の血滴々を伝えているのであるから、それを重要視なさることは、むしろ当然と言わねばなりますまい。

この『正法眼蔵三百則』をお選びになってから、『弁道話』をはじめ、『正法眼蔵』九十五巻の仮名法語をお書きになられたのであるが、それらの巻々の中に引用なされた公案は、ほとんど全部この三百則から出ている。して見ると、九十五巻の仮名書きの『正法眼蔵』をお書きになるところの台本として、まずこの真字の『正法眼蔵』をお選びになったものと思われる。

ことに本書の巻頭に掲げたとおり、嘉禎乙未一陽佳節に序文をお選びになり、この三百則が釈尊から歴代祖師に嫡々相嗣したところの、正法眼蔵涅槃妙心であることを明らかにし、入宋伝法沙門道元序と御著名をしておられる。

されば、永平の法孫たる者は、仮名法語の『正法眼蔵』九十五巻を参究すると共に、この真字の『正法眼蔵』たる

『三百則』上・中・下の三巻をも、同じく審細に参究しなくてはならない。然るに今日までそれが等閑にされていた感がある。わずかに指月禅師の『拈評三百則不能語』という本が明和四年に出版されているのみで、その外に『正法眼蔵三百則』に関する著書のあることを聞かない。

左様の次第で、この書の参究を発願いたしましたが、もとより修行未熟の私であり、文才もまた甚だ拙劣で、大方諸賢の電覧に供すべきものではなく、同参の道友各位と共に切磋琢磨するところの一助になれば幸甚と存ずるのであります。

公案の題号は原典にはありませんけれども、読者各位の便宜のためを思って、簡単に四字ずつにして、つけておきました。

安谷白雲

付　「正法眼蔵三百則」参究の意義について

一

金沢文庫古書目録に、「正法眼蔵、又云三百則、道元（希元）撰、零本一巻、一冊、一〇、写、存巻中、（首）観音導利興聖護国寺、（尾）弘安十年十一月十八日點了」とあるをみて、金沢文庫に、正法眼蔵の異本あるを知り、金沢遺文に、「正法眼蔵、巻中、粘葉、竪八寸六分、幅二寸五分。正法眼蔵は曹洞宗の高祖道元禅師の文集で、流布本は九十五篇の文をあつめてある。斯本は、弘安十年十一月十八日に加点した奥書があり、弘安頃の写本と思わるる。観音導利興聖護国寺とあるは、道元最初の建立に係わる洛外深草の興聖寺のことである。巻尾に、正法眼蔵中とあれば、もと上中下にわけたものか。正法眼蔵の古鈔として珍しい」とあるを読んで、是非拝読したいと思った。

実際拝読するに及んで、粘葉全部十四葉中現存十四葉（五十六頁）であること、禅師の正法眼蔵の異本・古鈔本でなく、全く別本であることを知った。また弘安の点は朱点、即ち十、二十等の番号及び、—、・等の範囲に限られ、仮名音、返点に無関係であることを知った。なお本書の仮名書と禅師の正法眼蔵との比較対照によって、禅師の自筆本にして、正法眼蔵の第一作、弁道話に先行するものなることを確かめた。ついでに仮名書を中心にして研究を進めて行く中に、本書は書写本なるも、御著述に準ずべきものであり、且、従来の研究を根底より動揺せしめる如き文献であるとの結論に到達した。よって文庫長関靖先生の御許可を得て、全文をここに紹介、各方面よりの研究を期待することとした。

二

本書を拝読する場合、仮名書に注意して欲しい。支那語に対するご造詣の深さ、適切なる訳語を発見するための並々ならぬ御精進を彷彿せしめ得る。支那語は現在なお同文とみられ、外国語としてこれを取扱って居る学者は、現在支那学を専攻する学者に於いてすら寥々たるものである。そしてそれが、いかに吾々の支那理解を粗末にしておることか。しかるに禅師は、七百年の昔に於いて、支那語として研究、単語章句に亘り、正しい支那訳を成就しておられる。つくづく禅師は偉大であられたと思う。今若干の実例を示してみる。

「一（ヒトリ・モハラ）・応諾（イラフ）・還（マタ）・言下（コトバノウチニ・コトバノシタニ）・好語（ヨキコトバ）・却云（サラニオモウ）・箇什麼（ナニヲカ）・何往（イックニカユク）・祇管（ヒトヘニ）・子（ナムチ）・少間（シバラクシテ）・長講（ツネニ講スルヲ）・多少（イクハク）・道飛過去（トヒシコトヲイフニ）・容易（ヤスラカナルコト）・有頌曰（シュヲツクルニイワク）・了也（オハリヌ）」といった調子である。しかも所によって訳語を換えておられる。「什麼の如き、ナニノ・ナニト・イツレノ・イカナル・イカカ・ナニトカ・ナニヲカ・ナニニカ」等と、使い分けておられる。いかに訳語に苦心されたかは、同一の単語に二回・三回・四回と筆を入れて居られることによって明らかである。正法眼蔵の、あのすっきりとした表現の裏に、これだけの語学的御精進を忘れてはならぬ。大言壮語は野狐禅にすぎぬ。この精進、批判の礎石の上に、あの素晴らしい思想の結実があったのである。またここに正法禅と現代のつながりを見るのは、筆者の僻目であろうか。

三

本書の出現は、宗学上いかなる意味をもつか。

まず道元禅師伝の資料としては注目に値する。帰朝以後、弁道話を著されるまでの四年間に於ける学的仕事としては、従来普勧坐禅儀が知られておるに過ぎぬ。しかるに本書によれば、その間正法をいかにこの土に扶植すべきかの準備工作を着々進行せしめて居られたさまを彷彿せしめ得る。

次に、禅師の常に愛読・研究された書入れ本の出現した事は、思想の形成・展開過程を知る上に興味がある。なお読み方、題目、巻数等、従来の正法眼蔵は、全面的に再検討を必要とする。

更に従来禅宗学に支那語は全く閑却されて居るが、本書の出現によって、支那語は禅宗学の研究者にとって不可欠の外国語として選ばれなければならぬことが解る。

以上は思いつきに過ぎぬ。僅々十数葉の本書が、宗学研究上にもつ価値、教訓は無限である。

なお、『中外日報』昭和十五年八月三十一日、九月一日、九月三日の紙上に掲載せる拙稿「金沢文庫本正法眼蔵に就いて」を御併読賜らば幸甚である。

最後に、本書研究・紹介に際して種々御配慮を辱与せる金沢文庫長関靖先生に深甚の謝意を表する。

正法眼蔵三百則提唱　**目次**

正法眼蔵三百則　上　第1～100則

正法眼蔵三百則 中 第101～200則

正法眼蔵三百則　下　第201〜300則

正法眼蔵三百則提唱

・本書は「三百則」本則とその和訳を上下二段に配置し、そのうしろに提唱（頌を含む）を掲載した。但し、二八一則以降については「三百則」本則と頌のみを掲載した。

・本文中、現代では不適切と思われる語句などがみられるが、本書の性格上、あえて執筆時のまま掲載した。

正法眼蔵序

正法眼蔵也。大師釈尊已拈華矣。拈得尽也未。直得。二千一百八十余歳。法子法孫。近流遠派。幾箇万万。前後三三。諸人要明来由麼。昔日霊山。百万衆前。世尊拈華瞬目。迦葉破顔微笑。当時世尊。開演之曰。吾有正法眼蔵涅槃妙心。付嘱摩訶大迦葉。迦葉直下。二十八代。菩提達磨尊者。親到少林。面壁九年。撥草瞻風。得可付髄。震旦之伝。肇干之也。六代曹谿。得青原南岳。師勝資強。嫡嫡相嗣。正法眼蔵。不昧本来。祖祖開明之者。三百箇則。今之有也。代以得人。古之美也。干時嘉禎乙未一陽佳節

住持観音導利興聖宝林寺

入宋伝法沙門　道元　序

正法眼蔵三百則

上

第1〜100則

第一則　青原払子

挙。吉州青原山静居寺弘済禅師。曽問石頭。你従甚処来。頭云。曹谿来。師乃拈払子云。曹谿還有這箇麼。頭云。非但曹谿。西天亦無。師云。子無莫曽到西天否。頭云。若到即有也。師云。未在更道。頭云。和尚也須道取一半。莫全靠希遷。師云。不辞向汝道。恐已後無人承当。

挙す、吉州《きっしゅう》青原山静居《じょうご》寺《じ》弘済《こうさい》禅師、曽て石頭に問う、なんじいずれの処よりか来れる。頭云わく。曹谿《そうけい》より来る。師、すなわち払子を拈じて云く、曹谿にまた這箇ありや。頭云く、ただ曹谿のみにあらず、西天にもまた無し。師云く、なんじ曽て西天に到ることなしや否や。頭云く、もし到らば即ち有らん。師云く、未在さらに道うべし。頭云く、和尚もまた須らく一半《いっぱん》を道取すべし、全く希遷《きせん》に靠《よ》ることなかれ。師云く、汝に向かって道わんことを辞せず、恐らくは已後《いご》、人の承当することを無からん。

吉州の青原山静居寺に住して大法を挙揚しておられた弘済禅師は、六祖大鑑慧能禅師の法を嗣ぎ、諱を行思と云われた人である。この人は南岳懐譲禅師と相い並んで、六祖門下の二大弟子といわれている。その略歴は『伝光録』にも出ている。

ときに希遷という少年があった。幼少のころから普通の子供とはちがって、特に俊発伶俐であった。十四歳のとき、はじめて曹谿山に登って六祖に参じた。得度はしてもらったが、まだ比丘の三百五十戒は受けていなかった。ところが六祖大師が急にご入滅になるというので、大師におたずね申し上げた。「和尚百歳の後（ご遷化の後）、希遷はどなたにお就き申したらよろしゅうございましょうか」と。そのとき六祖が「尋思し去れ」と仰せになった。

まもなく六祖が入滅なされたので、それから一人で静かな処で毎日坐禅をして、まるで死人のようになっていた。特に六祖門下の第一座南岳懐譲和尚が注意を与えてくれた。「お前の師匠の六祖大師がすでにご遷化なされたのに、そんなところで一人で坐っていて何になるか」と。すると「私は六祖大師から尋思し去れとの仰せを蒙っておりますので、この通り坐禅三昧で尋思しております」と申し上げた。すると懐譲和尚が「それはお前の心得ちがいだ。六祖が尋思去れと仰せになったのは、いま青原山において大法を挙揚している行思和尚をお尋ね申して、そのご指導をうけろということだ。お前の因縁は青原山にある。六祖のお言葉は甚だまっすぐだ。お前がそれを曲げて解釈しているのだ」と、教えてくれた。

それからすぐに六祖大師のお墓にお別れのお拝をして青原山に拝到した。すると青原禅師がさっそく試験をなされた。原問うて曰く、「人あり、嶺南に消息ありと道う」。嶺南は六祖大師のご郷里だが、実は六祖大師正伝の仏法をさしている。仏法に何かたよりがあると、誰かがいったなあ！　お前どう思うかとの釣針だ。

すると希遷が答えて「人あり、嶺南に消息ありと道わず」と、みごとに釣針をはずした。仏法に何のたよりがありますかいと、いったような調子だ。そこで再び試験だ。原曰く「若し恁麼ならば、大蔵小蔵、何れより来る」。それなら大乗小乗等の一大蔵経は、どこから出てきたのか。「尽く這裏より去らん」。ここから出てきて、ここへ収まってしまいますわいと。今度も見事に及第した。これで入学試験がすんだ。本則にはこれから次のことが出ている。

さて、青原禅師が払子を拈起したところに、仏法は完全に説きつくされている。それを見てとれば、何も問題はないのだが、石頭希遷もこのときは、まだ眼が十分でなかったから、電光石火の応酬ができなかった。それでやむを得ず、青原禅師が「六祖大師のところに、こんな仏法らしいものが有ったかどうか」と、鎌をかけてみた。すると、「六祖のおてもとにはもちろん、印度のお釈迦さんのところにも、そのような仏法くさいものは、ございませんわい」と、まんざらわるい答ではないけれども、まだまだ不十分なことは言うまでもない。

そこで、さらに青原禅師が油をしぼる。「お前は印度へ行ったことがあるのかい」と、もちろん地理的旅行の話ではない。「ハイ、もしも印度などという仏法くさいところへ参りましたら、そのような仏法くさいものも有るのでございましょう」と、どこまでも一枚悟りをふりまわしている。だから青原禅師がお許しにならない。「まだまだ不十分だ。何とか言いなおして見よ」と仰せになった。

すると、石頭が「あなたも半分言ってごらんなさい。私にばかり全部言えとは、御無理ではありませんか」と。そのとき、青原禅師が「道うてやるのは造作もないが、それが却って邪魔になって、今後お前が本当の悟りに徹底するところの妨げになるぞ」と仰せになった。

さて、曹谿や印度に払子が有るか無いかと言っているが、青原と石頭の間では、その精神はもちろん明らかだ。一体何を払子と言っているのか。なぜ印度にも無いというのか。その払子は誰でも、立つ、生る、泣く、笑うと、毎日使用しているではないか。議論する余地がどこにあるかい。わからなければ、自分の頭でもはりとばしてみよ。痛いか痒いかよくわかるだろう。誰もこの払子をごまかすことはできないよ。

拈来払子問門人　　払子を拈じ来たって、門人に問う。
未到西天万里春　　未だ西天万里の春に到らず。
識得青原言外意　　青原言外の意を識得すれば、
石頭何要弄紅唇　　石頭なんぞ紅唇を弄ることを要せん。

第二則　百丈拠座

洪州黄檗山断際禅師。問百丈。従上宗乗。如何指示於人。百丈拠座。師云。後代児孫。将何伝授。丈云。将謂。你是箇人。便帰方丈。

洪州《こうしゅう》黄檗山断際《だんさい》禅師、百丈に問う、従上の宗乗如何が人に指示せん。百丈拠座《こざ》す。師云く、後代の児孫、何を将ってか伝授せん。丈云く、将におもえり、你はこれ箇の人と。便ち方丈に帰る。

洪州の黄檗山に道場を開いておられた断際禅師は、百丈懐海禅師の嗣子で、諱を希運といわれた。曽て宣宗皇帝が難をさけ、身分をかくして僧になっていたとき、塩官禅師のもとで、黄檗と同参であった。あるとき黄檗が宣宗に一掌を与えたことがあった。宣宗が即位してから、黄檗に粗行の沙門という称号を与えようとしたとき、総理大臣がこれを諌めて、帝の誤解をとき、あらためて断際禅師という称号を賜った。

百丈禅師は支那における禅門の修行道場の規矩をはじめてつくられたお方であり、身を以て範を示された祖師で、「一日作さざれば一日食わず」という、尊い教訓をのこされた人である。そして有名な百丈野狐の公案で、多くの修行者に知られている。この人は馬祖の一喝に逢うて最後の底がぬけて、馬祖の法を嗣いだ。

百丈も黄檗もともに祖師門下の英傑で、師勝資強といわれている。あるとき黄檗が百丈に問うた。もちろんわからなくて問うたのではない。師資たがいに火花をちらす底の法戦である。

「従上の宗乗如何が人に指示せん」。従上とは従来とか上来とかいう意味で、従上の二字で、従上の諸聖ということだ。先仏曩祖のことだ。宗乗は宗旨と同じで、真実の仏法ということだ。従上の諸聖が宗乗をどうお示しになりますかとは、あなたは仏法をどうお示しになりますかということだ。そこで百丈が拠座して、活きた仏法をお示しなされた。

黄檗にはもちろんその端的が掌中の珠を見るが如く明白であったろうけれども、今日のわれわれにはこれが参究課題だ。だが、拠座の講釈をおぼえるのは参究ではない。百丈を拠座から引きおろして、百丈に一掌を与えるほどの力量を養うのが参究だ。もちろん暴力ではないよ。一指をもふれずに、それができなくてはだめだ。手品じゃないよ。第一に拠座の端的が見えなくてはだめだ。

さらに黄檗が問うた。「後代の児孫、何を将ってか伝授せん」。後代の児孫とは誰のことか。もちろんわれわれ自身のことと思わなくてはならないが、黄檗禅師は暗に自分のことを言っておられるのではあるまいか。しかも、わからなくて聞くような馬鹿ではない。法子法孫に何を伝授するのであるか。永平は空手還郷、一毫無仏法と仰せになっている。果して伝授すべき法が有るかどうか。もし有ったら頭上に頭を安じたバケモノになる。もし無いというなら、頭を切って活をもとめるが如しだ。さあ、どうなんだい。

丈云く「将におもえり、你はこれ箇の人と」と、仰せになってサッサと方丈へお帰りなされた。箇の人とはどんな人か。眼横鼻直という人かなあ！　それならわれわれと少しもかわらないはずだ。だが、眼横鼻直なることを認得して、三世諸仏にも慢ぜられない人でなくてはだめだ。世界中の哲学者や科学者に慢ぜられるようではだめだ。いわんや思想家と称する妄想学者の妄説に弄翻されるようなざまではなおだめだ。

単なる眼横鼻直は動物だ。それに理屈をつけるのが凡夫という幽霊だ。そんなものはどれも箇の人ではない。一箇の人ではない。一人前ではない。百丈禅師は黄檗の一人前ぶりを見て、安心して方丈へお帰りになったらしい。

百丈山中猛虎児　　百丈山中の猛虎児。

磨牙隠爪潜窺師　　牙を磨き爪を隠してひそかに師をうかがう。
雄翁拠座帰方丈　　雄翁拠座、帰方丈。
嘯月風生独往時　　月に嘯けば風生ず、独往の時。

第三則　南泉牯牛

趙州真際大師。問南泉。知有底人。向什麼処去。南泉云く。向山前檀越家。作一頭水牯牛去。師云。謝師指示処。泉云。昨夜三更月到窓。

趙州真際大師、南泉に問う、有ることを知る底の人、いずれの処に向かってか去る。南泉云く、山前の檀越《だんのつ》の家に向かって、一頭の水牯《すいこ》牛《ぎゅう》と作って去る。師云く、師の指示する処を謝す。泉云く、昨夜三更、月、窓に到る。

趙州の観音院に住して法幢を建てておられた真際大師は、南泉の法嗣で、諱を従念といわれた人である。十八歳で見性し、南泉の許にあって修行すること三十余年で大悟徹底した。それから南泉遷化の後、六十歳のとき更に再行脚に出て、天下の名師宗匠、ならびにかくれている道人を歴訪して、悟後の修行を百錬千鍛なされた。かくして自分の境界をねると共に、指導力を養うこと二十年。八十歳になってはじめて道場を開いて、本格的に人の指導をなされた。そして百二十歳で遷化なされたという、めずらしいお方である。

あるとき南泉和尚に問うて曰く「有ることを知る底の人、いずれの処に向かってか去る」。有ることを知る底の人とは、箇の事有ることを知る底の人だ。この一大事因縁あることを知る底の人だ。露骨にいうと、大悟徹底した人だ。それならなぜそう言わないのか。口がけがれるからよ。

「いずれの処に向かってか去る」とは、言葉の表面では、死んだらどうなるかと、問うているようだが、死んだ先のことだけではない。大悟徹底した人の生活ぶりは、どんなものかと、もちろん趙州、分らなくて問うているのではない。こう問いかけたら南泉和尚なんとお答えになるか、お手なみ拝見といったようなおもむきである。

するとと南泉が「山前の檀越の家に向かって、一頭の水牯牛と作って去る」。檀越の家とは檀家のことだ。水牯牛とは牝の水牛だ。おれが死ぬと、門前の家の水牛に生れるよ。大悟徹底した人が水牛に生れるとは変だ？　何が変か。貴様の頭が変だぞ。大悟徹底すると、特別なものになるのだと思うと、ちがうぞ。悟り了れば未悟に同じというじゃないか。本当に元のもくあみになったのが大悟徹底というものだ。何か変わったものになったら、それはバケモノだ。悟っても飯三杯、悟らなくても飯三杯とは、こういうことだ。だが、それだから悟る必要がないというのは大まちがいだよ。悟ってはじめて飯三杯が納得できるのだ。

「師云く、師の指示する処を謝す」。趙州はさすがに南泉の弟子だ。ご明答ありがとうと、お拝をした。すると南泉が「昨夜三更、月、窓に到る」と仰せになった。実に美しい表現だ。大悟徹底した人の生活ぶりかなあ！　支那は文学の国といわれるだけあって、同じことを言うにも、言い方が実に巧妙で、余韻がつきない。それに講釈をつけると、折角の妙味を滅茶滅茶にしてしまうからやめておく。ただ三更という言葉だけ、ちょっと説明する。

支那では昔から夜の時間を五つに分けて、宵の口を初更といい、夜のあけ方を五更といっている。それで三更といえば夜中のことにきまっている。私が小僧の頃にはまだ叢林でこの言葉を使って、夜の時間を報じていた。毎朝、暁鼓といって、夜のあけ方に太鼓を打つが、窓のそばで自分の手の平のすじが見えはじめる頃をみはからって、五更の五点をかける。点というのは、おのおのの更を五つに分けて、一点から五点までにする。そして五更の五点を知らせるには、太鼓を五つ打っては、鐘を五つ打つ。それを三返くりかえして、それで五更の終りということを報告する。それから、引きつづいて暁鐘というものを打った。今ではそれを時計の時間になおしてやることになった。

昨夜三更月到窓　　昨夜三更、月、窓に到る。
牯牛求水吼長江　　牯牛、水を求めて、長江に吼ゆ。

王師趙老何言句
眼上眉毛只一枝

王師趙老、何の言句ぞ。
眼上の眉毛、ただ一枝。

第四則　馬祖這箇

洪州西山亮座主。因参馬祖。馬祖問。講什麼経。師云。心経。祖云。将什麼講。師曰。将心講。祖云。心如工伎児。意似和伎者。六識為伴侶。争解講得経。師云。心既講不得。莫是虚空講得麼。祖云。却是虚空講得。師払袖而去。祖召云。座主。師回首。祖云。従生至死只是這箇。師因而有省。遂隠西山更無消息。

洪州西山の亮座主、因みに馬祖に参ず。馬祖問う、なんの経をか講ずる。師云く、心経。祖云く、なにをもってか講ずる。師云く、心を将って講ず。祖云く、心は工伎児《こうぎじ》の如く、意は和伎者《わぎしゃ》に似る、六識は伴侶たり、なんぞ経を講得することを解せん。師云く、心すでに講不得ならば、是れ虚空、講得することなしや。祖云く、却って是れ虚空、講得す。師、払袖《ほっしゅう》して去る。祖召して云く、座主。師、回首す。祖云く、生より死に至るまで、ただこれ這箇。師、因って省あり、遂に西山に隠れて、更に消息なし。

　洪州西山の亮座主といわれた人は、のちに馬祖の法を嗣いだが、はじめ親しく馬祖に参じたとき、馬祖道一禅師が問うて曰く、「お前さんは何の経を講じて居られるか」と。「ハイ、『心経』を講じております」。「そうか、『心経』を講釈するのになにをもって講釈するか」。口で講釈するほど馬鹿ではなかった。けれども、「心をもって講釈します」と答えたところは、まことに正直ではあるが、講釈坊さんの範囲を出ない。これは座主とよばれる学僧であるから、やむを得ない。そこで馬祖がそろそろ油をしぼる。

　まず心意識がなんであるかということを反省させる。相手が学僧だから、それで『楞厳経』を引かれたものであろう。心は工伎児云々の語は『楞厳経』にあるそうだ。私は教相のことをよく知らないが、心意識という言葉を『唯識論』にあてたら、心を第八識、意を第七識、識を前六識にあててよいと思う。これらの精神作用を分析して、譬喩的に示されたのが『楞厳経』のご文であると思う。

人生を一場の劇にたとえてみると、心は演劇の主役であり、意はその脇役、すなわち相棒であり、眼耳鼻舌身意の六識は囃方、すなわち奏楽団、合唱団といったようなものだ。それでお前さんの『心経』の講釈は、あたかも芝居のようなもので、まねごとにすぎない。本物ではない、活きた『心経』ではないと、いわんばかりのご注意だ。

ところが亮座主はなかなか承服しない。心でお経を講ずることが出来なくて、なんでお経を講ずることができますかえ。あんたのような無茶をおっしゃるなら、虚空が『心経』を講釈するとでも言うのですかと。

馬祖がすぐにその言葉をつかまえて、そうなんだよ。虚空が本当の『心経』を講ずるよ。真空こそ立派に『心経』を講じ得るのだ。頭の中が白紙になって、はじめて本当の『心経』を講ずることができるのだと、いわんばかりに、自覚を促しているが、座主はまだ気がつかない。

虚空が『心経』を講ずるなどと、そんな馬鹿げたことがありますかえと、言わんばかりに、座主が袖を払って出て行った。そのとき馬祖が「亮座主！」とお呼びになった。座主が思わず首をめぐらした。馬祖が間に髪をいれず、「生より死に至るまで、ただこれ這箇」と仰せになった。這箇とはコレとか、ソレとかいうことだ。

「年がら年中やっているソレだ！」と、活きた『心経』を突きつけられて、初めて気がついた。省ありとか、大悟すとか、旨を領ずとか、契悟すとか、時に応じていろいろな言い方をするが、要するに悟ったということだ。

悟ってはじめて馬祖の法を嗣いだ。それから西山に隠れて没蹤跡、断消息の人になったという。

馬祖空身解講経　　馬祖空身、講経を解す。
西山払袖樹林青　　西山払袖、樹林青し。

回頭換面何心行
這箇声高夢忽醒

回頭換面、何の心行ぞ。
這箇、声高うして、夢忽ち醒む。

第五則　馬祖江水

襄州龐蘊居士。初問石頭。不与万法為侶者。是什麼人。頭以手掩居士口。士於此豁然有省。又問馬祖。祖云。待你一口吸尽西江水来。即向你道。士。言下領悟。

襄州《じょうしゅう》の龐蘊《ほううん》居士、初め石頭に問う、万法と侶《とも》たらざる者は是れなんぴとぞ。頭、手を以て居士の口を掩う。士ここにおいて豁然として省あり。又、馬祖に問う。祖云く、你が一口に西江の水を吸尽し来らんを待って、即ち你に向って道うべし。士、言下に領悟す。

襄州の龐蘊居士は法を馬祖に嗣いだ。初め石頭希遷禅師に参じて問うて曰く、万法と侶たらざるものは是れなんぴとぞと、もちろん分からなくて問うたのではない。自己の見解を呈して、禅師の批判を仰ぐのだ。こういう問い方を呈解問という。だから問の中に答を道い得ている。それで問所の道得ともいう。

凡夫には必ず伴侶がある。どんな哲学者でも神学者でも、凡夫であるかぎり、みなお伴がある。自分の外に万法が見えるものだから、いつも万法をお伴に連れて歩いている。それはまだ優等生だが、劣等生になると、いつも万法のお伴ばかりして歩いている。環境の奴隷となって生活する。

達道の人は自己の外に環境はない、環境はすべて自己の影法師だということを心得ているから、お伴がない。それだから独立独歩の生活が出来る。乾坤ただ一人という生活が出来る。どこに万法などがあるかい。それを天上天下、唯我独尊というのだ。独坐大雄峯だ。だれもみなそうだが、それを知らないのが凡夫だ。

「是れなんぴとぞ」とは何のことか。そんな人がどこかに居るかと問うたようだが、そうではない。私が独立独歩の人になりましたが、それでよろしうございますかとの底意だ。すると石頭が、いそいで居士の口を掩うた。おっとまて！　つまらんことを言うな！　口がけがれるぞ！　と、言ったような工合だ。それはなぜか。

自己のみで環境はない（正中来）とか、環境のみで自己はない（偏中至）とか言っているのは、まだまだ不徹底だ。そのような中途に腰かけていてはだめだ。なんの文句もつける余地のない処（兼中到）まで行けということだ。

「士ここにおいて豁然として省あり」と、本当に底がぬけた。えらいものだ。だがここまでくるのに、どれほど血みどろの修行をつづけたか、それはここには書いていないけれども、一朝一夕で行けるものではない。支那における居士仲間では、龐居士が第一人者であったろう。

それからさらに馬祖の処へ行って、再吟味をしてもらい、再確認をしてもらった。馬祖云く、「お前さんが一口に揚子江の水を呑みつくして来たら、お前さんに道うてあげよう」と。居士は言下にその旨を領悟した。揚子江の水とは天地万物（万法）のことだ。すべての環境のことだ。達人は元来呑みつくしているという事実を心得ている。凡夫はアップアップ、水（環境）におぼれた夢をみて苦しんでいる。可哀想なものだ。一口に西江の水を吸尽すれば、洛陽の牡丹、新たに蕊を吐くわい。

一口西江水浅深　　一口西江、水浅深。
龐公馬祖好知音　　龐公馬祖、好知音。
頭師掩却唯驚夢　　頭師掩却、ただ夢を驚かす。
省悟初看万古心　　省悟はじめて看る、万古心。

第六則　瑯琊本然

滁州瑯琊広照大師。因僧問。清浄本然。云何忽生山河大地。師云。清浄本然。云何忽生山河大地。

滁州《じょしゅう》瑯琊《ろうや》の広照《こうしょう》大師、因みに僧問う。清浄本然、云何《うんが》忽生《こつしょう》山河《せんが》大《だい》地《ち》。師云く、清浄本然云何忽生山河大地。

滁州瑯琊山の広照大師は汾陽善昭の法嗣で、諱は慧覚だ。ここに出てきた僧は講師子璿だということだ。いかにも仏教学者らしい問いぶりだ。「清浄本然、云何忽生山河大地」とは『首楞厳経』にある次の文句の精神を問うたのだ。「世間一切の根、塵、陰、界等、みな如来蔵にして清浄本然ならば、いかんぞ忽ち山河大地もろもろの有為の相を生じ、次第に遷流し終りて、また始めんや云々」（原漢文）。富楼那尊者が仏に問い奉った。清浄本然の如来蔵なる仏性が、どうして六根、六塵、五陰、十八界、山河大地等、もろもろの有為転変の相を生じて、三界六道に輪廻するのですか、と、教相学者らしい質問だ。

師云く、清浄本然、云何忽生山河大地！　答の言句は問と同じだが、ひびきが全くちがうところを見てとらねばだめだ。僧は山河大地、三界六道をいやなもの、けがれたものと見ているが、覚和尚は、それがそっくり清浄本然それ自体じゃないかと突きつけている。

こういう示し方を賊馬にのって賊を逐うというのだ。講釈はこれですんだが、講釈ではだめだ。「云何」の二字が参究ものだ。僧は単に疑問詞として用いているが、覚和尚はそうでない。どう用いたのか。説明や講釈ではいかん。

云何の二字を完全な日本語に翻訳して、しかも気合のこもった活句として呈せよというのが室内のしらべだ。要は人が聞いて、思わずウナルような名言句が飛び出さなくてはだめだ。

浄本然人問本然　　浄本然人、本然に問う。
瑯琊白玉答全円　　瑯琊白玉、答、全くまどかなり。
山河大地凡消殞　　山河大地、すべて消殞す。
洞済汾陽一味禅　　洞済汾陽、一味の禅。

第七則　仰山不無

京兆米胡和尚。令僧問仰山。今時人。還仮悟否。山云。悟即不無。争奈落第二頭何。僧回挙似師。師深宜之。

京兆《けいちょう》の米胡《べいこ》和尚、僧をして仰山に問わしむ。今時の人、また悟を仮るや否やと。山云く、悟は即ち無きにあらず、第二頭に落つるをいかがせん。僧回って師に挙似す。師、深く之を宜す。

京兆の米胡和尚は潙山の法嗣だから、仰山と兄弟だ。そこで互いに百錬千鍛だ。米胡が僧をつかわして、仰山に問わしめた。あなたはというかわりに、今時の人といったのだ。あなたは一体、悟りというものを必要とするか、不必要とするかと問わせたのだ。必要と言っても当たらん、不必要と言っても当たらん。相当に難問題だ。それは簡単明瞭に答えるのがむずかしいというのだ。

仰山云く、悟は即ち無きにあらず、悟らなくては無論だめだよ。だがなあ！　悟ったというのは、まだ二等品だよ。悟ったら、更に悟りのお掃除をすっかりしてしまわなくては、一等品にはなれないよと言うた。もちろん一等品でしまいではない。特等品もあれば、超特等も、超々特等もあることは言うまでもないが、それは省略だ。

僧がかえって行って、米胡に報告した。すると米胡が、仰山さすがにたしかなものだと、深く之を宜《うべの》うた。

悟りの小言は悟ってから言うものだよ。悟らないうちから、悟りの小言を聞かせると、お小僧さんたちが、それをモッケの幸と、悟るための努力も苦心も、一切すてて、只管打坐と称して、暁天の坐禅も、初夜の坐禅も、居眠りを上手にする修行だと心得、胸中未穏在のままで、未穏在とも気がつかずに、威儀即仏法のニセ綿密を身につけて、それで一人前の坊さんになりすましてしまう。蒼天。蒼天。

仮悟時人有也無　悟を仮る時人、有りやまた無しや。
米胡令問課追租　米胡、問わしめて、追租を課す。
仰山確答天辺月　仰山確答、天辺の月。
税吏雲来似水徂　税吏、雲のごとく来るも、水のわくに似たり。

第八則　南岳磨塼

洪州江西馬祖大寂禅師。参侍南岳。密受心印。蓋抜同参。住伝法院。常日坐禅。南岳知是法器。往師所問云。大徳。坐禅図箇什麼。師云。図作仏。南岳乃取一塼。於師庵前石上磨。師問。師作什麼。南岳云。磨作鏡。師云。磨塼豈得成鏡耶。南岳云。坐禅豈得作仏耶。師云。如何即是。南岳云。如人駕車。車若不行。打車即是。打牛即是。師無対。南岳又示云。汝為学坐禅。為学坐仏。若学坐禅。禅非坐臥。若学坐仏。仏非定相。於無住法不応取捨。汝若坐仏。即是殺仏。若執坐相。非達其理。師聞示誨。如飲醍醐。

洪州江西の馬祖大寂禅師は、南岳に参侍し、心印を密受す、蓋し同参を抜く。伝法院に住し、常日坐禅す。南岳、是れ法器なりと知りて、師の所往いて問うて曰く、大徳、坐禅して箇のなにをか図る。師云く、作仏を図る。南岳乃ち一塼《せん》を取って、師の庵前の石上に於いて磨す。師問う、師なにをか作す。南岳云く、磨して鏡と作す。師云く、磨《ま》塼《せん》あに鏡と成すことを得んや。南岳云く、坐禅あに作仏を得んや、師云く、如何んが即ち是ならん。南岳云く、人の車に駕するが如き、車もし行かずば、車を打つが即ち是なりや、牛を打つのが即ち是なりや。師、無対。南岳又示して云く、汝坐禅を学ばんとするか、坐仏を学ばんとするか。もし坐禅を学ばば、禅は坐臥に非ず、もし坐仏を学ばば仏は定相《じょうそう》に非ず。無住の法に於いて、取捨すべからず。汝もし坐仏せば、即ち是れ殺仏なり。もし坐相を執せば、其の理に達するに非ず。師、示誨《じかい》を聞いて、醍醐を飲むが如し。

洪州江西の馬祖大寂禅師は、南岳懐譲禅師の法を嗣いだお方で、諱を道一といわれた人である。南岳禅師に師事して大法をあきらめ、親しく仏心印の伝授を受けた。蓋し同参の人たちの中で抜群であった。

はじめ伝法院に住して、毎日坐禅ばかりしていた。南岳がこれは立派な法器となる人物だと見込んで、わざわざ伝法院へ往って、問うて曰く。大徳と呼びかけているところをみると、まだ師弟の縁を結ばなかったときと思われる。あなたは坐禅して、なにをなさるのですか。道一答えて曰く、仏になるためです。

それから南岳が瓦を一枚持ってきて、道一の坐禅している庵室の前の石の上にあてて、ゴシゴシとこすっていた。すると道一が問うた。あなたは瓦をみがいて、どうなさるのですか。ウム、瓦をみがいて鏡にするのだよ。瓦をみがいたとて、鏡になりますかい。それなら、凡夫が坐禅したとて、なんで仏になりますかい。この一語は実に容易ならんところの大問題である。

鏡は昔は金属で円く作ってあった。だからたとえさびたり、曇ったりしていても、磨けば立派な鏡になる。瓦は磨いても鏡にはならない。凡夫は坐禅しても仏にはなれない。山の芋はいかに努力しても鰻にはなれない。鰻の子なら、どんなに小さくても、成長して、大きな鰻になれる。もし、人、一念心を起こして、我はこれ凡夫なりと思わば、すなわちこれ三宝を謗するなりと、いうではないか。

坐禅することは、もちろん大切だが、凡夫が坐禅して、これから改めて仏になると思うのがまちがいだ。元来ほとけであったのだと、自覚することが特に大切だ。衆生本来仏だということを説明して教えれば、わかることはわかるけれども、それは知識という付焼刃になるだけであって、自己を仏なりと、自覚したことにはならない。この大切な自覚をうながすのが、南岳磨塼の活手段である。

師云く、いかにせば即ち是ならん、それならどうしたら宜しうございますかと、改めておたずねした。そこで南岳がかさねてご指導だ。牛に車を引かせていくときに、車が進まなかったら、車を打ったらよいか、牛を打ったらよいかと。もちろん牛を打つべきことは言うまでもないが、問題はそんな簡単なものではないとかんがえたのであろう。

師、無対とある。

道元禅師は『正法眼蔵坐禅箴』の御提唱の中で、「世間には打車の法なし。凡夫に打車の法はなくとも、仏道に打車の法あることを知りぬ。参学の眼目なり」と、高く拈弄しておられる。

車を身にたとえ、牛を心にたとえたのではあるまいか。喋りすぎると却って害になるから、やめておく。南岳又示して云くだ。汝は坐禅を学ばんとするのか、それとも、坐仏を学ばんとするのか。禅を学ぶのか、仏を学ぶのかとの拶著だ。もし坐禅を学せば、禅は坐臥に非ずか。坐るばかりが禅ではない。もし坐仏を学せば、仏は定相に非ずか。仏さまには一定のすがたはない。禅も仏も、共に無住の法だ。紋切型はない。活きて動いている。取捨する余地がどこにあるかい。

汝もし坐仏せば、即ち是れ殺仏なりだ。この一句にもまた甚深微妙の法門がふくまれている。もし、いたずらに死坐していると、折角の活き仏を殺してしまうぞともひびく。折角坐禅するなら、仏を殺してしまえともひびく。仏に逢うては仏を殺し、祖に逢うては祖を殺すと、無門は言うている。坐仏がそのまま殺仏じゃないか。仏くさいにおいもしない本当の仏が坐禅じゃないかともひびく。

だがこれらは、坐禅という表面の姿だけにとらわれていて、つかまるものではない。そんなことでは、このような甚深微妙の事理に通達することはできないぞと、お示しなされた。これらの示誨を聞いて、あたかも醍醐を飲むが如しであったという。

坐仏何如殺仏機　　坐仏は何ぞ殺仏の機にしかん。
打車不似磨塼稀　　打車は磨塼の稀なるに似ず。
南岳馬祖遊天外　　南岳、馬祖、天外に遊ぶ。
夜半相携踏月帰　　夜半、相携えて、月を踏んで帰る。

第九則　黄檗朗声

黄檗和尚。初黄檗捨衆。入大安精舎。混迹労侶。掃洒殿堂。時裴休相国。入寺焼香。主事祇接。因観壁画乃問。是何図像。主事対云。高僧真儀。公云。真儀可観。高僧何在。僧皆無対。相国云。此間有禅人否。僧云。近有一僧。投寺執役。頗似禅者。公云。可請来詢問得否。於是遽尋運師。相国公覩之欣然云。休適有一問。諸徳吝辞。今請上人。代酬一転語。師云。請相国垂問。公即挙前問。師朗声云。相国。公応諾。師云。在什麼処。公云。当下有省。如獲髻珠。云。吾師真善知識也。再請開堂。

黄檗和尚、初め黄檗より捨衆して、大安精舎に入り、迹を労侶《ろうりょ》に混じて、殿堂を掃洒す。時に裴休《はいきゅう》相国《しょうごく》、寺に入て焼香す。主事祇接《しせつ》す。因みに壁画を観て乃ち問う、是れ何の図像ぞ。主事対えて云く、高僧の真儀たり。公云く、真儀観つべし、高僧いずくにか在る。僧みな無対。相国云く、此間《しかん》、禅人《ぜんにん》有りや否や。僧云く、近ごろ一僧あり、寺に投じて執役《しゅうえき》す、頗る禅者に似たり。公云く、請じ来りて詢問《じゅんもん》し得可しや否や。ここに於てにわかに運師《うんし》を尋ぬ。相国公之を覩て、欣然《きんぜん》として云く、休、さきに一問あり、諸徳、辞を吝《おし》む、今、請うすらくは上人、代って一転語を酬いよ。師云く、請うすらくは相国垂問せんことを。公即ち前問を挙す。師、朗声《ろうしょう》に云く、相国。公、応諾す。師云く、いずれの処にか在る。公、当下に省あり、髻珠《けいじゅ》を獲るが如し。云く、吾師は真の善知識なり。再び請じて開堂せしむ。

　黄檗和尚は、はじめ大衆をすてて黄檗山から大安精舎に入り、迹をくらまして労務者の仲間になり、殿堂を掃いたり、ふいたりしていた。ときに首相の裴休《はいきゅう》がその寺に来て、焼香礼拝したので、その寺の主事が丁重に応接した。

裴休がしげしげと壁画を観ていたが、やがて質問した。これはどういう図像でありますかと。主事が対えて、これはある高僧の肖像画でありますと言うたら、相公が、肖像画であることはわかりますが、高僧は一体どこに居られますかと、好箇の一問を発した。このとき主事をはじめ、一山の僧がみな対えることが出来なかった。

高僧とは誰のことを言うたのか。まさか肖像画本人のことではあるまい。もちろんこれにひびかせてはいるが。宇宙一品の高僧か、本来の面目という高僧ではあるまいか。これがまず参究ものだ。

裴相国云く、このお寺に禅僧が居りますか否か。僧云く、近ごろ一人の坊さんがこの寺に来て、労働作業をしておりますが、頗る禅僧らしいところがありますと答えた。公云く、そのお方に来て頂いて、今の問題をおたずねすることができましょうか、いかがですか。

そこでにわかに希運和尚を尋ね出した。裴相国が運和尚におあいになると、欣んで申しました。私は裴休でありますが、たまたま一問があって、たずねましたが、このお寺の諸大徳は誰も答えてくれませんので、今あなたにお願い申します、どうぞ皆さんに代って、一転語を頂きたい。ここに一転語とあるが、一転語とは、人をして転迷開悟せしむるところの、力ある一語ということだ。

師云く、どうぞ質問して下さい。公が前と同じように質問した。すると黄檗が大きな声で、相国とよんだ。公がハイと答えた、とたんに、どこに居りますかと、本来の自己を突き付けられて、言下に気がついた。それはあたかも、自分の元通りの中にあった珠を、自分で見つけ出したようなものであった。そして云く、吾が師となって下さったあなたこそ、真の善知識であると言って、開堂説法をお願いした。

檗老忘機朗朗声　　檗老、機を忘ず、朗々たる声。
裴休応諾玉鏘鳴　　裴休、応諾す、玉、鏘《そう》として、鳴る。
等閑築著高僧鼻　　なおざりに築著す、高僧の鼻。

省発何堪片月明

省発、何ぞ片月の明らかなるに堪えん。

第一〇則　青原恁麼

青原和尚。因僧問。如何是祖師西来意。師云。又恁麼去也。僧又問。近日有何言句。師乞師一両則。師云。近前来。僧近前。師云。分明記取。

青原和尚、因みに僧問う、如何ならんか是れ祖師西来意。師云く、又恁麼にし去れり。僧又問う、近日いかなる言句かある。師に一両則を乞う。師云く、近前来。僧近前す。師云く、分明に記取せよ。

青原のことは第一則に出ていた。青原和尚に僧が問うた。如何ならんか是れ祖師西来意と。祖師とはここでは達磨大師のことだ。西来とは西から来るということで、達磨大師が西天の印度から、東土の支那へお出でになったことだ。言い換えると、達磨大師正伝の大精神をおたずねしたのだ。

この問に対して、趙州は庭前の柏樹子と答えたことが、『正法眼蔵柏樹子』の巻に出ている。いま青原行思禅師は、又恁麼にし去れりとお示しになった。去るは助詞と見ておく。恁麼が大切だ。恁麼とはかくのごとしということだ。このとおりということだ。このとおりなら、丸出しじゃないか。なにをさがしているのか。

だが丸出しだという理窟のわかったのはニセものだよ。丸出しの西来意を、体当たりで、活きたままつかまえなくてはだめだ。つかまえたことを見性というのだ。

僧又問う。近ごろ何か有り難いお言葉がありましたら、一両則お示し下さいませと。師云く、近前来。この来の字も軽く見ておく。近うよれということだ。僧が近前した。すると青原禅師云く、分明に記取せよ。はっきりおぼえておけ！　それにはまず、はっきり受け取らねばだめだ。はっきりつかまえなくてはだめだ。捕まえたら逃がすなよということだ。何を？　近前来をだ！　この近前来も活きている。講釈をつけると、忽ち死んでしまうぞ。あぶないぞ！

後退近前矣若宗　　後退近前、いかなる宗ぞ。
分明記取日相逢　　分明に記取せよ、日に相い逢うことを。
青原直指西来意　　青原直指す、西来意。
恁麼只聞夜半鐘　　恁麼ただ聞く、夜半鐘。

第二則　趙州是非

挙。趙州和尚示衆云。纔有是非紛然失心。還有答話分也無。有僧。出摑侍者一下云。何不祇対和尚。師便帰方丈。後侍者請益。適来僧。是会不会。師云。坐底見立底。立底見坐底。

挙す、趙州和尚、衆に示して云く、纔《わずか》に是非あれば、紛然《ふんねん》として心を失す、還って答話の分ありや、いなや。僧あり、出でて侍者をうつこと一下して云く、何ぞ和尚に祇対せざる。師便ち方丈に帰る。のちに侍者、請益適来《しんえきせきらい》の僧、是れ会なりや、不会なりや。師云く、坐底は立底を見、立底は坐底を見る。

趙州和尚のことは第三則に出ていた。あるとき衆に示して云く、わずかに是非あれば、紛然として心を失すと。これは三祖大師の『信心銘』からとってきた。是非の二字で一切の対立を代表したものと見ればよい。是非でも、善悪でも、迷悟でも、自他でも、娑婆浄土でも、わずかに頭に描いたらそれからそれと、いろいろ理窟が出て来て、無茶苦茶になってしまうぞということだ。

還って答話の分ありやいなや、問題を提起して、参究をうながすのだ。何か一寸でも頭に描いたら、無茶苦茶になるとしたら、還って問話の分ありや、また答話の分ありやだ。問答商量が出来るとしたものか、できないとしたものかと、好箇の参究課題だ。

時に僧あり、侍者の背中をうって、なぜ趙州和尚に何とか、お答えを申し上げないのかと云った。すると趙州がすっと、方丈へお帰りになってしまった。その後、侍者が趙州和尚に請益した。請益とはご指導を仰ぐことだ。先般、僧が私の背をうって、何ぞ和尚に祇対せざると申しましたが、あの僧はあなたのお言葉を会得していたので有りましょうか、それともわからなくて云ったのでしょうかと。

すると趙州云く「坐底は立底を見、立底は坐底を見る」と。底は助詞だ。坐っている者は立っている者を見、立っている者は坐っている者を見る、と仰せになった。なんのことだろう。趙州和尚が「纔に是非あれば」云々と仰せになったときに、侍者は坐っていたのかも知れないし、その僧は立っていたのかも知れない。それはどうでもよい。或いはこれが当時の常用語であったかも知れない。支那語を研究しないから筆者には、そのへんのことはわからない。

そこで宗旨から見るより仕方がない。僧は侍者に何とかご挨拶をせよと言ったし、侍者はいま、あの僧は会か不会かと言っている。二人ともよそ見ばかりしている。他人の頭の蠅ばかり気にして、自分の頭に墨のついているのに気がつかない。趙州もさぞじれったかったであろうと思われる。脚下を照顧せよ!

是是非非忽失心　　是是非非、忽ち心を失す。
傍僧拊背侍僧瘖　　傍僧、背をうち侍僧瘖たり。
飄飄趙老帰方丈　　飄飄として趙老、方丈に帰る。
坐底如何立底尋　　坐底は立底の尋にいずれぞ。

第一二則　洞山向上

筠州洞山悟本大師。示衆云。体得仏向上事。方有些子語話分。僧便問云。如何是語話。師云。語話時。闍梨不聞。曰。和尚還聞否。師曰。不語話時。即聞。

筠州《うんしゅう》洞山悟本大師、衆に示して云く、仏向上の事を体得して、方に些子《さし》の語話《ごわ》の分あり。僧便ち問うて云く、如何ならんか是れ語話。師云く、語話の時、闍梨不聞。曰く、和尚、還た聞くや否や。師曰く、不語話の時、即ち聞くべし。

筠州洞山悟本大師は雲巌曇晟禅師の御法嗣で、諱を良价という。あるとき衆に示して云く、仏向上の事を体得して、方に些子の語話の分ありと。仏向上の事とは何のことだろう。仏さまもご存じない世界だ。かりに名づけて一大事因縁ともいうわい。こいつはわれわれの理知や、観念や、認識や、信仰の中には這入りきれない。どこにあるだろう。人々の分上にゆたかにそなわっている。だから完全に体得できる。体験することができ、さらに体脱することができるということだ。きたない言葉でいうと、大悟徹底することができるということだ。「些子」はいささかということだ。こいつばかりは、体得して、はじめて、いささか話せるというわけのものだ。体得しないで、頭で理窟を考えている、物知り連中には、いささかも話せない。そんな連中の言うことや、書くことは、あいつとは何の関係もないよ。

時に僧あり、問うて云く、如何ならんか是れ語話。洞山和尚がいささか話せるなどと、つい口をすべらせたものだから、忽ちこの僧に食い下がられた。さあ、その語話を承わりましょうと。師云く、語話の時、闍梨、聞かずと。これ語話の時、なんじ聞かずということだ。これも何のことだろう。

僧曰く、和尚還た聞くや。これも、和尚語話ののとき、和尚還た聞くやということだ。すると洞山大師が、不語話の時、即ち聞くと、お答えになった。これも、われ不語話の時、即ちわれ聞くということだ。こういう親切な問答をしんみりと、よくよく味わうと、ホロリと仏向上の事を体得することができる。

二元的の頭で考えたらだめだ。常識判断は無論とどかない。語話と不語話と、聞くと不聞とを、つくづく味わうのだ。そこに影略互顕の消息あることも味わってみなければならない。われ語話のとき、汝聞かず（一）。われ不語話のとき、汝聞く（二）。われ不語話のとき、われ即ち聞く（三）。われ語話のとき、われ即ち聞かず（四）だ。

修証辺からも味わい、本文上からも味わうのだ。わしがいくら説明しても、説明でお前が事実を受けとれるものではないともひびく。これは修証辺からのことだ。

本文上からはどうなんだい。語話の中味はいつも不語話だよ。不語話を説くのがそれが語話だ。さあ、語話か、不語話か、速やかに道え、速やかに道えだ。これを正中の偏、偏中の正ともいい、暗中の明、明中の暗ともいう。さて、明暗双双底の時節が仏向上の事かなあ！

向上誰言語話分　　向上、誰か言う、語話の分ありと。
闍梨眼処未曽聞　　闍梨、眼処、未だ曽つて聞かず。
高高洞嶺天辺月　　高高たる洞嶺、天辺の月。
落地和光敢為君　　地に落ち、光をやわらげて、敢えて君が為にす。

第一三則　投子呑吐

舒州投子山慈済大師。因僧問。月未円時如何。師云呑却両三箇。僧曰。円後如何。師云。吐却七八箇。

舒州《じょしゅう》投子山の慈済大師、因みに僧問う、月、未円の時、如何、師云く、両三箇を呑却す。僧云く、円の後如何。師云く、七八箇を吐却す。

舒州投子山の慈済《じさい》大師は、翠微の法嗣で、諱は大同。因みに僧問う、月、未円の時如何。例の借事問だ。月にことよせて、箇の一大事因縁を問うているのだ。真の自己を問うているのだ。この僧は真剣にはちがいないが、どうもわからなくて、問うたらしい。まだ悟らない時は、本来の自己が、どこに、どうなっているのですかと。

「師云く、両三箇を呑却す」。両三箇とか七八箇とかいうのは言葉の綾とみて、呑却と吐却に重点をおいて参究する。二つも三つも呑んでいるとは、完全に呑んで持っているということだ。この法は人々の分上にゆたかにそなわっている。本当はそなわっているなどという、なまぬるい話ではない。呑んでいるも、へちまもあるかい。本来の面目という月ばかりじゃないか。何をよそみしているのか。

僧云く、円の後如何、悟った後はどうなりますかと、悟らないうちから、悟った後のことを聞くのは、ちと手回しがよすぎるけれども、まあ念のために聞いておくのも、まんざらむだではあるまい。師云く、七八箇を吐却す、悟るとお月さんが沢山出るとよ。不可思議なことと思いなさるな。譬えばなしだよ。

月が山の上に出ることを、山が月を吐くと表現することもある。静岡市の近くに吐月峯という処がある。悟るとまん丸い月がいくらでも出てくる。七つや八つではない。立つ、生る、泣く、笑う、みんな丸いお月さまだ。申し分は何もない。生まれたり、死んだり、迷ったり、悟ったり、一箇両箇、千万箇だ。本当は悟っても、悟らなくても、いつでも、どこでも、月ばかりだ。それに気がつかないのを迷いといい、それに気のついたことを悟りというだけのことだ。

月未円時一等呑　月未だ円ならざる時一等に呑む。
円時吐却両三痕　円なる時、吐却す両三痕。
雲烟蓋地乾坤黒　雲烟、地を蓋うて乾坤黒し。
出入難分薜茘門　出入、分け難し、*薜茘《へいれい》の門。

*クワ科の常緑低木。オオイタビ。隠者の服に例える。

第一四則　潙山青黄

潭州大潙山大円禅師。因仰山問。百千万境一時来時。作麼生。師云。青不是黄。長不是短。諸法各住自位。非干我事。仰乃作礼。

潭州大潙山大円禅師、因みに仰山問う。百千万境一時に来る時、そもさん。師云く、青これ黄にあらず、長これ短にあらず。諸法おのおの自位に住す、我が事にかかわらずにあらず。仰、乃ち作礼す。

潭州大潙山の大円禅師は百丈の法嗣で、諱は霊祐。弟子の仰山と共に潙仰宗の祖師と仰がれている。あるとき仰山が親しく潙山に問うた。百千万境一時に来る時そもさんと。順逆の諸縁万境が一時に押しよせて来たときは、いかがでございますかと、それも、わからなくて問うたのではないらしい。こう問題を提起したら、潙山禅師が何とお示しになる、ご明答を拝見しようという魂胆であると思われる。

吉凶禍福、さまざまな問題が押しよせてくるのが人生の常である。それほど深刻な問題でなくとも、雑用が山積して、どう処理したらよいか、途方にくれることがしばしばある。普通の人は大抵それに悩まされて、まず健康を害する。寿命をちぢめる。或いはノイローゼになる。気の弱い人は自殺することもある。さて、達道の人はどうするかというのが要点と思われる。

潙山禅師云く、青これ黄にあらず、長これ短にあらず、諸法おのおの自位に住す。わが事にかかわらずにあらず。青と黄とは全く別だ。長と短も無関係だ。おのおの独立独歩だとは、わかっているようだが、凡人にはそれがはっきりしない。いろいろな問題が一時に押しよせてくると、面食らってあわて出す。そして、いろいろな問題が、互いに連絡し、共謀して総攻撃で自分に襲いかかってくるかの如く錯覚して、これは大変だと、はじめから諸縁万境に呑まれてしまう。それだから、戦わないうちから敗北だ。

いかに仕事が山積していても、借金とりが大勢おしかけて来ても、あわてないで、しずかに各個撃破でいけばよい。順に一つずつ処理していけばよい。いかにせき立てられても、二十四時間が一返にくることは絶対に有りはしない。一秒一秒、一分一分、必ず同じ速度で順にくるから、何も心配する必要はない。それでも借金とりが五人も十人も一返にがなり立てられたらどうします。

そのときは、がなり立てるにまかせておいて、自分はそれを謹んで聴いていればよい。そうすれば、相手が、これでは借金の催促だということだけは分かっても、誰が何を言っているのか、先方にはわかるまい。だから一人ずつ順番に言おうじゃないかということになる。そこで一人一人の言う事を十分承って、静かに誠意のある答を総括的にする。すなわち自分の生活の実態を明らかにして、自分の返済能力の限界を正確にのべて、その実行方法を皆に承認してもらう。それでよいと思う。

四山相逼るるとき、如何が回避せんとか、寒暑到来、如何が回避せんとか、類則は幾つもあるが、精神においてこの公案とかわりはない。生死交謝の時如何も同様である。生と死とを二つ一返にかつぎ出すから、それでまごつくのだ。あたかも船に乗るとき、片足は陸に、片足は船に、それでまごついているから、船が出ると、バチャンと水の中に落ちるのだ。船か陸か、どちらか一方についてしまえば問題はない。それで取り残されたら、次の船に乗れば良いことになる。

生と死と一度に来ることはないから、ふたまたかけて心配する必要はない。生のときに死はないのだし、死のとき生はない。生きているうちは死なないから心配はいらないし、死ぬときには生きていないから、これも心配はいらない。生来たらばただこれ生、死来たらばただこれ死だ。

諸法はおのおの自分の位に安住している。こちらがそれを横取りして、進んで苦労を求めるには及ばない。百千万境がたとえ一時に押しよせて来ても、それは自分とは無関係だ。我が事にかかわらずにあらずだ。仰山はご明答ありがとう存じますと、言わんばかりに礼拝した。

百千万境一時来　　百千万境、一時に来たるも。
青不紅黄雪白梅　　青は紅黄ならず、雪白の梅。
諸法何曽干我事　　諸法、何ぞ曽て、我が事にかかわらん。
清香馥郁月徘徊　　清香馥郁、月徘徊。

第一五則　玄沙明珠

福州玄沙宗一大師。因僧問。和尚有言。尽十方世界是一箇明珠。学人如何会得。師云。尽十方世界是一箇明珠。用会為什麼。師。来日却問其僧。尽十方世界是一箇明珠。汝作麼生会。対云。尽十方世界是一箇明珠。用会為什麼。師云。知。汝向黒山鬼窟裡作活計。

福州の玄沙宗一《げんしゃしゅういっ》大師、因みに僧問う、和尚言えること有り、尽十方世界是れ一箇の明珠と、学人いかんが会得せん。師云く、尽十方世界是れ一箇の明珠、会を用いて何とかせん。師、来日またその僧に問う、尽十方世界是れ一箇の明珠、汝そもさんか会す。対えて云く、尽十方世界是れ一箇の明珠、会を用いて何とかせん。師云く、知んぬ、汝が黒山鬼窟裡《こくざんきくつり》に向かって活計を作すことを。

福州の玄沙宗一大師は雪峯義存禅師の法嗣で、諱は師備。この人は謝氏の三男坊であった。在家のとき、父と共に舟を南台江にうかべて、魚釣りをしていた。あるとき父が誤って水に落ち、そのまま行方不明になってしまった。忽ち浮世のあやうきをさとり、仏道の高貴を知って、ついに雪峯山にのぼり、義存禅師に参じて、昼夜に弁道した。

玄沙は夜食を最低限度に節約して、専ら坐禅をはげみ、雪峯門下でも修行が抜群であった。雪峯禅師も玄沙をほめて、備頭陀、備頭陀と呼んでおられた。頭陀は梵語であって、抖擻《とうそう》と漢訳されている。衣食住に対する貪念執着をはらいつくすことである。これを頭陀行という。頭陀袋は頭陀行をする人が最小限度の必要品を入れて、持ち歩く袋だ。

あるとき、備頭陀が行脚に出かけて、雪峯山を下る途中、石につまずいて、あ痛たたっっ！　というときに、忽然として猛省した。是の身有に非ず。痛みいずこより来ると。そこで再び雪峯山にかえった。そのとき雪峯が、那箇か是れ備頭陀と、仰せになると、玄沙が、終に敢えて人に誑《あざむ》かれずと答えた。もう絶対に人にだまされませんわい。釈迦、弥陀が何と仰せになっても、もう二度と、だまされは致しませんと、確信を以て答えることができた。

尽十方世界是れ一箇の明珠。これは玄沙大師の斬新な説法である。尽十方世界とは全宇宙ということだ。一箇の明珠はたとえであって、一が大切だ。明珠は明々歴々と、完全無欠とに譬えたおもむきがある。宇宙は一つだということが、わかったようでも、なかなかはっきりうけとれない。一つとは、自分を除外して、天地万物を向こうにながめて、それが一つだという理窟をこねることではない。いわゆるの哲学は大体そんなものらしい。

禅録の提唱でも、そんな風に万法帰一をとりあつかって、天地同根、万物一体の講釈をしているのを、ときどき見かけるが、それでは一箇の明珠とは天地の相違になる。一つとは、天地とわれと同根、万物とわれと一体ということだ。だが、天地とわれとの二つが一体になるということではない。それではつぎめが出来て、無縫塔にならない。天地万物とはわれのことであり、われとは天地万物のことである。われの外に万物なく、万物の外にわれなしということだ。

この事実に突き当たったことを悟りというのだ。この事実を夢にも見たことがなくて、その理論を頭の中でこねくっているのを、禅学者というのだ。それではだめだというのがこの公案の要点だ。そこで玄沙と僧との問答をよく参究してみなければならない。まず僧が玄沙に問うた。和尚言えることあり、尽十方世界是れ一箇の明珠と、学人如何が会得せんと。

この会得とか、会すとかいう言葉は、頭で道理がわかったというときにも使うし、悟ったというときも使う。こういう使い方を活きた使い方というのだ。哲学のように、一つ一つ言葉に定義をつけて、そのとおりに使うのは、観念遊戯をするには都合がよいけれども、活きた事実のやりとりには、却って不便である。この僧は「学人いかんが会得せん」という言葉を、どう心得たらよろしうございますかと、いうような意味に用いている。

師云く、尽十方世界是れ一箇の明珠、会を用いてなにとかせん。玄沙大師は、頭でわかっただけで何になるかいと示して、尽十方世界是れ一箇の明珠という事実にめざめよと、この僧に自覚を促している。それでその翌日、その僧を試験なさるのだ。

尽十方界是れ一箇の明珠、汝そもさんか会すと。これはもちろん探り棒だ。すると、その僧対えて云く、尽十方世界是れ一箇の明珠、会を用いてなにとかせん。このときの僧の態度、目の色、語勢等を、玄沙大師が直接ごらんになって、こやつ、おれの口まねをして居りやがる。そして「わかったところで何になるかい。わかるべきものがどこにあるかい。世界中はただ一つの明珠だ」と、そんな考えに頭を突っ込んで、それでよいと思っている。この馬鹿野郎と。

そこで師云く「知んぬ、汝が黒山鬼窟裡に向かって活計を作すことを」。貴様はまっくらな、まるで鬼でもすむような穴の中にもぐりこんで、そこでもたもたしていることが、ようわかる。尽十方界是れ一箇の明珠だ。なぜはっきりとそれをつかまえないのかと、言わんばかりの接化ぶりだ。

三千世界一明珠　　三千世界一明珠。
用会凡僧眼目無　　会を用ゆるに凡僧、眼目なし。
窟裡徘徊何活計　　窟裡徘徊す、何の活計ぞ。
玄沙識否是誰辜　　玄沙識るや否や、是れ誰のつみぞ。

第一六則　長沙転得

湖南長沙招賢大師。因僧問。作麼生転得山河大地帰自己去。師云。作麼生転得山河大地帰自己去。

湖南の長沙《ちょうさ》招賢《しょうけん》大師、因みに僧問う、作麼生か山河大地を転得《てんとく》して自己に帰し去らしめん。師云く、作麼生か山河大地を転得して自己に帰し去らしめん。

湖南省長沙の招賢大師は南泉の法嗣であって、諱は景岑。僧が親しく大師に問うた。山河大地すなわち天地万物をことごとく自己に帰入せしめて、自己のみとなったら、いかがなものでございましょうかと、もちろん呈解問《ていげもん》であると共に験主問《げんしゅもん》である。

大師云く、自己を転じて、山河大地に帰入せしめてしまったら、どうなんだいと、疑問の形でお示しになった。僧が奪境不奪人の消息を呈して、問端をひらいて来たので、長沙が奪人不奪境の端的を以て応酬なされる。これは相手に相応した法戦というものである。

もちろん奪境不奪人も、奪人不奪境も、仏道修行の途中における一時の光景であって、どちらも大切なものではあるが、そこに腰をかけたら一種の病弊となる。さらに進んで人境倶奪を修し、人境倶不奪を証することが肝要である。臨済の四料簡にあてると、こんなことになるが、これを洞山の五位にあててみても、同じような消息が出てくる。

凡夫はことごとく人境対立の夢をみている。すなわち主観と客観との対立の夢をみているから、まず以て人境不二という事実にめざめさせることが何より肝要である。それでこのような参究が一応大切なことになってくる。

この公案に対して、三光老人は次のような評唱をしている。

「僧と長沙の問答はあたかも、町の商人たちの商談にさも似たりだ。売り言葉に買い言葉とでもいうかなあ！　こう言えば、ああ言い、ああ言えば、こう言うとでもいったような趣だ。だが切に須く好く看るべしだ。むだ口をたたいてはいないよ。山河大地と自己と、又これ何物ぞだ。何が山河大地だい、何が自己だい。物を転じて己に帰するの、己を転じて物に帰するのと、あっちへくっつけ、こっちへくっつけて、一体どこへ帰するのか。そこに長沙の赤心片々、遣る瀬ない親切心がはたらいているのが見えるかい。長沙の親切心には跡が残っていないから、証拠することがむずかしい。云々……」と、まことにご尤もな拈弄である。

転得山河帰自己　　山河を転得して、自己に帰せしむ。
山河自己絶輪贏　　山河と自己と、輪贏《ゆえい》を絶す。
元来大地無塵土　　元来、大地に塵土なし。
風払長空月影清　　風、長空を払って、月影清し。

第一七則　香厳撃竹

鄧州香厳寺襲灯大師。其性聡敏。在潙山会下。多聞博記。潙山一日云。汝尋常所説。尽是章疏之中記持得来。吾今問汝。汝生下為嬰児時。未弁東西。当此之時。与吾説看。師下語竝説道理併不相契。又於平生所集文字尋究。総真無此箇相契時節。乃歎悲泣。将諸文字。以火爇卻。乃云。我此生不敢望会禅。且入山修行也。便入武当山。忠国師旧庵基卓庵。一日併浄道路。棄礫撃竹響。於時忽然大悟。乃有頌云。一撃忘所知。更不自修治。動揺揚古路。不堕悄然機。処処無蹤跡。声色外威儀。諸方達道者。咸上上機。潙山聞云。此子徹也。

鄧州香厳寺の襲灯《しゅうとう》大師、その性聡敏《そうびん》なり。潙山の会下に在って多聞《たもん》博記《はっき》なり。潙山一日云く、汝が尋常の所説、尽く是れ章疏の中より記持し得来る。吾れ今汝に問わん。汝生下《しょうげ》して嬰児たりし時、未だ東西を弁えず。此の時に当たって、吾がために説け看ん。師下語《あぎょ》し、竝びに、説道理するに、ならびに相い契わず。又平生集むる所の文字に於て尋究するに、総て之れ此の相契の時節なし。乃ち歎じて悲泣し、諸の文字を将って、火を以て爇卻《ぜつきゃく》し、乃ち云く、我れ此の生に敢えて禅を会することを望まじ。且らく山に入りて修行せん。便ち武当山《ぶとうさん》に入って、忠国師の旧庵の基に卓庵す。一日道路を併浄《へいじょう》し、棄礫《きりゃく》竹を撃って響かす。時に忽然として大悟せり。乃ち頌有って云く、一撃、所知を忘ず、更に自ら修治せず、動揺古路を揚ぐ、悄然の機に堕せず。処処蹤跡無し、声色外の威儀、諸方達道の者、咸《みな》上上機と言う。潙山聞いて云く、此の子徹せり。

鄧州香厳寺の襲灯大師は、大潙山大円禅師の法嗣で、諱は智閑《しかん》。天性聡明であり、敏捷であった。潙山禅師の会下に在って、多聞博識の人といわれていた。潙山があるとき次のとおりに言われた。お前さんのつねづね説くところは、全部書物の中から学んで、覚えて来たものばかりだ。そのようなものは、わしのところではいらない。わしが今、お前さんに問うのは、お前さんが生まれて、赤ん坊であったとき、西も東もまだわきまえなかった、そのときに当たって、お前さんが何であったか、それをわしに言うてみなさいと。

香厳がこれに答えて、いろいろ道理を説いたが、どれも潙山の問いに契合しなかった。又、平生集めておいた書物について、尋思研究してみたが、すべて契当しない。そこで歎き、悲しみ、泣いて、書物を全部焼いてしまって、言うのに、われ今生では敢えて悟りを開くなどということは望むまい。まあ、山に入って、独接心をつづけようと。それから武当山に入って、かつて慧忠国師が草庵をむすんで、只管に打坐された旧跡に庵を設けて、独りで坐り抜いた。ある日、道路を掃除して、小石をなげすてた。それが竹に当たって、カチーンと響いたとき、忽然として大悟した。

その時の投機の偈が次の通りである。

一撃忘所知　カチーンの一声で、能所自他のない世界にめざめた。
更不自修治　気がついてみたら、元来申し分のない自己で、更に修治する余地はなかった。
動揺揚古路　朝から晩まで、自分の立ち居振舞に、千古万古かわらない本来の自己を、立派に宣揚していた。
不堕悄然機　しかもそれが活潑々地に行われていて、決して悄然たるものではない。
処処無蹤跡　そして到る処、没蹤跡、断消息、前後際断の生活であり。
声色外威儀　声と耳と対し、色と目と対するような、主客対立の世界をはるかに超えた行住坐臥である。
諸方達道者　されば諸方各地の達道の人が、
咸言上上禅　みな口を揃えて、上根上機の人であると称讃する。

潙山禅師がこの偈をごらんになって、此の子徹せりと、太鼓判を押して証明なされた。

一撃忘知不要修
聞声見色未曽休
香厳築著空王事
竹密何妨碧水流

一撃、知を忘じて、修することを要せず。
聞声見色、未だ曽て休せず。
香厳築著す、空王の事。
竹、密にして何ぞ妨げん、碧水の流るるを。

第一八則　南泉地神

池州南泉山普願禅師。因至荘。偶荘主預備迎奉。師云。老僧尋常出入。不与他知。何夙排弁至於如是。主云。昨夜土地神相報。師云。王老師修行無力。被鬼神覰見。侍者便問。既是大善知識。為甚麼。却被鬼神覰見。師云。土地前更下一分飯著。

池州《ちしゅう》南泉山の普願禅師、因みに荘に至る。ときに荘主あらかじめ備えて迎奉す。師云く、老僧よのつね出入するに、他に知られず、何ぞ夙に排弁《はいべん》すること是の如くなるに至る。主云く、昨夜土地神相い報ず。師云く、王老師修行に力なくして、鬼神に覰見《しょけん》せらる。侍者便ち問う、既に是れ大善知識なり、なんとしてか鬼神に覰見せらる。師云く、土地前に更に一分の飯をおくべし。

池州南泉山の普願禅師は法を馬祖に嗣いだ。禅師があるとき突然ある人の家を訪問なされた。そのときの家の主人公があらかじめ準備をととのえて、禅師をお迎え申し上げた。禅師云く、わしはいつも出入するのに、人には知られないのだが、お前さんはどうしてこのように、前以て準備をなされたのかと。主人曰く。昨夜土地神の報告によって、老師が今朝おこしになることを知りました。禅師云く、わしは修行未熟で無力だから、それで土地神に見破られたのかと。そのとき侍者がすぐ質問した。老師はすでにこれ大善知識でおありなさる。それがなぜ土地神に見破られたのでありますかと。禅師云く、土地神の前に、一椀のご飯を供えなされよ。

これを言葉の表面どおりにみていたのでは、普通の話、すなわち修行上の問題、修証辺の事になってしまう。公案というものは、いつも本分の天地をやりとりするものだ。そのつもりで右の物語りを味わうのだ。その味わい方を三光老人は、次のように拈弄している。
「土地神はただ是れ南泉老人を見たにすぎない。何もそのような表面上のことを気にする必要はない。真箇の南泉は誰にも見えない。南泉みずから南泉を見ずだ。況んや鬼神をやだ。況んや荘主をやだ。真箇の南泉は南泉自身にすら見えないのだから、鬼神や荘主に見えるものではない。立ったり、坐ったり、寝たり、起きたりする南泉ばかりする南泉ばかり見ていなさるなよ。何もしない南泉が見えるかい。老僧修行に力が無くて、云々と云っているが、南泉は大賊だよ。知らんうちに人の財産を全部とってしまうぞ。むかし江戸では活き馬の目をぬくといったが、南泉和尚は天下の衲僧の眼の玉を、いつのまにか抜いてしまって、もくろ珠（数珠の玉）と取り換えているぞ。もしも南泉の愛弟子の趙州がそこに居て、南泉のお相手をしたならば、この怪譎きわまる雑劇をたくみに収拾したであろうに、おしいことであった」と。

南泉覰破土地神　　南泉を覰破す、土地神。
王師有力独嚬呻　　王師力あり、独り嚬呻す。
如何侍者忘供飯　　いかんせん侍者、飯を供ずるを忘れる。
老賊由来雑譃人　　老賊由来、雑譃の人。

第一九則　南泉平常

趙州和尚問南泉。如何是道。泉云。平常心是道。師云。還可趣向否。泉云。擬向即乖。師云。不擬又争知是道。泉云。道不属知不知。知是妄覚。不知是無記。若真達不擬之道。猶如大虚廓然蕩豁。豈可強是非耶。師。言下頓悟玄旨。

趙州和尚、南泉に問う、如何ならんか是れ道。泉云く、平常心是道《びょうじょうしんぜどう》。師云く、また趣向すべしや否や。泉云く、向かわんと擬すれば即ち乖《そむ》く。師云く、擬せずんば又いかでか是れ道なることを知らん。泉云く、道は知不知に属せず、知は是れ妄覚《もうかく》、不知は是れ無記なり。若し真に不擬の道に達せば、猶お大虚《だいこ》の廓然蕩豁《とうかつ》たるが如し、豈に強いて是非すべけんや。師、言下に頓に玄旨を悟る。

　趙州和尚、南泉に問う。如何ならんか是れ道。泉云く、平常心是道。心という字にこだわるな。平常是道だ。起つ、生る、泣く、笑う。道はしばらくも離るべからず、離るべきは道にあらずだ。このときの趙州には、それくらいのことは一応わかっていたであろうけれども、何となくスッキリしない。一抹の不安が残っていた。それを徹底たしかめようとしての問いだ。

　師云く、また趣向すべしや否や。趣向とは道に叶うようにと、おもむき向かい、つとめることだ。泉云く、向かわんと擬すれば即ち乖く。もし道に叶おうとしたら、それが不自然となって、かえって道にそむく。師云く、擬せずんば、いかでか是れ道なることを知らん。泉云く、道は知不知に属せず。知はこれ妄覚、不知はこれ無記と。道は知にも不知にもかかわらないよ。これが道だと知ったのは妄覚だよ、妄想だよ。さりとて不知では無記で、木石に等しいことになる。若し真に不擬の道、すなわち大自然の道に体達すれば、なお大虚の廓然蕩豁たるが如しだ。廓然はカラッとしたことだ。蕩も豁も広大な有様だ。

明治天皇の御製に、

あさみどり　すみわたりたる　大空の
ひろきをおのが　心ともがな

とある。心にかかる雲の端もないという境界を得られるともはや是の非のという余地は少しもなくなる。趙州は南泉の言下において、頓に玄旨を悟って、この境界を得られた。

平常是道野干鳴　　平常是道、野干鳴。
擬向乖離犬吠声　　向かわんと擬すれば乖離す、犬吠の声。
知不知何関箇事　　知不知、なんぞ箇の事にかかわらん。
趙州頓悟作聾盲　　趙州頓に悟って、聾盲となる。

第二〇則　長沙蚯蚓

長沙和尚。因竺尚書問。蚯蚓斬為両段。両頭倶動。未審。仏性在阿那箇頭。師云。莫妄想。書云。争奈動何。師云。会。即風火未散。書無対。師卻喚尚書。書応諾。師云。不是尚書本命也。書云。不可離却下即今祇対有第二箇主人公也。師云く。不可喚尚書作今上也。書云。与麼則総不祇対和尚。莫是弟子主人公否。師云。非但祇対不祇対老僧。従無始劫来是生死根本。乃示頌云。学道之人不識真。祇為従前認識神。無始劫来生死本。痴人喚作本来身。

長沙和尚、因みに竺尚書《じくしょうしょ》問う、蚯蚓《きゅういん》斬って両段と為す、両頭倶に動く、いぶかし、仏性阿那箇頭《あなことう》にかある。師云く、莫妄想《まくもうぞう》。書云く、動ずるをいかがせん。師云く、会すべし、即ち風火の未散なることを。書、無対。師また尚書を喚ぶ。書、応諾す。師云く、是れ尚書の本《ほん》命《みょう》ならずや。書云く、即今の祇対を離却して、第二箇の主人公あるべからず。師云く、尚書を喚んで今上《きんじょう》となすべからず。書云く、与麼ならば即ち総て和尚に祇対せざらん、是れ弟子が主人公になること莫しや否や。師云く、但だ老僧に祇対不祇対するのみにあらず。無始劫よりこのかた、是れ生死の根本なり。乃ち頌を示して云く、学道の人、真を識らざることは、ただ従前、識神を認ぜしによってなり。無始劫来生死の本なり。痴人よんで本来身と作す。

長沙和尚に竺尚書が問うた。竺は姓で、尚書は官名だ。みみずを斬って二つにすると、両方とも動いていますが、仏性はどちらにあるのですか、不審でありますと。尚書は仏性を霊魂のようなものと思っているらしい。すると長沙が莫妄想と仰せになった。妄想するなということだ。

そう仰せられても、このとおり動いているではありませんかと反問した。そのとき長沙が、それは地水火風の四大がまだ分散しないからだ、まだ活きているからだよと、お示しなされた。みみずは冷血動物だから、火大は無いかも知れないが、そんなことをほじくるには及ばない。尚書はこれに対えることができなかった。

そこで長沙が、尚書とお喚びなされた。尚書がハイと返事すると、それがお前さんの本命ではないかと、ひっかけた。本命とは生まれた年の干支のことであるが、ここでは、ハイと返事をした、それが本当のお前さんではないかということだ。すると尚書がその言葉に釣り込まれて、即今私がハイと対えたその外に、第二の主人公たる本来の自己が有る筈はございませんと、本音を吐いた。

長沙云く、お前さんをまさか今上皇帝だということは出来ますまい。今ハイと対えたのが本来の自己だなどというのは、尚書を喚んで今上とするようなものだよ。尚書云く。それならば、なんとも和尚にお対えしない奴が、それが私の本来の自己たる主人公ではないでしょうかと、今度は同じものの裏を出して来た。

長沙云く、ただ対えたのが主人公でないばかりか、対えなかったのも亦汝の主人公ではない。対えたのも、対えないのも、ともに是れ生死の根本だ。生死とは迷いということだ。そこで次の頌を示した。

学道之人不識真　　学仏道の人たちが真実の自己を識らないのは、
祇為従前認識神　　ただ従前からの心識の作用を認めて、主人公と誤っているためである。
無始劫来生死本　　それが無始劫来、迷いに迷いをかさねてきた根本であるが、
痴人喚作本来身　　痴人は迷いの根本であるところの識神を本来身と喚んでいる。

この公案は『正法眼蔵仏性』の巻において、道元禅師が懇切鄭寧に拈弄しておられる。実にこれ千古の亀鑑とすべき大切な公案である。もしこの公案が無かったら、人々が先尼外道の党類となり下がっていたであろう。先尼外道というのは、心常相滅の見というて、肉体は消滅変遷するけれども、霊魂は常住不変であるという、まちがった見解に固執している連中である。

支那でも昔、江西湖南と呼ばれて、禅の盛んに行われた地方における幾多の道人が、多くは一呼一諾するものを認めて主人公としているが、これはみな、賊を認めて子としたり、縄を蛇と誤認したりするようなものである。日本でも現在、仏心とか仏性とかいって、右と同じような見解を主張する人があるように思われる。

さればわれわれはどうしても、見道の眼を明らかにしなければならない。見道の眼が明らかになれば、断常《だんじょう》の二見に落ちることをまぬかれ、或断或常《わくだんわくじょう》の見をもはなれて、断にもあらず、常にもあらずという妙所が手に入る。それが手に入ると、断と見える一面をも活かすことが出来、常と見える一面をも活かすことが出来る。そうなってこそ、まさにこれ大安心の人と言えるであろう。

蚯蚓両段両倶跳　　蚯蚓両段すれば、両倶に跳る。
仏性明明月影昭　　仏性明明として、月影あきらかなり。
妄想元来雲出没　　妄想元来、雲のごとく出没するも。
長沙路上夜蕭蕭　　長沙路上、夜蕭蕭。

第二一則　盤山精底

挙。幽州盤山凝寂大師。嘗因於市肆行。見一客人買猪肉。語屠家云。割精底一片来。屠家放下刀子。叉手云。長吏。那箇是不精底。師。言下有省。

挙す、幽州《ゆうしゅう》盤山《ばんざん》の凝寂《ぎょうじゃく》大師、嘗てちなみに市肆《しし》に於いて行いて、一客人《いっかくにん》の猪肉《ちょにく》を買うを見る。屠家《とけ》に語《つ》げて云く、精底一片《しょうていいっぺん》を割し来せ。屠家、刀子を放下し、叉手して云く、長吏、那箇か是れ不《ふ》精底《しょうてい》。

師、言下において、省あり。

幽州盤山の凝寂大師宝積禅師が、かつて市肆に行った。肆は店のことだ。そのとき一人の客が猪の肉を買うのを見た。その客人が肉屋に言った。おいご主人、そのいいところを一切れ割いてもらいたいと。すると肉屋が包丁をおいて、叉手して云く、役人さん、うちには腐った肉は一切れもありませんわい。禅師はこの言下において省悟した。見わたすかぎり、天地万物、泣く、笑う、悉く活きのいいのばかりだとさ。

盤山和尚は馬祖の法嗣だ。この時一応の見性はしたものの、まだ不徹底であった。その後ふたたび市に出たとき、葬式にあって、オイオイと泣いている声を聞いて、真に樋底を脱したといわれている。

さて、精底を知らんと欲せば、何ぞ不精底をみざるだ。もし真に仏を知らんと欲せば凡夫をみよだ。仏性を知らんと欲せば狗子をみよか。衆生の外に仏なしというではないか。どこに凡夫が居るかい。だが、この事実に突きあたって、ハッキリと目がさめなくてはだめだ。

盤山出市到屠家　　盤山、市に出でて、屠家に到る。

一片精鮮亦足誇　　一片の精鮮、亦誇るに足る。

那箇言辞長吏客　　那箇の言辞ぞ、長吏の客。

猪頭卓犖石生花　　猪頭、*卓犖《たくらく》、石、花を生ず。

*殊絶（高く抜き出る事。超越・絶異）の意。

第二一則　普化明暗

鎮州普化和尚。尋常入市。振鈴鐸云。明頭来明頭打。暗頭来暗頭打。四方八面来旋風打。虚空来連架打。一日臨済。令僧捉住云。或遇不明不暗来時如何。師。拓開云。来日大悲院裏有斎。僧回挙似済。済云。我従来疑著這漢。

鎮州《ちんしゅう》の普化《ふけ》和尚、よのつね市に入りて、鈴鐸を振って云く、明頭来《めいとうらい》や明頭打《めいとうだ》、暗頭来《あんとうらい》や暗頭打《あんとうだ》、四《し》方八面来《ほうはちめんらい》や旋風打《せんぷうだ》、虚《こ》空来《くうらい》や連架打《れんかだ》。一日《いちじつ》臨済、僧をして促住《そくじゅう》して云わしむ。もし不明不暗来に遇う時如何。師、云く、托開《たっかい》して云く、来日大悲院に斎あり。僧、回って済に挙似す。済云く、我れ従来、這の漢を疑著せり。

鎮州の普化和尚は盤山宝積禅師の法嗣であるが、性質が常人とはかわっていたそうだ。つねづね市中に入って、大きな鈴をふって、「明頭来や明頭打、暗頭来や暗頭打、四方八面来や旋風打、虚空来や連架打」と言いながら、歩きまわっていたという。

まず、この言葉の説明をしておく。鐸は大きな鈴だ。頭は助詞であって、あたまと云う意味はない。明と暗とが大切な文字だ。来とは出て来たらということだ。打とは打破とみておく。打成一片などと見る人もあるようだが、筆者は採らない。旋風打は旋風の如く打つことであり、連架打はつづけざまに打つことだ。

さて、明とは何のことか、暗とは何のことか、この二字に大切な宗旨がある。これを教理的にいうと、明とは因縁の姿であり、暗とは性空のことである。五位にあてると、明は偏位であり、暗は正位である。一体三宝にあてると、暗が仏であり、明が法であり、明暗双々が僧にあたる。

『参同契』には「明中に当たって暗あり、暗相を以て遇うことなかれ。暗中に当たって明あり、明相を以て覩ることなかれ。明暗おのおの相対して、比するに前後の歩みの如し」（原漢文）とある。

明頭来や明頭打とはなんのことか。偏位と出てきたことだ。明歴々露堂々だ。花あり、月あり、楼台ありだ。なにをぬかす？　ビシャリ！　ぶんなぐるぞ！　と云ったようなことかなあ！

暗頭来や暗頭打。正位が出て来た。空界本来無物の当体、眼にさゆる雲の端もない。何をぬかす？　ビシャリ！

四方八面来や旋風打。明あり、暗あり、暗中の明、明中の暗、暗にもあらず、明にもあらず、暗でもあり、明でもある。何をごたごたぬかす？　風車のようにビシャリ、ビシャリ、ビシャリ、ビシャリ！

虚空来や連架打。一切皆苦、尽界一法の見るべきもの無く、大地、土一かけらもございませんわい。何い？　ビシャ、ビシャ、ビシャ、ビシャ、ビシャ、ビシャ！

何が出て来ても許さんところは、臨済の接化に似ている。ある日のこと、臨済が僧をつかわして、普化和尚をゆさぶらせた。僧が普化和尚の胸ぐらをつかまえて「もし不明不暗来に遇う時如何」と云った。すると普化和尚がその僧を突っぱなして云く、来日大悲院に斎会があると。斎会とはおときの供養のことだ。何かほしくば大悲院へ行って、ご馳走にあずかって来いというのかなあ！　不明不暗がそんなに気にかかるなら、大悲院へ行って、聞いてこいというのかしら。

僧がかえってきて臨済に報告すると、臨済云く、我れ従来、この漢を疑著せりと。これはまた何のことだろう。おれは以前から、普化和尚を、うさんくさい奴と思っていたが、果たせる哉、この和尚、中々隅にはおけん奴だわいとでも、言ったのかなあ！

明頭暗打暗頭来　　明頭暗打、暗頭来。

八面旋風亦快哉
鈴鐸響高衢街裡
明明暗暗月徘徊

八面旋風、亦快哉。
鈴鐸響高し、衢街の裡。
明明暗暗、月徘徊。

第二三則　仰山高低

袁州仰山通智大師。師一日随潙山開田。師問云。這頭得恁麼低。那頭得恁麼高。潙山云。水能平物。但以水水平。師云。水也無憑。和尚但高処高平。低処低平。潙山然之。

袁州《えんしゅう》仰山《きょうざん》の通智《つうち》大師、師、一日、潙山に随って開田す。師問うて云く、這頭は恁麼に低きことを得たり、那頭は恁麼に高きことを得ん。潙山云く、水よく物を平らぐ、ただ水を以て平らぐべし。師云く、水もまた憑《たの》みなし、和尚、ただ高処は高平、低処は低平ならん。潙山然之す。

袁州仰山の通智大師は潙山霊祐禅師の法嗣で、諱は慧寂。大師一日潙山に随って新田の開墾でもしていたと見える。仰山が一問を設けて、師匠の潙山に迫った。こちらはこんなに低うございます。あちらはあんなに高うございますけど。潙山云く、水はよく物を平にするから、水を使って水平を見たらよかろう。仰山云く、いや、水にたよることはいりますまい。ただ高い処は高いままで水平、低い処は低いままで水平と。潙山がそのとおりと、ご証明になった。

二人がなにげなく、新田開拓の話をしているようであるけれども、そこにおのずから宗旨がひびいている。いわゆる借事の問答である。二人とも自己の新田開拓の話をしているのではあるまいか。われわれの心はいつも高低、大小、長短、是非、得失、能所、自他、と働いている。凡夫はこれらの対立に悩んで苦しみ、争っているが、道人はこれらの対立を自由に使って、つねに天下太平である。

潙山は絶対平等とでもいうべき、般若の智水を用いて、差別に世界を適当に処理して行けと、いわんばかりのお示してあるが、仰山はそれには及びません。高いは高いままで平等であり、低いは低いままで平等でありますと、自己の見所を申し上げて師匠の批判を仰いだ。

『金剛経』には「是法平等、無有高下」とある。これを「是の法は平等にして、高下あることなし」と読んでは凡見になる。「この法は平等なり。無、有、高、下なり」と読むと宗旨が出てくる。長者は長法身、短者は短法身と、きまり文句は誰も知っているがそれはなんのことか、平易な言葉で、ハッキリと言えなくてはだめだ。人に教えてもらった付け焼き刃では役に立たない。

浄土真宗のある和上さんが「鶴の足は長いまま、鴨の足は短いまま、そのままのおたすけじゃ」といったら、一人の信者が「鶴の足はながいまま、鴨の足は短いまま、そのままのおたすけでございますか」と問い返した。すると「ちがう」といわれた。何返問い返しても「ちがう」と言われた。

そのうちに他の信者が、「鶴の足は長いまま、鴨の足は短いまま、そのままのおたすけ、有難うございました」と、涙を流して歓喜踊躍した。すると和上が「そうじゃ、そうじゃ」と、お許しになったという。禅門の指導ぶりと一脈あい通じるものがある。

高いも低いも、それぞれ自己の本分である。背の高い人は高い人で一人前、低い人は低い人で一人前だ。低いからとて背伸びして歩く必要はない。ハイヒールなどを愛用するのは愚の骨頂だ。第一健康によろしくない。ただし、かもいに頭をぶつけないだけの注意は必要だ。要するに、各人が各自で適当に処置すればよい。

低処低平高処高　　低処低平、高処高。
無憑水準別秋毫　　水準をたのむこと無うして、秋毫を別つ。
仰山父子揚家醜　　仰山父子、家醜を揚ぐ。
這那相酬恁麼労　　這那相い酬いて、恁麼に労す。

第二四則　大隋隋他

益州大隋山神照大師。因僧問。劫火洞然。大千俱壊。未審。這箇還壊也無。師云。壊。僧云。恁麼則随他去也。師云。随他去。

益州《えきしゅう》大隋山《だいずいざん》の神照《しんしょう》大師、因みに僧問う、劫火《ごうか》洞然《とうねん》として大千俱《とも》に壊す、いぶかし、這箇またまた壊すやいなや。師云く、壊す。僧云く、恁麼ならば則ち他に随い去らん。師云く、他に随い去る。

益州大隋山の神照大師は、長慶の大安禅師の法嗣で、諱は法真。僧が真剣になって問うた。劫火洞然として大千俱に壊すと申しますが、そのときに這箇もまた壊れてしまうのですか、それとも這箇だけは無事安全でありますか、いかがなものでございますか、心配で心配でたまらなくて問うたのだ。

人間が生老病死を繰り返すように、この世界も成《じょう》住《じゅう》壊《え》空《くう》を繰り返すという。そして壊劫の時代が来ると、火水風の三災が順次に何返も繰り返される。その中の火災を取り上げての質問である。これらのことは『俱舎論』の十二に詳しくでているという。

這箇とは何のことか、諱をおかさない言い方で、アレといったようなことだ。なんと表現しても適切な言葉とならないから、それで這箇といったのである。この僧は自己の本性とか、本来の自己とか、仏性とかいうつもりであろう。最も低俗な言い方をしたらタマシイとでもいうつもりかしら。世界が壊れても、這箇だけは壊れないものかしら。是非そうであってもらいたいが、這箇もまた大千と同じく壊れてしまうのかしら、そうだとすれば大変だ。困ったことだと、居ても起ってもいられない気持ちだ。常見に落ちている。

取り越し苦労もここまで徹底するとたいしたものだ。凡夫には極端から極端まである。明日をも知れない命を、大丈夫だと思って、金だ、物だ、地位だ、名誉だと、血眼になって騒いでいる者も少なくない。一寸先は闇の世の中と、静かに諦観するならば、もっと、もっと、落ち着いた生活ができる筈だ、立派な覚悟のもとに、立派な生活ができてこそ、人生に価値がある。

大隋が「こわれるぞ!」とお答えになると、僧云く、それなら這箇もまた大千と倶にこわれるのですか、念を押した。大隋云く「そうとも。そうとも」。こわれてよいじゃないか。とり残されたら、それこそ大変だ。大千とは、三千大千世界のことだ。いま現に時々刻々とこわれつつあるぞ。

この僧は火を問いながら、火を知らずといったあんばいだ。はるばる投子和尚を訪ねて参問した。投子は大隋の答話をお聞きになって、恭しく香を焚いて、遥拝した。そして「西蜀に古仏あり、汝すみやかに回れ」と、その僧に注意した。それで再び大隋の処へ還って来たら、大隋はすでにおかくれであった。やれやれ無常迅速だ。

劫火洞然大千壊　　劫火洞然として、大千壊す。
何為這箇不隋流　　なんすれぞ這箇、流れに随わざらん。
隋師道得偏端直　　隋師の道得、偏えに端直なるに。
万里区区彼未休　　万里区区として、彼れ未だ休せず。

第二五則　地蔵無真

地蔵院真応大師。為玄沙忌斎。請報恩和尚喫薬石。報恩。看供養位不見有真。遂問師。還有真麼。師以手揖云。看。報恩云。元来無真。師云。大似不看相似。

地蔵院の真応大師、玄沙忌のために斎し、報恩和尚を請して薬石を喫せしむ。報恩、供養位を看るに真あるを見ず。遂に師に問う、還た真有りや。師、手を以て揖して云く。看よ。報恩云く、元来真無し。師云く、大きに看ざるに似て相似たり。

地蔵院の真応大師は、玄沙師備大師の法嗣で、諱は珪琛《けいしん》。師匠の玄沙大師の忌辰に逢うて、ご馳走を用意して、報恩和尚を請待し、法要をつとめて、薬石を差し上げた。報恩和尚がお仏壇をみると、お位牌も無ければ、画像も木像もない。そこで真応和尚に問うた。お師匠さんのお位牌はどこにありますかと。すると真応和尚が叉手して揖して云く、ごらんのとおりと。報恩云く、元来どこにもお位牌らしいものは無かったわいと。真応云く、それであんたもおめくらさんになったらしい。

玄沙大師のお位牌とは何のことであろう。それを真といっているが、真実の仏法とでもいうことかしら。真実の仏法なら叉手当胸もそれにはちがいないけれども、ことさらにやると、不自然になって、天真の仏法にそむく。それなら無い方がましだ。仏法らしいものが少しも見えなくなって、いささか真を語るに足るというものではあるまいか。

地蔵和尚が師匠の玄沙大師の真を供養したところの右の法事のやり方こそ、的確に師匠の恩に報いるというものではあるまいか。だが報恩和尚との一挨一拶の応酬ぶりをみると、どうも平々凡々で殺活自在の活作略が欠けているようだ。それとも、真応和尚も、報恩和尚も、禅道仏法などというご馳走は、食い飽きているから、それで茶漬けに香のものといったような、あっさりしたやりとりで終わったのかも知れない。

元来無妄亦無真　　元来妄無く、亦真もなし。
地蔵酬恩月忌辰　　地蔵、恩に酬ゆ、月忌の辰。
薬石設斎師在否　　薬石、設斎、師いますや否や。
看看叉手当胸人　　看よ看よ、叉手当胸の人。

第二六則　大証毘盧

西京光宅寺大証国師。因唐粛宗皇帝問。如何是無諍三味。師云。檀越蹋毘盧頂上行。帝云。寡人不会。師云。莫認自己清浄法身。

西京光宅寺《せいきょうこうたくじ》の大証国師、因みに唐の粛宗《しゅくそう》皇帝問う。如何ならんか是れ無《む》諍《じょう》三昧。師云く、檀越、毘盧《びる》頂上《ちょうじょう》を蹋《ふ》んで行くべし。帝云く、寡《か》人《じん》不会なり。師云く、自己清浄法身と認ずることなかれ。

西京光宅寺の大証国師は六祖大鑑慧能禅師の法嗣で、諱は慧忠。因みに唐の粛宗皇帝が問いを設けて云く、如何ならんか是れ無諍三昧と。国師云く、檀越よ、毘盧遮那仏の頂上をふんでお行きなされよ。帝云く、寡人不会なり。師云く、自己清浄法身毘盧遮那仏なりと認めてもいけませんぞ。これで問答は終わっている。

皇帝は多年忠国師に参じて、すでに一隻眼を具していたものと思われる。ここには問いの言葉が「無諍三昧」となっているが、『碧巌録』には「いかならんか是れ十身調御」となっている。無諍三昧といっても、十進調御といっても、言葉の表面がちがうだけであって、その精神にかわりはない。どちらも仏境界を問うているのである。無諍三昧とは絶対に争うことのない純粋な生活とでもいったようなことだ。無我に徹してはじめて得られる境界だ。

粛宗は一応も再応もその精神を心得てはいるものの、何となくスッキリしないものが残っているので、どこまでも参問なさるのである。

忠国師は「檀越」とよび、皇帝は「寡人」と称している。檀越とは施主ということであり、寡人とは徳の少ない私ということで、皇帝が謙遜の意をあらわした一人称である。

「毘盧頂上を蹋んで行くべし」とは仏らしいものがあったら粉砕しておしまいなされよということだ。素人に対してこんなことを言ったら、無茶苦茶になるが、久参底の人で一隻眼を具している者には、実に大切なご注意である。

帝云く、寡人不会とあるが、これも単なる不会ではない。さりとて徹底した不会でもない。どうもまだはっきりいたしませんという不会だ。そこで「自己清浄法身と認ずることなかれ」の一語で、仏見法見をすっかりお掃除してくださるのだ。

慧忠国師のご指導ぶりは、半分かくして、半分あらわしていると、三光老人が言っているけれども、これは慧忠国師に限ったことではない。宗師家が学人を指導するには、大体このような手段、方法を用いる。全部かくしたら、学人は取りつく島がなくて、途方にくれる。さりとて、全部あらわしたら、学人を単なる「ものしり」にして、百科事典を一ページ増したと同じことになってしまう。

それだから、半分あらわして、いささか見当をつけさせ、あとの半分は自分で発見するように努力させる。これが一般の指導法である。もしも国師が無諍三昧を自由に拈弄なされたら、さながら、猫が鼠をもてあそぶように、一分一厘の誤りもなく、適時、適処に、適切なことをなさるであろう。ここに至っては、初心後心も、新参旧参も、仏見法見もなんのそのだ。手にまかせ拈じ来たって、不是あることなしだ。仏も凡夫も一返に無くなってしまう。ヤレヤレこれでさっぱりした。

毘盧頂上現王身　　毘盧頂上、王身を現ず。
借問無諍三昧人　　借問す、無諍三昧の人。
大証知否皇帝事　　大証、知るやいなや、皇帝の事。
桃紅李白自然春　　桃紅李白、自然の春。

第二七則　臨済大悟

鎮州臨済院慧照大師。在黄檗会中三年。行業純一。首座歎云。雖然是後生。与衆有異。乃指使参堂頭問。如何是仏法的的大意。声未絶。黄檗便打。如是三致問。三打之。乃来白首座云。幸蒙慈悲。令某甲問和尚。三度発問。三度喫棒。自恨障縁不領深旨。今且辞去。首座云。汝若去。須辞和尚了去。首座先到堂頭処云。問話後生如法。若来辞和尚時。方便接伊。已後穿鑿成一株大樹。与天下作陰涼。師上方丈辞和尚。和尚云。不得往別処。向高安大愚処去。師。到大愚。大愚問来処。師云。黄檗。愚云。黄檗有何言句。師云。某甲三度発問。三度喫棒。不知。有過無過。愚云。黄檗恁麼老婆心切。為汝得徹困。還言有過無過麼。師於

鎮州臨済院の慧照大師、黄檗の会中に在ること三年、行業純一《ぎょうぎょうじゅんいつ》なり。首座歎じて云く、然も是れ後生なりと雖も、衆と異なること有りと、乃ち指して、堂頭に参じ問わしむ。如何ならんか是れ仏法的的の大意と。声いまだ絶えざるに、黄檗すなわち打つ。かくのごとく三度問いをいたすに、三たび之を打つ。乃ち来たって首座に白して云く。幸に慈悲を蒙り、それがしをして和尚に問わしむ。三たび問いを発して、三たび棒を喫す。みずから恨むらくは、障縁、深旨《しんし》を領ぜしめざることを。今しばらく辞し去らん。首座云く、汝もし去らば、須く和尚を辞しおわって去るべし。首座まず、堂頭の処に到って云く、問話《もんな》の後生如法なり、もし来たって和尚を辞せんとき、方便してかれを接すべし。已後穿鑿《せんさく》、一株の大樹となり、天下のために陰涼《いんりょう》とならん。師、方丈に上って和尚を辞す。和尚云く、別処に往くことを得ざれ、高安大愚の処に向ってゆくべし。師大愚に到る。大愚来処を問う。師云く、黄檗。愚云く、黄檗何の言句かある。師云く、それがし三たび問いを発して、三たび棒を喫す。知らず、過ありや、過なしや。愚云

言下大悟云。黄檗仏法。元来無多子。大愚搊住云。尿牀鬼子適来道有過無過。今却道無多子。見何道理。速道速道。師於大愚肋下築三拳。愚。托開云。爾師黄檗。非干我事。師。辞帰黄檗。黄檗問。来来去去。有何了期。師云。祇為老婆心切。便人事了侍立。黄檗問。何処到来。師云。蒙和尚指授参大愚。黄檗問。大愚有如何言句。師挙前話。檗云。若何得這漢来。待痛与一頓。師云。何説待来。即今便喫。随後便掌。檗云。者風顛漢。未這裏将虎鬚。師便喝。檗云。侍者。引箇風顛漢。参堂去。

く、黄檗恁麼に老婆心切、汝がために徹困なることを得たり。還って有過無過を言うや。師言下において大悟して云く、黄檗の仏法、元来多子なし。大愚搊住《すうじゅう》して云く、尿牀《にょうじょう》の鬼子《きす》、適来《せきらい》は有過無過といい、今は却って多子なしという。何の道理をか見る。速やかに道え、速やかに道え。師、大愚の肋下《ろくげ》において築《つ》くこと三拳す。愚、托開《たっかい》して云く、なんじが師は黄檗なり。わが事にかかわらずに非ず。師、辞して黄檗に帰る。黄檗問う。来来去去、何の了期かある。師云く、ただ老婆心切なるがためなり。すなわち人事おわって侍立す。黄檗問う。何れの処にか到り来たれる。師云く、和尚の指授を蒙って大愚に参ず。黄檗問う、大愚いかなる言句かある。師、前話を挙す。檗云く、いかんがこの漢の来るを得ば、待て、痛く一頓《いっとん》を与えん。師、云く、何ぞ来るを待つとか説かん。即今すなわち喫すべし。後に随ってすなわち掌す。檗云く、この風顛の漢、這裏に来たって虎鬚《こしゅ》を将《と》る。師すなわち喝す。檗云く、侍者、この風顛漢を引いて参堂し去れ。

鎮州臨済院の慧照大師は黄檗の法嗣で、諱は義玄。初め仏教学を勉強して、数年で仏教教理が明確になった。それから行業綿密にしていたが、まだ禅を体得していなかった。それで黄檗禅師の会下に来て、動静《どうじょう》大衆に一如し、為すべきことをなし、動ずべきことをつとめていた。そしてこのほか別に仏法といって求むべきものはないと、一人できめこんでいた。無事禅の飛び切り上等だ。

かくして三年間、行業純一であった。この臨済をだまって見まもっていた首座和尚の睦州陳尊宿が心の中で讃歎して云く。この人物は若輩ではあるが、特異の存在だ。もうそろそろ機発を促してもよかろうと、あるとき臨済をよんで、尊公はここへ来て何年になるかい、ハイもう三年にたちました。そうか、さっぱり独参せんようだなあ。はい、別にお尋ねすることもありませんから、それで独参はいたしません。そうか。でも独参はするものだよ。独参して「如何ならんか是れ仏法的的の大意」と問いなさい。「はい」と、首座和尚の言うとおり、独参した。実にいいなあ。少しも我見を出さない。

臨済が首座和尚の指図どおりに独参して「如何ならんか是れ仏法的的の大意」と問うたら、その声いまだ終わらざるに、黄檗打つこと三十棒。首座和尚が待っていて、「どうだった」「はい、二、三十打たれました」「そうか、もう一度行ってこい」「はい」と、二度目にもまた二、三十打たれて、帰ってきた。首座和尚がもう一度行ってこいと言うと、また素直に行って打たれて来た。

実にいいなあ! 少しも我見を動かさない。こうなってくれば、しめたものだ。だが、さすがの臨済も、三度痛棒を喫して、いささか心が動いたとみえる。そこで首座和尚に白して云く。あなたがご親切に注意を与えて、私に独参させて下さいましたけれども、三度とも痛棒を喫しました。しかも障道の因縁が深いためか、仏法的々の深旨を領得することができません。それで只今からしばらく、よそへ転錫いたしたいと存じます、と。

すると、首座和尚がいうた。よそへ行くなら行くもよいが、堂頭和尚にお礼のご挨拶をして行きなされよと。それから首座和尚が急いで堂頭和尚のところへ行き、「先刻独参に参りました青年僧は万事如法で、見込みのある雲衲でございますから、お暇乞いに参りましたら、どうぞ適当にお指図をしてやって頂きたい。あの雲衲は今後十分に修行して、将来は一株の大樹となり、天下の人のために涼陰となるでありましょう」と申し上げた。首座和尚も親切なものだ。われを産むものは父母であるが、われを大成させてくれるものは実に道友である。

やがて臨済が方丈に上って、黄檗禅師にご挨拶を申し上げた。すると禅師が、転錫するなら、余所へ行くなよ。高安大愚の処に往けと仰せになった。臨済がお指図のとおり大愚の処へ行った。大愚にどこから来たと問われて、黄檗禅師の処から参りましたと答えた。黄檗はどのようなご指導をなされたかと問われて、私が三たび独参して、三たびとも痛棒を喫しましたが、どこが悪かったのでございますかと言った。

するとと大愚が、「うむ！」と感心して云く、黄檗はそんなに親切であったのか。汝がために婆心徹困のご指導をして下さったのに、ここへ来て、どこが悪かったのでございますかと、なにを言ってるのかと。臨済がこの一言の下に大悟した。そして云く「なーんだ！　黄檗の仏法など、元来、たわいのないものであったわい」と、大愚がたちまち臨済をとっつかまえ、ねじふせて、「この小便垂れ小僧め！　先刻まで、どこがわるかったのでございますかと、泣きっ面をしていたのに、黄檗の仏法がたわいもないとは、何を見たのか、さあ道え、さあ道え」と、きびしい点検だ。臨済は大愚にねじふせられて、身動きも出来ない。その時、臨済は大愚の肋骨のところを、握り拳で三たび突いた。すると大愚がおっぱなして云く、お前の師匠は黄檗だ。おれの知ったことではないから、すぐに黄檗の処へ帰って往けと。

臨済が大愚のところを辞して、黄檗の許に帰った。すると黄檗が「往ったり来たり、往ったり来たり、何のざまだ」と探りを入れた。臨済が「ただあなたの老婆心切にひかれて、また帰って参りました」と、一応の挨拶が了って、黄檗のそばに侍立した。人事とは人事行礼といって、挨拶することだ。

黄檗が問うて云く「どこへ往って来た」「はい、あなたのお指図どおり、大愚和尚に参問いたしました」「大愚は何と言ったか」。そこで臨済がありのままを物語ると、黄檗云く「もし大愚めが来たら、待っていて、二、三十痛棒を食らわせてやろう」。臨済云く「大愚の来るのを待つ必要はありますまい。即今このとおり！」と、後ろから黄檗に一掌をお見舞い申した。黄檗云く「この気ちがい坊主が、ここへ来て、おれの鬚を引っ張ったわい」と。そのとき臨済が間に髪を入れず、一喝すると黄檗云く「侍者和尚、この気ちがい坊主を引っ張っていって、禅堂で坐らせろ！」と。黄檗禅師も、さぞ嬉しかったであろう。臨済の大機大用はすでにこの時にその鋭鋒を現している。

黄檗禅師は学人をご指導なさることにおいて、実にすぐれたお方であった。だが黄檗の与えた六十棒では、臨済はまだ痛痒を感じなかった。それが大愚の一言によって、はじめて気がついた。然しながらまだ残りかすがあったと見えて、その後、破夏の因縁において、真に桶底を脱するに至った。容易の看をなすことなかれだ。

喫棒三回問大愚　喫棒三回、大愚に問う。
婆心切切檗爺謨　婆心切切、檗爺のはかりごと。
初知仏法多子無　初めて知る、仏法、多子なきことを。
虎子帰来撫虎鬚　虎子帰り来たりて、虎鬚をとる。

第二八則　香厳枯木

香厳山襲灯大師。因僧問。如何是道。師云。枯木裏龍吟。僧云。如何是道中人。師云。髑髏裏眼睛。後有僧問石霜。如何是枯木裏龍吟。霜云。猶帯喜在。僧云。如何是髑髏裏眼睛。霜云。猶帯識在。又有僧問曹山。如何是枯木裏龍吟。山云。血脈不断。僧云。如何是髑髏裏眼睛。山云。乾不尽。僧云。未審。還有得聞者麼。山云。尽大地未有一箇不聞。僧云。未審。龍吟是何章句。山云。也不知足何章句。聞者皆喪。

香厳山の襲灯大師、因みに僧問う、如何ならんか是道。師云く、枯木《こぼく》裏《り》の龍吟。僧云く、如何ならんか是れ道中の人。師云く、髑髏《どくろ》裏《り》の眼《がん》睛《ぜい》。後に僧あって石霜に問う、如何ならんか是れ枯木裏の龍吟。霜云く、なお喜びを帯することあり。僧云く、如何ならんか是れ髑髏裏の眼睛。霜云く、なお識を帯することあり。また僧あって曹山に問う、如何ならんか是れ枯木裏の龍吟。山云く、血脈不断。僧云く、如何ならんか是れ髑髏裏の眼睛。山云く、乾不尽。僧云く、いぶかし、また聞くことを得るものありや。山云く、尽大地いまだ一箇の聞かざるものあらず。僧云く、いぶかし、龍吟これ何の章句ぞ。山云く、またこれ何の章句と知らず。聞く者みな喪す。

香厳山の襲灯大師に僧が問うた。如何ならんか是れ道と。大師答えて云く、枯木裏の龍吟と。裏の字には格別の意味はない。枯木龍吟といってもよい。枯木龍吟とは、木枯らしがヒューヒューと鳴る音のことだという。木枯らしのことを龍吟とは、実に美しい表現をしたものだ。木枯らしの音には理窟はあるまい。分別妄想が、いささかもついていないことを示している。十人十色の自分勝手の分別妄想さえなければ、われわれの日常生活のすべてが道そのものではないか。さすがにご明答といってよい。

僧問う、如何ならんか是れ道中の人。仏道のまっただなかを来往する人、仏道そのものを生活している人を問うた。大師云く、髑髏裏の眼睛。ここでは裏の字が必要だ。髑髏眼睛では、意味が通じかねる。髑髏はされこうべだ。古い頭蓋骨だ。眼の玉などは腐ってしまって、有りはしない。ただ丸く穴があいているだけだ。それが髑髏裏の眼睛だ。これも分別妄想の無いものにたとえたのだ。

これで簡単明瞭だが、この明瞭な答話が呑み込めない僧があったと見えて、後に僧あり、石霜に問う、如何ならんか是れ枯木裏の龍吟と。石霜云く、なお喜びを帯することあり。木枯らしの音に譬えてはあるが、無心の木石とまちがえたら大変だ。木枯らしの音に、喜怒哀楽愛悪欲の七情がそなわっているとさ。活き仏さまなら、泣きもすれば笑いもするよ。ただ自分勝手の屁理屈がないだけのことだ。

次の「なお識を帯することあり」という石霜の答話も、その精神は右と同様だ。されこうべに譬えてはあるが、活き活きとしているぞ。だから前六識も第六識も第七識、第八識も活潑にはたらいている。しかも分別妄想にわたらない。それを識を帯することありと示したのだ。

次は曹山の答えだ。血脈不断という言葉は世間的にいうと、遠い祖先から、子々孫々、血統が絶えないということであるが、ここではそのような世間話ではなくて、仏道の血脈不断というのである。これは二つの方面から見る必要がある。その一つは先仏から後仏へ、師匠から弟子へと、仏々相伝し、祖々相承して来たところの道統法脈が、連綿として今なお不断であるということである。これは修証辺から見た話である。

もう一つは本分上から見るのである。いわゆる「七仏以前に血脈を通ず。釈迦弥勒は是れ児孫」といったようなことになる。道というものは天地開闢以前から、世界壊滅の後に至るまで、一貫して行われている。生老病死も成住壊空も、道の荘厳光明であり、法の横拈倒用である。このような道統法脈は無始無終である。これをしばらく血脈不断という。

次の「乾不尽」という曹山の答話も、髑髏裏の眼睛を見事にお示しになっている。されこうべの眼から涙が出ているといったような表現だ。単なるされこうべでは、何の価値もないが、慈悲の涙の乾くひまなしという髑髏であってこそ尊いのである。妄想や執着は毛すじほどもない。そこが髑髏であるが、それでいて、慈悲と智慧とが百パーセントはたらく。それが真箇の道人というものだ。

僧云く、枯木裏の龍吟を聞きうる者がありますかと、もしわからなくて問うたとすれば、この僧は無眼子だが、曹山の答話を釣り出そうという魂胆ならば、いささか話せる僧だ。曹山云く、尽大地いまだ一箇の聞かざるものあらず。皆が聞いているとおりだ。木枯らしの音はヒューヒューだ。雨の音はザーザーだ。大鼓の音はドドンコドンドンだ。

いぶかし龍吟これ何の章句ぞとは、よくも喰い下がった。何のお経にありますかとは、なかなか質問が上手だ。問うことはすなわち得たり。礼拝し了って退けと、命はないぞ！」とお答えなされた。是非一返聞いて、喪身失命おれは知らんが、この龍のうなり声を一度聞いたら、趙州なら言ったかも知れないが、曹山禅師は「何のお経にあるか、するぞという決心覚悟が必要だ。これは修証辺からの話だ。本分上からはどうだ。とっくの昔に聞いて、全部死んでしまった。凡夫は一人も活き残ってはいない。衆生本来仏なりというではないか。

枯木にして龍吟を発すだ。枯木とは冬がれといって、木の葉が落ちてしまったことだ。木の葉が落ちてしまわなくては、ヒューという音は出ないよ。分別妄想の木の葉が落ち尽くして、木枯らしがヒューと鳴るのを一返聞くと、凡夫の命根が喪失し、大死一番する。すると、文句のつけようがなくなる。まぁ、正位の世界とでも見当をつけておきなさい。

髑髏にして眼目あきらかとなればしめたものだ。大活現成かなぁ！　世間一切のものごと、みな宜しきにかなうわい。偏位を自由に往来するとでも言うかいなぁ！　まぁ、これくらいにして、やめておく。

枯木龍吟血脈新　　枯木龍吟じて、血脈あらたなり。

髑髏落涙是何人
香厳石老曹山語
的的分明劫外春

髑髏、涙をおとす、これなんぴとぞ。
香厳、石老、曹山の語。
的的分明なり、劫外の春。

第二九則　漸源弔慰

潭州漸源仲興和尚。因同道道吾去一家弔慰次。師拊棺云。生耶死耶。吾云。生耶不道。死耶不道。師云。為甚不道。吾云。不道不道。廻至中路。師云。和尚快与某甲道。若不道打和尚去也。吾云。打即任打。道即不道。師便打吾数拳。吾帰院云。汝宜離此去。恐知事得知不便。吾遷化後。師至石霜。挙前話請益。霜云。生也不道。死也不道。師云。為甚不道。霜云。不道不道。師。言下有省。

潭州《たんしゅう》漸源《ぜんげん》仲興和尚、因みに道吾と同じく一家《いっけ》にゆいて弔問するついでに、師、棺をうって云く、生か死か。吾云く、生とも道わじ、死とも道わじ。師云く、なんとしてか道わざる。吾云く、道わじ、道わじ。かえって中路に至る。師云く、和尚、すみやかに、それがしに道うべし。もし道わずんば和尚を打ち去らん。吾云く、打つことは即ち打つにまかす。道うことは即ち道わじ。師すなわち吾をうつこと数拳す。吾、院に帰って云く、汝よろしくここを離れ去るべし。恐らくは知事が知ることを得ば便ならず。吾、遷化して後、師、石霜に至る。前話を挙して請益す。霜云く、生とも道わじ、死とも道わじ。師、云く、なんとしてか道わざる。霜云く、道わじ、道わじ。師言下に省あり。

潭州漸源の仲興和尚は道吾の法嗣である。あるとき道吾のお供をして、ある一家へお悔やみに行った。そのとき漸源が棺を打って、「この中の人は、生きているのですか、死んでいるのですか」と、道吾に尋ねた。生死問題が気になって、たまらなくて問うたのだ。普通の意味で死んでいることはわかっているが、本当は死んだのか、それとも生きているのかという大疑団だ。

そのとき道吾が答えて曰く、生きているとも道わんよ、死んだとも道わんよと、真実のことをズバリとお示しになったが、漸源にはそれが受け取れなかった。そして師匠が教えてくれないのだと誤解した。そこで、なぜ道うて下さらないのですかと、師匠に迫った。道吾曰く「道わじ、道わじ」。「生とも道わじ、死とも道わじ」。このほかに道いようがあるかい。完全に道いつくしているのだ。

かえりの途中で、漸源がこらえきれなくなって、道吾に云った。「和尚さんそんな煮え切らないような道い方をしないで、もっと明快に私に道うて下さいませ、もし道うて下さらなければ、和尚を打ちますぞ」と。常識も働かなかったとみえる。道吾云く、打たれたって、叩かれたって、このほかに道いようがあるかい。漸源はまだ受け取れなくて、とうとう和尚を幾つか打ってしまった。道吾が寺に帰って漸源に注意を与えた。お前は早く暇乞いをして、この寺を立ち去りなさい。今日のことが役寮に知れると、大変なことになるからと。

その後、道吾が遷化なされたので、兄弟子の石霜慶諸禅師を訪ねて、前話を挙して請益《しんえき》した。請益とは法益《ほうやく》を請うことで、指導を仰ぐことだ。石霜が「生とも道わじ、死とも道わじ」と仰せになったので「なんとしてか道わざる」と漸源が反問すると「道わじ、道わじ」とお答えなされた。漸源はその言下において省悟した。同じ事を道われても、時節因縁が熟さなければ、致し方がないものとみえる。

早すぎてもいかんし、遅すぎてもいかん。人を指導することはむつかしいものだ。道吾の道われた前回の語も、石霜の道われた今回の語も、全く同じであるが、前回は悟れなくて、今回は悟った。もちろん前回の語が遠因となっていることは申すまでもない。それを因縁というのだ。

さて棺中これなんぴとぞだ。乾坤を呑却しているところの絶大の那一人ではないか。全宇宙は清浄法身毘盧遮那仏のみではないか。どこに生死があるかい。いや、生死のほかに何があるかい。あまり喋ると毒になるからやめておく。道わじ、道わじだ。

拊棺悲泣問師翁
不道師翁涙眼紅
生死可憐雲漢漢
石霜一夜送清風

棺をうって悲泣して、師翁に問う。
道わじと師翁、涙眼紅なり。
生死憐れむべし、雲漢漢。
石霜一夜、清風を送る。

第三〇則　曹山不変

撫州曹山元証大師。辞洞山。山問。向甚処去。師云。不変異処去。山云。不変異処。豈有去耶。師云。去亦不変異処。

撫《ぶ》州《しゅう》曹山の元証《げんしょう》大師、洞山を辞す。山問う、いずれの処に向かって か去る。師云く、不変異の処に去る。山云く、不変異の処、あに去ること有らんや。師云く、去るもまた不変異。

撫州曹山の元証大師は洞山良价禅師の法嗣で、諱は本寂。あるとき洞山を辞し去る。洞山問う、いずれの処に向かってか去る。曹山云く、不変異の処に去ると。不変異の処とは、どんな処であるか、変化も異状もない処とは、なんのことであるか。われわれ凡人の世界には、常に変化があり、したがって、しばしば異状が発生する。それらのことが全くない世界とは、空界本来無一物の世界とでもいうのかしら。洞山大師の五位で言ったら正位の世界かなあ！ 洞山云く、不変異の処、あに去ること有らんや。不変異の世界に去来があるかいとは、よい拶著《さつじゃく》だ。曹山云く、去るもまた不変異。往ったり来たりするのも、曹山、いささかもまごつかない。去来の偏位が、そのまま、いつも無去来の正位だとでもいうつもりかしら、寂滅道場を起たずして、もろもろの威儀を現ずと、経文にはある。寂滅道場とは不変異の世界だ。もろもろの威儀を現ずるのは、去来の世界だ。

いつも一つという絶対の世界を踏まえて、しかも対立の世界を適切自在に生活しながら、常に絶対の世界を踏み外さないとでもいうことかなあ！ 天地宇宙を呑んで、われ一人だという、宇宙大の人物になって、はじめて、すべての存在を本当に活かすことが出来るのではあるまいか。

洞山と曹山の父子は、不変異の世界の名を論ずるのみで、いまだその実を明らかにしていないと、三光老人は拈弄しているが、なにも千年近くになる昔の洞山や曹山に用事はあるまい。門下の学人に参究を促す言葉ではあるまいか。今日のわれわれに向かって、不変異の理論家に堕落するな、不変異を実地に生活するところの真箇の道人になれという警告であると受け止めなくてはなるまい。

さて、そのような真実の道人の日常生活は、はたしてどんな消息であろうか。涙は眼から出るとさ。ご飯は口の中に入れて、ぱくぱくやるとよ。これが不変異の生活だとは、色も香りをも、知る人ぞ知るだ。何はともあれ、このようなことは、悟ってからのご相談だ。

去去来来変異無　　去去来来、変異なし。
来来去去彩文区　　来来去去、彩文まちまちなり。
曹山洞老何囈語　　曹山洞老、何の囈語ぞ。
父子相携共学愚　　父子あいたずさえて、共に愚を学ぶ。

第三一則 徳山不答

挙。鼎州徳山見性大師。小参示衆云。老僧今夜不答話。問話者三十棒。時有僧。出礼拝。師便打。僧云。某甲話也未問。因甚打某甲。師云。你甚処人。僧云。新羅人。師云。未跨船舷。好与三十拄杖。

挙す、鼎州《ていしゅう》徳山の見性大師、小参に衆に示して云く、老僧今夜答話せず、問話の者は三十棒。時に僧あり、出でて礼拝す。師、すなわち打つ。僧云く、それがし話もまた未だ問わざるに、なんによってか某甲を打つ。師云く、なんじは何れの処の人ぞ。僧云く、新羅人なり。師云く、いまだ船舷《せんげん》をこえざるに、好し三十拄杖《しゅじょう》を与えん。

鼎州徳山の見性大師は龍潭崇信禅師の法嗣で有って、諱は宣鑑。あるときの小参に、衆に示して云く（小参とは略式の説法のことだ。正式の上堂を大参という）、わしは今晩、答話をしないよ、問う者が有ったら三十棒を与えるぞ。すると一人の僧が出て来て、恭しく礼拝した。間に髪を入れず、ビシャリと一棒を与えた。約束どおりだ。僧云く、私はまだ一言もおたずねいたしませんのに、なぜお打ちになりましたかと。徳山云く、お前さんはどこの人か。はい、新羅国の者であります。そうか、新羅からはるばるやって来たのか、お前さんがまだ船にのらず、これから法を求めに出かけようと、乞食根性を起こしたときに、すでに三十棒を食って当然だ。然るに、ここへ、のこのこ出て来て、物欲しそうに、お拝をするとは何のざまだと、徳山、婆心徹困のご指導をなされた。

この僧が素朴であり、実直であり、求道心が切実であるから、それで徳山も本気になって有りったけの財産を全部投げ出して、この僧にやってしまったのだ。だが、徳山の用いた一棒の活機輪が見えたかどうか、それが今日のわれわれには大切なことだ。もちろん求道心は最も大切だ。求道心が切実でなくては、指導のしようがないわい。はじめから乞食根性を起こさない輩は、ふんだくってやりようがない。はじめから無所得だ、無所求だと駄法螺を吹いているニセ宗匠にだまされるなよ。

徳山不答百花鮮　　徳山答えず、百花あざやかなり。
礼拝無言柳葉煙　　礼拝無言、柳葉煙る。
喫却任他三十棒　　喫却さもあらばあれ、三十棒。
新羅已錯跨船舷　　新羅すでに錯って、船舷にまたがる。

第三二則 大原鼻孔

大原孚上座。問鼓山。父母未生已前鼻孔。在什麼処。山云。即今生也。鼻孔在甚麼処。師不肯曰。你問我。我与你道。山問。父母未生時。鼻孔在那裏。師。但揺扇

大原《たいげん》の孚《ふ》上座、鼓山《こざん》に問う、父母未生已前の鼻孔《びくう》、いずれの処にかある。山云く、即今生ぜり、鼻孔いずれの処にかある。師、肯せずして曰く、なんじ我に問うべし、われなんじがために道わん。山問う、父母未生の時、鼻孔、那裏にかある。師、ただ揺扇《ようせん》す。

大原の孚上座は雪峯の法嗣である。この人は仏教学者であって、はじめ揚州の光孝寺で『涅槃経』を講じていた。一人の禅者が雪にはばまれて、この寺に宿泊し、聴講していた。講義が三因仏性、三徳法身の段になって、広く法身の妙理を説いた。禅者がこれを聞いて思わず失笑した。

講義が終わると、孚上座がその禅者を請待し、お茶を差し上げて曰く、それがしはまことに至らぬ者で、ただ文章に依って、その義を解説するのみであります。たまたまあなたに笑われました。どうぞみ教えを頂きとう存じますと。実に立派な態度であり、着実な心がけである。禅者曰く、実際あなたが法身などご存知ないのを笑いました。上座曰く、私の解説のどこがいけませんのですかと。禅者曰く、もう一度ここで講説してごらんなさい。

孚上座曰く「法身の理は猶お大虚《たいこ》の如し。たてに三際を窮め、よこに十方に亘り、八極に弥綸《みりん》し、二儀を包括す。感に赴いて、周徧《しゅうへん》せずということなし」。禅者曰く、あなたの解説が悪いとは申しませんけれども、あなたはただ、法身の噂話をしているだけであって、本当の法身をご存知ないと申すのであります。

上座曰く、仰せの通りであります。ではどうぞ私のためにお説き下さいませ。禅者曰く、私の申すことを信じますか。上座曰く、なんで信じないことがありますか。禅者曰く、それならば早速講座をおやめになって、十日間ばかり、静かな室内で端然として坐禅して、収心摂念、善悪の諸縁をすべて放却しなされよ。上座が教えのごとく実行した。初夜から五更にいたるというから、毎晩徹夜で坐ったとみえる。夜明け方に、鼓角《こかく》の声を聞いて、忽然として契悟した。鼓角とは軍中に用いる「つづみ」と「つのぶえ」のことだ。孚上座が悟った時に、次のように言った。「禅徳よ、私は今まで父母から貰った鼻孔で、お経の講釈をこねくりまわしておりましたが、これからは決してそのようなつまらないことは致しません」と。父母から貰った鼻孔とは、言うまでもなく、生まれてから後に習い覚えた知識経験という、後天的の付け焼き刃のことである。

さて、大原の孚上座が鼓山に問うた。父母未生已前の鼻孔いずれの処にかあると。鼻孔とは鼻ということであって、孔の詮索ではない。それも父母未生已前の鼻だ。父母未生已前なら、自分の身体がないのだから、鼻も耳もあろう筈はない。それは言うまでもなく、後天的の知識経験というような汚れが少しもつかない、天真らんまんなる本来の自己を問うているのである。

鼓山云く、即今生ぜり、鼻孔いずれの処にかあると。あなたは父母未生已前の鼻孔を問われたけれども、即今、このとおり生まれております。父母所生の鼻孔はどうなのですかと、売り言葉に買い言葉といったような趣きで、単に問答往来になれていて、未だ父母未生以前の鼻孔に築著していないと見える。面と向かっているところの、明眼の孚上座が肯わないところを見るのだ。

そこで孚上座があらためて鼓山に問わせた。鼓山が、父母未生の時、鼻孔、那裏にかあると問うたら、孚上座はただ扇を動かして、「ああ涼しい」と言ったような顔をしていたという。これで受け取れなくては仕方がない。手元へ確かに投げてやったボールを、逃がしてしまったのでは、どうにもならんわい。

鼓山の鼻孔は、ただおのずから直しと、三光老人は批評しているが、正直には違いないけれども、馬鹿がついていないかしら。孚上座の鼻孔は、眼にもなれば口にもなるとは、活用自在とでもいうのかなあ！

しかもかくの如くなりと雖もだ、鼓山の鼻孔と、大原の鼻孔と二つ別々にあると思ったら違うぞ。他人に向かって自己の鼻孔を問うことなく、自分の息が出たり、入ったりしているところを見届けよ。なんの理窟があるかい。

だが丸呑みにしたら地獄行きだぞ。さりとて分析解剖したら、なおさら地獄行きだ。息がとまったら万事休すだ。どっち向いても険難多き世の中だ。「我此土安穏　天人常充満」という生活が出来るようになるのは容易ではないよ。

大原問著鼓嚬呻　　大原問著し、鼓、嚬呻す。
空劫今時那箇身　　空劫今時、那箇の身ぞ。
看看未生前鼻孔　　看よ看よ、未生前の鼻孔。
涼風揺扇老成人　　涼風扇を揺るがす、老成の人。

第三三則　曹山倒起

曹山。因僧問。承。古有言。未有一人倒地不因地起。如何是倒。師云。肯即是。僧云。如何是起。師云。起也。

曹山、因みに僧問う、承る、いにしえ言えること有り、未だ一人も地に倒れて、地に因って起きざるは有らずと。如何ならんか是れ倒。師云く、肯《うべな》えば即ち是なり。僧云く、如何ならんか是れ起。師云く、起なり。

曹山本寂禅師に僧が親しく問うた。昔から申します。地によって倒れた者は地によって起きる、未だ一人も地に倒れて、地に因って起きない者はないと。如何ならんか是れ倒。これは普通に人が倒れたことを問うたのではない。仏法の倒起を問うたのだ。世間の倒起にことよせて、仏道の倒起を参究するのだ。地とはわれわれの心地のことではあるまいか。

この倒起を紋切型にはめていうと、掃蕩門《そうとうもん》と扶起門《ふきもん》か。掃蕩門のことを推倒門ともいう。一切手打ち払って、尽界一法の見るべきものなしという世界か。心を識得すれば、大地に寸土なしという境界だ。この世界は他人から教えて貰うわけにはいかない。自らうなずくより外に仕方がない。「肯えば即ち是なり」だ。擬議せば千仞、攀《よ》ずべからずだがこれだけではまだ半分だ。半出来だ。死仏法だ。殺人刀だけだ。第一摂律儀戒だけだ。僧云く、如何ならんか是れ起。紋切型にはめた以上は仕方がない。今度は扶起門と言わざるを得ない。花あり、月あり、楼台ありだ。第二摂善法戒だ。活人剣だ。師云く、起なり。起は起だよ。諸仏あり、衆生あり、迷あり、悟ありだ。いかにも一々が万徳円満だ、完全無欠だ。長者は長法身、短者は短法身だ。今日の学僧たちは、推倒門を透らずに、はじめからこれを言うので、それでデタラメになってしまうのだ。

大死一番、大活現成は仏法の鉄則だ。凡夫根性を殺しつくさねば、仏心によみがえることはできない。推倒が無くては、扶起は有り得ない。一倒一起、雪庭の獅子だ。張り子の達磨も七倒八起だ。だがそんな紋切型をかついでいるうちはまだまだだ。

吸尽し去るや、三世諸仏も口壁上だ。吐却し来るや、刹説、衆生説だ。「なお一人あり。呵々大笑す。もしこの人を識得すれば、参学の事了んぬ」と誰かが言っていたよ。把住放行や、推倒扶起の辺などには居らん人にならねばだめだ。

この僧の問いは立派な宗旨がある。一体、倒れたり、起きたりするのは誰なんだい。なぜ倒れたり、起きたりするのか。これらの問いに対しては、ただちに答えられる筈だ。本則の精神が見えておればだ。一切衆生は、自己の心地に迷って倒れ、自己の心地を悟って起きるのではあるまいか。これは倒起の使い方をかえてみたのだ。

曹山の答もまた立派なものだ。「肯えば即ち是」と言っている。その次ぎに、起なりと曹山が言われたその精神はどこにあるのか。この僧も曹山も胡散《うさん》くさいぞ。倒だの起だのと、人をまぜかえしているぞ。倒れても起きても、悟っても迷っても、凡夫でも仏でも、一人残らず自分の鼻で息をしている。食うに困る者は一人もおらんよ。

でも世界の貧乏国では現に餓死する人が沢山ある。そうなんだよ。飢えれば死ぬことが出来るだろう。少しも不自由のない証拠だ。でも、餓鬼道におちると、飢えても死ぬことが出来ないと申しますが。そうだよ、そうだよ。餓鬼道は飢えても死ぬ心配がない。人間界より、もっと調法だなあ！　これは法の第一義から言うのだ。それも死仏法という半面の話だ。だがこの第一義が手に入ってこそ、生死解脱が出来るのだ。生死解脱が出来ると、餓鬼道に行っても人間界に居ても、そのままそこを超越している。どこへどう倒れても、そのままちゃんと起きている。妙だなあ！　我法妙難思議だ。活仏法はそれから先の話だよ。

七倒何論玉走盤
真成八起悉珊珊
誰人問著西来客
隻履帰天路極安

七倒何ぞ論ぜん、玉、盤に走る。
まことに八起、悉く珊珊。
誰人か問著す、西来の客。
隻履、天に帰って、路、極めて安く。

第三四則　雲居密語

洪州雲居山弘覚和尚。因官人送供問云。世尊有密語。迦葉不覆蔵。如何是世尊密語。師召云。尚書。書応諾。師云。会麼。云。不会。師云。汝若不会。世尊密語。汝若会。迦葉不覆蔵。

洪州雲居山の弘覚和尚、因みに官人《かんにん》、供を送って問うて云く、世尊、密語あり、迦葉、覆蔵《ふぞう》せずと。如何ならんか是れ世尊の密語。師、召して云く、尚書。書、応諾す。師云く、会すや。云く、不会。師云く、汝もし不会ならば、世尊の密語なり。汝もし会せば、迦葉覆蔵せず。

洪州雲居山の弘覚和尚は洞山悟本大師の法嗣で、諱を道膺という。ちなみにある役人が、弘覚和尚にご供養を差し上げて、問うて云く、世尊密語あり、迦葉覆蔵せずと、如何ならんか是れ世尊の密語と。これは重要な問題である。道元禅師は『正法眼蔵密語』の巻において、この公案を縦横に拈弄して、親切鄭寧にお示し下さって居られるから、志ある人は『密語』の巻について参究なされると宜しい。

さて漢文を日本読みにするときには、和訳の仕方によって、その意味がはっきりする場合と、はっきりしない場合とがある。はっきりするように和訳すると、兎角、知見解会におちいり易いという弊害が伴う。それで先人もはっきりしないような和訳を用いているのではあるまいかと思われるふしもある。

ここでは従来の読み方に従わず、分かるように和訳してみることに致しますが、分かっただけでは知識となるだけであって、生死の解脱には役に立たないのみならず、却って迷いのたねとなると言うことを肝に銘じて、必ず信解から行証に進むことを怠らないようにして頂きたい。

さて、密は秘密の密ではなくて、親密の密であると言うことを、学仏道の人はしばしば聞いている筈であるが、次ぎに覆蔵《ふぞう》という言葉があるものだから、つい秘密の密だと誤解する。密語とはピッタリした言葉ということだ。そのものズバリということだから、不《ふ》覆蔵《ふくぞう》と同じことだ。覆はフクと読めば、くつがえすことになり、フと読めば、おおいかくすことになるから、ここでは「フ」と読まなければならない。

世尊とはここではお釈迦さまのことであり、迦葉はお釈迦さまの後継者となった摩訶迦葉尊者のことである。そして密語だの、不覆蔵だのというのは、霊山会上における世尊拈華瞬目の場面をさすのだと、解する人が多いようであるけれども、世尊のお言葉はいつも密語であり、その行動はいつも密行であらせられた。密語密行とは理窟の少しもない実語実行《じつぎょう》のことだ。だから常に覆蔵せずだ。隠しようがない。世尊は実語実行の人だ。常に覆蔵せずだ。ガラス張りだ。

迦葉尊者も亦腹かくの如しだ。迦葉密語あり、迦葉覆蔵せずだ。それでこそ師資二面裂破だ。師資証契即通だ。この事実を聊か文学的（？）に表現して、密語を世尊に配し、不覆蔵を迦葉に配したまでのことだ。世尊も迦葉も、いつもそのものズバリと丸出しだ。隠しようも、どうしようもない。ただ汝等が盲目で、聞こえないから受け取れないのだ。

それで雲居禅師がただ「尚書」と呼んだのだ。尚書が「ハイ」と応諾した。どちらも、そのものズバリの丸出しだ。わからないはわからないで、丸出しだ。丸出しとは理窟が何もついていないことだ。

仏法の筋道は、一応わからなくてはいけないけれども、わかったというのは、まだニセモノだ。知はこれ妄覚だ。だからわかったら更にその知を捨てて、不会に到らなくてはだめだ。これを徹底した不会という。尚書の今の不会は、はたしてどの不会であるか、参究ものだ。

師云く「汝若不会。世尊密語。汝若会。迦葉不覆蔵」。前に言っておいた、漢文和訳の問題がここにある。汝、会せざるが若き世尊の密語なり、汝、会するが若き迦葉の不覆蔵なり、と和訳するか、或は、汝、かくのごとく不会なる、これ世尊の密語なり、汝、かくのごとく会する、これ迦葉の不覆蔵なり、と和訳すると、一読明瞭となる。

密語と不覆蔵と、是れ一か、是れ二かと、三光老人も好箇の参究問題を提示している。

畢竟、何事を密語し、何事を覆蔵せずというのか。百パーセント丸出しだ。どこを探しているのか。

世尊密語問雲居　　世尊の密語、雲居に問う。
迦葉何蔵召尚書　　迦葉、何ぞ蔵さん、尚書と召す。
応諾任他渠不会　　応諾さもあらばあれ、渠《かれ》の不会なること。
秋天月白夜禅初　　秋天月白く、夜禅の初め。

第三五則　大同十身

投子山大同禅師。因僧問。如何是十身調御。

師下禅床。叉手而立。僧云。凡聖相去多少。

師また下禅床。叉手而立。

投子山の大同禅師、因みに僧問う。如何ならんか是れ十身調御《じっしんちょうご》。師、

禅床を下りて、叉手して立つ。僧云く、凡聖相去ることいくばくぞ。

師また禅床を下り、叉手して立つ。

投子山の大同禅師に、僧が親しく問うた。如何ならんか是れ十身調御と。十身調御とは仏身ということだ。仏身についてては、一身、二身、三身、四身、五身、六身、十身と、『仏教大辞典』には細かく出ているが、今は仏教教理の問題ではない。活きた仏身を問うたのだ。

調御とは調御丈夫の略で、仏の十号のひとつである。「仏あるときは柔軟語を以て、あるときは苦切語を以て、能く丈夫を調御して善道に入らしむるが故に、調御丈夫と名づく」とある。

師、禅床を下って、叉手して立つ。そのとき大同禅師は禅床の上で坐禅して居られたとみえる。叉手とは右手の親指をにぎって胸に当て、左手でその上を覆うことだ。今日、曹洞宗ではその逆をやることになっている。叉手して立ったのは何を示したのか。活きた仏の現成を示したにちがいないことは申すまでもないが、物まねではだめだ。ピチピチと活きて居らねばだめだ。それはその時の動作、態度にその気合が光っていたであろうけれども、書物には書けない。やむを得ず、なんとか言句であらわすより外はない。「天上天下、唯我独尊！」とでもいうかなあ。

僧云く、凡聖のあい去ることいくばくぞ。凡夫と仏と、どこかちがいますかいと、喰い下がったおもむきがある。

師また禅床を下って、叉手して立つ。「天に二日なし、乾坤ただ一人」か。仏も一人前、凡夫も一人前かなあ。

赤ちゃんも一人前、老人も一人前、なに？　二人前食ってしまった？　それでも一人前だよ。但し、腹痛を起こすかも知れないよ。

もし調御丈夫などと、仏くさいことを道うたら、当面に蹉跎《さた》するぞ。蹉跎はつまずくことだ。失敗することだ。叉手して立った所の表面の姿だけ見ていてはだめだ。その精神を看てとるのだ。だが、僧の問話も、大同の答話も、どっちもどっちだ。みっともないぞ。それをまた考える奴、なんのざまだ。顔でも洗って来なされよ。本分上からはこう言えるだろう。

聖凡何異十支身　　聖凡なんぞ異ならん、十支の身。
叉手当胸立者真　　叉手当胸、立者真なり。
法戦誰知調御事　　法戦、誰か知る、調御の事。
全同全別太平人　　全同全別、太平の人。

第三六則　徳海霊山

朗州徳山徳海和尚。因僧問。霊山一会。何人得聞。師云。闍梨得聞。僧云。未審。霊山説箇什麼。師云。即闍梨会。

朗州《ろうしゅう》徳山の徳海和尚、因みに僧問う、霊山の一会、なんぴとか聞くことを得る。師云く。闍梨聞くことを得。僧云く、いぶかし、霊山、箇のなにをか説く。師云く、即ち闍梨会せり。

朗州徳山の徳海和尚は保福の法を嗣いだ。因みに僧問う。霊山の一会、なんぴとか聞くことを得る。そのかみ釈尊が霊山会上において、華を拈じて衆に示したという話は有名であるが、それにことよせて、この僧は、人々脚下の霊山会上を問うているらしい。

師云く、闍梨聞くことを得。お前さんの聞いている通り昏じ来たれば眼を合す。朝から暮れに至るまで、暮れより朝に至るまで、霊山の一会三昧じゃないか。『法華経』にも、常在霊鷲山とある。釈尊だけのことではない。誰もみな霊鷲山の行住坐臥ばかりしている。

僧云く、いぶかし、霊山、箇のなにをか説く。不審千万だ。仏は霊山会上で何を説いたのか。『法華経』を説いたなどというが、胡散くさいぞ。一体全体、説くべき法がどこにあるのかなあー！

師云く、即ち闍梨会せり。そのとおり、そのとおり。徳海和尚、人をおだてなさるな。むやみにほめると増長する。油断する。猿が木から落ちる。ほめられたら警戒すべきものだ。叱られたら奮発すべきものだ。

徳海和尚の指導ぶりは親切なものではあるが、実は意地が悪いものだとさ。言葉の表面から見てはいけないということだ。「おえらい、おえらい」と冷やかされることもあるぞ。

霊山の一会などと、遠方ばかり見ていないで、自分の足許に気をつけよ。天上の月をむさぼり見て、手中の玉を失却することなかれだ。問話の僧はそれほど馬鹿ではないようだが、この公案に参ずる人々への注意だ。

徳海霊山説什麼　　徳海霊山、なにをか説く。
闍梨聞否酔人歌　　闍梨聞くや否や、酔人の歌。
親言逆耳誰呑却　　親言は耳に逆らう、誰か呑却す。
瞬目拈華酒債多　　瞬目拈華、酒債多し。

第三七則　乾峯一路

越州乾峯和尚。因僧問。十方薄伽梵。一路涅槃門。未審。路頭在什処。師以拄杖指云。在這裏。

越州の乾峯和尚、因みに僧問う、十方薄伽梵《ばぎゃぼん》、一路涅槃門、いぶかし、路頭いずれの処にかある。師、拄杖を以て指して云く、這裏にあり。

越州の乾峯和尚は洞山良价禅師の法嗣である。因みに僧問う「十方薄伽梵、一路涅槃門、いぶかし、路頭いずれの処にかある」と。十方は東西南北と四維と上下だ。薄伽梵は梵音を漢字で表したものである。薄伽梵には、自在、熾盛、端厳、名称、吉祥、尊貴の六義があるといわれているが、ここでは仏のことと見ておく。涅槃も梵語の音訳で、円寂または滅度と意訳されている。仏の境界、悟りの境地のことだ。

「十方薄伽梵、一路涅槃門」は『首楞厳経』にある。僧はこの語を引用して一問を発した。十方世界、どこもかしこも仏ばかりだ。往くも還るも、起つも坐るも、悉く涅槃の一路のみであり、仏境界の往来ばかりだということだ。それなら、路頭いずれの処にかある、問うのがおかしいぞ。いぶかしだ。

この僧、問いの形で答を呈しているなら、呈解問であり、問所の道得であるが、どうもそうでないらしい。薄伽梵が薄伽梵を問い、一路が一路をたずねているようだ。大いに牛に乗って、牛を求むるに似たりだ。

「師、拄杖を以て指して云く、這裏にあり」。ここで尊答を謝し奉ると出てこなくてはだめだ。這裏とはここということだ。ここはどこか。ここでない処はない。どこ行ってもここだ。それなら探すのが心得ちがいだ。

けれどもなあ、探さなくてはだめだよ。はじめから探さないで、ここだという理窟をおぼえただけで、それでよいと思っているのが、学問禅だ。観念禅だ。野狐禅よりもはるかにお粗末だ。

いのちがけになって探して、なるほどここだと、十方薄伽梵を、涅槃の一路を、活きたまま捕まえなくてはだめだ。捕まえたことを悟りというのだ。頭でわかったのは知見解会だ。妄覚だ。妄想だ。足の裏でわからなくてはだめだ。

さて、『碧巌録』の第二十四則鉄磨《てつま》牸《じ》牛《ぎゅう》の公案に対して、雪竇禅師が次の頌を書いておられる。「曽騎鉄馬入重城。勅下伝聞六国清。猶握金鞭問帰客。夜深誰共御街行」。

乾峯和尚が拄杖を以て指して云く、這裏に在りと示されたご指導ぶりは、千軍万馬の老大将が、御街を指して人に示すが如く、絶対権威の立場に居られると、三光老人がほめている。それから更に一転して、老人はひどいことを言っているぞ。

看ろ、拄杖のやつめが、とうとう目の前で脱糞しやがった。恥も外聞もない。絶体絶命、切羽詰まったと見えるわい。この拄杖の糞っ垂れ！　と。さて、これはなんのことだろう。参！

乾峯一路涅槃門　　乾峯一路、涅槃門。
十方拈来這箇存　　十方拈じ来たって、存す。
杖子何曽干箇事　　杖子なんぞ曽って、箇事に干らん。
山花似錦夕陽村　　山花、錦に似たり、夕陽の村。

第三八則　雪峯火爐

福州雪峯山真覚大師。指火爐謂玄沙云。三世諸仏。尽在裏許転大法輪。沙云。近日王令稍厳。師云。作麼生。沙云。不許人攙奪行市。

福州雪峯山の真覚大師、火爐を指して玄沙に謂って云く、三世の諸仏ことごとく裏許《りこ》に在って、大法輪を転ず。沙云く、近日王令《おうれい》やや厳なり。師云く、そもさん。沙云く、人の行市《こうし》に攙奪《さんだつ》することを許さず。

福州雪峯山の真覚大師は徳山の法嗣で、諱は義存。あるとき火爐を指さして、玄沙に謂って云く、三世の諸仏、ことごとく裏許に在って大法輪を転ずと。三世の諸仏だの、裏許に在ってだのというのは、言葉のあやだ。端的に言うと、火炎が大説法をしているということだ。なにも火炎だけのことではない。山も川も、松も竹も、猫も杓子も年がら年中、大法輪を転じている。

何も珍しいことではない。刹説、衆生説、刹三世一切説だ。蘇東坡は「谿声便是広長舌。山色無非清浄身。夜来八万四千偈。他日如何挙似人」というている。香厳は竹の説法を聞いて悟った。霊雲は桃花の説法を聞いて悟った。縁覚は飛花落葉を見て悟るというではないか。これを無常説法というわい。

沙云く、近日王令やや厳なり。近ごろは政府の取り締まりがきびしゅうございますよと。雪峯云く、そもさん。沙云く、人の行市に攙奪することを許さず。かっぱらいなどをすると、つかまって、ひどい目にあいますぞ。うさんくさいことは仰せにならない方が宜しゅうございますと。婉曲に師匠をやりこめているわい。

雪峯老漢が、三世の諸仏、裏許に在って大法輪を転ずとは、よくも言うたが、まだその証拠が不十分だと、三光老人は抑えている。玄沙は雪峯の弟子仲間でも、一人抜群だ。師匠の雪峯に対しても、ご無理を、ご尤もだ、などと言うなりにはならない。けれども、この三光老人から見ると、未だ的を外れていると、気《き》焔《えん》万丈《ばんじょう》だ。そして、「もし、かまどが口を開こうとしたら、露柱が眉をひそめるぞ」と言っている。説くべき法が何処にあるかと、言わんばかりの剣幕だ。

火爐炎炎転法輪　　火爐炎炎として、法輪を転ず。
玄沙不肯太平民　　玄沙肯わず、太平の民。
千謀百計南柯夢　　千謀百計、南柯の夢。
紅雪翩翻劫外春　　紅雪翩翻たり、劫外の春。

第三九則　道怤失利

杭州龍冊寺道怤和尚。因僧問。新年頭還有仏法也無。師云。有。僧云。如何是新年頭仏法。師云。元正啓祚。万物咸新。僧云。謝和尚答話。師云。老僧今日失利。又。僧問明教。新年頭還有仏法也無。教云。無。僧云。年年是好年。日日是好日。為什麼卻無。教云。張翁喫酒李翁酔。僧云。老老大大。竜頭蛇尾。教云。老僧今日失利。

杭州龍冊寺《りゅうさくじ》の道怤《どうふ》和尚、因みに僧問う、新年頭また仏法ありや、また無しや。師云、有り、僧云く、如何ならんか是れ新年頭の仏法。師云く、元正《げんしょう》啓祚《けいそ》、万物咸《ことごと》く新たなり。僧云く、和尚の答話を謝す。師云く、老僧今日失利《しつり》。また僧、明教《みょうきょう》に問う、新年頭また仏法ありや、また無しや。教云く、無し。僧云く、年年是れ好年、日日是れ好日、なんとしてかまた無き。教云く、張翁《ちょうおう》、酒を喫すれば李翁《りおう》、酔う。僧云く、老老大大、竜頭蛇尾。教云く、老僧今日失利。

杭州龍冊寺の道怤《どうふ》和尚は雪峯の法嗣であって、順徳大師と謚されている。因みに僧問う、新年頭、仏法ありやまた無しや。大師云く、有り。如何ならんか是れ新年頭の仏法。師云く、元正啓祚、万物咸く新たなり。元正はお正月のことだ。啓はひらく、または申すだ。祚はさいわいだ。福、禄等のことだ。元正啓祚とは、新年おめでとうということだ。万物咸く新たなりは、読んで字の如しだ。

新年頭の仏法といって、別にかわったことが有る筈はない。けれども何でもかんでも、そのままの仏法は、真っ赤なニセモノだ。われわれの日常生活の外に仏法は涓滴もないことを、底の底まで窮め尽くした上でのご相談だ。上滑りしたら、とんでもない間違いとなる。この僧、はたしてどの程度に受け取ったか知らないが、和尚の答話を謝すと、素直に頭を下げた。頭を下げられて、大師は、老僧本日失利と言われた。

失利とは損をしたとか、失敗したとかいうことだ。なぜ失利といわれたのか。そこが参究のしどころだ。当たり前のことを、当たり前に言ったのだが、なぜそれが失利か。当たり前のことなら、言うだけ余計なことではないか。余計なことと知りながら、問われたから、答えたのであろう。知而故犯だ。仏祖は損ばかりしている。損するのが仏法の商売だ。絶妙な商売だなあ！

明教は新年頭に仏法無しと答えた。すると僧が「年年是れ好年、日日是れ好日」。年から年中おめでたい日ばかりであるのに、お正月に仏法が無いとは、それは一体どういうわけですかと、喰い下がった。明教云く、張翁酒を喫すれば、李翁酔うと。この語は無実の罪を言うと、字典にはあるけれども、禅門ではあらゆる言句を自由奔放に駆使して、法の妙所を示すことになっている。隣の親爺が酒を呑んだら、向かいの婆さんが酔っ払ったとさ。すべてが一つだという世界が手に入ると、そういうことは朝飯前の仕事だ。子がほめられると親がよろこぶだ。親が悪く云われると、子が腹を立てる。当然のことだ。

吉凶禍福もまたそのとおりで、あざなえる縄のごとしだ。人間万事塞翁が馬だ。凶中に吉あり、吉中に凶ありだ。「元日や冥途のたびの一里塚。めでたくもあり、めでたくもなし。ご用心」と一休は皮肉を言ったというが、皮肉ではない。これが人生の真実だ。元日には死なないものだと、誰が言えるかい。

「僧云く、老老大大、竜頭蛇尾」。「老老大大」はほめる言葉だ。「竜頭蛇尾」はけなす言葉だ。ほめたり、けなしたり、上げたり、下げたりか。言貶《ごんぺんい》意揚《よう》ということもあり、卓上の抑下ということもある。こん畜生め、やったな！とほめることもあれば、おえらい、おえらいと冷やかすこともある。頭でっかちの、尻つぼまりと言ったからとて、くさしたものと、決まってはいない。この僧なかなか隅にはおけん奴かも知れない。

教云く、老僧今日失利と。人を知るは智なり己を知るは明なりというが、この老僧よく己を知っていると見えて、今日失利と言うている。なるほど老々大々、竜頭蛇尾だ。

さて、西洋人の思想では、対立の世界から一歩も出ることはできない。権利義務という観念でコチコチになっている。それだから失利では承知できない。これはその標本だ。仏法は失利の尊いことを教える宗教だ。看よ看よ、世界中の人が法として誰か失利ならざるものぞだ。親は子のために失利し、子は親のために失利し、夫は妻のために失利し、妻は夫のために失利し、勤労者は資本家のために、資本家は勤労者のために、無生物は生物のために、生物は無生物のために、それぞれ失利している。これが本当の道というものだ。お互いに捧げ合ってこそ、世の中が成り立つし、そしてそこに細やかな情味がある。

権利義務でやっとこ、すっとこ、つり合いを保っている世の中には、五倫五常の道は無い。あるのは算術だけだ。それだから仁術が影をひそめる。こんなお粗末な思想を、東洋の君子国といわれる日本で、有り難がって、真似するとは何事であるか。顔でも洗って出直したらよかろう。

両老新春相互酟　　両老新春、あい互いに酟す。
年頭仏法有還無　　年頭仏法、有りやまた無しや。
張翁喫酒李翁酔　　張翁、酒を喫すれば、李翁酔う。
失利明明美似珠　　失利明明として、珠よりも美なり。

第四〇則　宝寿瞎却

鎮州宝寿第二世和尚。開堂。三聖推出一僧。師便打。聖云。你恁麼為人。非但瞎却這僧眼。瞎却鎮州一城人眼去。師。擲下拄杖便帰方丈。

鎮州宝寿《ほうじゅ》の第二世和尚、開堂に、三聖《さんしょう》、一僧を推し出す。師便ち打つ。聖云く、なんじが恁麼の為人、ただ、這の僧の眼を瞎却《かっきゃく》するのみにあらず、鎮州一城の人の眼瞎却し去ること在らん。師、拄杖を擲《てき》下《げ》して、便ち、方丈に帰る。

鎮州宝寿寺の第二世和尚は宝寿の沼禅師の法嗣である。開堂は祝国開堂ともいって、正伝の仏法の道場開きである。その時、三聖が一人の僧を推し出して、参問させた。三聖は臨済大師の法嗣で、その名を慧然という。道場開きの応援に来ていたと見える。

宝寿の二世和尚は、その僧がまだ一問も発しないうちに、すばやく一棒を与えた。第三十一則のところで、徳山が、まだ船舷にまたがらざるに、好し三十棒を与えんと云っているが、先聖後聖その揆一なりとでもいうのかなあ！　揆とは法とか道とか云うことだ。

すると三聖が「なんじ」と云っているから後輩とみえる。お前さんそんな風にめくら滅法界に人を打つと、ただこの僧をめくらにしてしまうだけでなく、鎮州一城の人をいやいや、天下の人の眼をつぶしてしまいますぞと。これは三聖が宝寿を叱ったのか、それともほめたのか、底には底が幾重にもあるから、うかつに言葉の表面だけ見てはならない。

瞎は、目偏に、害するという字がついている。目をつぶすということであり、めくらのことでもある。めくらにもいろいろある。まず凡瞎というのは凡夫のおめくらさんだ。表面の対立の姿に目がくらんで、内面の一つという世界の見えないめくらだ。世界中の学者も無学者も、凡夫であるかぎり、全部凡瞎だ。

次は邪瞎だ。邪瞎というのは断見か、常見か、或断或常の見か、いずれかの偏見邪見に目がくらんで、真実の道が見えないというめくらだ。この中には、大科学者も、熱烈な迷信教の信者も入っている。

次が正瞎だ。正瞎というのは、凡瞎や邪瞎の目がつぶれて尽界一法（法とは現象のことだ）の見るべきものなしという悟りのまなこの開けた目だ。だから悟った人のことを正瞎というのだ。だがこれはまだ悟りというものを珍重しているので、めくら自慢の域を脱し得ない段階である。

最後は真瞎だ。または超瞎というめくらだ。これが仏様の目だ。仏法ではめくらといえば、あらゆる階級の人を、全部、めくらという一語で分類し、説明することができる。しかもめくらの正邪深浅がそれで明確になる。

さて三聖が瞎却といったのは、はたしてどのめくらを指したものか。そこが参究のしどころだ。仏祖は人にめつぶしをくれるのが仕事だ。宝寿和尚も相当にめつぶしをくれる力が、出来たからこそ開堂したのであろう。それで宝寿も、三聖の言葉のうらのうらまで、良く受け取ったであろう。師、拄杖を擲下して、さっさと方丈へ帰った。

宝寿開堂打一僧　　宝寿開堂、一僧を打つ。
棒頭有眼太清澄　　棒頭に眼有り、はなはだ清澄。
由何三聖漫推出　　何によってか三聖、漫りに推し出す。
瞎漢元来足歎称　　瞎漢元来、歎称するに足る。

第四一則　石頭露柱

挙。南岳山石頭無際大師。因僧問。如何是祖師西来意。師云。問取露柱。僧云。某甲不会。師云。我更不会。

挙す、南岳山の石頭無際大師、因みに僧問う、如何ならんか是れ祖師西来意《せいらいい》。師云く、露柱に問取せよと。僧云く、それがし不会。師云く、われ更に不会なり。

南岳山の石頭無際大師は青原の法嗣で、諱を希遷という。因みに僧問う。如何ならんか是れ祖師西来意。祖師とはここでは達磨大師のことだ。西来とは、西天の印度から東土の支那へお出でなされたことだ。達磨大師が印度から支那へ、お伝えなされた仏教の大精神を問うたのだ。いや、活きた仏法そのものを問うているのだ。

多くの祖師方がこの問いに対して、いろいろな示し方をしておられる。趙州は庭前の柏樹子と答えた。すると問話の僧が、和尚、境を以て人に示すことなかれと、喰い下がった。すると趙州、われ境を以て人に示さずと、お答えなされた。すると僧が、如何ならんか是れ祖師西来意と再問した。すると趙州、再び庭前の柏樹子と答えた。柏樹子と聞いて、境の会をなすような頭では、本則の無際大師の答話も断じて受け取れない。

石頭云く、露柱に問取せよ。露柱とは柱のことだ。露はあらわれているということで、つゆのことではない。柱に聞いてみよということだ。柱が年がら年中、祖師西来意を説きどうし説いているとさ。「灯籠、露柱、しばし低声」という語がある。灯籠も露柱も祖師西来意を説きどおしで、うるさくて仕方がない。まあしばらく低声、低声と、古人も言うている。雨竹松風みな禅を説くともいう。

さてその声が聞こえるかなあ。凡夫の耳で聞いたのは真っ赤なにせものだよ。柱はたて、敷居はよこと説いている？　それを凡見凡情というのだ。柱はよこ、敷居はたてと説いているのが聞こえるかい。それは逆だ？　逆だよ。だが順逆は凡夫の物差しだ。露柱の説法に順逆の紋切型はない。逆順縦横だ。『金剛経』の筆法を拝借すると、「露柱、露柱に非ず、これを露柱と名づく」ということになる。露柱に非ずが見えてからのご相談だ。

僧云く、それがし不会。えらいぞ！　徹底不会なら偉いというのだ。単なる不会は落第だ。会する余地がどこにありますか。丸出し、丸出しで、文句をつける余地はありますまい。頭に描く余地は全くありませんという不会なら、聊か話せると言うのだ。

師云く、われ更にふえなり。あざやかなご指導ぶりだ。これに説明を加えたら、あたら、正宗の名刀が竹光になってしまうから、やめておく。

西来祖意問来親　　西来の祖意、問い来たること親し。
雪裡梅花説去頻　　雪裡の梅花、説き去ること頻なり。
不老何干渠不会　　不老何ぞ干せん、かれの不会。
看看劫外数枝春　　看よ看よ劫外、数枝の春。

第四二則　鏡清近離

鏡清問僧。近離甚処。云。三峯。師云。夏在甚処。云。五峯。師云。放你三十棒。云。某甲過在什麼処。師云。為你出一叢林入一叢林。

鏡清《きょうせい》、僧に問う、近離いずれの処ぞ。云く、三峯。師云く、夏、いずれの処にか在りし。云く、五峯。師云く、なんじに三十棒をゆるす。云く、それがしの過、いずれの処にありや。師云く、なんじ一叢林を出でて、一叢林に入るがためなり。

鏡清は雪峯の弟子だ。道怤禅師といわれた人で、啐啄同時の宗風で名高い人だ。適時、適法、適度をあやまらない人だ。「近離いずれの処ぞ」とは、どこから来たかということだが、もちろん師家の探竿影像《たんかんようぞう》だ。探り棒だ。旅行の話ではない。この僧は旅行話と受け取ったな。三峯から来ましたとは情けない。こいつめくら坊さんらしい。「夏、いずれの処にか在りし」と。もう一返ダメを押してみた。夏の接心はどこでやったのか。ハイ、五峯でやりましたとは、この僧全くよそ見している。そこで出し抜けに小言だ。「なんじに三十棒をゆるす」。貴様、一、三十ぶんなぐってやるべきだが、棒が汚れるからやめておくわい。なぐってやる価値もないと、突っぱねた。

僧云く「それがしの過、いずれの処にありや」。どこが悪うございましたかとは、正直は正直だ。うぶでいいところがある。師云く「なんじ一叢林を出でて、一叢林に入るがためなり」。貴様は、アッチの叢林でまごまご、コッチの叢林でふらふら、何のざまだ？　この宿無し犬め！　これで気がつかなくては仕方がない。

鏡老探竿水浅深
三峯乱雪五峯霖
踉踉可笑参禅客
出一叢林入一林

鏡老探竿、水浅深。
三峯の乱雪、五峯の霖。
踉踉笑うべし、参禅の客。
一叢林を出でて、一林に入る。

第四三則　帰宗断蛇

廬山帰宗山智常禅師。剗草次有一座主来参。偶見一蛇過。師遂鋤断之。主云。久響帰宗。元来是箇麤行沙門。師云。你麤我麤。主曰。如何是麤。師竪起鋤頭。主曰。如何是細。師作斬蛇勢。主云。与麼則依而行之。師云。依而行之且致。你甚麼処見我斬蛇。主無対。

廬《ろ》山帰《さんき》宗寺《そうじ》の智《ち》常《じょう》禅師、草を剗《か》るついでに、一座主あって、来参す。時に一蛇《いちだ》が過ぐるを見る。師、遂に之を鋤断《じょだん》す。主云く、久しく帰宗ときこゆ。元来これ箇の粗行の沙門。師云く、なんじ粗なりや、われ粗なりや。主曰く、如何ならんか是れ粗。師、鋤頭を竪起す。主曰く、如何ならんか是れ細。師、斬蛇の勢をなす。主云く、与麼ならば則ち依って之を行ぜん。師云く、依って之を行ずることは且くおく。なんじいずれの処に我が斬蛇《ざんだ》を見る。主、無対。

廬山帰宗寺の智常禅師は馬祖の法嗣であり、麻《ま》谷《よく》や南泉と兄弟である。この三人が南陽の慧忠国師を訪問しようといって、一緒に出かけたという話が『碧巌録』の第六十九則に出ている。南泉は猫を斬ったという話で有名であるが、帰宗は蛇を斬ったという。二人共物騒な人物だ。だが禅門では物騒な人物を貴ぶ。

帰宗がある日草刈りをしていたところへ、一人の座主が来た。座主というから、仏教学者と見える。たまたま其処へ蛇が出て来た。帰宗がそれを鋤でチョンと切ってみせた。蛇はとんだ災難に逢うた。だが帰宗のような名人に斬ってもらったのだから、忽ち成仏したかも知れない。閑話休題。

之を見た座主はびっくりしたとみえる。口をとがらせて抗議を申し込んだ。帰宗の智常禅師と、久しい間、名声が天下に響くのを聞いていたが、来て見たら、元来これ粗行の沙門だ。乱暴至極の坊さんだと。

帰宗云く、お前さんが乱暴なのか、それともわしが乱暴なのかと逆襲した。すると座主がいくらか気がついたと見えて、如何ならんか是れ粗と問い返した。帰宗が鋤を立てて見せた。次ぎに、如何ならんか是れ細と問うた。帰宗が蛇を斬る勢いを示した。これで多少、納得したと見えて、与麼ならば則ち依って之を行ぜん、仰せのとおりに致しますと、言い出した。

帰宗云く、依って之を行ずることは且くおく、なんじいずれの処にか、我が斬蛇を見る。蛇を斬った精神が見えたかと、どこまでも追及だ。主、無対とあるが、この無対をどうみるか。行き詰まっての無対か。それとも、無対を以て対えたのか、参。

帰宗鋤断一条蛇　　帰宗鋤断す、一条の蛇。
細細粗粗日已斜　　細細粗粗、日すでに斜なり。
依行斬除誰識得　　依行斬除、誰か識得す。
廬山路上弄蝦蟆　　廬山路上、蝦蟆《がま》を弄す。

第四四則　大潙徹困

大潙陞堂次。有僧出云。請和尚為衆説法。師云。我為你得徹困也。僧。作礼。

大潙陞堂《しんどう》する次いで、僧有り、出でて云く、請うらくは和尚、衆の為に説法したまえ。師云く、我汝が為に徹困なることを得たり。僧、作礼す。

大潙山の大円禅師があるとき陞堂なされた。陞堂は、陞座《しんぞ》とも、上堂ともいって、説法の座にのぼることだ。陞座、著坐、下座、一々が立派な説法であり、大光明を放っているが、聞こえたのかな？　ときに僧あり、出でて云く、請うらくは和尚、衆の為に説法したまえと。この僧、潙山の説法が聞こえているのに、わざと下手に出て、潙山をゆさぶって、何とか潙山に言わせようとしているのではあるまいか。潙山云く「我汝が為に徹困なることを得たり」。わしはお前さんのために（大衆のために）婆心徹困の説法をしているよ。僧、作礼す。この僧がすなおに礼拝したところ、ただ者ではないらしい。潙山門下の久参底と見える。徹困の困は「悃」の略字だ。悃は誠心誠意のことだ。

潙山徹困已陞堂　　潙山徹困、已に陞堂す。
説法円成舌太長　　説法円成、舌、はなはだ長し。
作礼衲僧何不会　　作礼衲僧、何ぞ不会ならん。
春来正識百花香　　春来たって正にしる、百花の香ばしきことを。

第四五則　玄沙三乗

玄沙。因僧問。三乗十二分教即不要。如何是祖師西来意。師云。三乗十二分教総不要。

玄沙、ちなみに僧問う。三乗十二分教はすなわち要せず。如何ならんか是れ祖師西来意。師云く、三乗十二分教はすべて要せず。

三乗はこれまでも出ていたとおり、声聞乗と縁覚乗と菩薩乗のことである。十二分教とは十二部教ともいって、仏一代の説法を十二に分類したものだ。詳しいことは『仏教大辞典』に出ている。

この僧、思想仏教、講釈仏法はもう沢山です。達磨大師のドテッ腹を見せて頂きたいと言ったような問いぶりだ。さて玄沙師備大師のお答えはどうか。

師云く、三乗十二分教、すべて要せず。そうなんだよ。三乗十二分教に説いてあるところの迷悟、凡聖、得失、娑婆、浄土など、きれいさっぱりと、全部捨ててしまいなさい。そうすると、祖師西来意の丸出しになるわい。

あまり簡単だから、三光老人の拈評を参照する。老人曰く、三乗十二分教など全部不必要だ、などというのは誰だい。三乗十二分教と、祖師西来意と、どれだけ違うというのかい。玄沙大師の直指には、何の申し分もないが、貴様達の受け取り方ではだめだ。西来西来と、印度ばかりながめているなよ。東土の人を看よだ。人々の足許を看よだ。どこに不足があって、三乗十二分教などを求めるのか。

咄！　咄！　咄！　と。咄は叱る声だ。

三乗十二悉西来
祖祖単伝劫外春
立雪神光唯得髄
清香馥郁一輪開

三乗十二、悉く西来。
祖祖単伝す、劫外の春。
雪に立つ神光、ただ髄を得たり。
清香馥郁、一輪開く。

第四六則　趙州四門

趙州。因僧問。如何是趙州。師云。東門南門西門北門。僧云。不問這箇。師云。你問趙州。聻。

趙州、因みに僧問う、如何ならんか是れ趙州。師云く、東門南門西門北門。僧云く、這箇を問わず。師云く、なんじ趙州を問う、聻。

ここに出て来た僧は一癖ある奴と見える。如何ならんか是れ趙州と問うたところに、趙州老漢をひっかけようとしている。

さすがの老趙州だ。この僧の腹の中を十二分に見抜いて、東門南門西門北門と答えた。老趙州の境界も、趙州城の光景も、一返に丸出しにして示した。

僧云く、這箇を問わずと。この僧は趙州が単に趙州城を以て、答えたものと勘違いをした。見事に趙州和尚から背負い投げを食った。

「師云く、なんじ趙州を問う、聻！」聻は丸出しにして示すことだ。お前さん趙州を問うたじゃないか、そーら丸出しだ。まだ見えんか、めくら坊主めと、言わんばかりだ。

支那では治安が行き届かなかったので各都市ではそれぞれ自衛の途を講じて、都市の周囲を高い墻壁で囲んで、東西南北に門を設け、夜はその門を閉じて、集団強盗の襲来を防いだ。それで趙州城にも四門が設けてあったと見える。

「一夫、関に当たれば、万夫も開く莫し」と李白の詩にあると言うが、仏法からいうと、全宇宙はただこれ一箇の関門だ。趙州老漢の境界かなあ！　この関門は見ようとしたら絶対に見えない。目玉が目玉を見ることができるかい。われにある三昧、われも亦知らずというわい。見んと擬すれば白雲万里だ。自分の鼻でもひねってみよ。あ痛た！それで、気がつかなければ仕方が無い。

更に参ぜよ、三十年。

東西南北趙州門　　東西南北、趙州の門。
老漢何干市井喧　　老漢なんぞあずからん、市井のかまびすしきに。
問者不知言外意　　問者知らず、言外の意。
山花水竹夕陽村　　山花水竹、夕陽の村。

第四七則　大潙指鞋

大潙一日坐収足次。乃指鞋謂仰山云。十二時中承他負載。不可辜他。仰云。昔日給孤独園中只説者箇。師云。未在更道。仰云。寒時与他韈也。不為分外。

大潙一日、坐して収足する次いで、乃ち鞋《あい》を指さして仰山に謂って云く、十二時中、他の負載を承く、他に辜《そむ》くべからず。仰云く、そのかみ給孤《ぎっこ》独園《どくおん》の中、また只、者箇を説く。師云く、未在、さらに道うべし。仰云く、寒時、他のために韈《べつ》を著くること、分外《ぶんげ》と為さず。

禅の問答というものは、いつも法の第一義をやりとりするのが本筋である。すなわち、自己本来の面目の応酬である。この公案も、潙山と仰山とが鞋（わらじ）の話をしているようであるが、実はわらじをとらえて、本来の自己の話をしているのである。

大潙山大円禅師がある日、わらじをぬいで、坐禅なさるついで、そのわらじを指さして、弟子の仰山に謂って云く、十二時中、朝から晩まで、いつもいつも、わらじのおかげを蒙っている。わらじのご恩に背いてはならんのう、と仰せになった。わらじのご恩とは、すべてのご恩だ。われわれが存在するのも、生活するのも、修行するのも、法成就に至るのも、ただただ、すべてのご恩のおかげによるものである。これを大別して説明すると、父母、衆生、国王、三宝の四つの恩となる。

われわれは四恩の結晶である。本来の自己の出処進退も、四恩の外には何もない。だから己を全部、四恩に捧げるのが当然である。釈尊一代の説法も、このことを説いたに外ならない。これを一言につくせば無我だ。だから仰山云く「そのかみ給孤独園の中、また只、者箇を説く」と答えた。者箇とはこれということだ。箇の一大事因縁のことだ。給孤独園とは詳しくは、祇樹給孤独園《ぎじゅぎっこどくおん》といい、略して祇園という。祇園精舎のことだ。

師云く、未在、さらに道え。まだ不十分だ。さらに道いなおしてみよと、再検討だ。仰山云く、寒時、他のために韈をつくること、分外となさず。この言葉の表面をみると、わらじに足袋をはかせるというようなことになるが、そんなことではあるまい。「はい、寒い時は足袋をはきますわい」と、いうことではあるまいか。それなら当たり前のはなしではないか。そうだよ。当たり前の外に仏道があるかい。

潙山父子はまことに親密だ。この父にしてこの子ありだ。寒時、熱時、ただはい、はいだ。「孝順は至道の法なり。孝を名付けて、戒（仏性戒）となす」ともある。

孝行は、なに、むずかしきことやある
ただはいはいと、かしこまるのみ

双鞋載体往還来　　双鞋、体を載せて、往いてまた来る。
熱暑寒時不厭陪　　熱暑、寒時、陪すること厭わず。
箇是独園無説説　　箇は是れ独園、無説の説。
与他供韈雪深哉　　他のために韈を供せん、雪深き哉。

第四八則　玄沙馳書

玄沙一日令僧馳書上雪峯。峯上堂。接得書開見。是一幅紙。乃呈大衆云。会麼。良久云。不見道。君子千里同風。僧回挙似師。師云。山頭老漢。蹉過也不知。

玄沙一日、僧をして書を馳《は》せて、雪峯にたてまつらした。峯、上堂に、書を接得して開き見るに、これ一幅の紙《し》なり。乃ち大衆に呈して云く、会すや。やや久しうして云く、道うことを見ずや、君子は千里同風と。僧かえって師に挙似す。師云く、山頭の老漢、蹉過《しやか》すれども、また不知なり。

玄沙師備大師がある日、僧をつかわして、書簡を師匠の雪峯に差し上げた。雪峯が上堂の時、大衆の面前でその書簡を開いて見たら、一枚の白紙が入れてあった。雪峯がその白紙を大衆に呈示して云く、会すや。どうだ、わかったか。やや久しゅうして云く「道うことを見ずや、君子は千里同風と」。

千里同風とは遠方まで同じ風が吹く、世の太平なる義だと字典にはあるが、ここでは雪峰と玄沙と知音同志だとの意にとる。南陽𡻕の慧忠国師の語だといわれている。

使いの僧が帰ってきて、師備大師に報告した。すると師備大師云く、雪峰山の存老漢、蹉過すれども、また不知と。蹉過とは、つまずき、しくじることだ。雪峰老漢が千里同風だなどといって、とんでもない、しくじりをしていながら、それも存知ないわいと。えらい弟子が出来たものだ。もちろん、これは、師弟互いに、百錬千鍛するところの法戦だ。

昔から玄沙大師には「奪父の機」があると言われている。奪父の機とは親まさりの働きということだ。だが玄沙は、雪峰の腹を本当に見抜いたかな。雪峰が千里同風と道うたが、これ果たして仏法に適当しているかどうか。之に対して玄沙は蹉過というたが、その精神はどうか。蹉過の宗旨とでも言うたらよいかなあ！

耽源には宰負の宗旨というのがあった。

仏法では最も親しい間柄を宰負というわい。師匠とおれとはピッタリだなどと言っているうちは、まだ二等品だ。師匠とおれとは全然ちがうぞ。おれは親爺の金などは一文もつかわないぞと、言い得る子でなくてはだめだ。親爺をいつまでも有り難がって、そのすねをかじって居るような奴は、親不孝者だ。早く一人前になれよ！

白紙玄沙奪父機　　白紙の玄沙に、奪父の機あり。
馳書千里弄晴暉　　書を千里に馳せて、晴暉を弄す。
慇懃雪老同風語　　慇懃たる雪老、同風の語。
月下呼雲北雁帰　　月下雲を呼んで、北雁帰る。

第四九則　洞山問僧

洞山問僧。什麼処来。云。游山来。師云。還到頂頭麼。云。到。師云。頂上有人否。云。無人。師云。你不到頂頭来。僧云。不到争知無人。師云。闍梨何不且住。云。某甲住即不辞。西天有人。不肯在。師云。我従来疑著這漢。

洞山、僧に問う、いずれの処よりか来たれる。云く、游山《ゆさん》し来る。師云く、また頂頭に到りしや。云く、到れり。師云く、頂上に人ありや否や。云く、人なし。師云く、なんじ頂頭に到り来たらじ。僧云く、到らずんばなんぞ人無きことを知らん。師云く、闍梨なんぞしばらく住せざる。云く、それがし住することは即ち辞せず、西天に人あり、肯ぜざることあらん。師云く、われ従来、這の漢を疑著せり。

洞山悟本大師が僧に問うた。いずれの処より来たれると。探竿影像であることは言うまでもない。僧云く、游山し来る。游の一字、どこにも足がついていないらしい。師云く、また頂頭に到りしや。頂上まで行ってみたか、頂きをきわめつくしたか、まだかとは、良い突っ込み方だ。僧云く、もちろん頂上をきわめましたとは、自信満々だ。師曰く、頂上に人有りや否や。どこまでもこの僧の腹の中を詮索してみるのだ。僧曰く、人なし。「さめて後、空々として大千もなし」か。師曰く、なんじ頂頭に到り来たらじ。お前さん、未だ頂上まで行って来ていないだろうと、奪ってみた。僧曰く、到らずんばなんぞ、人の居らんことがわかりますかい。

師曰く、闍梨なんぞしばらく住せざる。そんなに良い処なら、なぜしばらく、そこに居らなかったのかと、引っかけた。僧曰く、それがし住することは、すなわち辞せず、西天に人有り肯せざることあらん、はい、孤峰頂上、純《じゅん》清《せい》絶点の処に居っても宜しいけれども、そんな処に居ると、西天に釈迦という老胡《ろうこ》が居って、承知いたしませんわい。「師云く、われ従来、這の漢を疑著せり」。この男はどうも、胡散《うさん》臭いと思っていたが、果たせるかな、すみにはおけない男だわいとは、もちろん証明のお言葉だ。

游山頂上到還無　游山して頂上に到りしや、また無しや。
頂上何為不結廬　頂上なんすれぞ、廬を結ばざる、
疑著従来唯這漢　疑著す従来、ただ這の漢。
西天月没影模糊　西天に月没して、影模糊。

第五〇則　石樓無耳

汾州石樓和尚。因僧問。未識本来性。乞師方便指。師云。石樓無耳朶。僧云。某甲自知非。師云。老僧還有過。僧云。和尚過在甚処。師云。過在汝非処。僧礼拝。師便打。

汾州《ふんしゅう》の石樓《せきろう》和尚、ちなみに僧問う、未だ本来の性を識らず、乞うらくは師、方便して指したまえ。師云く、石樓耳朶《じだ》なし。僧云く、それがしみずから非を知る。師云く、老僧また過ありや。僧云く、和尚の過、いずれの処にかある。師云く、過なんじが非処にあり。僧礼拝す。師すなわち打つ。

汾州の石樓和尚は、石頭希遷禅師の法嗣である。ちなみに僧問うて云く、いまだ本来の性を識らず。乞うらくは師、方便して指したまえと。この僧、いかにもわからなくて問うたようであるが、はたしてそうであろうか。「石樓耳朶なし」と言われて、「それがしみずから非を知る」と答えたところをみると、ただ者ではないらしい。耳朶なしとは何のことか。本来の性？　そんなこと、聞く耳もたんわいと突っぱねた。もちろんそこに、本来の性を立派に示していることは言うまでもない。

僧云く、それがし自ら非を知る。つまらんことをお尋ねして、申し訳ありませんでしたと、言ったような口ぶりだ。本来の性が本来の性を問うた。本来の性が本来の性を識りようがあるかい。刃、刃を斬らずというではないか。

師云く、老僧また過ありや。石樓和尚、わしが悪かったのかと言っているようだが、これも眉唾ものだ。老僧とはどんな老僧か。本来の性が、老僧と改名して出て来たらしいぞ。過とはなにか。本来の老僧にどんな過があるのか。

この僧すかさず、そこを突いた。「和尚の過、いずれの処にかある」と。「師云く、過なんじが非処にあり」。なんじとは、この僧だけを指したのであろうか。非処とはどんな非処か。一切衆生、無始劫来、法性三昧を出でずというわい。法性とはもちろん本来の性のことだ。それを過と言い、非処と言ったのではあるまいか。

いつも言う通り、禅門では言句を自由奔放に駆使して、法の第一義、すなわち真実義を拈弄するものであるということを胸において、古聖先徳の問答商量を味わうことが肝要だ。

僧、礼拝す。僧が素直に礼拝したが、この礼拝も、油断のならぬ礼拝だ。そこで師、すなわち打つ。一棒のもと、はじめて清風明月となった。

石樓無耳汝知非　　石樓耳なし、なんじ非を知るも、
未見天真物外機　　いまだ、天真物外の機を見ず。
這漢罪過何処在　　この漢、罪過、いずれの処にか在る。
村童跨馬向家帰　　村童、馬に跨がって、家に向って帰る。

第五一則　南泉線道

挙。南泉。因僧問。牛頭未見四祖時。為甚麼百鳥銜花献。師云。歩歩踏仏楷梯。僧云。見後。為甚麼不銜花献。師云。直饒不来。猶。較王老師一線道。

挙す、南泉、ちなみに僧問う、牛頭《ごず》いまだ四祖にまみえざりし時、なんとしてか、百鳥花をふくんで献ぜし。師云く、歩歩、仏の楷梯を踏む。僧云く、まみえて後、なんとしてか花をふくんで献ぜざる。師云く、たとい来ずとも、なお王老師が一線道にあたれり。

南泉山の普願禅師に対して、ある僧がおたずねした。牛頭山の法融禅師が、まだ四祖大医道信禅師に相見しなかった頃、百鳥が花をふくんで法融禅師に献上したと申しますが、それはなにゆえでございますか。南泉云く、歩歩仏の楷梯をふす、一歩一歩まじめに、仏道修行をしていたから、百鳥がその徳に感応して、毎日花をふくんで献上したのだよ。

僧云く、法融禅師が、四祖に相見なされてから後は、百鳥が花をふくんで献ずることをしなくなったと申しますが、それはどういう訳でございますか。南泉云く、たとい百鳥が花を献じなくなっても、その方がはるかに王老師の一線道にあたっているよ。王老師とは南泉自身のことであり、一線道とは、一脈相通ずる道、とでも言ったようなことだ。なお些子《さし》に較《あた》れりと言っても良い。いささか仏道に叶うということだ。

ここでお小僧さん達の為に、蛇足を添えておく。公案というものは、法の第一義をやりとりするのが主であって、初心者への心得などは滅多に取り扱わない。この公案も第一義底であって、ここまで行くには、おのずから順序がある。何事でも、下には下があり、上には上があるものだ。

まず最下等をいうと、人から爪弾きされるような人間にはならないがよい。せめて平凡な普通人になれ。だが、普通人で満足していては情けない。衆生本来仏だ。どのような立派な人にもなれる性能を完全に具えているのだから、奮発心をおこして、仏道修行に精進するがよろしい。そうすると、自分にも自信が出てくるし、人からも感心な坊さんだと言われるようになる。

だが、この段階で満足していると、たかだか、百鳥から花を献ぜられる、という程度で終わってしまう。世間から、偉い人だ、立派な人だとほめられて、それでおしまいだ。「身を立て、道を行い、名を後世にあげ、以て父母をあらわすは孝の終わりなり」と『孝経』にはあるが、儒教ではこの段階を以て、最上とするらしい。

仏道は宇宙的の教えで、スケールが大きい。鳥やけものに慕われるとか、世間の人にほめられるとか、神様や天人に尊敬されるとか、そんなことではまだまだだ。仏道からは、遠うして遠しだ。この段階を取り扱っているのが、この公案であるという処に着眼して、どこまでも、実参実究を続けなければならない。

百鳥含花甚仰歎　　百鳥花を含む、なんの仰歎ぞ。
牛頭山上恨千端　　牛頭山上、恨み千端。
閑逢四祖初知過　　なおざりに四祖に逢うて、初めて過を知る。
大聖如愚請自看　　大聖は愚の如し、請うみずから看よ。

第五二則　三聖透網

三聖問雪峰。透網金鱗。以何為食。峰云。待汝出網来。向汝道。師云。一千五百人善知識。話頭也不識。峰云。老僧住持事繁。

三聖、雪峰に問う。透網の金鱗、何を以てか、食となさん。峰云く、汝が網を出で来たらんを待ちて、汝に向って道うべし。師云く、一千五百人の善知識、話頭もまた不識なり。師云く、老僧、住持事《じ》しげし。

三聖慧然禅師は臨済大師の法嗣であり、この時はまだ、新進気鋭の若大将であった。雪峰は三度投子に到り、九度洞山にのぼると言われているとあり、修行に骨を折った人であり、また徳を積むことに、心がけた人である。そしてこの時は、既に円熟しきった老大将であった。この二人の法戦と聞いては、誰も観戦武官になりたいなあ！

三聖、雪峰に問う、透網の金鱗、何を以てか食となさん。迷悟、凡聖、是非、得失、仏見、法見、一切の網をぶち破って、ここに三聖が出て参りました。何かわしの口に合うような物があったらお出しなされと、偉い見幕だ。

峰云く、汝が網を出で来たらんを待ちて、汝に向って道うべし。なんだと、まだそんな網をかぶって居りやがって、なにをぐずぐず抜かす。本当に網を破って出て来たら教えてやろうと。雪峰は、三聖の頭の上から、一千五百人さらに大きな網をおっかぶせた。

三聖云く、一千五百人の善知識、話頭もまた不識なり。雪峰和尚は、一千五百人の門下を指導している大善知識だと、えらい評判だが、ナーンだ。挨拶の仕方もご存じないわいと、さらに雪峰の頭の上に出た。

峰云く、老僧、住持事しげし。雪峰はコロリと体をかわして、下手に出た。わしも、寺の仕事が忙しいものだから、あれやこれやと気を配っていて、つい、ご無礼をいたしました。

こう出られては、さすがの三聖も、のれんに腕押しで、振り上げた拳の収めどころに困ったであろう。

雪峰と三聖との出逢いは、竜虎、相打つといったような趣きで、よく一挨一拶を適切自在にやる処、難兄難弟《なんぴんなんてい》だ。互い把住《はじゅう》放行《ほうぎょう》を、やらっしゃるが、雪峰の円熟ぶりは一段とあざやかではあるまいか。

透網金鱗到雪峰　　透網の金鱗、雪峰に到る。
招雲呼雨忽成龍　　雲を招き、雨を呼んで、忽ち龍となる。
山中猛虎閑眠窟　　山中の猛虎、しずかに窟に眠る。
月冷風寒万事慵　　月ひややかに、風さむうして、万事ものうし。

第五三則　青原消息

青原和尚。謂石頭云。人人尽道。曹渓有消息。頭云。有人。不道曹渓有消息。師云。大蔵小蔵。従何得来。頭云。尽従這裏去。諸事総不闕。

青原和尚、石頭に謂って云く、人人《にんにん》尽《ことごと》くいう、曹渓に消息ありと。頭云く、人あり、曹渓に消息ありといわず。師云く、大蔵小蔵いずれよりか得来る。頭云く、尽く這裏より去って、諸事総て闕《けっ》せず。

青原行思禅師は、曹渓山六祖大師の法嗣であり、石頭は青原の法嗣である。青原和尚がある時、石頭に謂って云く、人々ことごとくいう、曹渓に消息ありと。消息とはたよりということだ。どのようなたよりがあるというのかしら。もちろん仏法の便りであろう。

石頭云く、人あり、曹渓に消息ありといわず。石頭は師匠が投げた釣針を、たくみに外した。曹渓六祖の処には、そんな仏法くさいたよりなどという、きたないものはございませんわいと。「見、師に同うして、師の半徳を減ず、見、師に過ぎて、まさに伝授するにたえたり」というが、さすがに石頭、立派なものだ。だが青原は、軽々しくは許さない。

青原云く、大蔵小蔵いずれよりか得来る。仏法らしいものが無いで、すむものならば、大乗小乗等の一大蔵経は、どこから出てくるのであるかと、再勘弁だ。

石頭云く、ことごとく這裏より去って、諸事、総て闕せず。一大蔵経はことごとく這裏から去来して、少しも不自由いたしませんわいと答えた。這裏はここということだ。いみ名を犯さない言い方だ。無消息のところかなあ！　没蹤跡のところとも、断消息のところともいうわい。

曹渓に消息ありというのも、消息なしというのも、ともに是れ仏家の活消息だ。この活消息は、実参実究して、自得するよりほかはない。曹渓山の仏法の消息、これ何ぞと、昨日もそういうて来た奴があったから、二十ばかりぶんなぐっておいたと、三光老人は言っている。

曹渓消息有還無　曹渓の消息、有りやまた無しや。
大蔵従来絶細粗　大蔵従来、細粗を絶す。
道得底人何処去　道得底の人、いずれの処にか去る。
乾坤只是一明珠　乾坤只是れ、一明珠。

第五四則　百丈耳聾

洪州百丈大智禅師。再参馬祖。祖挙払子。師云。即此用。離此用。祖掛払子於旧処。師侍立少頃。祖云。你已后鼓両片皮。如何為人。師取払子挙起。祖云。即此用。離此用。師掛払子於旧処。祖便喝。師後謂黄檗云。我当時被馬祖一喝。直得三日耳聾。

洪州の大智禅師、再び馬祖に参ず。祖、払子を挙ぐ。師云く、此の用に即するか、此の用を離るるか。祖、払子を旧処に掛く。師侍立すること少頃《しょうけい》す。祖云く、なんじ已後、両片皮《りょうへんぴ》を鼓《こ》して、如何が為人《いにん》せん。師、払子を取って挙起《こき》す。祖云く、此の用に即するか、此の用を離るるか。師、払子を旧処に掛く。祖すなわち喝す。師、後に黄檗に謂って云く、われそのかみ、馬祖に一喝せられて、直に三日、耳聾《じろう》することを得たり。

洪州百丈山の大智禅師は馬祖の法嗣であり、諱を懐海という。行脚から還って来て、再び馬祖に参じた。これは百丈再参の話といわれて、古来有名な公案となっている。修行がすっかり出来上がったつもりでも、まだ残り物があるものだと、いうことを示す着実な公案だ。

百丈が一旦馬祖の許を辞して、諸国を行脚し、天下の名師宗匠と法戦をし、再び馬祖の許へ帰って来て、久しぶりで師匠に相見した。そのとき馬祖が払子を挙して、だまってお示しになった。恐ろしい試験だ。

師云く、此の用に即するか、此の用を離るるか。百丈の言葉の講釈はいるまい。これは百丈が、馬祖に対する問処の道得であることは言うまでもない。このとき馬祖は、百丈の頭の中に、まだ残り物があることを、早くも見破ったであろう。残り物とは悟りかすだ。馬祖がだまって、払子を旧処にかけた。金鳴玉振だ。

百丈がしばらく馬祖の側に侍立していると、馬祖がおもむろに口を開いて、なんじ今後、言葉を用いて、人のために、仏法を何と説くのかと、再び手厳しい試験だ。

そのとき百丈が、だまって払子を取って挙起した。すると馬祖云く、此の用に即するか、此の用を離るるかと、百丈の言葉をそのまま百丈にぶつけ直した。すると百丈も馬祖のやったとおりに、だまって払子を旧処にかけた。その途端に、馬祖が一喝を下した。

この一喝に逢うて、百丈の頭の中の残り物が、全部吹っ飛んでしまったと見える。それは次の百丈の言葉から読み取れる。すなわち、百丈、黄檗に謂って云く「われそのかみ、馬祖に一喝せられて、直に三日、耳聾することを得たり」と。三日とは永久ということだ。永久につんぼになったとは何のことか。釈迦が何と云おうと、弥陀が何と云おうと、そんなことが耳に入って、ふらふらするようなことは、絶対なくなったということだ。黄檗は百丈の愛弟子の一人だ。この三日を馬鹿正直に、普通の三日と講釈して、耳の鼓膜でもいためたように言っているお師家さんもあるよ。

脣皮鼓去什麼通　　脣皮鼓し去って、なにか通ず。
変転師資応対中　　変転す師資、応対の中。
離即即離安払子　　即を離れ、離に即して、払子をおく。
天来一唱耳全聾　　天来一唱、耳、全く聾す。

第五五則　洞山三身

洞山。因僧問。三身中。那身説法。師云。吾常於此切。僧後問曹山。洞山道。吾常於此切。意旨如何。山云。要頭斫将去。僧又問雪峰。峰以拄杖劈口打云。我也曽到洞山来。

洞山ちなみに僧問う、三身の中、那身か説法する。師云く、われ常にここにおいて切なり。僧のちに曹山に問う、洞山いう、われ常にここに於いて切なりと、意旨如何、山云く、頭を要せば斫《き》りもち去れ。僧また雪峰に問う、峰、拄杖をもって劈口《へきく》に打って云く、われもまた曽て洞山に到り来る。

洞山良价禅師に僧が問うた。三身の中、那身が説法すると。この僧、呈解問かも知れない。呈解問とは自己の見解を師家に呈して、その批判を仰ぐのだ。呈解問と見れば、問処の道得だ。問処の道得とは、問いの形で答を道い得ていることだ。

三身とは仏の三身で、法身と報身と応身だ。法身だけの仏もなければ、報身、応身だけの仏もない。法報応の三身即一が本当の如来さまだ。三身即一などというと、三身を即という糊でくっつけたようで面白くない。それで那身という言葉が、本当の仏をあらわすのにふさわしい。那身説法とは良い表現だ。

洞山さまもお気に召したとみえて、「われ常にここに於いて切なり」とお答えなされた。もし、この僧が分からなくて問うたとすれば、この一句は三十棒よりも痛いぞ。

僧が後に曹山に問うた。曹山は洞山大師の法嗣で、本寂禅師と言われた人だ。洞山大師が「われ常にここに於いて切なり」と仰せになった精神はと、曹山を揺さぶってみたのかも知れない。

曹山云く「頭を要せば斫りもち去れ」。首が飛んでも言わんよ。それ以上に言いようがあるかいと。さすがに賊は賊を知る。師匠の腹が良くわかっている。

僧がまた雪峰に問うた。この僧、天下の宗匠を勘検して、歩いているらしいぞ。雪峰は拄杖で劈口に打った。劈口は劈面と同じだ。真正面から打ちのめした。そして云く、我もまた曽て洞山に到り来ると。洞山大師にはすでに相見了だ。貴様は洞山大師の親切が未だわからないのかと、言わんばかりのお示しだ。

三身雪峰問那身　　三身の説法、那身をか問う。
到洞山来雪老親　　洞山に到り来って、雪老親し。
本寂禅師曽道断　　本寂禅師、曽て道断す。
要頭将去水雲人　　頭を要せば将ち去れ、水雲の人。

第五六則　大潙鐘子

大潙問仰山云。有俗弟子。将三束絹与我贖鐘子。与世人受福。仰云。俗弟子即有絹。与和尚贖鐘子。和尚将何者酬他。師。以拄杖敲牀三下云。我将這箇酬也。仰云。若是這箇。用作什麼。師又敲牀三下云。汝嫌這箇作什麼。仰云。某甲不嫌這箇。是大家底。師云。汝既知大家底。何得更就我覓物酬他。仰云。只怪和尚把大家底行人事。師云。不見。達磨大師従西天来此土。亦将此物人事。汝諸人尽是受他信物者。

大潙、仰山に問うて云く、俗弟子あり、三束の絹をもって、我に与えて鐘子《しょうす》をあてがわしめ、世人のために福をえせしむ。仰云く、俗弟子は即ち絹あり、和尚のために鐘子をあがのう。和尚何物をもってか、かれに酬いん。師、拄杖をもって牀を打つこと三下して云く、われ這箇をもって他に酬いん。仰云く、もしこれ這箇ならば、用いてなにとかなさん。師、また牀を打つこと三下して云く、なんじ這箇を嫌ってなにとかなさん。仰云く、それがしは這箇を嫌わず、これ大家底《たいかてい》なり。師云く、なんじ既にこの大家底を知る。なんぞ更に我について、物を求めて他に酬いんことを得ん。仰云く、ただ怪しむらくは、和尚の大家底を把って人事《にんじ》を行うことを。師云く、見ずや、達磨大師、西天より此の土に来たるも、またこの物をもって人事す。汝諸人ことごとく是れ他の信物を受くる者なり。

大潙山の大円禅師が、あるとき法嗣の仰山に向って、次のように仰せられた。俗弟子の一人が絹を三束持ってきて、わしに与えて鐘子を買って、世人のために福を受けしめよと、申し出たと。三束は日本の三百反に当たるということだ。鐘子は梵鐘かも知れない。世人とは、ここでは世俗の人たる私、ということではあるまいか。

仰山云く、俗弟子は絹を持って来て、和尚に与えて、鐘子を買わせるとのことでありますが、和尚は何物をもって他に酬ゆるかと、師匠を揺さぶっている。

そのとき潙山が拄杖で禅牀を打つこと三下して云く、わしは這箇をもってご返礼にするわいと。立派なご返礼だ。道人は這箇を与えるより外にやれるものはない。

すると仰山が、もしこれ這箇ならば、用いてなにをかなさん。そんなものが何になりますかいと奪った。すると潙山が、また禅牀を打つこと三下して云く、這箇を嫌ってなにをかなすと。

仰山云く、それがし這箇を嫌わず、這箇はこれ大家底なりと。大家底とは、天下の大宗匠が一般に用いる底のものだとの意であろう。潙山、云く、なんじすでにこの大家底を知る。何ぞ更に我について物をもとめて、他に酬ゆることを得るや。仰山云く、ただ怪しむ、和尚、大家底を把って人事を行ずることをと。人事とは人事行礼といって、人に挨拶をすることだ。和尚さんが世間一般の宗師家がなさるような、月並み的のことで、ご挨拶をなさるのが、おかしいと存じますと。

潙山云く、見ずや。お前も知っているとおりだ。達磨大師が印度から支那に来られて、やっぱり這箇をもって人事をなされた。すなわち、ひとびとを接得なされた。汝等諸人ことごとくこれ、達磨大師の信施物だ。すなわち、這箇を受用して、はじめて自己に安住して居るではないか。

絹糸将来贖梵鐘　　絹糸もち来たって、梵鐘を贖う。
敲牀三下道情濃　　敲牀三下、道情こまやかなり。
潙師仰子閑酬対　　潙師仰子、なおざりに酬対す。
這箇誰知幾許重　　這箇、誰か知る、いくばくか重きことを。

第五七則　道吾咬指

道吾山宗智禅師。離薬山至南泉。泉問。闍梨。名什麼。師云。宗智。泉云。智不到処作麼宗。師云。切忌道著。泉云。灼然道著即頭角生。至三日後。師与雲岩在後架把針次。泉過見乃再問。前日道。智不到処。切忌道著。道著即頭角生。合作麼生行履。師便抽身入僧堂。泉便去。師却来坐。岩乃問。師弟適来為甚不祇対和尚。師云。你得与麼霊利。岩不薦。却去問。泉云。適来因縁。智頭陀作麼生不祇対和尚。泉云。他却是異類中行。岩云。如何是異類中行。泉云。不見道。智不到処。切忌道著。道著即頭角生。直須向異類中行。岩亦不会。師知岩不薦乃去。此人因縁不在此。便与回薬山。

薬山観二人回。乃問岩。汝到甚処来去。岩

道吾山の宗智《そうち》禅師、薬山を離れて南泉に至る。泉問う、闍梨、名はなんぞ。師云く、宗智。泉云く、智不到の処なにをか宗とする。師云く、切忌《せっき》すらくは道著《どうじゃく》することを。泉云く、灼然《しゃくねん》道著すれば、即ち頭角《ずかく》生ず。三日の後に至って、師、雲岩と後架《こうか》に在りて把針《はしん》する次いで、泉、過ぎ見て乃ち再問す。前日道えることあり、智不到の処、切忌すらくは道著することを、道著すれば即ち頭角生ずと。そもさんか行履すべき。師便ち身を抽きいでて僧堂に入る。泉便ち去る、師却《ま》た来たりて坐す。岩乃ち問う、師弟適来《せきらい》なんとしてか和尚に祇対《したい》せざる。師云く、なんじ与麼に霊利なることを得たり。岩、薦めず。却《ま》た去って泉に問うて云く、適来の因縁、智頭陀そもさんか和尚に祇対せざる。泉云く、かれ、ただこれ、異類中に行く。岩云く、如何ならんかこれ、異類中に行く。泉云く、道うことを見ずや、智不到の処、切忌すらくは道著することを、道著すれば即ち頭角生ずと、直にすべからく異類中に向って行くべし。岩また不会なり。師、岩の不薦を知って乃ち云く、この人の因縁ここに非ず。便ち、ともに薬山に回る。

云。到南泉。山云。泉有何言句。岩遂挙前話。山云。子作麼生会他這箇時節便回来。岩無対。山乃大笑。岩便問。如何是異類中行。山云。我今日困。別時来。岩云。某甲特為此事帰来。山云。且去。岩便出。師在方丈外聞岩不薦。不覚咬指頭血出。師却来問岩云。師兄去問和尚那因縁作麼生。岩云。和尚不為某甲説。師便低頭。師与雲岩同侍薬山次。山云。智不到処。切忌道著。道著即頭角生。師便珍重出去。岩遂問。智師弟為什麼不祇対和尚。山云。我今日背痛。是他却会。汝去問取。岩遂問。師弟適来為甚麼不祇対和尚。師云。我今日頭痛。你去問取和尚。後雲岩遷化。遣人馳辞書。師覧云。雲岩不知在。悔当時不向伊道。雖然如是。而不違薬山之子。

薬山二人の回るのを観《み》て、乃ち岩に問う、なんじいずれの処にか到り来たれる。岩云く、南泉に到れり。山云く、泉なんの言句かありし。岩ついに前話を挙す。山云く、なんじそもさんか他の這箇の時節を会して、便ち回り来たれる。岩、無対。山乃ち大いに笑う。岩便ち問う、如何ならんかこれ異類中に行く。山云く、われ今日困す、別時に来たれ。岩云く、それがし特にこの事《こと》の為に帰り来たれり。山云く、しばらく去れ。岩便ち出ず。師方丈の外に在って岩の不薦を聞くに、覚えず指頭を咬得《こうとく》して血出ず。師、却《ま》た来たりて岩に問うて云く、師兄《すひん》ゆいて和尚に那《なん》の因縁をか問う、そもさん。岩云く、和尚それがしが為に説かず。師便ち低頭す。師、雲岩と同じく薬山に侍する次いで、山云く、智不到の処、切忌すらくは道著することを、道著すれば即ち頭角生ず。師便ち珍重して出で去る。岩ついに問う、智師弟《してい》なんとしてか和尚に祇対せざる、山云く、われ今日背痛す、これからまた会す。なんじゆいて問取せよ。岩ついに問う、師弟適来なんとしてか和尚に祇対せざる。師云く、われ今日頭痛す、なんじゆいて和尚に問取せよ。後に雲岩遷化の時、人をつかわして辞書を馳す。師見て云く、雲岩あることを知らず。悔ゆらくは当時かれに向って道わざりしことを。然も是の如くなりと雖も、薬山の子たるに違せず。

道吾山の宗智禅師は薬山の法嗣であるから、雲岩と兄弟だ。あるとき二人が薬山を離れて南泉に行き、普願禅師に参問した。南泉問う。闍梨、名はなんぞと、道吾に問うた。道吾云く、宗智と申します。泉云く、智不到の処、なにをか宗とする。宗智と対えたから、それで南泉がこう引っかけてみたのだ。これは言うまでもなく宗師家為人の作略だ。

師云く、切忌すらくは道著することを。四の五の言うことは絶対に禁物でござりますと応酬した。泉云く、灼然道著すれば即ち頭角生ず。何とか言うたら、頭に角がはえて、ばけものみたいに、なってしまうことは明らかだ。

それから三日ほどたって後、道吾と雲岩とが、僧堂のうしろの後架に在って、把針していた時（把針とは縫い物をすることだ）、南泉が二人の居るのを見て、そこで再問した。「前日道えることあり、智不到の処、切忌すらくは道著することを、道著すれば即ち頭角生ずと。そもさんか行履すべき」。これは南泉の再勘弁だ。再点検だ、親切なものだ。すると道吾がすっと起って、身をぬきいでて僧堂の中に入った。南泉はそのまま行ってしまった。

しばらくすると、道吾がまた来て、雲岩が、そこで問うた。師弟とあるから道吾が弟であったとみえる。弟ではあるが、修行は道吾の方が進んでいたとみえる。法臘は雲岩の方が上であったろう。「師弟適来なんとしてか和尚に祇対せざる」と、問うたところを見ると、道吾の南泉に対する作略が、雲岩には受け取れなかったと見える。

道吾云く「なんじ与麼に霊利なることを得たり」。お前さんは偉いよと皮肉った。これは卓上の抑下だ。だが、単なる皮肉ではない。わしの作略が見えないのかと、言わんばかりの拶著で、雲岩に機発をうながしているのだ。「岩、薦めず」。薦はそなえるとか、たてまつるとかいう意味の字だ。薦めずとは、応対が出来なかったことだ。

雲岩また去って、南泉に問うて云く、適来の因縁を拝見しておりましたが、智頭陀はなぜあなたに対して、お答えを申し上げなかったのでありますか、とは情けない。泉云く、かれただ異類中に行く。智頭陀はなあ！　べちゃくちゃと口では答えない。かれの応対は異類中に行く、異類中行とは、異中にも行き、類中にも行くということで、紋切型でないことだ。転処自在のことだ。

雲岩云く、如何ならんかこれ異類中行。異類中に行くと言われた一句の精神が受け取れなくて、また拝問だ。師家も学人も共に一所懸命だ。泉云く「道うことを見ずや、智不到の処、切忌すらくは道著することを、道著すれば即ち頭角生ずと、直にすべからく異類中に向っていくべし。岩また不会なり」。やっぱり受け取れなかった。どんないい球を投げてやっても、逃がしてしまってはどうにもならない。

道吾は雲岩の答えられないのを知って、この人の因縁はここにはないと言って、二人で一緒に薬山に帰った。薬山が二人の帰って来たのを見て、雲岩に問う、お前どこへ行って来た。はい、南泉山へ行ってまいりました。南泉和尚、なんと仰せになったか。雲岩が前話を挙した。すると薬山が、お前は南泉のご指導をどう受け取って、帰って来たのかと、お尋ねになった。雲岩は何とも答えることが出来なかった。すると、薬山が呵々大笑した。一々機発を促しているのだが、気がつくまでは致し方がない。

そこで雲岩が薬山におたずね申し上げた。如何ならんか是れ異類中に行くと。山云く、わしは今日疲れているから、後で来なされと、異類中に行くを、完全に示しているのに、雲岩気がつかない。私は特《こと》に、この問題を解決するために帰って参りました。どうぞそう仰せにならないで、ご指導を頂きとうございます。山云く、まあ、しばらく去れと、重ね重ねのご指導だが、またも受け取れなくて、それならごめん蒙りますと、引き下がった。

道吾がこのとき方丈の外に居て、雲岩の答えられないのを聞いて、おぼえず指を咬んだ。道吾はたまらなくなって、思わず指を咬んだと見える。

そこで道吾が雲岩に問うて云く、お前さんは先刻、和尚に何の因縁を問うたのか、どうなんだい。はい、和尚は私に説いてくれませんでした。道吾が、がっかりした様子で、頭を低くしてうなだれた。立派に異類中行を示しているのだが、雲岩やっぱり受け取れない。気の付かない時は、何としても気がつかない。

またある時、道吾が、雲岩と同じく薬山に侍立するついで、薬山云く「智不到の処、切忌すらくは道著することを、道著すれば即ち頭角生ず」と。すると道吾が、一寸とご免を蒙りますと挨拶して出て行った。智不到の処を立派に呈露しているが、雲岩またも気がつかない。

それで雲岩が薬山に問うた。師弟の道吾はなぜあなたにお答えを申し上げなかったのでしょうかと。山云く、わしは今日、背中が痛いでなあ！　そのことなら道吾が知っているから、道吾に問いなさい。そこで正直に道吾に問うた。お前さんは先刻、なぜ和尚にお答えを申し上げなかったのですかと。道吾云く、わしは今日、頭痛がして困っている。お前さん、それは和尚に聞きなされと。まるで薬山と道吾が、互いに申し合わせたように、智不到の処を丸出しに示しているのに、時節が熟さなかったのか、豁然大悟することが出来なかった。

薬山と道吾が二人がかりで、何とかして雲岩を悟らせようと血の涙の指導だ。この通り古聖先哲が悟ることを、仏法の第一条件としているのに、無眼子の学僧の邪説に惑わされて、見性悟道を無視し、敬遠し、否定して、この通り仏法の命脈を失ってしまった。何としても、これだけは挽回しなければならない。

雲岩さまは、初め百丈懐海禅師に参侍すること二十年というから、随分辛抱づよいお方であった。それから薬山禅師に参じた。薬山禅師があるとき、雲岩に問うて云く、なんじ百丈にありし時、百丈さらに何の法をか説く。雲岩云く、百丈禅師があるとき、上堂なされた。大衆が集まって叉手して立っていた。すると百丈禅師が拄杖をもって、ビューッと振り回した。大衆がウワーと逃げ出した。禅師が、大衆！　とお呼びになった。大衆が振り向いた途端に、これ何ぞ！　と仰せになりました。

すると薬山が、なぜ早くそれを言わなかったのか。今日なんじの話によって、懐海和尚の接化ぶりの素晴らしいところを見ることができたわいと。言われて雲岩、言下に大悟した。

のち雲岩まさに遷化せんとすると時、人をつかわして、今生最後のお別れの手紙を道吾に送った。道吾がその手紙を見て云く、雲岩はこの一大事因縁を知らずして遷化か。ああ、われあの時、雲岩に向って、道ってやらなかったことを後悔するわいと。これを言葉の表面通り受け取るならば、それは無眼子だ。言貶意揚というものだ。雲岩に対する本当の讃辞だ。

「さすがに雲岩だ。手間をとったことは、人並み以上であったが、それだけ着実真剣な修行を続けた甲斐あって、今は悟りのカスもすっかりすっかり取れて、何もご存知ないという人になった。良かった、良かった。やはりあのとき、下手な講釈をして聞かせなかったのが良かったのだ。これでこそ薬山禅師の立派な法嗣たるに背かぬわい」。

こういう精神であることは、言うまでもないけれども、正面切ってこう言うたのでは面白くないし、親しみもない。「お前さん、とうとうそんなざまでお暇かい」と、わかっていて、こう言ってくれるのが、本当の知音というものだ。

雲岩曇成禅師は百丈に侍すること二十年、薬山に侍すること更に二十年、前後四十年の猛修行を続けたお方だ。真箇の鉄漢だ。這箇の鉄漢だ。それと共に、道吾の友情親切も、また実に尊いことである。われを生むものは父母であるが、われを大成させてくれる者は道友だ。師匠もやはり道友だ。

ここに「然も是の如くなりと雖も」という語があるが、上述の精神から、この語を意訳すると、「かくの如くなるが故に」という意味になる。道元禅師が『正法眼蔵』の中で、しばしば、そのようにお使いになっているのは、先人の語録の中に、すでにこの通り、その実例が幾つも、あるからではあるまいか。

智光不到是何宗　　智光も到らず、是れ何の宗ぞ。
道著宛然罳呼鐘　　道著せばさながら、罳を鐘と呼ぶがごとし。
異類中行人咬指　　異類中行、人、指を咬む。
白雲深処秀岩松　　白雲深き処、岩松秀ず。

第五八則　石霜不顧

潭州石霜山普会大師。因僧問。三千里外遠聞。石霜有箇不顧。師云。是。僧云。只如万象歴然。是顧不顧。師云。我道。不驚衆。僧云。不驚衆。是不与万象合。如何是不顧。師云。遍界不曽蔵。

潭州石霜山の普会《ふえ》大師、因みに僧問う、三千里外遠く聞こゆ、石霜に箇の不顧《ふこ》ありと。師云く、是なり、僧云く、ただ万象歴然《ばんぞうれきねん》たるが如きは、是れ顧なりや、不顧なりや。師云く、我は道う、衆を驚かさじと。僧云く、衆を驚かさざる、是れ万象と合わず。如何ならんか是れ不顧。師云く、遍界不曽蔵《ふそうぞう》。

潭州石霜山の普会大師は道吾の法嗣で、諱は慶諸だ。ちなみに僧問う。三千里外、遠く聞こゆ、石霜に箇の不顧ありと。不顧とは何のことだろう。後をふりかえって見ないということだ。不顧の宗旨とでも言ったらよいかしら。

蓮華峰庵主は「榔標、横《おう》に担《にの》うて、人を顧みず。直に千峰万峰に入り去る」と言ったことが『碧巌録』の第二十五則に出ている。不顧とは、腹いっぱいで、何も欲しくない人のことらしい。乞食根性のすっかり無くなった人かなあ！　蘿籠《らろう》すれども留まらず、呼喚すれども回らずというが、安住不動如須弥山という境界を得た人のことではあるまいか。独立無伴だ。不回互の消息と見ておく。

師云く、是なり。そのとおりだ。僧云く、ただ万象歴然たるが如きは、これ顧なりや、不顧なりや。万象とは何のことか。天地万物もそれだが、嬉しい、悲しいも、わかる、わからんもそれだ。ハテナと疑義するのもそれだ。歴然はテッキリ、ハッキリだ。どれもてっきり、はっきりしているが、これは一体、顧なりや、不顧なりやと喰い下がった。回互か不回互かだ。独立無伴か、それとも相依相関かだ。

師云く、我は道う、衆を驚かさじと。これは独立独歩かなあ！　不顧の消息かしら。僧云く、衆を驚かさざる、是れ万象と合わず。如何ならんか是れ不顧。独立独歩なら、万象と交渉もなく、和合もないことになりはしませんかと、この僧、問処の道得らしい。不顧の消息を呈しているのではあるまいか。如何ならんか是れ不顧とは、今さらわからなくて、問うたのではあるまい。問いの形で、石霜に喰い下がっているおもむきがある。

「師云く、遍界不曾蔵」。十方壁落なく、四面また門なし。見たとおりだ。どこに回互だの不回互だのというケチなものがあるかいと、言わんばかりだ。石霜不顧の本当の腹を示しているらしい。

この則は短いから、三光老人の拈評をあけてみる。「不顧これ何の道理ぞ」と老人がわれらに参究をうながしている。道理といったからとて、理論を研究せよ、ということではない。不顧の世界を本当に突き止めよということだ。

「已生未生の時を問わざれ」とは何のことか。回互だの不回互だのという途中の活計にまごつくなということだ。宗門の符牒でいうと、正中偏と偏中正が回互だ。正中来と偏中至が不回互だ。偏、正、来、至はまだ途中の活計だ。兼中到に至って、初めて語話の分ありだ。

「鶴、宵漢に沖《ひい》る。而して其の子在り」とは何のことか。宵漢は大空だ。沖るは高く舞うことだ。鶴が大空に高く舞い上がっているところ。何の消息を示しているのか。顧も不顧も脱落しつくした、没蹤跡の世界ではあるまいか。

「而してその子在り」とは何のことか。再び、回互と不回互とを立てて示したのではあるまいか。

石霜不顧傲霜楓　　石霜の不顧、霜に傲る楓。
眼界明明万樹紅　　眼界明明、万樹、紅なり。
一夜啾啾寒透骨　　一夜啾啾、寒、骨に透る。
哀音断続百叢中　　哀音《あいいん》断続す、百叢の中。

第五九則　大鑑不会

曹渓山大鑑禅師。因僧問。黄梅意旨何人得。師云。会仏法人得。僧云。和尚還会否。師云。我不得。僧云。和尚為甚不得。師云。我不会仏法。

曹渓山の大鑑禅師、ちなみに僧問う、黄梅《おうばい》の意旨《いし》、なんぴとか得たる。師云く、仏法を会する人得たり。僧云く、和尚還た得たりや否や。師云く、われ得ず。僧云く、和尚なにとしてか不得なる。師云く、われは不会仏法。

曹渓山の大鑑禅師は、五祖弘忍禅師の法嗣であって、諱を慧能という。ちなみに僧問う、黄梅山の弘忍禅師の仏法は、誰がこれを得たのでありますか。と、この公案は会仏法と不会仏法との妙旨を示す大切な公案である。

師云く、仏法を会する人得たり。仏法を悟った人が得たのだよと、二流三流の会仏法を示された。僧云く、和尚また得たりや否や、いかがですかと詰め寄った。大鑑禅師が黄梅の法嗣であることを十分に知った上での問いである。

この僧も凡僧ではないらしい。

師云く、われ得ず。わしは仏法など得て居らんよけがらわしいと言わんばかりの消息だ。

「僧云く、和尚なにとしてか不得なる」と、どこまでも喰い下がって、六祖に本意を吐かせようという魂胆らしい。

「師云く、われは不会仏法」。わしは仏法などというへんてこなものは知らんよ。仏見法見の臭みのない本物を突きつけて示された。これが不会仏法の宗旨とでもいうのかなあ！

ここでも三光老人の拈評を意訳して、紹介しておく。老人云く。六祖の不会仏法に到って、はじめて天下清平だ。

万派の海に入るが如く、五祖の仏法がことごとく六祖の海に帰入した。それが不会不得の仏法だ。嶺南に生まれた六祖の独壇場だ。そして、嶺南と黄梅と、往来する路が無くなってしまったのだ。
黄梅山へ行く道はどこにもないよ。どこもかしこも黄梅山だもの、道のつけようがあるかい。曹渓の水を一口飲んでごらん。おお、冷たいと、絶対まごつかなくなるわい。

会底如砂豈敢珍　　会する底は砂の如し、豈、敢えて珍ならんや。
嶺南無仏貴金銀　　嶺南の無仏、金銀よりも貴し。
黄梅妙旨誰拈却　　黄梅の妙旨、誰か拈却す。
的是曹渓不得人　　あきらかに是れ、曹渓不得の人。

第六〇則　玄沙七八

玄沙因侍雪峰行次。峰指面前地云。這一片田地。好造箇無縫塔。師云。高多少。峰乃上下顧視。師云。人天福報即不無。和尚。霊山授記未夢見在。峰云。你作麼生。師云。七尺八尺。

玄沙ちなみに雪峰に侍して行く次いでに、峰、面前の地をさして云く、この一片の田地、好し箇の無縫塔を造らんに。師云く、高きこと多少《いくばく》ぞ。峰、乃ち上下に顧視す。師云く、人天の福報はすなわち無きにあらず、和尚、霊山の授記は、未だ夢にも見ざる在り。峰云く、なんじそもさん。師云く、七尺八尺。

玄沙師備大師が雪峰の侍者をして行く途中で、雪峰が面前の地を指さして云く「この一片の田地、好し箇の無縫塔を造らんに」。塔というのは仏さまを安置したり、お経を納めたりする建物であるが、無縫塔とは坊さんのお墓に建てる石塔のことだ。それを卵塔ともいう。卵を立てたように丸く造る。だが、無縫塔とは、ここでは縫い目のない塔ということだ。縫い目とは継ぎ目のことだ。自他の継ぎ目がない、迷悟の継ぎ目がない、凡聖の継ぎ目がない、娑婆と浄土の継ぎ目がない。宇宙は一箇の無縫塔だ。事々物々もそれぞれ一箇の無縫塔だ。事々物々と全宇宙とも継ぎ目はない。やはり一箇の無縫塔だ。この無縫塔なら、天地開闢以前から立派に建っていて、未来永劫こわれることはない。今さら建てるの、建てないのと、そんなことを言う余地はない。ただ凡夫は、この無縫塔を知らないから、それを知らせるという意味において、しばらく無縫塔を建てるというだけのことだ。

玄沙と雪峰はそれを承知の上で、無縫塔のやり取りをしているのだ。玄沙が雪峰に対して、その無縫塔の高さはどれほどと、仰せになるのですかと、打ち込んだ。すると雪峰が上下を顧視された。無縫塔の高さを目で知らせたのだ。さて、どれほどの高さであろう。五尺か一丈か。それとも無限大か。上は三十三天から、下は奈落の底までか。そんなことも言わない。ただ、顧視なされただけだ。

玄沙云く、そのような有限相対のケチな塔では、たかが人天の福報を得るぐらいの功徳に過ぎません。そんなことでは和尚さん、あなたは霊山会上の釈尊の授記はまだ夢にもご存知ありませんなあと。偉い弟子が出来たものだ。師匠を揺さぶっている。

霊山の授記とは、真実の仏法ということだ。『法華経』に説いてある総授記のことであるか、それとも拈華微笑の付属のことであるか、それはどちらでも良いことだ。それよりも、師匠の示された無縫塔をふんだくるところの、玄沙の腕力を見ることが肝要だ。腕力といっても暴力ではない。道力だ。

師云く、なんじそもさんと、雪峰が今度は玄沙を点検だ。玄沙云く、七尺八尺、七尺とも八尺とも決めない。いや、決められないから、決めないのだ。時に応じ、処に随い、相手次第で、大小長短、青黄赤白、百千万の無縫塔が建立できる。それなら雪峰の示された無縫塔と、格別違ったものではあるまい。

造無縫塔利人天　　無縫塔を造って、人天を利す。
方好高低作福田　　まさによし高低、福田となる。
雪老却忘言七八　　雪老却って忘る、七八と言うことを。
霊山授記絶偏円　　霊山の授記、偏円を絶す。

第六一則　大潙神通

挙。大潙一日臥次。仰山来。師乃転面向壁臥。仰云。某甲是和尚弟子。不用形迹。師作起勢。仰便出。師召云寂子。仰回頭。師云。聴老僧説箇夢。仰。低頭作聴勢。師云。為我原夢看。仰。取一盆水。一條手巾来。師遂洗面了纔坐。香厳入来。師云。我適来与寂子作一上神通。不同少少。厳云。某甲在下面了了得知。師云。子試道看。香厳乃点一椀茶来。師嘆云。二子神通智慧。過於鶖子。目連。

挙す、大潙一日臥すついでに、仰山来る。師すなわち転面し、壁に向かって臥す。仰云く、それがしは是れ和尚の弟子なり、形迹《ぎょうせき》を用いざれ。師、起きる勢いをなす。仰、すなわち出ず。師、召して寂子という。仰、頭をめぐらす。師云く、老僧が箇の夢を説かんと聴くべし。仰、低頭して聴く勢いをなす。師云く、わがために原夢《げんぼう》せよ、看ん。仰、一盆の水、一條の手巾を取って来る。師ついに洗面しおわって、わずかに坐す。香厳入り来る。師云く、われ適来寂子と一上の神通をなす、不同少少なり。厳云く、それがし下面に在りて、了了に得知す。師云く、なんじ試みに道え、看ん。香厳すなわち一椀の茶を点じ来る。師嘆じて云く、二師の神通智慧、鶖子、目連にも過ぎたり。

大潙山の大円禅師がある日、昼寝をなさったと見える。そこへ仰山がやって来た。すると潙山が、クルリと寝返りをして、壁の方に向いてしまった。仰山云く、私はあなたの弟子でございます。形迹をお用いなさいますな。形迹とは行為の形式ということで、ここでは、ご遠慮なさるには及びませんよ、という意味に用いている。すると、潙山が起き上がろうとなさるので、仰山、サッと室の外に出た。

潙山が「慧寂！」と、仰山をお呼びになった。仰山が振り向くと、潙山がわしの夢物語を聞けと仰せになった。仰山が頭を下げて聴こうとしたら、潙山がわがために、原夢せよ看んと仰せになった。原夢とは夢判断のことだ。わしの見た夢の判断をしてごらんと云われたのだ。

すると仰山が、洗面器に水を入れて、一本の手拭いと共に、潙山禅師に差し上げた。潙山が洗面し了って、お坐りになさると、間もなく香厳が入って来た。潙山云く、わしは先刻から慧寂と共に、飛び切り上等の神通をやっているが、小乗の阿羅漢の神通などとは全く別だよ。

香厳云く、私も廊下に居て、はっきりとお聞きしました。そうか、それならお前も、ひとつ夢判断をしてごらん。

香厳はやがて、お茶を一服たてて、潙山禅師に差し上げた。すると潙山が讃歎して云く。二人の神通智慧は、鶖《しゅう》子《し》目連にも過ぎたりと。鶖子とは舎利弗のことである。舎利弗と目連は、釈尊の十大弟子の中に数えられている人で、智慧第一舎利弗尊者、神通第一目連尊者と、並び称されている。潙山禅師は、よほどお気に召したものと見えて、大変なほめ方である。

潙山説夢仰山聞　　潙山夢を説き、仰山聞く。
面水持来奏偉勲　　面水持ち来たって、偉勲を奏す。
厳子点茶還即妙　　厳子茶を点ず、また即妙。
神通妙用共起群　　神通妙用、共に群を起こす。

第六二則　神山説心

潭州神山僧密禅師。与洞山行次。山指傍院云。裡面有人。説心説性。師云。是誰。洞山云。被師伯一問。直得去死十分。師云。説心説性誰。洞山云。死中得活。

潭州神山の僧密禅師、洞山と行く次いでに、山、傍院を指さして云く、裡面に人あり、心と説き、性と説く。師云く、これ誰ぞ。洞山云く、師伯に一問せられて、直に死十分を得去る。師云く、心を説き性を説く底誰《た》そ。洞山云く、死中に活を得たり。

潭州神山《しんざん》の僧密《そうみつ》禅師は、雲岩さまの法嗣であるから、洞山大師と兄弟であるが、僧密禅師の方が先輩であったと見えて、洞山さまが常に、師伯と呼んでおられた。伯はおじさまということだ。

あるとき僧密禅師と洞山さまと、一緒に行く次いでに、洞山さまがかたわらの一寺院を指さして云く。この寺の中に、心と説き、性と説く人が居りますよと、戦端を開いた。この寺はもちろん借りたのであって、われわれの四大五蘊のことかも知れない。われわれの四大五蘊の中に、仏心仏性があるとでもいうことかしら。それでは洞山、余りにもお粗末すぎる。それなら四大五蘊がそのまま、仏心仏性だと言うことかしらん。まだこの方がましではあるが、そのままがうさん臭いぞ。

密師伯云く、是れ誰ぞ。それは誰か、洞山お前さんではござらぬか。洞山云く、師伯に一問せられて、直に死十分を得去る。はい、あなたにそう言われて、説心説性がすっかり、死に果ててしまいましたわい。

洞山が最初に「裡面に人あり、心と説き、性と説く」と言い出した時、こんなことを言えば、密師伯に打ち込まれることは承知の上だ。だが、すきを見せなくては、戦争にならないから、わざとすきを見せて、相手の打ち込み工合を参究するのだ。

「師云く、心を説き性を説く底誰ぞ」。畢竟如何と言ったような調子で、さらに肉薄してきた。「洞山云く、死中に活を得たり」。死十分を得たところを、更にあなたの一問を蒙って、大活現成致しました。尊答を謝すと言わんばかりだ。

黙っておれば、問題は何も起きないけれども、それでは修行にならないし、指導力を養うことも出来ない。それで風なきに波を起こして、心と説き云々と言いだしたのだ。密師伯が「これ誰ぞ」と、一拶を与えたのは当然だ。一心だの、仏性だの、と言う粕妄想が頭にあったら、仏法の生命は断絶する。

洞山が、死十分を得去るといい、更に、死中に活を得たりと言っているが、どう死んで、どう活きたというのか。大死一番、大活現成と説く連中は、似ても似つかない、まやかしものだよ。なぜか。未だ船舷を跨がざるに、好与三十棒だ。未だ口を開かざる以前において、すでに説きおわっている。真実の仏法というものは、そういうものだよ。

説心説性院中人　　心と説き、性と説く、院中の人。
師伯誰何拶著新　　師伯誰何、拶著新たなり。
死活洞山那一句　　死活洞山、なんの一句ぞ。
花紅樹緑鳥声頻　　花紅に、樹緑にして、鳥声頻りなり。

第六三則　清豁不悟

潭州保福院清豁禅師。参睡龍。一日問。豁闍梨見何尊宿来。還悟也未。云。清豁嘗訪大章。得箇信処。睡龍於是上堂。集大衆召云。清豁闍梨。出対衆。焼香説悟処。老僧与汝証明。師拈香云。香已拈。悟即不悟。睡龍大悦而許之。

潭州《たんしゅう》保福院《ほふくいん》の清豁《せいかつ》禅師、睡龍《すいりゅう》に参ず。一日問う、豁闍梨いずれの尊宿にか、まみえ来たれる。また悟りしや、未だしや。云く、清豁かつて大章《だいしょう》を訪い、箇の信処《しんじょ》を得たり。睡龍ここにおいて上堂し、大衆を集めて、召して云く。清豁闍梨、出でて衆に対し、焼香して、悟処を説くべし、老僧汝がために証明せん。師、香を拈じて云く、香はすでに拈ず、悟はすなわち不悟なり。睡龍、大いに悦んで之を許す。

潭州保福院の清豁禅師は睡龍の法嗣となった。睡龍は雪峰の法嗣だ。清豁が睡龍に参じて、互いに意気あい投じたとみえる。ある日、睡龍が問うた。清豁さん、お前さんはどのような尊宿に相見して来られたか、そしてまた悟っていなさるのか、それともまだかと、面と向かっての、手厳しい追及だ。藪から棒にこんな詰問をしたのではあるまい。多分、清豁の人物、力量を見抜いての最後のじか談判であったと思われる。

はい、清豁は嘗て、大章山の海如庵主を訪ねて、そこで箇の確信の処を得ましたと、はっきり答えた。その態度と語勢等を見て、これは確かなものだと、判定を下したのであろう。

そこで睡龍が上堂して大衆を集めた。そして、大衆に対して香をたいて、お前さんの悟処を大衆に説示しなされよ、わしがお前さんのために証明するであろうと。

すると清豁が睡龍の言葉に随って、法座にのぼり、うやうやしく香を拈じ了って云く、仰せのとおり香はすでに拈じおわりました。悟は即ち不悟なり、睡龍、大いに悦んで、之を許した。

さて、清豁が香を拈じたところにおいて、すでに完全に悟処を説き了っているのではあるまいか。この外、別に説きようはあるまい。悟は即ち不悟なりと、悟迹《ごしゃく》の掃除までしているおもむきがある。睡龍が大いに悦に入ったのも、ご尤もとおもわれる。

悟不悟人応爇香　悟不悟人、応に香を爇くべし。
睡龍醒出験雛鳳　睡龍さめいでて、雛鳳《すうほう》を験す。
堂中対衆何言句　堂中、衆に対す、何の言句ぞ。
只是時人聴断腸　ただ是れ時人、聴いて断腸。

第六四則　南泉浄缾

南泉一日見鄧隠峰来。遂指浄缾云。浄缾是境。缾中有水。不得動著境。与老僧将水来。峰遂将缾。向南泉面前瀉。南泉即休。

南泉一日、鄧隠峰《とういんぽう》の来るを見て、ついに浄缾《じょうへい》を指さして云く、浄缾はこれ境なり。缾中に水あり、境を動著すること得ずして、老僧がために水をもち来たれ。峰ついに、缾をとって、南泉の面前に向ってそそぐ。南泉すなわち休す。

南泉和尚がある日、鄧隠峰の来るを見た。鄧隠峰と南泉は、共に馬祖門下で兄弟だ。だから親しい法戦が出来る。南泉が浄缾を指さして云く。浄缾とは水差しのことだ。「浄缾は境である。この浄缾の中に水が入っている。境を動かさずして、老僧がためにその水を出してくれ」と。こういう難題を吹っかけた。結構な法戦である。

これに似た公案が幾つもあるが、古人にこのような先例があるので、後人がいろいろな類則を作ったものと見える。一々透れば類則はみな透過できる筈だ。何も奇抜な問題ではない。法の筋が正しく見えておれば、これに対して適当な応対ができる。

ただし、理論だけなら、法眼の明らかな人から聞けば、誰にもわかるけれども、事実をつかんでいないと、右のように実際問題を出されると、たちまちまごつく。南泉が浄缾は境だと言っているが、境とは客観のことだ。主客対立の世界だけしか見えない人では、南泉のこの注文には応じられない。主客一如の世界がはっきりと見えている人ならば、主客のワナには引っかけられない。

鄧隠峰は浄餅を持って、南泉の面前に行って、ジャーッと水をそそいだ。南泉すなわち休す。南泉の注文通りに、鄧隠峰がやったから、それで用事相済みと、南泉も矛先を収めた。何ッ？　注文とはちがう？

南泉がもし、しらばっくれて、それではわしの注文とはちがう、鄧隠峰にからかったら、峰はどうしたであろう。もちろん予測はできないが、おそらくは南泉をはりとばしたであろう。そして「これ境か、これ人か」と追い打ちをかけたであろう。ピシャリ！　あ、痛たた！　それは主観か客観か？　顔でも洗って来なされよ。

鄧老来遊百草叢　　鄧老来遊す、百草のくさむら。
浄餅拈却好機中　　浄餅を拈却す、好機の中。
南泉涌出沄沄水*　　南泉涌出す、うんうんたる水。
一等平分箇両翁　　一等に平分す、箇の両翁。

＊水の転流する様。

第六五則　帰宗一味

帰宗。因僧辞。師云。什麼処去。僧云。諸方学五味禅去。師云。我者裡有一味禅。僧云。如何是和尚一味禅。師便打。

帰宗《きそう》ちなみに僧辞す。師云く、いずれの処にか去る。僧云く、諸方に五味禅《ごみぜん》を学し去る。師云く、わが者裡に一味禅あり。僧云く、いかならんか、これ和尚の一味禅。師すなわち打つ。

帰宗寺の智常禅師のことは、第四十三則に出ていた。馬祖下の尊宿である。僧が暇乞いをして、出かけるというので、師云く、いずれの処にか去る。どこへ行くつもりかと、師家の大慈大悲心だ。

僧云く、諸方に五味禅を学し去る。五味禅という言葉は、悪い意味に用いることもあるが、ここではただ五家の宗風を学ぶ、と言ったような意味に見ておく。

師云く、わが者裡に一味禅あり。わしの処の禅は純一無雑《じゅんいつむぞう》、一味の禅だ。「五家異なれども、一仏心印なり」という禅だとさ。

僧云く、如何ならんか是れ和尚の一味禅。師すなわち打つ。なるほど一味禅だ。痛い！　それっきりだ。なんにもゴミはついていない。曹洞土民も、臨済将軍も、啐啄同時も、何もついていない。痛処元来、痛処にあざやかだ。面と向かって試験をすることは、その頃帰宗が第一人者であったらしい。馬祖下における七十余員の善知識の中でも、智常禅師が一番だという人もあるが、そんなにほめてもよいのかどうか。

この僧「いかならんか、これ和尚の一味禅」などと、藪をつついて、蛇に食いつかれたようなものだ。だが、帰宗老漢の棒頭の一味禅は、諸方の五味禅の毒をすっかりお掃除して、真に清風明月となった趣きがある。

五味禅風一味禅　　五味の禅風、一味の禅。
棒頭有眼放収円　　棒頭に眼有り、放収まどかなり。
帰宗徹困揚家醜　　帰宗の徹困、家醜をあぐ。
痛処元来痛処鮮　　痛処元来、痛処にあざやかなり。

第六六則　薬山特牛

澧州薬山弘道大師。一夜無灯燭。示衆云。我有一句子。待特牛生児。即向汝道。時有僧出云。特牛生児也。自是和尚不道。師云。把灯来。其僧便帰衆。

澧州《れいしゅう》薬山の弘道大師、一夜、灯燭《とうしょく》なし。衆に示して云く、われに一《いっ》句子《くす》あり、特牛《とくご》の児を生ぜんを待ちて、即ち汝に向って道うべし。時に僧あり出でて云く、特牛、児を生ぜり。おのずからこれ和尚道わざらんや。師云く、灯を把り来たれ。その僧、すなわち衆に帰す。

澧州薬山の弘道大師は、石頭希遷禅師の法嗣で、諱は惟厳。一夜灯燭なし。今なら停電というところかも知れないが、昔のことだから、灯油も蠟燭も品切れで、まっくらな一夜を過ごしたとみえる。それが好箇の参究課題となった。まっくらがいいなあ！　黒漆の崑崙、夜裡に走るとでもいうかなあ！　これを平易に、「やみの夜」とも「鳴かぬからすの声」ともいうわい。正位だの、本分の世界だの、無字の根源だのと、いろいろ面倒な符牒がある。

そのとき薬山が大衆に示して云く。このまっくらな世界についてだ。われに一句子あり、特牛の児を生ぜんを待ちて、汝等に向って道うべし。えらい約束をしたものだ。特牛は雄牛だ。雄牛が子を生んだら、薬山なんとか道わんならんことになった。

さて、仏祖門下では雄牛が子を生むくらいのことは、めずらしくない。石臼に花が咲いたり、木馬が春にいなないたりすることも、しばしばある。「枯木、花開く劫外の春。さかしまに玉象にのって、麒麟を追う」と、洞山大師の五位頌には書いてある。

時に僧あり、衆の中から出でて云く、特牛、子を生ぜり、おのずから是れ和尚道わざらんやと。果たせるかな、雄牛が子を生んだ。さあ、和尚、まっくらな世界について、何とか言わんならんことになった。

師云く、灯を把り来たれ。雄牛が子を生んだら、あかりを持ってこい。よく見届けてやると、言わんばかりだ。するとその僧が、さっさと、もとのとおり、大衆の中へ却ってしまった。やれやれ、田舎芝居もいいところだぜ。薬山とこの僧とはナアナアで、八百長をやっておりやせんかい。

雄牛が子を生んだとは、これは一体なんのことか。二見対峙の世界でないことは、言うまでもない。これを奇特の事というわい。奇も特も一つということだ。如何なるか是れ奇特の事、と問われて、独坐大雄峯と答えた祖師もある。天上天下、唯我独尊だ。朝から晩まで、特牛が子を生んでいるのに気がつかんかい。天に二日なし、乾坤ただ一人だ。

特牛生子把灯来　　特牛、子を生ず、灯をとり来たれ。
一句誰人豈敢詠　　一句誰人か、あに敢えてあざけらん。
大小薬山何道得　　大小の薬山、何の道得ぞ。
寒天暗夜雪皚皚　　寒天暗夜、雪皚皚。

第六七則　趙州洗鉢

趙州。因僧問。学人乍入叢林。乞師指示。師云。喫粥了也未。僧云。喫粥了。師云。洗鉢盂去。其僧。言下有省。

趙州ちなみに僧問う、学人はじめて叢林《そうりん》に入る。乞うらくは師、指示せんことを。師云く、喫粥し了るや、いまだしや。僧云く、喫粥了。師云く、鉢盂《はつう》を洗い去れ。その僧、言下に省あり。

趙州和尚は言葉を以て、法の第一義を示すことの名人だ。この公案なども、趙州和尚の口唇皮上《くしんぴじょう》に、光明赫灼《かくしゃく》たるところを拝むのに良い。

「はじめて叢林に入る」と、言いだしたのがいいなあ！　初めて叢林に入ったばかりの新参者でございます、何にもわかりません、と来た。こう来ればしめたものだ。これを白紙というわい。

趙州は南泉のもとにあって、血みどろの修行をすること約四十年、その後、天下の名師宗匠を歴訪して、指導力を養うこと二十年、前後六十年の修行をかさねた人だ。この老趙州に比べたら、五年や十年修行したなどは、新参者に決まっている。

「お粥を食べたら、応量器を洗っておけ」。これが釈尊一代の説法の要領であり、一千七百則の公案の骨子であるとは、知る人ぞ知るだ。白紙で聞けば、この一言で悟れる筈であるし、悟りのくさ味も取れる筈だ。

本当にお粥を食べると、悟りなどは寄っても付かないし、本当に悟れば、お粥もご飯も食べる必要がないと、三光老人が言っている。なぜだろう。喫粥と悟りと二つないからではあるまいか。「一方を証するときは、一方はくらし」というわい。

「みずから時を知って、物に依らず」とも老人は言っているが、むつかしいことを言い出したものだ。「十二時中、一物にも倚依せず」ということかしら。そのとき、そのとき、いつも天上天下、唯我独尊の生活だということらしい。「省悟と喫粥と相去ること多少ぞ」と、とうとう本音を漏らしている。いくばくもへちまもあるかい。ただ、鉢盂を洗うのだよ。常懺悔だ。常持戒だ。常時仏戒三昧だ。なんぴとも、常に、とこしなえに、この中に住持し、使用しているではないか。知覚も方面もありゃせん。どこに主観や客観があるかい。鉢盂を洗い去れ！

喫粥人人洗鉢盂　　粥を喫すれば、人人鉢盂を洗う。
元来仏法在烹厨　　元来仏法、烹厨にあり。
童心最好天真妙　　童心、最も好し、天真の妙。
運水搬柴共学愚　　水をはこび、柴をはこんで、共に愚を学ぶ。

第六八則　仰山挿鍬

仰山因潙山問う。甚処来。師云。田中来。潙山云。田中有多少人。師挿鍬。叉手而立。潙山云。今日南山。大有人刈茆。師挿鍬而去。

仰山ちなみに潙山問う。いずれの処よりか、来たれる。師云く、田中より来る。潙山云く、田中いくばくの人かある。師、鍬をはさみ、叉手して立つ。潙山云く、今日は南山、大いにひとあって茆《ちがや》を刈る。師、鍬を拽《ひ》いて去る。

この公案は、師匠も弟子も常に油断なく、箇の事に参じて、たがいに百錬千鍛するところの立派な模範である。

潙山が弟子の仰山に向って、どこから来たかと、足許の点検だ。はい、田んぼから参りましたと。いつも自己の心田を耕しておりますと、言わんばかりの応答だ。田中いくばくの人があると、人数を聞いているようだが、自己の外に何か見えてはおらんかとも響く。

仰山そのとき、鍬を地面にさして、叉手して卓然として立った。天上天下、唯我独尊！　他国の塵境に去来しない消息かしら。よいはよいが、これだけでは死仏法だ。そこで潙山がこれを奪って、今日南山、大いに人あってちがやを刈る。今日は後ろの山で、皆が一所懸命かや刈りをしている。そんな処に突っ立っていて、どうするのかと、向上の死漢となることを戒めた。

それも仰山、おととい承知と見えて、はい、ご尤もとも、何とも言わないで、鋤を下げて、さっさと行ってしまった。

潙山の慈悲心と、仰山の孝順心とは、さすがに立派なもので、東西古今の模範である。鋤をはさんだと言うが、どこにはさんだのか。この鋤は宇宙大の鋤ではあるまいか。はさみようも、ぬきようもあるかい。それはまあ、それとしておいて、仰山が鋤をはさみ、鋤を拽いて去ったというが、それは何の転機か、作者機変を知るというわい。作家の漢は、機変を知らねばいかん。

もし潙山の腹がわからないようでは、仰山の腹もわからない。挿鋤《そうじょ》がわからなくては、拽鋤《えいじょ》もわからない。殺人刀が使えないようでは、活人剣は、なお使えない。潙山と仰山の問答は、さもないようだが、実は相当な難関だ。鶏の鳴き真似のようなごまかしでは、断じて透れないよ。

今日田中多少人　　今日田中、多少の人ぞ。
卓然而立未成真　　卓然として立つも、未だ真を成さず。
拽鋤仰子知端的　　鋤を拽く仰子、端的を知る。
刈茆南山一語親　　茆を刈る南山、一語親し。

第六九則　睦州不知

睦州龍興寺陳尊宿。問秀才。先輩治何経。才云。治易。師云。易云。百姓日用而不知。不知箇什麼。才云。不知其道。師云。作麼生是道。才無語。師云。果然不知。

睦州龍興寺の陳尊宿、秀才に問う、先輩、何の経をか治む。才云く、易を治む。師云く、易に云く、百姓《ひゃくせい》は日に用いて知らずと、箇のなにをか知らざる。才云く、その道を知らず。師云く、そもさんか是れ道。才、無語。師云く、果然として知らず。

睦州龍興寺の陳尊宿は、黄檗宗希運禅師の法嗣である。あるとき張拙秀才に問うて云く、先生は何の経書を研究して居られますかと。経書を研究することを治経という。秀才云く、易経を研究しております。師云く、易経に「百姓は日に用いて知らず」とあるが、箇のなにをか知らざる。才云く、その道を知らず。師云く、道とはなんですか。才、無語とあるが、この無語は行き詰まっての無語らしい。師云く、果然として知らず。百姓は日に用いて知らずとあるとおり、果たせるかな、張先輩も道を使っていて、道をご存知ありませんなあと。痛い処を突いたものだ。

さて、陳尊宿が、もし百姓は日に用いて知らずという事実と、張拙秀才の人物とを知っていなかったら、なんでこんなに、淡々とした談笑の間において、相手を殺したり、活かしたりすることが出来るかい。

秀才が「その道をしらず」などと、知ったかぶりをしないで、ただ存じませんと云ったら、「果然として知らず」などと、睦州に云われないでも良かったろう。

三光老人が、かれに言わせれば、百姓などは問題ではない。眼睛を瞎却したの、鼻孔を救得したのと云っているところの、天下の名師宗匠が、果たして仏祖の大道を知るや、また未だしやだ。知ると云っても落第だ。知らないと云っても落第だ。速やかに道え、速やかに道え。

日用不知誰不知　日に用いて知らざると、誰か知らざる。
秀才無語易何治　秀才無語、易なんぞ治めん。
西天東土幾人識　西天東土、幾人か識る。
百姓耕田喫飯時　百姓田を耕す、喫飯の時。

第七〇則　雲門畜得

韶州雲門匡真禅師。問曹山。如何是沙門行。山云。喫常住苗者。師云。便恁麼去時如何。山云。你還畜得麼。師云。学人畜得。山云。作麼生畜。師云。著衣喫飯。有甚麼難。山云。何不道披毛戴角。師礼拝。

韶州《しょうしゅう》雲門の匡《きょう》真《しん》禅師、曹山に問う、如何ならんか是れ沙門の行。山云く、常住の苗を喫する者。師云く、便ち恁麼にし去る時如何。山云く、なんじまた畜得すや。師云く、学人畜得す。山云く、そもさんか畜《ちく》す。師云く、著《じゃく》衣《い》喫《きっ》飯《ぱん》なんの難きことかあらん。山云く、なんぞ披《ひ》毛《もう》戴《たい》角《かく》と道わざる。師、礼拝す。

韶州雲門山の匡真禅師は、雪峰義存禅師の法嗣で、諱は文偃。あるとき曹山本寂禅師に参問した。如何ならんか是れ沙門の行と。これも呈解問であろう。従って問処の道得と見ておく。行住坐臥、いかなるもこれ沙門の行持にあらずや、との底意ではあるまいか。

曹山云く「常住の苗を喫する者」とは、常住の苗を喫する者、これ沙門の行ということだ。常住とは、常住物といって、その寺の備品のことであるが、それに苗という言葉がついているから、それは食べ物にことよせての表現だ。寺に備え付けの食べ物とは、どの様な食べ物であろうか。参究ものだ。

紋切型にはめたら、戒定慧の三学とでも云ったら良いか知らないが、活きた三学はどうなのか。版鳴れば法堂、梆《ほう》、響けば斎堂か。師云く、すなわち、恁麼にし去るとき如何。去るは助字で意味はない。恁麼はそのとおりということだ。飯に逢うては飯を喫し、茶に逢うては茶を喫すと、いつも恁麼にし去ったら、いかがでございますか。

曹山云く「なんじまた畜得すや」。畜は畜養と言って、動物を養い育てることだ。雲門云く、学人畜得す、はい、油断なく、自己の心牛を牧得しておりますわい。山云く「そもさんか畜す」。門云く、著衣喫飯、なんの難きことかあらん、はい、寒くなれば着物を着る、腹がへればご飯を食べる、なんにもむつかしいことはございません。

曹山云く、何ぞ披毛戴角と道わざる。どうも仏法くさく、月並的の文句で面白くないと云わんばかりだ。なぜモーンとやらないのか。なぜワンワンとやらないのだ。こういわれて、雲門、素直に礼拝した。著衣喫飯と、披毛戴角と、格別ちがいはないようだが、仏法の門口にマゴマゴしている者と、堂奥を窮めた者とでは、このような違いが出てくる。

喫却霊苗独自休　　霊苗を喫却して、独り自ら休す。
只麼畜得箇心牛　　しもに畜得す、この心牛。
時人欲識沙門行　　時人、沙門の行を識らんと欲せば。
戴角披毛嘯月遊　　戴角披毛、月に嘯いて遊ぶ。

第七一則　清平西来

挙。鄂州清平山法喜禅師。問翠微云。如何是西来的的意。翠微云。待無人即向你道。師良久云。無人也。請師説。翠微下禅床引師竹園。師又云。無人也。請和尚説。翠微指竹云。這竿得恁麼長。那竿得恁麼短。

挙す、鄂州《がくしゅう》清平山《せいへいざん》の法喜《ほうき》禅師、翠微《すいび》に問うて云く、如何ならんか是れ西来的的の意。翠微云く、人なきを待ちて、即ち汝に向って道うべし。師、良久して云く、人なし、請うらくは師、説かんことを。翠微、禅床を下り、師を引いて竹園《ちくおん》に入る。師また云く、人なし、請うらくは和尚、説かんことを。翠微、竹を指して云く、這竿《しゃかん》は得恁麼《とくいんも》長《ちょう》なり、那竿《なかん》は得恁麼《とくいんも》短《たん》なり。

鄂州清平山の法喜禅師は翠微の法嗣で、諱は令遵だ。あるとき翠微に問うて云く「如何ならんか是れ西来的的の意」。達磨大師西来の血滴々をつかもうとして、一所懸命らしいぞ。これに対する翠微のご指導もまた、親切の底をつくしている。

翠微云く、人なきを待ってすなわち、なんじに向って道うべし。まてまて、人の居らんときに言ってきかせるわい。そこで、法喜禅師がしばらく待っていたとみえる。瑠璃殿上に知識なしか。誰も居りやせん。西来意の丸出しではないかなあ！　禅師はそれに気がつかなかったと見えて「人なし、請うらくは師、説かんことを」と催促に及んだ。

催促されたから、仕方なく翠微が禅床を下って、禅師を引っ張って、竹園に入って行った。どこもかしこも、西来意の丸出しであるのに、まだ気がつかなくて、また催促だ。「人なし、請うらくは和尚、説かんことを」と。翠微が止むを得ずして口を開いた。

「この竹はこんなに長いよ。あの竹はあんなに短いよ」。千七百則の公案を一口に言ってしまった。釈尊一代の説法も、この外には何もないわい。だが、これに理窟が毛筋ほどでもついたら、全部ニセ物になってしまう。

翠微親子は道に親しい、そして師学ともに熱心なものだ。三光老人が「竹を指すは、なお狗をさすがごとく、狗をさすは、猶、猫のごとし」と混ぜ返しているが、何のことだろう。だが、その次にはマトモなことを言っている。「何の謂いぞや」と、前の言葉には注釈をつけて弁明するらしい。「竹！　竹！　竹！」と、これが本音だ。それなら、猫！　猫！　猫！　でも、犬！　犬！　犬！　でも同じことだろう。

これに講釈をつけるとキズがつく、鼻が低いとか、眉毛が薄いとか言って、余計な手術をして、無キズの顔にキズをつけることは愚の骨頂だ。この頃の医者ドンは、じきに手術をしたがる。盲腸の手術を受ける患者の約三分の一は、手術する必要のない人であったと言う。だが、手術をしないと金にならない。医者は算術になったからなあ！　学僧たちも、やぶ医者と同じで、講釈をつけないと、飯が食えないらしい。咄！

西来的意問来親　　西来の的意、問い来ること親し。
共入園庭打一巡　　共に園庭に入って、一巡を打す。
恁麼短長竿麼処　　恁麼の短長、竿いずれの処ぞ。
清風徐到更無人　　清風おもむろに到って、更に人なし。

第七二則　洞山非仏

洞山悟本大師云。須知有仏向上事。僧問。如何是仏向上事。師云。非仏。雲門云。名不得。状不得。所以言非。法眼云。方便喚作仏。

洞山悟本大師云く、すべからく仏向上の事あることを知るべし。僧問う、いかならんか是れ仏向上の事。師云く、非仏。雲門云く、名づくることを得ず、かたどることを得ず、ゆえに非という。法眼云く、方便によんで、仏となす。

洞山悟本大師が「すべからく仏向上の事あることを知るべし」とお仰せになった。そこで僧が、如何ならんか是れ仏向上の事と問うたら、洞山大師が「非仏」とお答えになった。洞山大師のお答えに対して、二大老が次のとおりに相槌を打った。

雲門云く、仏向上の事は、名のつけようもなければ、かたちをもって表現することもできない。それだから「非」というのだと。非はあらずだ。あらず、あらず、あらずだ。一切にあらずだ。百非を絶しているわい。

法眼云く、方便によんで仏となす。ウソも方便と言うけれども、方便とはウソということではない。『法華経』には、方便品という巻があって、一番大切な巻といわれている。善巧《ぜんぎょう》方便といって、仮に設けた良い方法ということだ。その方法として、仏とよぶのだとさ。

三光老人が例によって、混ぜっ返しをしている。「洞山の語を聞くことなかれ、二老の語を聞くことなかれ」と。三人の言葉尻について回るなと言うことだ。その精神をつかめということだ。三大老の言葉の精神は、「なんじただ非仏となれ」ということだ。しからば、いかんが非仏となることを得んやだ。この、どめくら奴！　なるも、ならないもあるかい。もとから非仏じゃないか。どこをさがしているのか。大いに牛に乗って、牛を探すが如しだ。脚下を照顧せよ！

須知向上総非非　　すべからく知るべし、向上すべて非非なることを。
未得名詮豈合違　　未だ名詮を得ず、豈に合違あらんや。
法眼雲門何言句　　法眼雲門、何の言句ぞ。
洞山無味独空帰　　洞山無味、独り空しく帰る。

第七三則　台山杈下

五台山秘魔岩和尚。常持一杈。凡見僧来。遂提起杈云。什麼魔魅教汝出家。什麼魔魅教汝行脚。道得也杈下死。道不得也杈下死。速道。速道。

五台山の秘魔岩《ひまがん》和尚、常に一杈《いっしゃ》を持す。およそ僧の来るを見れば、ついに杈を提起して云く、なんの魔魅《まみ》か、汝をして出家せしむ。なんの魔魅か、汝をして行脚せしむ。言い得るもまた杈下《しゃげ》に死し、言い得ざるもまた杈下に死す。しゅくどう、しゅくどう。

五台山の秘魔岩和尚は霊端の法嗣である。常に一杈を持っていたという。杈というのは「さすまた」という農具のことで、六尺ばかりの棒の先が、鋭いふたまたになっている。それを持っていて、僧が来ると、いきなり、それを突きつけて、云くだ。

どのような悪魔が汝を出家させたのか、どのような悪魔が汝を行脚に出したのか。なんと道うても命はないぞ。道わなくても命はないぞ。さあ、どうだ?!　さあどうだ?!　いかにも手厳しい接得ぶりだ。

秘魔和尚の接得ぶりは甚だおだやかではない。学人の命とりだ。だが、学人は死ぬことが先決問題だ。一度死んでみよ。たちまち、清風颯々となるわい。

秘魔和尚のこの木杈《もくしゃ》に引っかけられたが最後、大死一番するのに好箇の機会だ。死にさえすれば復活する。凡夫根性が死ねば、仏心が復活するにきまっている。死なねば絶対に復活しない。だから死ぬことが大切だ。殺すことが必要だ。

仏道を求むる者は須く仏道を信ずべしだ。仏道を信ずる者は、自己もとより仏道中にあって、迷惑せず、顚倒せず、乃至、寸分のあやまりも無いことを確信すべしだ。どこに行脚などする余地があるかい。だが、この事実に目覚めるために行脚するのだ。一方向きの担板漢ではだめだよ。そこに、ふたまたのあることを味わえ。

咄五台山一秘魔　咄！　五台山の一秘魔。
木杈拈得験如何　木杈拈得して、験すること如何。
東西水歩雲遊客　東西水歩、雲遊の客。
死活分明錯者多　死活分明、錯る者多し。

第七四則　趙州転蔵

趙州。因有婆子。施財請師。転大蔵経。師下禅床遶一匝云。転蔵已畢。人回挙似婆子。婆云。比来請転一蔵。如何和尚只転半蔵。

趙州、ちなみに婆子《ばす》あり、財を施して、師を請し、大蔵経を転ぜしむ。師、禅床を下って、めぐること一匝して云く、転蔵おわりぬ。人かえって婆子に挙似す。婆云く、比来《ひらい》一蔵を転ぜんことを請す、いかんが和尚、ただ半蔵を転ずる。

あるとき一人の婆さんが、趙州和尚に若干のお布施を差し上げて、大蔵経を読んで頂きたいとお願いした。この婆さん、ただものではないらしい。趙州門下の久参底《くさんてい》かもしれない。

すると、趙州が禅床を下って、ぐるりっと一回りして云く、一大蔵経を転じおわったと。大蔵経とは経律論の三蔵を一括したところの、釈尊ご一代の説法全部のことだ。教家では、それを綿密に研究するのが主であるが、禅門では、活きた大蔵経を朝から晩まで、常に転読することが肝要である。

さて、趙州和尚の転読ぶりを、ある人が婆さんに報告した。すると婆云く、そうであったか、このあいだ趙州和尚に、一蔵を転ずるようにと、お願いしておいたのに、和尚は、ただ半蔵を転じたのかと。

趙州和尚は、お布施の借金をまだ半分背負っていると、言ったように響くかも知れないが、婆さんはもちろん、そんなしみったれなことを言っているのではない。そこに大切な宗旨がある。

宗門に「一箇半箇を接得する」という言葉がある。そして一箇を一人と見、半箇を単に、半人と見ているひとが多いようであるけれども、それでは近視眼だ。一箇は一人前で良いが、半箇は一人前以上の出格の道人を指すと見るのが本当の見方だ。一箇は得易いが、半箇は得難い。雲門の日々是れ好日の公案でいうと、十五日以後、月が次第に暗くなり、悟りの光がツヤ消しになって行く、それが半箇の道人だ。

婆子が今、趙州のことを、ただ半蔵を転じたと云ったのは、言貶意揚であって、転経のくさみが少しもないことを讃歎しているものと見なくては、婆さんが泣くであろう。だから、文字ばかり当てにしていてはだめだ。

施財婆子豈知貧　　財を施す婆子、あに貧を知らんや。
匝地何論万里春　　匝地、何ぞ論ぜん、万里の春。
一蔵転来成半蔵　　一蔵転じ来たって、半蔵と成る。
趙州元是渡驢人　　趙州、元これ、驢を渡す人。

第七五則　岩頭坐却

鄂州岩頭清厳大師。因僧問。三界競起時如何。師云。坐却著。僧云。未審。師意如何。師云。移取廬山来。即向汝道。

鄂州岩頭の清厳《せいがん》大師、ちなみに僧問う、三界競《きょうき》起する時如何。師云く、坐却せよ。僧云く、いぶかし、師の意如何。師云く、廬山《ろざん》を移取し来たれ、即ち、汝に向って道うべし。

鄂州岩頭の清厳大師は、徳山の法嗣であって、諱は全豁《ぜんかつ》。「ちなみに僧問う、三界競起する時如何」。三界とは、欲界と色界と無色界だが、共に迷いの世界だ。迷いを大別すると、貪瞋痴の三毒となる。この三毒が原因となって、三界に生まれる。それで『法華経』にも「滅三毒、出三界」とある。さればこの僧の問意は、貪瞋痴の三毒とよばれる妄分別がむらがり起きるときは、どうしたらよろしいかと、岩頭にご指導を仰いだのだ。師云く、坐却せよ。「坐却」の却の字に意味はない。滅却とか、拈却とかいう時と同じだ。著も助字だが、強める響きがある。坐却せよは、坐れ！　ということだ。だが、この一語には、容易ならぬひびきがある。

分別妄想が起こって困るなら、精出して坐れ。精出して坐れば、自然に分別妄想がおさまるぞ。これは初心の修行者にいうことだ。分別妄想など相手にするな。すっぽかしておいて、ただ、凜然として坐れ。自家の坐牀に安住せよ。他国の塵境に去来するな。これが只管打坐の要領だ。

さらに高く取り扱うと、三界に安住せよ、六塵に組まざれば、かえって正覚に同じだ。「坐れ」という一語は、どの程度にも響く。相手次第だ。

この僧は受け取れなかったと見えて「いぶかし、師の意如何」と正直に再問した。師云く、廬山を移取し来たれ、汝に向って道うべし。さあ、大変なことになった。移取の取も助字で意味はない。行取とか、記取とかいう時も同じだ。来の字にも格別意味はない。看来る、醒め来るなどと同じだ。

日本流に言うと、富士山の引っ越しだ。富士山をここまで持って来たら、教えてやると。それでは、全く出来ない相談じゃないか。驢馬の年が来たら、教えてやるというようなことになって、この僧をひどく叱ったことになる。まだ、わからんかということだ。

そこで、廬山を移取し来たれ、汝に向って道うべしとは、悟って来い、そうすれば、汝に向って、道わなくてもわかるということだ。悟るまでは何と言っても、受け取れんよということだ。あまり喋りすぎた。罪過弥天だ。

三界波瀾競起時　　三界の波瀾、競い起きる時は。
黙然坐却委風吹　　黙然坐却して、風の吹くに委せよ。
廬山挙足来還往　　廬山挙足、来また往。
葉落花飛大樹枝　　葉落ち、花飛ぶ、大樹の枝。

第七六則　大潙無心

大潙。因有僧問。如何是道。師云。無心是道。云。某甲不会。師云。会取不会底好。云。如何是会底。師云。祇是你不是別人。

大潙、ちなみに僧あって問う。如何ならんか是れ道。師云く、無心これ道。云く、それがし不会なり。師云く、不会底を会取せば好し。云く、如何ならんか是れ会底。師云く、ただこれなんじ、これ別人にあらず。

大潙山大円禅師に僧が問うた。如何ならんか是れ道と。師云く、無心是れ道。無心とは、心識の作用の無くなったことではない。近頃、外人が禅をかじって、禅は無意識的生活だ、などと言っている者もあるが、大間違いだ。無心とは分別妄想のないことだ。悪知悪覚のないことだ。知情意ともに、敏感に働かなくては、死人《しびと》禅だ。境に対して、心しばしば起こるのが本当の禅だ。それを枯木《こぼく》裡の龍吟というわい。髑髏裡の眼睛というのもそれだ。

僧云く「それがし不会なり」。ここで言う不会とは、理窟がわからないということではない。無心是れ道、という活きた事実が受け取れないということだ。

師云く、不会底を会取せば好しとは、実に親切なお示しだ。決して、言葉尻をもてあそんでいるのではないよ。不会底が大事な処だ。思慮分別の全く届かないところ、そこに、金無垢の道が光っているではないかと、言わんばかりのご指導だ。

僧がそこで「如何ならんか是れ会底」と問うたが、これは潙山の示された「不会底の会取」を問うたものであろう。

師云く、ただこれ汝、これ別人にあらず。お前さんが不会底の会取人じゃないか。まだ気がつかんか。ただ、凡情を殺しつくせよ。その外、別に聖解も、悟りも、道もありゃせんぞ。

潙山禅師は労をいとわず、恥も外聞もおかまいなく、親切鄭寧な指導をなされているが、この僧は、面と向かっていながら、それが受け取れないとは残念至極だ。平常是道だ。会するも、会しないもないじゃないか。

無心とは何のことだい。柱のようなのが、無心だと思うとちがうぞ。さりとて、思慮分別の頭を使ったら、これまただめだ。無心これ道と、そのまま受け取れ。子供は無心でいたずらをしている。大人も無心で歩いている。理窟で歩くかい。おれは資本主義の理論によって、立ったり、坐ったりしている、などという人間はあるまい。おれは、革命の理論によって、行動するなどと言うことになったら、大変だ。険！

如何是道曰無心　　如何ならんか是れ道、曰く無心。
大小潙山坐弄琴　　大小の潙山、いながら琴を弄す。
不会奚知還会底　　不会なんぞ知らん、また会底なることを。
妙音佳趣聴愈深　　妙音佳趣、聴けばいよいよ深し。

第七七則　大慈説行

杭州大慈山性空大師。示衆云。説得一丈。不如行取一尺。説得一尺。不如行取一寸。洞山云。説取行不得底。行取説不得底。

杭州《こうしゅう》大慈山《だいじざん》の性空《しょうくう》大師、衆に示して云く、一丈を説得せんよりは、一尺を行取せんには如《し》かじ、一尺を説得せんよりは、一寸を行取《ぎょうしゅ》せんには如かじと。洞山云く、行不得底を説取し、説不得底を行取すと。

杭州大慈山の性空大師は、百丈の法嗣で、諱は寰中だ。あるとき衆に示して云く、一丈を説得せんよりは、一尺を行取せんには如かじ。一尺を説得せんよりは、一寸を行取せんには如かじと。説得の得と、行取の取は例の助字で意味はない。日本流にいうと、「一丈を説くよりも、一尺を行う方がましだ」ということだ。次ぎも同じ事を、一桁かえて、重ねたのであって、これは意味を強めるはたらきをしている。

この示衆を文字の表面どおりに見れば、普通の教訓に過ぎない。言うことばかり立派でも、行いが伴わなくては価値が甚だ少ないと、これは誰でも言うことだ。大慈禅師の示衆は、まさかそのような普通の道徳談ではあるまい。百の方便道よりも、一つの真実道がましだということではあるまいか。

真実の仏法では、行と説とに軽重をつけない。不言実行を貴ぶけれども、それは、言うだけで、実行しない人より、はるかに貴いという意味であって、言うことを嫌うのではない。堂々と宣言して、その通り実行することも、また甚だ貴いことである。

仏法ではもちろん、身口意《しんくい》の三業《さんごう》で説法するのであるけれども、その中で、口業《くごう》の説法が時に重要である。されば、説よりも行を重んずるというのは、単なる一面観であって、行よりも説を重んずる、という一面もまた大切だ。「無上菩提を演説する師にあわんには、種姓を観ずることなかれ、容顔をみることなかれ、非をきらうことなかれ、行いをかんがうることなかれ、ただ般若を尊重するが故に、日々三時に礼拝し、恭敬して、云々」とあるとおり、たとい行いは成っていなくても、説くことが無上菩提であるならば、謹んで之れを聞き、その指導を仰ぐのが、仏弟子たる者の正しい態度である。

「洞山云く、行不得底を説取し、説不得底を行取すと」。これも、言葉の表面だけ見ていてはだめだ。洞山大師の語は、行説一如を示しておられる。行の外に説はなし、説の外に行はない。説の時は通天徹地《つうてんてっち》、ただこれ説のみだ。行の時は尽天尽地《じんてんじんち》、ただこれ行のみだ。これを一方究尽《いっぽうぐうじん》ともいうわい。行と説と二つあって、それが一つなどというのではない。それでは継ぎ目が出来て、無縫塔にならない。

ここでも三光老人は面白く拈評している。大慈禅師の示衆は直歩《じきほ》だ。直線的に歩いて見せたのだ。直説だ。洞山大師の語は転歩だ。円く歩いて見せたのだ。曲説だ。そしてどちらも、玄玄微妙の仏道に透徹している。どうだ、二大老の腹が見えたかと言うている。参！

大慈行説那玄微　　大慈の行説、なんの玄微ぞ。
丈尺元来不背違　　丈尺元来、背違せず。
波浪相呼且弄月　　波浪、相い呼んで、しばらく月を弄す。
洞山円転和光帰　　洞山円転、光に和して帰る。

第七八則　洞山一物

洞山因請泰首座喫果子次。乃問。有一物。上拄天。下拄地。黒似漆。常在動用中。動用中収不得。你道。過在甚処。首座云。過在動用中。師喝乃令掇却果。

洞山ちなみに泰首座を請して果子《かす》を喫せしむついでに、乃ち問う。一物あり、かみ天をささえ、しも地をさそう、黒きこと漆に似たり、常に動用《どうゆう》の中に在りて、動用の中に収むることを得ず。なんじ道うべし、過《とが》、いずれの処にかある。首座云く、過、動用の中に在り。師、喝して、乃ち果を掇却《てっきゃく》せしむ。

洞山大師があるとき泰首座をお呼びになって、果物を下さって、そのついでに、首座に問うた。「一物あり、かみ天をささえ、しも地をささそう、黒きこと漆に似たり、常に動用の中に在りて、動用の中に収むることを得ず。なんじ道うべし、過、いずれの処にかある」と。

一物とは何のことだろう。妙なものが有ったものだ。本具の仏性とでもいうのかなあ。真っ黒だとさ。闇の夜の、鳴かぬからすの声のようだぜ。正位大明神かしら。それが常に動用の中にあって、しかも動用の中におさまらないとよ。動用の中とは、寝たり、起きたり、泣いたり、笑ったりすることだ。

われわれの日常生活が、全部真っ黒いバケモノだそうだが、そのバケモノは、われわれの日常生活だけではなくて、まだまだ色々な処へ出しゃばって、限りがないのだそうだ。それが「収むることを得」だ。なんじ道うべし、このバケモノの罪過はどこにあるのか。何が罪過であるのかと、好箇の参究課題だ。

洞山大師は罪過と言ってござるけれども、罪過と言っていいのか、功績と言っていいのか、いたずらと言っていいのか、とにかく、このバケモノについて、何とか言ってみよというのが、洞山の真意ではあるまいか。

首座云く、そのバケモノのバケモノたるところは、われわれの日常生活の中にありますと、どうも月並的のご挨拶であって、切れ味が悪い。洞山大師、お気に召さなかったと見える。

「師、喝して、乃ち果を掇却せしむ」。喝してと書いてあっても、型どおり一喝を与えるとばかりは決まってはいない。それとも、洞山が真っ黒いからすになって、カーッと一声やったのかなあ。「エーッ! 梨でも食べなさい」と、かんではき出すように言ったのではあるまいか。それとも、侍者に命じて、その果物を掇却させたのか。掇はとるという意だ。却は助詞だ。洞山大師は、それほど無粋《ぶすい》なお方ではあるまい。

洞山且問動中収　　洞山且問す、動中の収。
黒漆何論夜月舟　　黒漆なんぞ論ぜん、夜月の舟。
一物拄天還拄地　　一物、天を拄え、また地を拄う。
雲烟漠漠水空流　　雲烟漠漠、水むなしく流る。

第七九則　薬山陞堂

薬山久不陞堂。院主白云。大衆久思示誨。請和尚為衆説法。師令打鐘。衆方集。師陞堂。良久便下座帰方丈。主。随後問云。和尚適来許為衆説法。云何不垂一言。師云。経有経師。論有論師。争怪得老僧。

薬山久しく陞堂《しんどう》せず。院主もうして云く、大衆、久しく示誨をおもう。請《こ》うらくは和尚、衆の為に説法したまわんことを。師、鐘を打たしむ。衆まさに集まる。師、陞堂し、やや久しうして、すなわち下座して方丈に帰る。主、随後《ずいご》して問うて云く、和尚適来《せきらい》、衆の為に説法せんことを許す、いかんぞ一言を垂れざる。師云く、経に経《きょうじ》師あり、論に論《ろんじ》師あり、いかでか老僧をあやしみ得ん。

薬山弘道大師が久しい間、陞堂説法して下さらなかった。それで院主が大師にお願い申した。院主は寺の事務長だ。院主が出てくると、大抵無眼子だ。この院主も無眼子らしい。大衆が久しい間、和尚の説法を承わりたいと、みな渇望しております。どうぞ、大衆のために、説法して頂きたいと。

大師が命じて鐘を打たせた。集合の合図だ。そこで大衆が法堂に集まった。大師がおもむろに陞堂なされて、説法の座にお着きになり、それから、やや久しゅうなさった。もちろん時間つぶしではない。只管打坐して、全体を全挙したのだ。活きた仏法を丸出しに示したのだ。それから下座して、さっさと方丈にお帰りなされた。

院主がもし、明眼の漢であるならば、「老大師の説法、このとおり!」と、報告する筈である。然るに院主、随後して問うて云くとあっては仕方がない。師云く、経に経師あり、論に論師あり、いかでか老僧をあやしみ得ん。経論の講釈を聞きたくば、経師論師が居るから、それらの人に聞きなさい。老僧の説法、どこに怪しいところがあるかい。

老僧とは、言葉の表面では、薬山自身を指しているようであるけれども、この老僧は、天地開闢以前から、ござる老僧ではあるまいか。この老僧の説法を正直に聞け。この老僧をちょっとでも怪しんだり、疑ったりしたら、万劫たっても、らちはあかんぞ。

薬山は院主の要請どおり、立派に大説法をしたのだが、惜しむらくは、この説法を聞き取ってくれる人物が、居なかったと見える。大師の良久に対して、いたずらに凡見凡情を以て、勝手な理会をめぐらしてはだめだ。薬山為人の血滴を知りたくば、早く老僧に相見せよ。

鐘鳴衆集便陞堂　鐘鳴り、衆集まって、便ち陞堂す。
院主聾盲自致殃　院主聾盲、みずから殃をまねく。
経有経師争怪得　経に経師あり、いかでか怪しみ得ん。
薬山慈誨不尋常　薬山の慈誨、尋常ならず。

第八〇則　趙州有無

趙州。因僧告辞。師問。甚処去。僧云。諸方学仏法去。師竪起払子云。有仏処不得住。無仏処急須走過。三千里外逢人不得錯挙。僧云。与麼不去也。師云。摘楊花。摘楊花。

趙州ちなみに僧、辞を告ぐ。師問う、いずれの処にか去る。僧云く、諸方に仏法を学し去る。師、払子を竪起《じゅき》して云く、有仏の処に住することを得ざれ、無仏の処、急ぎすべからく走過すべし。三千里外、人に逢うては、錯挙することを得ざれ。僧云く、よもならば去らじ。師云く、摘楊花《てきようか》、摘楊花。

趙州和尚の会下の僧が、お暇乞いに来た。趙州問う、どこへ行くのかと。親切なものだ。これから出て行くという僧に対して、かさねがさねのご注意だ。僧云く、諸方を行脚して、仏法を学ぶつもりでございます。その時、趙州が払子を立てた。今すぐに、仏法を受け取れということだ。

僧がその端的を受け取らなかったものだから、それで、云くだ。「有仏の処に住することを得ざれ、無仏の処、急ぎすべからく走過すべし」。これが学仏道の要訣だ。凡夫はニセ仏をつかまえているのが、まず上々だ。ひどい奴は、無宗教を鼻にかけて、神も仏もあるものかと来る動物もある。

まず、仏を信じ、仏に帰依し、自己の仏に相見しようと、血みどろの修行をする。見性悟道を志して、一心不乱に坐禅することだ。そうすると、豁然大悟と、自己本来の真仏を拝むことが出来る。それが有仏の処だ。

だが、この仏はまだニセ仏だよ。悟らなければ、無論ダメだが、悟ったというのは、まだニセ物だ。そんなニセ仏をつかまえていてはダメだ。そんな処に腰かけているな。有仏の処に住することを得ざれだ。そこで迷いも捨て、悟りも捨て、一切手打ち払って、何もございませんとなる。そこが無仏の処だ。

さて、無仏の処まで来ることが、実に大切ではあるけれども、これもまだ毒海だ。この毒海にとどまると、向上の死漢となって、仏の慧命を失ってしまう。急ぎ、須く走過すべしだ。こういう筋であるから、三千里外をふらついて、自家の坐牀を抛却《ほうきやく》し、人に錯挙《さっこ》することなかれと、老趙州がお戒めになった。

そこで僧云く、それならば、出かけることをやめましょう。師云く、摘楊花、摘楊花。楊花は楊柳の花だ。柳の花を摘めとは、これは別れの言葉だ。いざさらば、いざさらばだ。支那では別れの時に、柳の枝を折って、別れを惜しむ習慣があるそうだ。

李白が、王昌齢の龍標尉に左遷せられるのを聞いて、王昌齢に贈った詩に「楊花落尽子規啼　聞説龍標過五渓」とあるそうだ。趙州がこの僧に、一度出て行く気になった者は、いさぎよく出て行った方が良い、と言わんばかりに、摘楊花、摘楊花と、たたみかけた。浮き足立った奴はおかないに限る。それが本当の慈悲というものだ。可愛い子には旅をさせるのだ。

西来払子趙州茶　　西来の払子、趙州の茶。
有仏何堪眼裏沙　　有仏、何ぞ堪えん、眼裏のいさご。
無仏人人須走過　　無仏人人、須く走過すべし。
三千里外摘楊花　　三千里外、摘楊花。

第八一則　雲門光明

挙。雲門示衆云。人人有尽光明在。看時不見暗昏昏。作麼生是光明在。衆無対。自代云。僧堂・仏殿・厨庫・三門。又云。好事不如無。

挙す、雲門、衆に示して云く、人人ことごとく光明の在る有り。看る時見えず、暗昏昏《あんこんこん》。そもさんか是れ光明《こうみょう》在《ざい》。衆無対。みずから代わって云く、僧堂・仏殿・厨庫《ずく》・三門。また云く、好事も無からんにはしかじ。

雲門大師、衆に示して云く「人人ことごとく光明の在る有り」と。どんな光明かしら。蛍でもあるまいし、ぴかぴかしている筈はない。その光明は、看る時見えず、暗昏昏だとさ。見ようとしたら、絶対に見えないものだとよ。さて、そもさんか是れ光明在。どのような光明があるというのかなあ！

大衆の中に、誰も答える者が居なかったとみえる。雲門座下に、その人が無かったわけでもあるまいが、分かっている者は、分からん者に参究させる為に、黙っているものだ。そこで雲門、衆に代わって云くだ。「僧堂・仏殿・厨庫・三門」。

僧堂は坐禅堂だ。仏殿は、仏様を安置してあるところだ。厨庫は庫裡だ。三門は寺の門だ。一つで三門だ。中央と左右から、出入りできるようになっている。それが吾人の光明だとさ。光明という言葉に目がくらんではだめだ。僧堂・仏殿・厨庫・三門が全部本当の自分だと、ハッキリ受け取ったかな。

凡夫が客観だとばかり誤認している全ての存在が、実は本来の自己だ。これを、尽十方世界自己の光明とも、われと大地有情と、同時成道ともいうのだ。境遇は全部、自分で造り出すものだよ。いや、境遇は全部自分だよ。この世界を、一返つかまえなくては、安心も得られない。

だが、「好事も無からんにはしかじ」だ。凡夫の世界では、この光明が珍しいので、珍重するけれども、仏の世界、すなわち衲僧家においては、もとより当然のことだ。それを珍しそうに、かつぎまわるのは、駆け出し者の証拠だ。こ恥ずかしいことだ。そんな悟りくさいことは、捨ててしまえ。

人々ことごとく光明があるというのに、何故、見えないのか。ただ、見ようとするから見えないだけのことだ。雲門の代語も、その意分明だ。あまり分明すぎるものだから、却って逃がしてしまう。好事も無からんにはしかじと、雲門もよく言った。光明光明と言えば言うほど、光明から遠ざかってしまうぞ。

好事魔多不似無　好事、魔多し、無きにしかず。
光明偏界却昏衢　光明偏界、かえって昏衢。
僧堂仏殿三門裡　僧堂仏殿三門のうち。
日夜人人可学愚　日夜人人、愚を学ぶべし。

第八二則　洞山寸草

洞山夏末示衆云。秋初夏末。直須向万里無寸草処去。衆無語。僧挙似石霜。霜云。何不道。出門便是草。

洞山夏末に衆に示して云く、秋初夏末、直に須く万里無寸草の処に向って去るべし。衆、無語。僧、石霜に挙似す。霜云く、なんぞ道わざる、門を出ずれば、便ちこれ草と。

洞山悟本大師が、夏安居のおわり、いよいよ送行というまぎわに、大衆に示して云く、いよいよ夏安居も終わり、秋の初めとなって、大衆はいずれも、思い思いの処に行くであろうけれども「直に須く万里無寸草の処に向って去るべし」と。

さて、万里無寸草の処とは、どんな処かしら。まさか、ゴビの砂漠のような処へ行けというわけではあるまい。好箇の参究課題だ。衆無語とあるから、誰もお答えを申し上げる者がなかったとみえる。この示衆をある僧が、石霜和尚に申し上げて、ご指導を仰いだ。

石霜云く、なんぞ道わざる。門を出ずれば便ちこれ草と。うむ、そうか、洞山大師が「万里無寸草の処に向って去るべし」と云われた時に、門を出でたら、どこもかしこも草だらけでござりますと、なぜ言わなかったのかと。これも立派なご指導だ。

さて、門を出るとは何のことだろう。草とはこれまた何のことだろう。門とは、六根門頭と見当をつけておきなさい。六根に対して六塵は、すぐ見当がつくであろう。塵とは、真の自己を汚すから塵というのであるが、塵もきたないもの、草もきたないものだぐらいのことは、発見できるであろう。あとは自分で参究してもらいたい。

提唱とは、拈提評唱することだ。これを拈評ともいう。三光老人も「拈評三百則」と称して、面白く評唱している。面山和尚の著になる多くの「聞解」とは、大分調子が違う。

三光老人云く、万里無寸草の処へ活きたくば、自分の影を地に落とすなと。自分の影を地に落としさえしなければ、何処へ行っても無寸草だとさ。さて困ったぞ。日中歩けば、太陽の光で自分の影が地に落ちる。月夜の晩に歩けば、月の光で影法師が地に落ちる。どんな薄明かりでも、薄い影が落ちている筈だ。してみると、真っ暗闇より外は、歩くことは出来ないかしら。

良い所へ気がついた。まっくらやみがいいなあ！　黒漆の崑崙、夜裡に走るというわい。さて、そのまっくらとはこれまた何のことか。外界の話ではなくて、自分の頭の中の問題にちがいない。大円鏡光、黒きこと漆の如しとも言うわい。

敢えて洞石両祖に白すと、三光老人が開きなおって、洞山と石霜に直談判だ。寸草の根を出してみせろと。わしがこう斬り込んだら、あなたは得意の一棒をふるって、痛くお打ちになるかも知れないが、それも草の根ではなくて、やはり枝葉に過ぎない。さあ、根を出せ、根を出せと、老人が根も葉もないことを言っているわい。

秋初夏末道崔嵬　　秋、初夏末、道崔嵬《さいかい》。
月下雲遊幾往来　　月下雲遊、幾往来。
万里風清無寸草　　万里、風清うして、寸草なし。
門門出入絶塵埃　　門門出入、塵埃を絶す。

第八三則　雲岩区区

潭州雲岩山無住大師。一日掃地次。道吾云。太区区生。師云。有不区区者。吾云。恁麼則有第二月也。師竪起掃箒云。這箇是第幾月。吾休去。

潭州《たんしゅう》雲岩山の無住大師、一日掃地するついでに、道吾云く、太区区生。師云く、区区たらざるものあり。吾云く、恁麼ならば、則ち第二月ありや。師、掃箒《そうそう》を竪起《じゅき》して云く、這箇は是れ第幾月ぞ。吾休去す。

潭州雲岩山の無住大師は薬山の法嗣で、諱は曇晟。ある日、庭を掃いていたとき、兄弟弟子の道吾が来て、「太区区生」。いやー、ご苦労さまと。この挨拶がきっかけとなって、すぐ法戦が始まった。「太」は、はなはだ。「区区」は骨の折れることだ。「生」は助詞で意味はない。

雲岩がすぐに応戦して「区区たらざるものあり」とやった。いや、掃地しても、少しもご苦労でない者が居るよと。なんのことだろう。骨の折れる方を偏位とすれば、骨の折れない方は正位かなと、すぐ見当がつくだろう。

道吾云く、恁麼ならば第二月ありや。それなら、骨の折れる者と、骨の折れない者と、お月様が二つあるのかい。正位と偏位と、ものが二つあるのかと、言葉の上にキズがあれば、そこを突くのが法戦だ。

雲岩、掃箒を竪起して云く「這箇は是れ第幾月ぞ」。言葉では事実の両面を、一度に言うことは出来ない。言えば必ず一面観におちるから、他の一面を突かれる。そこで雲岩が、ほうきを突きつけた。これは正位か偏位か、区々か不区々かと。事実を丸出しにした。これには文句のつけようがない。公案円成だ。法戦あいすみだ。道吾も休去するより外はない。去は助詞だ。

雲岩と道吾が、第二月ありやと法戦をやっているが、一月二月については、『円覚経』に典拠があるそうだ。数箇の月については、『正法眼蔵都機』の巻に出ている。だが、区々なる月だの、区々ならざる月だのと、そんな決まった月があるものか。月は譬喩《ひゆ》だということを忘れなさるな。

「太区区生」が本当に分かれば、不区々も分かる。区々と不区々と二つでないことも、本当にわかる。道吾が掃箒を竪起して、這箇はこれ第幾月ぞと応酬したところ、難兄難弟、好箇の法戦だ。

雲岩掃地太区区　　雲岩掃地、はなはだ区区。
二月道吾評有無　　二月道吾、有無を評す。
竪起元来忘帚手　　竪起元来、帚手を忘る。
休休曷敢要相呼　　休みね、休みね、なんぞあえて相呼ぶことを要せんや。

第八四則　雲岩道得

雲岩和尚一日謂衆云。有箇人家児子。問著無有道不得底。洞山乃問。他屋裡有多少典籍。師云。一字也無。云。争得与麼多知。師云。日夜不曽眠。云。問一段事還得麼。師云。道得卻不道。

雲岩和尚一日衆に謂って云く、箇の人家《にんけ》の児子《にす》あり、問著すれば、道不得底あることなし。洞山すなわち問う、かれの屋裡《おくり》にいくばくの典《てん》籍《じゃく》かある。師云く、一字もまた無し。云く、いかでか与麼に多知なることを得たる。師云く、日夜かつて眠らず。云く、一段の事を問わんに、また得てんや。師云く、道得せばまた不道《いわじ》。

雲岩曇晟禅師がある日、大衆に謂って云く「箇の人家の児子あり、問著すれば、道不得底あることなし」と。箇の人家とはどのような人家か。児子とあるが、これは代表に出したのであろう。児子だけではあるまい。老少男女、智愚賢不肖を問わないであろう。上智下愚を論ぜずというわい。

問えば何でも答えられないことはないという。偉い学者がいるものだ。びっくりしなさるな。洞山は少しも驚かない。じわり、じわりと、師匠の言葉の点検だ。「かれの屋裡にいくばくの典籍かある」と。どうですか、その家には、書物でもいくらか、有りますかいなあ！

雲岩云く、本などは一冊もないよ。それなら、どうして、そんなに物知りになったのでございますか。ウム、かれは、夜も昼も眠ったことがないよ（眠っていても、眠らない奴だ）。それなら箇の一大事因縁を問うたら、また答えることが、出来るでありましょうか。師云く「道得せばまた不道」。もちろん出来るけれども、かれは絶対に道わないよ。なぜだろう。これも一つの参究課題だ。

一大事因縁などというと、何か特別に変わったものがあると思うかも知れないが、何もありゃせんよ。永平が空手還郷と仰せになったとおりだ。それをひっくり返して、眼横鼻直とお示しになった。それなら誰にでも答えられる筈だ。実は誰でもちゃんと答えているのだけれども、凡夫は、ただそれを知らないだけのことだ。明眼の漢は、口が汚れるから言わないのだ。

人家才子太多知　　人家の才子、はなはだ多知なり。
問著明章万世師　　問著すれば明章、万世の師。
道得無窮渠不道　　道得無窮なるも、かれ道わず。
醒醒終日睡眠時　　醒醒たり終日、睡眠の時。

第八五則　石霜万年

石霜。因許州全明上座問。一毫穿衆穴時如何。師云。直須万年後。云。万年後如何。師云。登科任汝登科。抜萃任汝抜萃。明。次問。径山諲。諲云。光靴任汝光靴。結果任汝結果。

石霜ちなみに許州《きよしゆう》の全明《ぜんみよう》上座に問う。一毫《いちごう》、衆穴《しゆけつ》を穿つ時如何。師云く、直に須く、万年の後なるべし。云く、万年の後いかん。師云く、登科《とうか》は汝が登科にまかす、抜萃《ばつすい》は汝が抜萃にまかす。明、つぎに径山《きんざん》の諲《いん》に問う、諲云く、光靴は汝が光靴にまかす、結果は汝が結果にまかす。

石霜の慶諸禅師に、許州の全明上座が質問した。一毫、衆穴を穿つ時如何と。永平寺の二代様孤雲禅師が、この公案によって入証《につしよう》されたという因縁がある。一毫、衆穴を穿つとは、一即一切だ。一切即一だ。だがそれは思想だ。頭に書いた絵だ。活きた事実ではない。この僧は、活きた事実をつかまえようとしての参問だ。

師云く、直に須く万年の後なるべし。万年の後とはどういうことか。一年万年にし去った後、ということではあるまいか。石霜には七去といわれる説法があって、その中に「一念万年にし去るべし」という話がある。一念といっても、一年といっても、意においてかわりはない。「一念あまねく観ず無量劫」と、『無門関』にはある。一年万年が手に入れば、一毫衆穴も手に入るわい。

明云く、万年の後如何。即今、直に一年万年にし去ったら、その後はいかがでございますかと、どこまでも石霜に食い下がっていく。石霜云く「登科は汝が登科にまかす、抜萃は汝が抜萃にまかす」。登科とは科挙の試験に合格することだ。文官高等試験に合格するようなものであろう。抜萃は抜群ということで、これも選抜されるような意味だ。百尺竿頭、さらに一歩も百歩も前進して、十方世界を自由に往来することを、汝に一任するということではあるまいか。他人から一任されなくても、衆生本来仏だ。登科も抜萃も、元から自由自在のわれである筈だ。

径山の譚禅師云く、光靴は汝が光靴にまかす、結果は汝が結果にまかす。靴と花とは同じだと注してあるから、光靴は光花の意とみる。光花と結果をにらみ合わせてみると、心華開発と、果満円成とを思わせる。一華五葉に開くも、結果自然に成るも、お前さんのご自由だと、いわんばかりの消息であるまいか。

一年万年が大切だ。年の字にこだわるな。一が大切だ。万が大切だ。一の外に万はない。万の外に一はない。われの外に、天地万物はない。天地万物の外にわれはない。この事実に徹したことを、一毫衆穴を穿つというのだ。これより外に、宗とすべきものはない。宗教の宗教たる本当の価値は、ただこの一事を教えることにあるのだ。

この世界に登科し、抜萃し、進出し、遊化することは、各自の自由だ。進出するもしないもない。元来、その人じゃないか。何をウロウロとまごついているのか。参！

一毫衆穴百千年　　一毫衆穴、百千年。
抜萃登科七去禅　　抜萃登科、七去の禅。
誰道光華還結果　　誰か道う、光華、また結果と。
明明穿却幾山川　　明明として穿却す、幾山川。

第八六則　遵衲浴仏

遵布衲。在薬山会裏充殿主。浴仏次。山問。汝秖浴得這箇。還浴得那箇麼。師云。把将那箇来。山便休。

遵布《じゅんふ》衲《のう》、薬山の会裏《えり》に在って、殿主《でんす》に充す。浴仏《よくぶつ》するついでに、山問う、なんじ、ただ這箇《しゃこ》を浴得す、また那箇《なこ》を浴得すや。師云く、那箇を把りもち来たれ。山、便ち休す。

遵という坊さんが、薬山禅師の会下で、殿主に充てられていた。殿主とは知殿の主任だ。四月八日の仏降誕会の時であったろう。誕生仏に甘茶を注いでいたときに、薬山が問うたのではあるまいか。汝はただ、這箇の仏を灌沐《かんもく》し得ただけであるが、また、那箇の仏を浴することが出来るかと。好箇の参究課題を示された。するると、遵布衲云く、那箇の仏を持って来て頂きましょう。そうしたら、立派に灌沐して、お目にかけますと。これまた、好箇の応対だ。山、便ち休すと、あざやかに軍を収めた。

薬山の放った矢は、決して無駄矢ではない。実に見事なものだ。遵布衲はいささかもためらわず、胸を張って的になり、立派にその矢を受け止めた。実に豪傑だ。祖師門下の英雄だ。だが、薬山の休し去ったのが参究ものだ。薬山は、休し去って、今どこにいるのか。十方虚空悉皆消殞《じっぽうこくうしっかいしょういん》と、三光老人は評している。消殞と聞いて、馬鹿づらしているなよ。毎日毎晩、鳥飛び、兎踊っているではないか。

浴仏何知這那辺　浴仏、何ぞ知らん、這那の辺。

如今和尚大休円
誰人灌沐金無垢
七歩周行圧五天

如今、和尚、大休まどかなり。
誰人か、灌沐す、金無垢。
七歩周行、五天を圧す。

第八七則　魯祖面壁

池州魯祖山宝雲禅師。凡見僧来参。即面壁而坐。一日南泉来至。亦面壁而坐。南泉遂於背上拊一掌。師云。誰。泉云。普願。師云。作甚麼。泉云。也是尋常。

池州《ち》魯祖《しゅうろそ》山の宝雲禅師、凡そ僧の来参を見るに、即ち面壁して坐す。一日南泉来至するに、また面壁して坐す。南泉ついに背上において、うつこと一掌す。師云く、誰そ。泉云く、普願《ふがん》。師云く、なにをかなす。泉云く、またこれ尋常。

池州魯祖山の宝雲禅師は、馬祖の法嗣であるから、南泉と兄弟だ。魯祖は修行僧が参問に来ると、くるりっと面壁して坐ってしまって、うんともすんとも言わない。これが魯祖独特の接化ぶりだ。

ある時、南泉がやって来た。するとやはり例のとおり、面壁、坐禅してしまった。そこで南泉がそばへいって、背中をたたいた。魯祖が「誰だ」というと、南泉が、「普願だよ」と答えた。魯祖が「何をするんだい」というと、南泉が「またこれ尋常」と答えた。

尋常とは尋常一様ということだ。別にかわったことではない。「あたりまえよ」という返事だ。あたりまえが大切だ。今ではどうか知らないが、もとは尋常小学校といったものだ。良い名前だ。人間は尋常でなければいけない。昔の武士は、尋常に勝負せよと言ったものだ。だまし討ちなどは卑劣千万だ。

子供は子供相当に、尋常な教育をしなくてはいけない。この頃はどうも尋常でないらしい。子供に大人のまねをさせて、理窟ばかり言わせせて、大人の批判までやらせる。何のざまだい。天下動乱の源泉だ。つまらない源泉になるな。

せめて南泉になれよ。間違っても、ナンセンスになってはならないぞ。

三光老人の拈評を見ると、次のようなことを言っている。魯祖と南泉は、同じ馬祖の家に生まれた兄弟で、しかも、天下に比類のない兄弟だ。二人とも、法において円熟した老大家だ。機鋒互いに相い奪っていると見ても違うぞ。老倒無事の会をなしても違うぞと。

魯祖と南泉と二人で相対して、何をやったのであろう。密室、風を通ぜずだとさ。空気の入る隙もないほど、ピッタリだとよ。いうまでもなく、箇の一大事因縁のことだろう。然もかくの如くなりと雖もは、例によって、かくの如くなるが故に、ということだ。それだから、寒毛卓立、ぞっとするわいと、三光老人が言っている。どうだい、寒いとも何とも感じないなら、それは死人だよ。

兀坐如山気似王　　兀坐、山の如く、気、王に似たり。
無言魯祖不尋常　　無言の魯祖、尋常ならず。
人来面壁何心行　　人来たれば面壁、何の心行ぞ。
拊背南泉道味芳　　背を拊す南泉、道味かんばし。

第八八則　龐老明明

龐居士坐次。問霊照云。古人道。明明百草頭。明明祖師意。汝作麼生。照云。老老大大。作這箇語話。士云。汝作麼生。照云。明明百草頭。明明祖師意。士乃大笑。

龐居士《ほうこじ》、坐するついでに、霊照に問うて云く、古人道《い》う、明明百草頭、明明祖師意と、汝そもさん。照云く、老老大大として、這箇の語話をなす。士云く、汝そもさん。照云く、明明百草頭、明明祖師意。士、乃ち大いに笑う。

龐居士のことは第五則に出ていた。馬祖の法子であり、支那における居士仲間の第一人者と言われている。霊照は龐居士の娘だというが、これまた禅界の秀才である。ある時居士が霊照に問うて云く、古人が「明明百草頭、明明祖師意」と言っているが、お前どうだと。

霊照答えて云く、老々大々として、這箇の語話をなす。よい年をして、そんなつまらないことを仰るのですかと。素晴らしい挨拶だ。もちろん、から見識ではだめだ。居士が更に追及して、なんじそもさんと。再勘弁だ。再点検だ。照云く「明明百草頭、明明祖師意」。これは口まねではないよ。その時の娘の態度、語勢、目の光りなどを、父親の龐居士が、ちゃんと見ていたであろう。そして、こ奴確かなものだと見たので、思わず呵々大笑したと見える。快心の大笑いであったろう。

さて「明明百草頭」とは何のことか。「明明祖師意」とは何のことか。そして、この二つの言葉の関連はどうなのか。審細に参究を要する。百草頭の頭は助詞で意味はない。ただ百草ということだ。百草とは万象のことだ。万象とは、森羅万象ともいって、天地万物のことでもあるが、行住坐臥、着衣喫飯、泣いたり、笑ったりのことでもある。それらがいずれも、明々歴々だ。

祖師意とは祖師西来意だ。達磨大師のドテッ腹だ。達磨の腹の中には何もないよ。廓然無聖と言っているではないか。聖人くさいものすらないという。況んや、凡夫くさいものなど毛筋ほどもあるかい。張り子の達磨とおなじかなあ。わずかに意あらば、自救不了《じぐふりょう》だ。毛筋ほどでも、頭の中や、腹の中に理窟があったら助からない。

如何なるかこれ、祖師西来意と問われて、趙州は、庭前の柏樹子と答えた。明々白々だ。だが、境の会をなすなよ。人の会をなしてもだめだ。人境不二もだめだ。人境倶奪も、倶不奪も全部だめだ。さあ、こう言われると、理智では届かない。明白々が、たちまち、黒漫々になってしまった。本当かい。

本当に真っ暗になってしまったら、しめたものだ。何かまだ、理窟の薄明かりが差してはいないかしら。本当に真っ暗と気がつけば、一挙にして、明々の世界に躍り出る。万事は、それからのご相談だ。

明明百草太明明　明明たる百草、はなはだ明明。
祖祖単伝佐鳥鳴　祖祖単伝にして、佐鳥鳴く。
父子商量何囈語　父子商量、何の囈語ぞ。
龐眉落地髑髏横　龐、地に落ちて、髑髏横たわる。

第八九則　石霜這那

石霜一日問侍者云。道吾嘗向僧道。莫棄那辺著這辺。汝作麼生。者云。一依和尚所会。師云。作麼生是我会処。者。従西過東而立。師云。汝正是棄那辺著這辺。

石霜、一日侍者に問うて云く、道吾かつて僧に向かって道う。那辺《なへん》をすてて、這辺《しやへん》に著《つ》くことなかれと、汝そもさん。者云く、一に和尚の会する所に依る。師云く、そもさんか是れ我が会処。者、西より東を過ぎて立つ。師云く、汝まさにこれ、那辺をすてて、這辺に著せり。

石霜の慶諸禅師がある日、侍者に問うて云く、道吾がかつて、僧に向かって道うたことがある。那辺をすてて、這辺に著くことなかれと、お前はどうだ。侍者云く「一に和尚の会する所に依る」。この侍者、なかなか隅におけない侍者らしい。和尚さんの、ご了解なさっている通りでございますと。

石霜云く、そもさんか、これ我が会処と。石霜も、この侍者をつかまえて逃がさない。そこで侍者が、西より東に過ぎて、黙って突っ立った。師云く、汝正にこれ那辺をすて、這辺に著すと。この言葉には、もちろん権あり実ありだ。言葉の表面だけ見てはだめだ。底には底があり、ウラにはウラがあるよ。

さて、那辺とは何のことか。這辺とは何のことか。もちろん、諱をおかさない言い方だ。アッチとコッチと言ったようなことだ。那辺を向上と見れば、這辺は向下だ。那辺を正位と見れば、這辺は偏位だ。どちらを棄ててもいかん。どちらに著してもいかん。

這辺と那辺とは本来ないのだから、取捨のしようはない。然るに凡夫は、那辺を知らなくて、這辺にばかりしがみついて、動きがとれないのだ。那辺と這辺とは、水と波の如しだ。水を知らないから、波に翻弄されるのだ。そこで、向上の死漢となってもいかんし、さりとて、凡情に引きずられたら、なおいかん。

経文には「寂滅道場を起たずして、諸の威儀を現ず」と、柔らかに示されてある。『修証義』には「自にも不違なり、他にも不違なり」と、道元禅師のお言葉を引いてある。寂滅道場は那辺だ。諸の威儀は這辺だ。自にも不違は那辺だ。他にも不違は這辺だ。これだけのヒントを書いておくかい。あとは各自の力で参究してもらいたい。

いま、これを世間一般の人のために、桁を下げて言うと、色々な処世上の教訓が出てくる。那辺を清貧とすれば、這辺は濁富にあたる。那辺を石部金吉とすれば、這辺は与太者だ。清貧に甘んじていたのでは、国も家も栄えない。さりとて、濁富におぼれたら、やがて滅をまぬがれない。

与太者では、もちろんだめだけれども、あまり堅すぎても、世の中に通用しかねる。両方合わせて、二で割ったような、中ぶらりんでも役に立たない。ずるくもなし、堅すぎもせん、聖人でもない、凡人でもない、神様でもなし、悪魔でもなしという尋常一様のところに、人生の妙がある。世法も仏法も筋は同じだ。ああ、また喋りすぎた。慚惶多謝。

莫著這辺捐那辺　　這辺に著して、那辺をすつることなかれ。
霜師会処転凄然　　霜師の会処、うたた凄然。
東西来往黙而立　　東西に来往して、黙して立つ。
侍者還知風与賢　　侍者また知る、風と賢と。

第九〇則　船子道道

秀州華亭県船子和尚。与道吾雲岩倶在薬山。分袂後。師在華亭泛一小舟。嘗囑道吾云。師兄向後有伶俐座主。為指一箇来。

夾山善会禅師。初住潤州京口竹林寺。時道吾。雲遊到遇上堂。有僧問。如何是法身。山云。法身無相。僧云。如何是法眼。山云。法眼無瑕。道吾不覚失笑。山纔見便下座請道吾。具礼請問云。某甲適来祗対僧話。必有不是。致令上座失笑。望上座不悋慈悲。吾云。和尚是一等出世。未有師在。山云。某甲甚麼処不是。望為説破。吾云。某甲終不説。吾有同行。在華亭船上接人。請和尚往彼見他。必有所得。山云。此人如何。吾云。此人上無片瓦。下無寸土。和尚若去。須更衣服装束。山乃依教散衆。易服直造華

秀州華亭県《しゅうしゅうかていけん》の船子《せんす》和尚、道吾、雲岩と倶に薬山に在り。袂を分かって後、師は華亭に在りて、一小舟を泛《うか》ぶ。かつて道吾に嘱して云く、師兄《すひん》、向後、伶俐の座主あらば、ために一箇を指し来たれ。

夾山善会《かっさんぜんね》禅師、はじめ潤州京口《じゅんしゅうけいこう》の竹林寺に住す。時に道吾、雲遊して到って、上堂に遇う。僧あって問う。如何ならんか是れ法身。山云く、法身無相。僧云く、如何ならんか是れ法眼。山云く、法眼無瑕《むか》。道吾おぼえず失笑す。山、わずかに見て便ち下座して、道吾を請し、礼を具して、請問《しょうもん》して云く、それがし適来《せきらい》、僧に祇対する話、必ず不是あらん、上座をして失笑せしむることを致す、望むらくは上座、慈悲を悋《おし》まざれ。吾云く、和尚一等に是れ出世するも、未だ師の在ること有らず。山云く、それがし、いずれの処か不是なる。望むらくは、ために説破せんことを。吾云く、それがし終に説かじ。われに同行有り、華亭の船上に在って人を接す。請すらくは和尚、かしこに往いてかれを見ば、必ず所得あらん。山云く、この人如何。吾云く、この人かみ片瓦《へんが》なく、しも寸土なし。和尚もしゆかば、須く衣服装束をかゆ

亭。

船子纔見便問。大徳住什麼寺。山云。寺即ち不住。住即不似。師云。汝道不似。又不似箇什麼。山云。不是目前法。師云。甚処学得来。山云。非耳目之所到。師云。一句合頭語。万劫繋驢橛。

又問。垂糸千尺。意在深潭。離鈎三寸。子何不道。山擬開口。師便以篙打落水中。山纔出水上船。師云。道。道。山又擬開口。師又打。夾山於是忽然大悟。乃点頭三下。師云。竿頭糸線従君弄。不犯清波意自殊。山遂問。抛綸擲鈎。師意如何。師云。糸懸緑水浮定。有無之意。山云。語帯玄而無路。舌頭談而不談。師云。釣尽江波金鱗始遇。山乃掩耳。師云。如是。如是。

遂嘱云。汝向後直須蔵身処没蹤跡。没蹤跡処莫蔵身。吾在薬山三十年。祇明得斯事。汝今既得。他後莫住城隍聚落。但向深山裏钁頭辺。接取一箇半箇。嗣続吾宗無令断絶。夾山領旨礼辞。上岸而行。頻頻回顧。師遂

べし。山、すなわち教えに依って、衆を散じ、服を易えて、直ちに華亭に到る。

船子、わずかに見て便ち問う。大徳、いずれの寺にか住せる。山云く、寺は即ち住せず、住せば即ち似ず。師云く、なんじが道う、不似、またこのなにか不似なる。山云く、これ目前の法にあらず。師云く、いずれの処にてか学得し来る。山云く、耳目の到る所にあらず。師云く、一句《いっく》合頭《がっとう》の語、万劫《ばんこう》の繋驢橛《けいろけつ》なり。

また問う、糸を垂るる千尺、こころ深潭《しんたん》に在り。鈎《こう》を離れて三寸、なんじ何ぞ道わざる。山、開口を擬す。師すなわち、さおを以て水中に打ちおとす。山、わずかに水中を出でて船に上る。師云く、道え、道え。山、また開口を擬す。師また打つ。夾山、ここにおいて忽然として大悟し、乃ち点頭三下す。師云く、竿頭の糸線は君にまかせて弄《ろう》せしむ。清波をおかさざるこころ、おのずから殊《しゅ》なり。山ついに問う、綸《りん》をすて、鈎をなぐる、師の意如何。師云く、糸を緑水にかけて浮定するに、之れを無《ま》つおもいあり。山云く、語《ことば》、玄《げん》を帯して路なく、舌頭、談じて談にあらず。師云く、江波に釣りつくして、金鱗はじめて遇う。山乃ち耳を掩《おお》う。師云く、如是、如是。

遂に嘱して云く、なんじ向後、直にすべからく蔵身処、没蹤跡《もっしょうせき》、没蹤跡処、莫蔵身《まくぞうしん》なるべし。われ薬山に在って三十年、ただこの事を明らめ得たり。なんじ今すでに得たり、他後、城隍聚落《じょうこうしゅうらく》に住すること

なかれ。ただ深山裏钁頭《しんざんりかくとう》の辺に向かって、一箇半箇を摂取し、わが宗を嗣続して、断絶せしむることなかれ。夾山、旨を領じて礼辞《らいじ》し、上岸して行く。頻頻《ひんぴん》に回顧す。師ついに喚んで云く、闍梨、闍梨。山、回首す。師乃ち船橈《せんじょう》を竪起して云く、なんじまさに謂うべし。別に有りと。言いおわって、船を踏翻《とうほん》して煙波《えんぱ》に没す。

喚云。闍梨。闍梨。山回首。師乃竪起船橈云。汝将謂別有。言訖。踏翻船没於煙波。

秀州華亭県の船子和尚は薬山の法嗣で、諱は徳誠《とくじょう》である。道吾や雲岩と一緒に、薬山の許で修行していた。会昌沙汰と呼ばれるところの、仏教排斥運動が起こったので、法難を避けて分散した。それから徳誠は華亭江へ行って、小舟を浮かべていたというから、漁師か船頭にばけて、舟乗りの徳さんとでも称していたと見える。それが船子徳誠だ。

徳誠がかつて薬山を下りる時に、道吾に頼んで云く、兄きよ、今後、伶俐な学僧でも見付けたら、一人わしの処を指して、よこしてもらいたい。わしはこれから、華亭江へ行って舟乗りになって、跡をくらましているから、頼むぞ。お互いに立派な跡継ぎを育てないと、法が絶えるからなあ！

さて、夾山善会禅師師と、後に言われるようになった、ど偉い禅匠がいる。この人は初め潤州京口の竹林寺に道場を開いて、三百人からの雲衲を接得していたという。たまたま道吾が雲水となって、この寺に行っていた。すると上堂があって、問答がはじまった。時に僧あり、出でて問う「如何ならんか是れ法身。山云く、法身無相。僧云く、如何ならんか是れ法眼。山云く、法眼無瑕」。道吾、思わず失笑した。道吾でなくても、具眼の人なら誰でも吹き出してしまう。

支那でもこのような学僧が、禅匠の真似をして、師位についていたことがあったとみえる。日本でも明治の廃仏以来、今日もなお学僧が禅師と呼ばれている。しかも、明治から大正にかけて、それを失笑する者が、一人もなかったようだ。昭和の時代になって、ただ一人、大雲室原田祖岳老師が「宗門を滅ぼす者は眼蔵家である」と、幾度か提唱の時に宣言された。

さて、夾山はその失笑を見て、すぐに下座して道吾を請し、礼拝して請問した。私が先刻、問話の僧に答えました言葉に、必ず悪いところがあって、それであなたを笑わせたことと存じます。どうぞ慈悲哀愍の心を以て、ご指導下さいませと、実に偉いものであり、尊いことである。

夾山には我見がない。名利の邪念がない。法に対し、純一無雑だ。ただ、正師に遇わないために、修行が徹底しないだけのことだ。これこそ見込みのある人物だ。道吾は、徳誠の依頼を思い出したであろう。

吾云く、あなたは諸方の禅匠たちと同様に、上堂演法なさるけれども、あなたにはまだ正師がなく、従って、正師の印証も得て居られないと見える。山云く、わたくし、どこが悪かったのでありますか。どうか、私の為に説き明かして下され。

吾云く、いや、私はあなたの為に説くことは致しますまい。私には同行があって、秀州の華亭江の船上で、学人を接得しているから、どうぞ、あなたには、そこへ行って頂きたい。そこへ行けば、必ず得る所がありますよと、ひたすらにすすめた。

すると夾山が、そのお方はどのような人でございますか、と問うた。道吾が、この人は上に片瓦なく、下に寸土なし、という境界の人ですよ。独立無伴というか、天上天下唯我独尊というか、とにかく、素晴らしい人物であり、たしかな正師であると、紹介したであろう。そして、そこへ行きなさるなら、僧形ではよろしくない。衣服装束をかえて行きなさい、変装して行きなさいと、注意を与えた。

夾山は道吾の教えに従って、道場を解散し、変装してすぐに華亭江へ行った。船子徳誠がこれを一見すると、すぐに問うた。あなたは、どこのお寺にお住まいかと。山云く、寺などに住《すま》ってはおりません。どこかに住したら、似ても似つかないものになりますわい。

船子云く、お前さん、似ても似つかぬと云われたが、箇の何物に似ないのか。山云く、これは目前の法にあらず。目前の法とは客観界のことだ。天地万物のことだ。夾山すっかり、妄想をさらけ出した。

船子云く、そんな妄想をどこから学んで来たのか。山云く、耳目の所到にあらず。再び妄想のご披露だ。前のは客観の法にあらずというつもり、今度は主観の心にもあらずというつもりらしい。そこで船子が、こっぴどい小言だ。一句合頭の語、万劫の繋驢橛。一言一句でも、頭の中に理窟があったら、万劫たっても、自由の身はないぞ。繋驢橛は、驢馬をつないでおく杭だ。

それから船子が、改めて問いを発した。「糸を垂るる千尺、こころ深潭に在り。鉤を離れて三寸、なんじ何ぞ道わざる」。おれが糸を千尺に垂れるのは、深潭に潜んでいる活龍を釣り上げてやるためだ。然るに貴様は、おれの言葉尻にばかりひっついている。釣針を離れて三寸、言葉尻にひっつかないで、何とか道って見ろ。

夾山がまた、何とかいおうとしたから、船子徳誠、容赦はならんと、いきなり船竿で夾山を水中にたたき落とした。夾山がやっとのことで船に上がると、船子が道え、道えと迫る。いおうとすると、またぶんなぐる。二進《にっち》も三進《さっち》もいかなくなって、忽然として大悟した。そこで思わず、点頭三下した。

夾山の大悟を眼前に見届けた船子徳誠、どんなに嬉しかったろう。すぐに証明の言葉だ。「竿頭の糸線は君にまかせて弄せしむ。清波をおかさざるこころ、おのずから殊なり」。これは何返も読んで、味わってもらいたい。眼のある人なら味わえる筈だし、眼の無い人にはいくら説明しても、理窟がわかるだけで、事実はつかまらない。却って、万劫のケイロケツとなる。

右の言葉に続いて、さらに美しい言葉で、互いに法の第一義を応酬している。それを翻訳したり、説明したりすると、味がずっと落ちるけれども、仕方がない。ちょっとふれておく。夾山ついに問う。「綸をすて、鉤をなぐる、師の意如何」。綸は糸だ。綸をすて、鉤をなぐるとは、船子が釣をしていることだが、垂糸千尺云々と言われた船子の語にも、ひっかけているようだ。

師云く「糸を緑水にかけて浮定するに、之れを無つおもいあり」。はじめの半分は釣をしている光景を述べ、あとの半分は、その釣の精神を述べているおもむきがある。夾山云く、ことば玄を帯びて路なく、舌頭、談じて、談にあらず、あなたのお言葉には、玄々微妙の端的があって、うかがい近寄るに路なく、舌頭に骨なく、語れども語るに落ちずとでも、申しましょうか。

師云く「江波に釣りつくして、金鱗はじめて遇う」。釣尽の尽は助詞だ。助詞だから「江波に」と和訳するのだ。華亭江で釣をしていて、はじめてお前さんのような立派な金鱗をつかまえたよと。称讃の言葉だ。山、乃ち耳を掩う。そのような甘いお言葉は、まっぴらご免蒙りますと、いったような態度だ。師云く、如是、如是。汝もまたかくのごとく、われもまたかくの如く、乃至西天の諸祖もまたかくの如くと、太鼓判を押してのご証明だ。

船子ついに、夾山に嘱して云く、汝、向後直に須く蔵身の処没蹤跡、没蹤跡のところ、莫蔵身なるべし云々と。直に須くだ。即今だ。その場その場だ。いつでも、どこでも、行動にも言論にも、あとを残すなよ。後腐れなどはもちろんのこと、臭味が残ってもいかん。無色透明の生活をせよ。無味淡泊の生活をせよ。しかもさらに、そこをも超関し、脱落せよ。没蹤跡の処に蔵身してもいけないぞ。

われ薬山に在ること三十年、ただこの事を明らめ得たのみである。汝、今すでに仏祖正伝の大法を得た。今後、繁華な都会に住むなよ。ただ深山幽谷のうち、钁頭辺に向かって一箇半箇を接得して、わが宗を嗣続して、永く断絶させないように努力せよと、言い渡した。钁は「大鉏《おおぐわ》」という農具のことだ。頭は助詞だ。

夾山は徳誠和尚の仰せを領承して、礼辞して岸に上がって歩き出してはみたが、後ろ髪を引かれる思いで、しばしば後ろを振り返った。船子、ついに呼んで云く、闍梨、闍梨と。山、頭をめぐらす。師乃ち船の「かい」を竪起して云く、お前はまだ何か俺の所にあると思っているのかと。言いおわって、船をひっくり返して、みずから水中に没してしまった。船子徳誠の全生命は、この時、完全に夾山善会禅師の生命となった。曹洞宗の大先輩に、このような手厳しい接得をなさった人のあることを、宗門の人々は深く反省してみなければならないと思う。

垂糸千尺意深潭
欲得金鱗死活参
三度点頭明了了
祖仏従来貴出藍

垂糸千尺、意深潭。
金鱗を得んと欲して、死活まじわる。
三たび点頭して、明了了。
祖仏従来、出藍を貴ぶ。

第九一則　黄檗拄杖

挙。黄檗示僧云。諸方老宿尽在我拄杖頭上。僧礼拝。後到大樹処挙前話。樹云。黄檗与麼道。還曽見諸方也未。僧回挙似師。師云。我者話。已遍天下也。瑯琊覚云。大樹恁麼。太似有眼如盲。黄檗一條拄杖。天下人咬嚼不砕。

挙す、黄檗、僧に示して云く、諸方の老宿、ことごとく我が拄杖頭上に在りと。僧、礼拝す。後に大樹の処に到って、前話を挙す。樹云く、黄檗与麼に道う、また曽て諸方を見るやいまだしや。僧、かえって師に挙似す。師云く、わがこの話、すでに天下にあまねしと。瑯琊《ろうや》の覚云く、大樹いんもなる、はなはだ眼あるに似て、盲の如し。黄檗一條の拄杖、天下の人、咬嚼《こうしゃく》不砕なり。

黄檗、あるとき僧に示して云く「諸方の老宿、ことごとく我が拄杖頭上に在りと」。なんのことだろう。この拄杖一本で、諸方の老宿を活かすも殺すも、自由自在だということかしら、それなら黄檗も甚だ若い。そんなことではあるまい。諸方の老宿はもちろん、山河大地もことごとく、拄杖の中に蔵身してしまったということかなあ。諸方の老宿の中には、黄檗自身も入って居りはせんかい。僧、礼拝すとある。えらいぞ。尽乾坤一箇の拄杖頭が拝めたか。頭は例の助詞だ。

後に、大樹の処に到って、前話を挙すとあるから、この僧、黄檗の言葉を大樹の処へ持って行った。大樹が何というか、大樹の本音を聞こうという魂胆らしい。大樹とは臨済のことだ。大樹云く、黄檗与麼に道う、曽て諸方を見るや未だしやと。うんそうか、黄檗はそんなことを云ったか。諸方の老宿などと言われるけれども、黄檗和尚は、諸方の老宿に相見なされたことが、おありなさるかどうか。いまだ曽て、あらざるなりでは話にならんが、相見なさったとすれば、それもヘンテコなことになるぞと、言わんばかりだが、これは何のことだろう。一言一句、ことごとく参究問題だ。拄杖頭が本当に見えなくては、諸方も見えないぞ。拄杖と諸方とは、暗と明との如しか。

僧、かえって師に挙似すと。この僧、大樹の言い分をそのまま黄檗禅師に申し上げた。そして、黄檗に何とか言わせようとの料簡だ。黄檗、また労を惜しまず、婆心徹困だ。我がこの「話」すでに天下にあまねし。諸方の老宿、ことごとく我が拄杖頭に在りというこの「話」は、天下に知らん者は一人もないわいと。これまた何のことか。これが仏法の血滴々だもの、これを知らなければ、老宿でもへちまでもないわい。

瑯琊の覚和尚云く、瑯琊のことは第六則に出ていた。瑯琊が大樹を批判して云くだ。大樹がそのようなことを言ったのは、まるで、目あきに似て、目くらのようだわい。これも何のことだろう。臨済を目あきと言っても当たらん、目くらと言っても当たらんということかしら。黄檗の拄杖は、天下の人が総掛かりで咬んでも、くだけないとさ。

この拄杖は、かみ天をささえ、しも地をささえて、金剛石よりも堅い。どんな拄杖だろう。無字とでも道うかなあ！　ビルシャナブツと云ったら、有り難がる人があるかも知れないが、却ってきたないぞ。やっぱり拄杖の方がいいなあ！　拄杖でも気に入らないなら、大千とでもしておけ。這箇、壊か不壊かだ。瑯琊にだまされるなよ。

老宿由来在杖頭　　老宿由来、杖頭に在り。
禅機断際水空流　　禅機断際、水、空しく流る。
瑯琊弄却天辺月　　瑯琊弄却す、天辺の月。
大樹如盲不見秋　　大樹、盲の如く、秋を見ず。

第九二則　三聖逢人

鎮州三聖院慧然禅師道。我逢人即出。出即不為人。興化道。我逢人即不出。出即為人。

鎮州三聖院《さんしょういん》の慧然《えねん》禅師道く、われ人に逢えば即ち出ず、出ずれば即ち人の為にせず。興化《こうけ》道く、われ人に逢えば即ち出でず、出ずれば即ち人の為にす。

鎮州三聖院の慧然禅師は、臨済の法嗣である。師は道う、われ人に逢えば即ち出ず、出ずれば人の為にせずと。なんのことだろう。支那人の言い方と、日本人の言葉とは、そこに語感の違いがあるから、漢文を直訳的に読んだのでは、どうも意味がハッキリしない。

それで筆者は次のように意訳してみた。わしは人が来ると、すぐに出て逢うよ。逢うけれどもあいづちは打たないよ。こう言えば、言葉の意味だけは理解できると思う。さて、言葉の意味がわかったらさらに宗旨を見なくてはならない。

右の言葉が、仏道のいかなる精神を示しているのか。それが肝要である。人とは参禅学道の人に違いない。道人のところへ、無頼漢や高等遊民が来ても、相手にする筈はない。人が来ればすぐに出て逢うよとは、摂取門《せっしゅもん》、扶起門《ふきもん》を開くことであろう。門戸を広くしておいて、無造作に逢ってやる。民主的とでもいうかいなあ。でも、くみやすしと思ったら違うぞ。

だが、決してあいづちは打たないとさ。一歩も容赦はしない。ビシビシと相手の錯《あやま》りを正してやる。これは折伏《しゃくぶく》門《もん》、掃蕩門《そうとうもん》だ。これがなくては教化にならない。時に応じて、払拳棒喝《ほっけんぼうかつ》もあえて辞さない。そういうことではあるまいか。

興化存奨禅師は道う「われ人に逢えば即ち出でず、出ずれば即ち人の為にす」と。今、試みに意訳してみる。わしは人が来ても、容易には出ないよ。だが、逢ってやるからには、相手をものにしなければおかないよと。さて、この宗旨はどうか。容易に出ない、逢わないとは折伏門であり、掃蕩門である。門戸を峻厳にして、滅多には寄せ付けない。これは、封建的に見えるかも知れないが、実は親切の極みだ。

出ずれば、即ち人の為にす。逢うからには、相手をどこまでも面倒みて、本物にしなければおかない。これは摂取だ。扶起だ。これがなくては、大乗の菩薩僧ではない。そこに拖泥帯水《たでいたいすい》があり、入鄽垂手《にってんすいしゅ》がある。

なぁーんだ、三聖も興化も、それなら結局同じ事を言ってるではないか。そうだよ。仏法に二種も三種もあるかい。唯有《ゆいう》一乗法《いちじょうほう》だ。無二《むに》亦無三《やくむさん》だ。だがそこに、おのずから摂化の緩急、指導の硬軟《こうなん》、臨機応変の妙があるわい。審細に参究すべしだ。

三聖逢人不為人　　三聖、人に逢えば、人の為にせず。
為人興化不逢人　　人の為にする興化、人に逢わず。
等閑出入参玄客　　なおざりに出入す、参玄の客。
内外玲瓏特地新　　内外玲瓏、特地に新たなり。

第九三則　僧密針針

僧密禅師把針次。洞山問。作什麼。師云。把針。山云。把針事。作麼生。師云。針針相似。山云。二十年同行。作這箇語話。豈有与麼工夫。師云。長老又作麼生。山云。如大地火発底道理。

僧密禅師、把針のついでに、洞山問う、なにをかなす。師云く、把針す。山云く、把針の事そもさん。師云く、針針相似たり。山云く、二十年の同行、這箇の語話をなす、あに与麼の工夫あらんや。師云く、長老またそもさん。山云く、大地、火を発する底の道理の如し。

僧密禅師が把針をしていた時、洞山が問うた。何をしてござるか。師云く、把針をして居ります。把針とは縫い物をすることだ。山云く、把針の事そもさんと、把針を題材として、すぐに法戦だ。法の第一義を問答商量するのだ。「師云く、針針相似たり」と。立派な答話だ。把針にことよせて、仏法を答えている。ひと針、ひと針が前後よく似ていると。下手な者が縫うと、縫い目に大小が出来たり、縫い目が曲がったりするが、上手がやると、「針針相似たり」といくわい。

ひと針、ひと針、似てはいるが同じものではない。明暗おのおの相い対して、比するに前後の歩みの如しか。銀椀に雪をもり、明月に鷺をかくす。類して斉しからずかなあ。凡夫と仏と針々あい似たり。煩悩と菩提と針々あい似たり。

山云く「二十年の同行、這箇の語話をなす、あに与麼の工夫あらんや」。二十年も一緒に修行している同参のあなたが、そのような、お小僧並みのことをいいなさる。それでは、与麼の工夫は出来て居らんじゃないか。与麼の工夫とは何か。諱を犯さない言い方だ。あの工夫が出来ていないということだ。

師云く、長老またそもさん。それなら、あなたの見所を承りましょうと、反撃にでた。山云く「大地、火を発する底の道理の如し」と。これは何のことだろう。道理とあっても理論のことではない。事実のことだ。事実は一体だ。

大地が火を発して、地球が火達磨になったら、どうなんだい。大火聚の如しだ。熱鉄上、寸塵を立せずだ。針々あい似たりもへちまもあるかい。明暗双々も、偏正回互もありはしまい。ああ、さっぱりした。

ここでまた三光老人の拈評を味わってみる。師云く、針々あい似たりという答話には、立派な宗旨がある。だが、いかんせん、針々あい似たりなどというだけ、そこに分別が生じる。根が生じる。根は六根だ。六根の親玉は意根だ。意根を坐断すると、十に八、九どころか、十に十、必ず見性悟道を得るよ。

ただ、大地火発すると道うが如き、何れの処にか安身立命せん。地球が火達磨になったら、どう安身立命するか。心配するなよ。全部火達磨になるだけだ。火があついというかい。これを「火もおのずから涼し」というのだ。滅却すべき心頭などありませんよ。

然りと雖も、また両般の会をなすことなかれだ。針々相似と大地火発と、二つにあると思いなさるな。もしこれ把針ならば、汝の眼睛を抉出《けっしゅつ》せよと看んだ。把針をするなら把針でよいから、貴様の目の玉をえぐり出してみよ。完全なめくらになると、把針が完全にできるようになるぞ。まだ真瞎にならないものだから、空華乱墜が見えるのだ。えらい見幕だ。

針針相似把針時　　針針相い似たり、把針の時。
大地従来火発滋　　大地従来、火発することしげし。
長老閑言方外事　　長老なおざりに言う、方外の事。

綿綿密密豈如糸

綿綿密密、あに糸の如くならんや。

第九四則　雲居不知

雲居。因僧問。才生。為什麼不知有。師云。不同生。云。未生時如何。師云。不曽滅。云。未生時。在什麼処。師云。有処不収。云。什麼処受滅。師云。是滅不得者。

雲居、因みに僧問う、わずかに生じて、なんとしてか有ることを知らざる。師云く、不同生《ふどうしょう》。云く、未生の時如何。師云く、不曽滅《ふそうめつ》。云く、未生の時、いずれの処にか在る。師云く、有処不収《うしょふしゅう》。云く、いずれの処にか滅を受く。師云く、是れ滅不得者《めつふとくしゃ》なり。

雲居禅師に僧が問うた。この僧もただ者ではないらしい。雲居禅師と太刀打ち出来る間柄と見える。云く、わずかに生じて、なんとしてか、有ることを知らざる。禅録になれていない人には、こういう言い方が腑に落ちない。何々わずかに生じて、なんとしてか、何々あることを知らざると、言って貰わなくては、何のことだかわからない。だが、お互いに問題が分かっている間では、何々は言うまでもないことであり、一々それを言うのは、野暮臭いから、それで省略するのだ。

今これを省略せずに、分かり易く言い直すと、「分別や理窟が毛筋ほどでも、頭の中に生ずれば、箇の事、即ち、本来の自己あることが、分からなくなるのは何故ですか」ということになる。

師云く、不同生。本来の自己と、分別妄想とは、生い立ちが違うとさ。云く、未生の時如何。それならば、分別がわずかも未だ生じない時は如何ですか。師云く、不曽滅。本来の自己はどこへも行かんよ。どこへも行かないなら、本来の自己はどこに居りますか。師云く、有処不収。うむ、本来の自己は、場所の有る処には収まらんよ。天地の間には収まらんとさ。云く、いずれの処にか滅を受く。然らば、どこへ滅し去りますか。云く、是れ滅不得者なり。あればかりは、滅することも出来ない奴だわい。

言葉の意味はこれだけで分かる筈だ。あとは宗旨を見ることが大切だ。だがこればかりは、他人から聞いても分かるものではない。肯心自ら許す時節がなくては駄目だ。その一助にでもなれかしと思って、ここで又、三光老人の拈評を味わってみることにする。

老人云く、この僧、曽て同牀に臥すと。この僧は雲居と同参だ。同じ洞山門下で、同牀に臥し、同じ釜の飯を喫した間柄だとさ。どおりで八百長か、馴れ合いか、漫才のようだと思った。故に、底の穿《うが》たるるを知るで、互いに知る者同士だから、それで腹の底まで穿鑿《せんさく》しあうことができるのだ。

頭角わずかに生ずれば聞くにたえずと、洞山大師も言っているが、角がわずかでもはえて来たら、鬼か獣か怪物か、とにかく人間ではない。箇の事あることを知らないのは言うまでもなく、そのような奴は本来の自己とは全く別だよ。

頭角未だ生ぜざる時は、どこへも行かないよ。しかも所在なしだ。それで居場所が無いとさ。だから、誰か消息を得ん、だ。かれに国土なし。いずれの処にか、かれにあわんだ。それでいて、滅することもなく、生ずることもないという代物だ。

だから、この話、尋常と同じからず、だ。仰げばいよいよ高く、鑽《き》ればいよいよ堅しと言いたいが、絶対に切ることも、仰ぐことも出来ないよ。凡聖ともに同じく生滅すると言うけれども、「かれ」だけは已に不同生で、しかも滅することを得ずというものだ。それが「相対して言葉なく、独足にして立っている」。だんまりで、そして、一本足で立っているとさ。まるで、山田の案山子のような奴だわい。それが、本来の自己だげな。

一念才生既不知　　一念わずかに生ずれば、既に知らず。
曽言未滅是還誰　　曽て未滅という、これまたたれぞ。

雲居嶺頂高高月
独露全真夜雨時

雲居嶺頂、高高たる月。
独露全真、夜雨の時。

第九五則　雲門対倒

雲門。因僧問。如何是一代自教。師云。対一説。僧問。不是目前機。亦非目前事時如何。師云。倒一説。

雲門、ちなみに僧問う。いかならんか是れ一代の自教。師云く、対一説。僧問う、これ目前の機にあらず、また目前の事にあらざる時いかん。師云く、倒一説。

「雲門、ちなみに僧問う。いかならんか是れ一代の自教」。ちなみにという言葉には、親しくとか、頼りにしてとか、言う意味がある。ちょっと次いでに、と言ったような軽い意味ではない。一騎打ちの真剣勝負だもの、一代の自教とは、釈尊の説法を時期によって、分類する方法があるからで、天台では五時八教と分類する。

それから、公案として後世にまで重んぜられるような問答商量は、大抵模範的な立派なものである。駆け出しのお小僧の質問といったようなものは滅多にない。相当な力量があって、師家と太刀打ちできるような、学人の出てくる場合が多い。この公案に出て来た僧も、ただ者ではないらしい。従ってこの問いは、問処の道得となっているおもむきがある。いかなるも是れ、一代の自教にあらずや、との底意を秘めての問いらしい。そこで、雲門の答話も、また一段とずば抜けている。

師云く、対一説。これを対機説法、すなわち、人を見て法を説いたのだ、などと見たら、この問答の格がぐっと落ちてしまう。この対一説には、色々な見方があるようだが、今は、対するもの一つ一つが一代の自教だと見ておく。誰に対しても、ただ一つということを、説いているのみだと見てもよい。

雨の降るのも、風の吹くのも、泣くも笑うも、石ころも、蜂の頭も、一代の自教にあらずして何ぞだ。第二十七祖般若多羅尊者は、山僧は出息衆縁にわたらず、入息陰界に居せず、常に如是経を転ずること、百千万億巻と言っておられる。朝から晩まで呼吸している。それが一代蔵経の転読だと。これこそ活きたお経だなあ！　凡夫も同じく、転読しているのだけれども、凡夫は一代の自教を逆さまに読んでいるから駄目だ。だから、顚倒妄想と言われるのだ。

僧問う、是れ目前の機にあらず、亦、目前の事にあらざる時如何。これも、呈解問らしい。呈解問とは、自分の見解を師家に呈して、批判を仰ぐという問い方だ。亦という字は「もまた」といって、前の言葉に重ねて、再び同じようなことを言うときに用いる。

是れ目前の機にあらず、亦、是れ目前の事にも、あらざる時如何、ということだ。是れとは何か。何でも是れだ。是れと指すことのできないものは一つもない。全ての存在を是れというのだ。目前の機とは何のことか。目前の事とは何のことか。目前が大切だ。目前とは、目の前にある活きた事実だ。この二字がないと、抽象的な観念論になり、一般論になる。

さて、目前にある全ての存在は、これ機にもあらず、事にもあらずだ。機は人だ、主観だ。事は境だ、客観だ。自分も他人も、全ての存在を引っくるめて、是れ主観にもあらず、また是れ、客観にもあらざる時如何と、雲門に食い下がった。これは、一代の自教の内容を持ち出したおもむきがある。

師云く、倒一説。この語についても、色々な説があるけれども、筆者は次のように意訳しておく。「倒一説」(倒一説の意味は、反対である、とか、あべこべだ、であるが)。そのとおり！　相手の言い分を、そのまま相手に叩きつけている。こういう指導ぶりを、賊馬に乗って、賊を追うと言うのだ。さて、凡人は主観と客観、自分と環境とは、別々のものと思い、対立しているものと思っている。これを釈尊は顚倒妄想だと、明確に示しておられる。この顚倒妄想の迷夢が破れなくては、本来の自己を見出すことは出来ない。本来の自己を見出さなくては、安心解脱は絶対に得られない。この公案が見えれば、本来の自己が見えるし、本来の自己が見えれば、この公案も見える。そして、全ての公案も亦、見える筈だ。だから、実参実究して、はじめて得べしだ。思想的に理窟がわかっただけでは、何の役にも立たないよ。

雲門対倒太孤絶　雲門対倒、はなはだ孤絶。
一代何曽弄口唇　一代なんぞ曽て、口唇を弄せん。
八万四千無舌語　八万四千、無舌の語。
目前背後悉天真　目前背後、ことごとく天真。

第九六則　普化趯倒

普化与臨済。在施主家斎。毛呑巨海。芥納須弥為復是神通妙用。為復是法爾如然。師遂趯倒飯床。済云。太粗生。師云。這裏是甚所在。説粗説細。済休去。又同一家赴斎。済問。今日供養。何似昨日。師又趯倒飯床。済云。太粗生。師云。瞎漢。仏法説甚粗細。済乃吐舌。

普化《ふけ》と臨済と、施主家に在って斎す。問う。毛《もう》、巨海を呑み、芥《かい》、須弥を納《い》る、またこれ、神通妙用とやせん、またこれ、法爾《ほうじ》如然《にょねん》とやせん。師ついに飯床《はんしょう》を趯倒《やくとう》す。済云く、太粗《たいそ》生《せい》。師云く、這裏これなんの所在ぞ、粗と説き、細と説く。済、休し去る。また同じく一家に赴斎す。済問う、今日の供養、昨日にいずれぞや。師また飯床を趯倒す。済云く、太粗生。師云く、瞎漢《かつかん》、仏法なんの粗細《そさい》をか説かん。済すなわち舌を吐く。

普化和尚が臨済と一緒に、施主家へ行って、お斎を頂いたとみえる。普化和尚は、盤山宝積禅師の法嗣であり、盤山は馬祖の法嗣であるから、普化は馬祖の孫にあたる。臨済の師匠の黄檗も、馬祖の孫だから、臨済からいうと、普化は自分の師匠と孫兄弟である。従って、互いに親しい間柄であるが、普化の方が臨済よりも、先輩格と思われる。

臨済が普化に問うた。「毛、巨海を呑み、芥、須弥を納る。またこれ、神通妙用とやせん、またこれ、法爾如然とやせん」。芥はけしの実だ。すると普化が、飯台をひっくり返した。「えーッ、けがらわしい。悟り臭いぞ！」と言わんばかりだ。臨済が、太粗生。はなはだ乱暴だというと、普化が、ここを何と心得ている、鄭寧も乱暴もあるかいと言った。臨済は黙って鉾先を収めた。

あくる日、また二人で同じ家にお斎を頂きに行った。臨済問う、今日のご馳走と、昨日のご馳走と、どうかいなあと、かまをかけた。するとまた普化が飯台をひっくり返した。臨済が、はなはだ乱暴だというと、普化が、このどめくら、仏法に何で粗細があるものかいと応酬した。臨済が、赤い舌をベロリと出した。やれ、恐ろしい和尚だ、と言ったような表情かしらん。

昨日は白飯、今日は赤飯であったかも知れない。とにかく、この両日の二人の商量では、さすがの臨済も舌を巻いたらしい。但し、飯台を趯倒すとあるけれども、ただ、趯倒する勢いをして応戦したのであろう。趯は永字八法の縦棒のはねる処をさす字だという。本当に飯台をひっくり返して、ご飯やお汁をこぼしてしまったのでは話にならない。こういう処は、文字通りに読むべきものではない。百丈野狐の話に「黄檗、近前して師に一掌を与う」と書いてあるけれども、これも、黄檗が、師匠の百丈に一掌を与える勢を呈したものだ。

普化は、昨日も今日も二度共、臨済の突きだした鋒先を、一気にへし折ったおもむきがある。法戦中だもの、敵を殲滅する手段に、何の粗細を論ずる余地があるかい。臨済もそれ位のことは百も承知の上で「太粗生」と言っている。してみると、臨済が赤い舌をベロリと出したのは、あえて普化の機鋒に驚いたのではあるまい。おれの誘いの手に乗って、大将、得意になっておるわいと、言った表情ではあるまいか。いずれにしても、法眼が明らかでなくては、受斎応供の資格がないものと知れ。

芥納須弥倒飯床　　芥、須弥を納れて、飯床を倒す。
毛呑巨海細粗彰　　毛、巨海を呑んで、細粗あきらかなり。
擒翻済老逢斎客　　済老を擒翻す、逢斎の客。
瞎漢従来酔玉觴　　瞎漢従来、玉觴《ぎょくしょう》に酔う。

第九七則　疎山寿塔

撫州疎山光仁禅師。有僧為造寿塔了。来白疎山。師問僧。汝将多少銭与匠人。僧云。一切在和尚。師云。為将三文銭与匠人。為将両文銭与匠人。為将一文銭与匠人。若道得。与吾親造塔。僧無対。羅山時在大庾嶺住庵。其僧到羅山挙前話。山云。有人道得也未。僧云。未有道得。山云。汝却回挙似疎道。若将三文与匠人。和尚此生決定不得塔。若将両文銭与匠人。和尚与匠人共出一隻手。若将一文銭与匠人。滞累眉鬚堕落。其僧便回疎山挙似前言。疎山聞是語。具威儀。望大庾嶺礼拝云。将謂無人。大庾嶺有古仏。放光射到る此間。告僧云。汝去回大庾嶺道。猶如臘月蓮。僧復持此語到羅山挙似。羅山云。我恁麼道。早是亀毛長三尺。

撫州《ぶしゅう》疎山《そざん》の光仁《こうにん》禅師、僧あり、ために寿塔《じゅとう》を造り了り、来たって疎山に白す。師、僧に問う、汝、いくばくの銭をもってか、匠人《しょうにん》に与うる。僧云く、一切和尚に在り。師云く、三文銭をもって匠人に与えんとするか、両文銭をもって匠人に与えんとするか、一文銭をもって匠人に与えんとするか。もし道い得ば、わがために親しく塔を造れ。僧無対。羅山、時に大庾嶺《だいゆれい》に在りて住庵す。その僧、羅山に到りて前話を挙す。山云く、人の道得せる、ありや、また、未だしや。僧云く、未だ人の道得することあらず。山云く、汝、却回《きゃくかい》して、疎山に挙似して道うべし。もし三文をもって匠人に与えば、和尚此生《ししょう》決定して塔を得じ。もし両文銭をもって匠人に与えば、和尚匠人と共に一隻手を出さん。もし、一文銭をもって匠人に与えば、匠人を滞累して眉鬚《びしゅ》脱落《だつらく》せしめん。その僧、すなわち疎山にかえって、前言を挙似す。疎山その語を聞いて、威儀を具し、大庾嶺を望んで礼拝して云く、まさにおもえり、人なしと、大庾嶺に古仏あり、光を放って射て、此間に到る。僧に告げて云く、汝、行いて大庾嶺に向かって道うべし、なお臘月の蓮の如しと。僧、またその語を持して、羅山に到って挙似す。
羅山云く、われ恁麼に道う、早くこれ亀毛長きこと三尺なり。

撫州疎山の光仁禅師は、洞山の法嗣である。ときに僧あり、疎山のために寿塔を造った。寿塔という熟語は、「寿《じゅ》冢《ちょう》」という語があって、生前にたてる墓のことであるから、寿塔もやはり生前に造る、卵塔のことであろう。

寿塔が出来上がったというので、その僧が疎山に申し上げた。すると、疎山が僧に問うた。お前は石屋の職人に、代金をいくら払うのか。僧云く、一切和尚に在り。はい、老師の仰せられるとおりに支払います。

師云く、三万円払うつもりか、二万円払うつもりか、それとも一万円払うつもりか。それが道えたら、わがために親しく塔を造れ。それが答えられないようなことでは、塔など造るなという響きが、この言葉の裏にある。いうまでもなく、これは寿塔を題材とした法戦である。

このような法戦を、寿塔の代金支払いの、実際問題だと誤解すると、話がわからなくなる。代金は石屋と相談して、石屋の請求どおりに支払うのが当たり前であり、しかもすでに出来上がったというのに、いまさら代金のことで取り消しにするわけにもいくまい。このようなことは、法戦とは無関係だ。法戦は法の第一義を実参実究するのだ。

さて、一文とか、三文とか云ったのでは、どうも、現代人には実感が伴わないから、それで桁を上げたのであるが、それはどうでも良いことだ。一、両、三が眼目だ。それも、金額を意味するのではなく、さりとて、順位を指すものでもない。イ、ロ、ハといったような符牒と思えば良い。そこに大切な宗旨がある。強いてこれに思想的ヒントを与えるとしたら、一を絶対、二を正偏、三を体相用とするのも、一応の取扱いと云えよう。

さて、その当時羅山和尚が大庾嶺に住庵していた。その相が、羅山和尚のところへ行って、前話を挙して、ご指導を仰いだ。山云く、そうか、疎山の言葉に対して、誰か何とか道った者があったか、まだか。はい、未だ、誰も何とも申しません。それならお前さん、疎山の処へかえって行って、次の通りに道いなさい。

もし、三万円支払ったら、疎山和尚は今生では、石塔を建ててもらうことはできない。もし、二万円払ったら、和尚と石工と責任を半分ずつ持つことになるわい。もし、一万円であったら、石屋にえらい迷惑をかけて、その罰で疎山は地獄行きだ。その前兆として、眉鬚堕落して、重病患者になるぞと。どうも一が大切らしい。眉鬚脱落も貴いらしいぞ。

さてさて、これは一体どういうことになるのであろうか。同じようなことをやっても、やり方によって、その結果に、天地の相違が出てくる。毫釐の差が天地懸隔となる。これは修証辺のことだ。本分上からはどうなる。参究ものだ。乾坤大地、一箇の寿塔じゃないか。

僧が疎山の処へ帰って来て、羅山の言葉を申し上げた。すると疎山がこれを聞いて、威儀を整え、大庾嶺に向かって礼拝して云く、現代は天下に人物が無いと思っていたが、大庾嶺に活きた古仏が居られて、大光明を放ち、その光がわしの処まで射ている。有り難いことだと。

それからその僧に告げて云く、なんじ、行いて大庾嶺の羅山和尚に申し上げろ。あなたの存在はさながら、十二月の蓮花の如く、実に貴い、そして稀な宝でありますと。

僧が羅山の処へ行って、右の通りに申し上げると、羅山云く、わしがあんなことを道ったが、道うだけ法をけがした。早くこれ、亀毛長きこと三尺だ。亀には毛など一本も入らないのに、それが体中にはえて、二、三尺も長くなったようなものだと。

ここでまた、三光老人の拈評を紹介しておく。老人云く、この三文銭、多少の人をして、数うることを得ざらしむと。多少の少は客であって、多の方が主だ。多くの人が数えられないということだ。そこへ更に、羅山がいろいろと、混ぜ返しをいうものだから、いよいよ疑問が増えて、はてしがない。一文、三文、二文といわれた宗旨が、たとえ分明であっても、寿塔の代金支払いは、未だ皆済みにはならんとさ。

もしも寿塔が出来たら、おれがもう一つ寿塔を造ってやると。一人のために、墓が二つ出来たらこまりやせんかいとのからかいだ。だが、単なるからかいではない。そこに宗旨がある。

もし、また寿塔などはどこにもござらぬというなら、おれがまたその寿塔をふんだくってしまうぞと。これは、芭蕉拄杖の公案から脱化した拈弄と思われる。芭蕉拄杖の公案は『無門関』に出ている。

三文はおき処もなく、一文は皆が知っているというが、本当かい。もう一文は提不起だとさ。全提不起か、半提不起か。どうにもならんよ。あ！　あ！　三光老人もやっぱり銭勘定か。もう、いい加減にして、ご破算と願いたいものだ。はじめて、清風明月となるわい。

疎山寿塔半文銭　　疎山寿塔、半文銭。
一両三三造立前　　一両三三、造立の前。
羅老放光留妙句　　羅老放光、妙句をとどむるも、
亀毛冗長幾千年　　亀毛冗長、幾千年。

第九八則　洞山不安

洞山和尚不安時。僧問。和尚不安。還有不病者麼。師云。有。僧云。不病者還看和尚否。師云。老僧看他有分。僧云。和尚看他時如何。師云。則不見有病。

洞山和尚不安の時、僧問う、和尚不安、また不病の者ありや。師云く、有り。僧云く、不病の者、また和尚を看るや否や。師云く、老僧かれを看るに分あり。僧云く、和尚かれを看る時如何。師云く、則ち病有ることを見ず。

洞山さまがご病気だというので、門下の僧が見舞いに来た。この僧もただ者ではない。老師、ご病気だそうでございますが、ご病気をなさらない洞山さまが居られますかと、好箇のお見舞いだ。つまらない折り箱など持ってくるよりも、このご挨拶を洞山大師さまは遥かに喜ばれたであろう。

師云く、うむ、居るとも居るとも、いつもそばに居るよ。僧云く、病気しない洞山さまが、ご病気の洞山さまを看病なされますか、いかがですか。師云く、あの老僧、看病上手でなあ、至れり尽くせりだよ。僧云く、その看病ぶりを、伺いとう存じます。師云く、間に髪を入れず、針で突くほどの隙もなく、いつもぴったり、ぴったりだよ。

さて、いみ名を犯さず、互いに法の第一義をやり取りしているこの問答に、諱を犯すような講釈を付けるのは嫌だけれども、初心者のために、ちょっとヒントを与えておく。このヒントによって、右の宗旨を審細に参究することが大切だ。

洞山大師の幻設なされた「五位」というものがあって、宗門では室内の重要な参究ものとなっている。済下でも

「五位の絹ぶるい」といって、室内の調べの了る直前に参究するのが、白隠流の修行ということになっている。五位には偏正五位と功勲五位とがあって、互いに裏付けとなっているが、白隠さんは偏正五位だけ見て、功勲五位はご存知なく、それで、本分上の事も、修証辺の事も、両方とも偏正五位でまかなっている。

洞山不安の公案は、偏正五位だけで間に合う。偏位とは現実のことであり、正位とは本質のことである。思想的にいうと、偏位は因縁因果の姿であり、正位は無自性空の本質である。偏位は因果差別をあらわし、正位は仏性平等をあらわす符牒である。

さて、偏位と正位と、仮に二つに分けて説明するけれども、二つ別々に存在するのではない。偏正不二一体が真実である。そこで、ご病気の洞山は偏位だ。病気なさらん洞山は正位だ。病気なさらん洞山が、ご病気の洞山を看病するとは偏正回互の消息と見ておきなさい。五位は、本格的に入室独参して、参究することを要する。書物で研究しただけでは、絶対に手に入らない。

三光老人云く、洞山老漢は、達者な人が看病するといっているが、それは当たり前のことだ。わしの処では、病人が看病をして、達者な人は看病などしないと、茶々を入れているが、なんのことかわかるだろう。

そして、「これ則ち道の用なり」と注意を与えている。これが仏道の妙用だとさ。但し、仏道といって、特別なものがあるわけではない。道はしばらくも離るべからず、離るべきは道にあらずだ。実は、誰でもやっていることだよ。

独露、識尽きて、まなこ初めて明らかなりだ。分別妄想の情波識浪が収まって、独露のような心境になると、心眼が明確になるとさ。理、まさに是の如くなるべしだ。それが理の当然だ。当然の事実だ。然らば、病者と不病者との相見の模様はそのようなものかなあ！

「孤峰、日は照らす、千年のみどり。谿水、月沈んで、万丈寒し」と、病者と不病者の看病ぶりを巧みに歌い出した。千年のみどり滴る孤峰と、毎日それを照らす太陽との、相互看病の様子とはどんなものか。また、冷え冷えとした万丈の谿水の底に、沈んでいる月と水との親密ぶりは、これまたどんなものか。一語一語に宗旨をあてて、味わって見るがよい。鄭寧は君徳を損するから、もうやめておく。

洞山有病是空身　洞山病あり、これ空身。
看病元来万寿人　看病元来、万寿の人。
偏界雲深三五月　偏界雲深し、三五の月。
光明黒暗互相親　光明黒暗、互いにあい親し。

第九九則　龐老不昧

龐居士問馬祖云。不昧本来人。請師高著眼。祖直下覰。士進云。一種没絃琴。唯師弾得妙。祖直上覰。士乃作礼。祖帰方丈。士随後入云。弄巧成拙。

龐《ほう》居士、馬祖に問うて云く、不昧本来人《ふまいほんらいにん》、請う師、高く眼を著《つ》くべし。祖、直下《じきげ》に覰《み》る。士、進んで云く、一種の没絃琴《もつげんきん》、ただ、師のみ弾じ得て妙なり。祖、直上に覰る。士、乃ち作礼《さらい》す。祖、方丈に帰る。士、後に随って入って云く、巧《こう》を弄して、拙《せつ》を成す。

龐蘊《ほうおん》居士は馬祖の法嗣である。龐居士についての公案は、すでに幾つも出ていた。この公案なども、居士が馬祖と太刀打ちの出来る力量を、そなえての法戦である。

居士、馬祖に問うて云く、とあるが、呈解問であることは誰にもわかるであろう。「不昧本来人、請う師、高く眼を著くべし」といっている。不昧とは、明らかということだ。まぎれもない、本来人が来たということだ。だが、来たとは云っていない。「まぎれもない本来人よ」と、馬祖に呼びかけているおもむきがある。けれども、そうも言っていない。本来人が、本来人の処へやって来ましたぞ。高く眼をつけよ。良くごらんなされ！　と言ったあんばいだ。

そこで馬祖が直下にみた。覰《しょ》という字は、うかがいみるとか、のぞいてみるとか言う意味の字だ。直下にとは、すぐに、はっきりということだ。馬祖が、すぐに、注意深くごらんになったとみえる。龐居士の五臓六腑を、一目で見抜いたであろう。

居士すすんで云く、一歩も二歩も馬祖の近くへ進んで云くだ。「一種の没絃琴、ただ、師のみ弾じ得て妙なり」と。

これは言うまでもなく、今の馬祖の応援ぶりに対する、居士の見所だ。没絃琴とは、糸の無い琴だ。向上の宗旨をあらわす言葉だ。只今のご指導ぶりは、老師独特のもので、仏向上の宗旨を拈弄し得て、絶妙でありますと、ほめあげてみた。単なるおべんちゃらと見たら、龐居士が泣くぞ。

師、直上に覰る。直上も、直下も大差はあるまいと思う。馬祖がまた、龐居士を熟視したとみえる。没絃琴の妙音が果たしてどれだけ聞こえたかと、鋭い観察を浴びせたであろう。

士、すなわち作礼す、有難うございましたと礼拝した。馬祖が方丈へお帰りなさる、その後に随って、方丈に入って、馬祖に申し上げた「巧を弄して、拙を成す」と。さて、この一句、容易の看をなす勿れだ。

いつも言うとおり、禅門では言葉を自由に使う。言葉を釘付けにしておかない。だから、巧が良くて、拙が悪いとは決まっていない。だから、この一句はほめたのか、くさしたのか、しかも、居士が自分のことを言ったのか、それとも馬祖のことを言ったのか、これも決まっていない。法の第一義から言うと、二人とも同罪だ。うまくやろうとして、却って失敗に終わりましたともひびく。巧拙の辺際を遥かに超えた、大失敗と言って良いほどの、大成功だとも味わえる。これらのひびきが、二人のどちらへどうかかるのか、一筋縄では縛れない。参！

龐眉不昧本来人　　龐眉不昧、本来人。
上下相看父子親　　上下あい看て、父子親し。
巧拙何論音外曲　　巧拙なんぞ論ぜん、音外の曲。
空絃弾得技如神　　空絃、弾じ得て、技、神の如し。

第一〇〇則　雲門法身

雲門。因僧問。如何是法身向上事。師云。向上与你道不難。作麼生会法身。僧云。請和尚鑑。師云。鑑則且致。你作麼生会法身。僧云。与麼与麼。師云。這箇是長連牀上学得底。我問你。法身還喫飯也無。僧無語。

雲門、ちなみに僧問う、いかならんか是れ法身向上の事。師云く、向上は汝がために道うこと難からず、そもさんか、法身を会す。僧云く、請う和尚、鑑《かん》せよ。師云く、鑑することは則ち、且くおく、汝そもさんか法身を会す。僧云く、与麼与麼。師云く、這箇は是れ長連牀《ちょうれんしょう》上《じょう》の学得底、われ汝に問う、法身また飯を喫するやいなや。僧、無語。

雲門大師に僧が問うた、いかならんか是れ法身向上の事と。この僧はまだ法身にお目にかかったことがなくて、単に自分の頭に描いた観念上のもの法身だと思って、さらに、法身向上の事というものを探しているらしい。雲門大師は、この僧の腹の中をすっかり見抜いて、師云くだ。向上は汝がために道うは易いが、お前は法身をどう受け取っているのか。僧云く、請う和尚、鑑せよ、どうぞお調べ下さい。調べることはまあ、しばらくおいて、お前どう法身を受け取っているのか。

「僧云く、与麼与麼」。よもよもとは、支那の俗語であって、このとおり、このとおりと言ったようなことだ。私がじきに法身の全体ですというつもりらしい。師云く、這箇は是れ長連牀上の学得底、われ汝に問う、法身また飯を喫するやいなや。僧、無語。

雲門、いよいよこの僧を問い詰めた。長連牀とは、僧堂の単のことだ。この僧は長連牀上で学得したのだから、まだいくらかよい方だ。が、今日の禅僧はどうだい。学校の机の上で学得するのだから、ケタが違うなあ。お前の、今の答は、頭に描いている法身だ。さあ、あらためて問うぞ。法身は飯を食うか、それとも食わないか、どうだ。と言われて、この僧、無語。これはもちろん、行き詰まっての無語だ。

この僧は無語だが、いま、この三百則を参究なさる諸賢はどうか。法身は飯も食います、小便も垂れますというか。それとも、法身は、一切何も致しませんというか。或いはまた、何もしないで、何でもするというか、口の達者な者は、何とでもいえるかも知れない。ああ言えばこう言い、こう言えばああ言う器用な者も居るが、さあ、証拠を出せと言われて、すいすいと証拠が出せるようではなくては駄目だ。一度法身にお目にかかった者なら、自由に出せる筈だ。

法身喫飯着衣装　　法身、飯を喫し、衣装を着く。
吐却元来赤裸涼　　吐却すれば元来、赤裸すずし。
向上不知何向下　　向上知らず、何の向下ぞ。
遠山無限夕陽長　　遠山限りなく、夕陽長し。

正法眼蔵三百則　中

第101〜200則

第一〇一則　南岳説似

南岳山大慧禅師。参六祖。祖曰。従什麼処来。師曰。嵩山安国師処来。祖曰。是什麼物与麼来。師罔措。於是執侍八年。方省前話。乃告祖曰。懐譲会得。当初来時。和尚接某甲是什麼物与麼来。祖曰。你作麼生会。師云。説似一物即不中。祖曰。還仮修証否。師云。修証即不無。染汚即不得。祖曰。祇此不染汚。是諸仏之所護念。汝亦如是。吾亦如是。乃至西天諸祖亦如是。

南岳山の大慧禅師、六祖に参ず。祖曰く、いずれのところより来たれるぞ。師曰く、嵩山安国師の処より来る。祖曰く、これいかなるものの与麼に来るぞ。師、おくことなし。ここにおいて執侍すること八年、まさに前の話をあきらむ。乃ち祖に告げて曰く、懐譲、会し得たり、そのかみ来たれし時、和尚それがしを接せし、これいかなるものの与麼に来るを。祖曰く、汝、そもさんか会す。師曰く、説似すれば一物も即ち中らず。祖曰く、また、その修証をかるやいなや。師曰く、修証は即ち無きにあらず、染汚することは即ち得じ。祖曰く、ただこのふぜんな、是れ諸仏の護念するところなり、汝も亦かくの如く、吾も亦かくの如し、乃至西天の諸祖も亦かくの如し。

南岳山の大慧禅師は六祖の法嗣で、諱を懐譲という。初めて六祖に参じた時に、六祖曰く、いずれの処より来たれるぞ。はい、嵩山の安国師の処から参りました。祖曰く、これ、いかなるものの与麼に来たるぞ。この一句が大疑団となって、南岳の血みどろの修行が始まった。

真の自己がはっきりしていないと、この問いには答えられない。凡夫は、すべて真の自己を知らないから、毎日の生活が何であるか、さっぱりわからない。従って、何の為に生活するのか、人生の目的も、意義も、価値もわからない。それで一生を終わる。これを酔生夢死と謂うのだ。

「師、おくことなし」とある。この一問を蒙って、居ても立ってもいられなくなった。それから六祖に随侍すること八年。寸刻の油断もなく、参じ去った。その結果、ある日豁然として省悟した。

乃ち祖に申して曰く、私が最初参りました時に、老師が私に、これいかなるものの与麽に来たるぞと、仰せになりました。それが今日、はっきり致しましたと。六祖曰く、どうはっきりしたのか。はい、それは何と申し上げましても、一物も中《あた》りません。六祖曰く、それは修行の力をかりて、初めて出来上がるものであるか、どうかと、厳しいご点検だ。

その時南岳が「修証は即ち無きにあらず、染汚することは即ち得じ」と、お答え申し上げた。もちろん修行しなければ、その境地を悟ることは出来ませんけれども、その境地たるや、本来具有底であり、元来不染汚であって、修行の力を仮りて、浄くなるというものではありませんと、水も洩らさぬ完全な答を申し上げた。

すると六祖が、大層お喜びになって「ただこのふぜんな、是れ諸仏の護念するところなり、汝も亦かくの如く、吾も亦かくの如し、乃至西天の諸祖も亦かくの如し」と、太鼓判を押して、南岳の省悟をご証明になった。

それが「不染汚の修証」という完璧な仏法である。ここで南岳の語を、もう一度吟味して見る。「修証は即ち無きにあらず」の一句は、修証辺の事を述べたもので、修証の必要を断言している。これを「無きにしもあらず」と読んではいけない。修証は必定して有るということだ。

これは事実が既に証明しているものを、今更、議論する余地は無いじゃないか。南岳が八年間、一心不乱に修行を続けて、今、豁然として省悟した結果、この言葉が出たのだ。されば、修証が有ることは明々了々だ。だから、有るような、無いような、曖昧なことを言うてはならない。

曖昧なことを言うのは、実地の修行も、省悟したことが無いところから、修証辺の事と本分上の事とが、混線するからである。「即不無という語は、有とはちがう」などという苦しい説明をするのも、そこから来る病的解釈だ。修証があると言っては、本分の世界に背くであろうという気兼ねがあるのもだから、有と不無とは違うなどというのである。

修証の力によって、凡見凡情を殺し尽くさなくては、本分の世界に目覚めることは絶対に出来ない。だが、本分の世界に目覚めてみると、凡見凡情は誤解であり、錯覚であり、悪夢であって、実体は何も無かった。実際は、往古来今、完全円満な本分の世界のみであって、修証を差し挟む余地は毛頭なかったということが明確になる。

それだから「染汚することは即ち得じ」の一句が本分上の事として、大切なものとなる。この本分上の事を悟るのが、正伝の仏法であり、いま南岳がそれを悟ったから、それで六祖がご証明なさったのだ。

然るに明治以来、無眼子の学僧が、修行したり、悟ったりすると、本分上の事（本証）が汚れるかのような誤解をおこした。その人達が詭弁を弄して、後学を惑乱している。実に罪過弥天だ。この公案の日本読みも、道元禅師が丹念に示されてある所の読み方に従ったものであることを、特に注意しておく。

執侍修来八歳功　　執侍修し来る、八歳の功。
曽無染汚証真空　　かつて染汚なし、真空を証す。
西天諸祖渾如是　　西天諸祖、すべて是の如し。
説似明明与麼中　　説似明明たり、与麼の中。

第一〇二則 百丈野狐

百丈山大智禅師。凡参次。有一老人常随衆聴法。衆退老人亦退。忽一日不退。師遂問。面前立者復是何人。老人云。某甲是非人也。於過去迦葉仏時。曽住此山。因学人問。大修行底人。還落因果也無。某甲答他云。不落因果。後五百生。堕野狐身。今請和尚代一転語。貴脱野狐身。遂問云。大修行底人。還落因果也無。師曰。不昧因果。老人於言下大悟。作礼云。某甲已脱野狐身。住在山後。敢告和尚。乞依亡僧事例。師。令維那白槌。告衆云。食後送亡僧。大衆言儀。一衆皆安。涅槃堂又無病人。何故如是。食後只見。師領衆至山後岩下。以杖指出一死野狐。乃依法火葬。

師。至晩上堂。挙前因縁。黄檗便問。古人

百丈山の大智禅師、およそ参のついで、一人の老人ありて、常に衆にしたがって聴法す。衆しりぞけば、老人もまた退く。たちまち一日しりぞかず。師ついに問う。面前に立せる者はまたこれなにびとぞ。老人云く、それがしはこれ非人なり。過去迦葉仏の時において、かつてこの山に住せり。ちなみに学人問う、大修行底の人、また因果におつやいなやと。それがし、他に答えて云く、因果に落ちずと。のち五百生、野狐の身におつ。今、請うらくは和尚、代わって一転語すべし。貴ぶらくは野狐の身をのがれんことを。ついに問うて云く、大修行底の人、また因果におつやいなや。師曰く、因果にくらからず。老人言下に大悟す。礼をなして云く、それがしすでに野狐の身をのがれぬ、山後に住在せん。敢告《かんこう》すらくは和尚、乞う、亡僧の事例依らんことを。師、維那に令して白槌《びゃくつい》して、衆に告げて云く、食後に亡僧を送るべし。大衆言儀す、一衆皆安なり、涅槃堂にまた病人なし。なにがゆえぞかくのごとくなる。食後にただ見る、師、衆を領じて山後の岩下にいたる。杖をもって、一死野狐を指し出す。すなわち、法に依りて火

錯対一転語。堕五百生野狐身。転転不錯。合作箇什麼。師云。近前来。与汝道。檗遂近前。与師一掌。師。拍手笑云。将為胡鬚赤。更有赤鬚胡。


葬す。

師、至晩に上堂して、前の因縁をあぐ。黄檗便ち問う、古人の一転語を錯対する、五百生野狐の身におつ、転転あやまらざらん、このなにかなるべき。師云く、近前来、なんじがために道わん。檗ついに近前して、師に一掌を与う。師、拍手して笑って云く、将為《しょうい》すらくは、胡の鬚の赤きかと、さらに赤き鬚の胡あり。


百丈山の大智禅師が説法なさる時、一人の老人が、いつも皆と一緒に法をきいていた。そして皆が退くと、老人も退いていった。然るにある日、その老人が一人だけ後に残った。そこで、百丈禅師がお尋ねなされた。

そこに立っているのは誰か。老人云く、それがしは人間ではございません。過去迦葉仏の時、かつてこの山に住しておりました。あるとき学道の人が私に向かって「大修行底の人、また因果におつやいなや」と問うたので、私が「因果に落ちず」と答えました。

それから今日まで五百生の間、野狐の身に落ちております。それで今、和尚様にお願い致します、どうぞ私に代わって一転語をお答え下さいませ。そして、野狐の身をまぬがれさせて頂きとう存じます（一転語とは、転迷開悟せしめる力のある一語だ）。

そう言って、あらためて問いを設けて云く「大修行底の人、また因果におつやいなや」と。師曰く「因果にくらからず」と。老人が言下に大悟した。大修行底の人とは、大悟徹底した人のことだ。

老人はそこで礼拝して云く、私はもう、野狐の身をのがれることができました。これから、この山の後ろに行っております。それで一つお願いがございます。どうぞ、私の死骸を、坊さん並みの法によって葬って下さいませ。

百丈禅師が、維那和尚に命じて、白槌して大衆に告げさせた。食後に、亡僧の葬式をするのだと。さあ、大衆が、がやがや言い出した。大衆は皆元気じゃないか。病室にも病人はないぞ。それで、葬式とは、どういうわけだかわからんなあ。

昼の食事が終わると、ただ百丈禅師が大衆をつれて、山の後ろの岩の下へ行って、拄杖で死野狐を指し出して、そこで法によって火葬した。晩になって、禅師が上堂して、前の狐の因縁を大衆に示した。

すると黄檗が質問に出た。もちろん、わからなくて問うたのではない。師匠の百丈と法戦一番と、起ち上がったのだ。黄檗は、百丈の秘蔵の弟子だ。

黄檗云く、古人が一転語を錯って対えたので、五百生野狐の身におちたとのことでありますが、いつもいつも、間違いなく一転語を下していたら、最後にはなにものになるのでありますかと、百丈に食い下がった。百丈が、近うよれ、言うてきかせるわいと、誘いの水を向けた。

すると、黄檗がずかずかと近前して、百丈に一掌を与えた。すると百丈が、拍手して笑って云く「将為すらくは、胡の鬚の赤きかと、さらに赤き鬚の胡あり」と。胡はえびす人と言うことだが、ここでは達磨大師のことと見ておく。達磨の鬚は赤いと思っていたら、さらに赤い鬚の達磨が、もう一人居ったわいと、いったようなことだ。

これは何のことか。もちろん黄檗をうけがった言葉であり、黄檗の見所を、立派なものだと証明したのであるが、言葉の意味がわかりにくい。直訳では通じかねる。意訳してみると、「おれが張り飛ばそうと思ったら、貴様に張り飛ばされたわい」と言って、気持ちよく大笑いされたのだ。

さて、師に一掌を与うと書いてあるが、実際は語勢だけであって、一掌を与えたのではない。だが、「一掌を与えるまねをした」と正直に書いては、文章が死んでしまうから、それで「師に一掌を与う」と書いたのである。室内の独参でも同じ事で、師家に一掌を与えて然るべきだという見所を呈する時にも、擬勢に止めておくべきものだ。本当に打ってはご無礼になる。実地の修行をしたことのない者は、このような常識すら持ち合わせていない。

以上でこの公案の話の筋だけはわかるけれども、そこにどのような宗旨があるのか、それを明らかに参究しなくては、何にもならない。言うまでもなく、不落因果と不昧因果が要点であることは、誰にも見当がつくであろう。そこにどのような法の入り組みがあるのか、それを明確にすることが肝要だ。

不落因果の一方に落ちると断見になり、不昧因果の一方に落ちると常見になる。仏法は、断常の二見に落ちないところの、正見の確立が眼目である。だから、八正道の基礎は、第一正見を得ることにある。このような大切な仏教教理の裏付けがある。

不落因果は内容平等を示し、不昧因果は外観差別を示している。内容と外観とは、二にして不二のものである。内容だけのものもなく、外観だけのものもない。平等だけのものもなければ、差別だけのものもない。平等と差別と、不二一体になっているのが、全ての存在の実態である。

これを仏教の言葉で再説すると、不落因果は仏性平等を示し、不昧因果は因果差別を示している。仏性平等は、一体三宝の仏であり、因果差別は、一体三宝の法である。仏と法とは、説明の便宜のために分けるけれども、元来、分けることの出来ない一つのものである。それを、一体三宝の僧と称するのである。されば、全ての存在は、一体三宝の僧である。

前百丈は、不落因果の一辺に落ちたから、それで野狐身に落ちたのだ。現百丈が、それに不昧因果の一辺を持ち出して、不落と不昧を一つにしたから（元来一つのものだ）、それで野狐の身をのがれたのだ。道元禅師が、不落因果は撥無因果であり、不昧因果は深信因果であると仰せになるのは、このような宗旨を示されるのである。

今、この宗旨を分かり易く、譬喩を用いて説明して見る。例えば、白い紙に墨で狐を描いたとする。狐をかけば、必ず狐が出来上がる。狐をかいたのに、それが猫になったなどということはない。これが不昧因果だ。「猫でない証拠に、竹を書いておき」などと言われる、下手な絵描きさんは問題外だが、猫をかけば猫になり、虎をかけば虎になる。これが、因果にくらからずだ。

しかしながら、紙も墨も、決して猫にはならないし、虎にもならない。もとのとおり、紙であり墨である。狐をかいても、犬をかいても、紙や墨は、狐にもならないし、犬にもならない。これが不落因果だ。新粉細工や蠟細工に譬えても、同じ事が言える。

不落因果は、鉄牛に皮膚なきが如しだ。不昧因果は、泥牛に頭角あるが如しだ。不落因果は、鉄牛を鉄だというようなものであり、不昧因果は、泥牛を牛だというようなものである。本当は、鉄牛は鉄でもなく、泥牛は牛でもない。ただ鉄牛であり、泥牛であるのが真実だ。綿密に参究することを要する。

百丈山中不識真　百丈山中、真をしらず。
何論堕脱野狐身　なんぞ堕脱を論ぜん、野狐の身。
生生世世風流太　生生世世、風流はなはだし。
出穴披毛嘲弄人　穴を出でて毛をきて、人を嘲弄す。

第一〇三則　大潙令嗣

大潙山大円禅師。坐次仰山侍立。師云。寂子。近日宗門中令嗣作麼生。仰云。大有人疑著此事。師云。寂子又作麼生。仰云。某甲祇管困来合眼。健即坐禅。所以未曽説著。師云。到這田地也難得。仰云。据某甲見処。著此一句語亦不得。師云。子為一人也不得。仰云。自古聖人尽皆如是。師云。大有人笑汝与麼祇対。仰云。解笑某甲。是某甲同参。師云。出頭作麼生。仰。遶禅床一匝。師云。裂破古今。

大潙山の大円禅師、坐次に仰《きょう》山侍立す。師云く、寂子、近日宗門の中の令嗣《りんす》そもさん。仰云く、大有人《だいいうじん》この事を疑著す。師云く、寂子またそもさん。仰云く、それがし、ひとえに、困《こん》きたれば眼を合わせ、健なれば即ち坐禅す、ゆえにいまだ曽て説著せず。師云く、この田地に到るもまた難得《なんて》なり。仰云く、それがしが見処によるに、この一句の語を著せんこと亦《また》得ず。師云く、子一人や不得《ふて》なりとせん。仰云く、古より聖人も尽く、皆是のごとしか。師云く、大有人なんじが与麼《いもし》祇対《つい》することを笑う。仰云く、それがしを笑うことを解せん、これそれがしと同参ならん。師云く、出頭《しゅっちょう》そもさん。仰、禅床をめぐること一匝す。師云く、古今を裂破す。

大潙山の大円禅師が坐っておられた時、お弟子の仰山が侍立していた。その時、潙山禅師云く、寂子、近日宗門の中の令嗣そもさんと。仰山の名は慧寂であるから、寂子と仰せになった。令嗣は立派な跡継ぎだ。跡継ぎにことよせて、宗門の一大事因縁を問うていることは言うまでもない。お前、近頃、宗門の中の令嗣について、どう思うかと、鎌をかけた。

仰云く、大有人この事を疑うと。大有人と言っているが、私も日夜、その事を参究しておりますと、言うつもりらしい。師云く、寂子、お前はどうなのか。はい、私はひとえに、眠くなれば眼を合わせて眠りますし、元気なら坐禅をいたします。ゆえに、いまだかつて、宗門の中の令嗣など、説著したことはありません。著は助詞で意味はない。師云く「困きたれば眼を合わせ、健なれば即ち坐禅す」という、この田地に到ることも、また得難い。仰山云く、私の見処によりますと、この一句の語をあらわすことも亦できません。師云く、なんじ一人が出来ないというのか。仰山云く、昔の聖人もことごとく、皆、かくの如くであります。

「師云く、大有人、なんじが与麼祇対することを笑う」。仰云く、私を笑うことの出来る者は、私と同参でございます。師云く、その同参底が出て来たらどうするか。その時、仰山が一回り、ぐるりと禅床をめぐった。すると潙山が「古今を裂破す」と仰せになった。仰山の見所に対する称讃の言葉と見ておく。

この通り、折に触れ、時に応じて、師弟互いに一大事因縁を問答商量して、常に油断なく、切磋琢磨するところの消息を良く味わい、一問一答のところに、どのような宗旨があるかを、審細に参究してみなければならない。

潙山令嗣仰山松　　潙山の令嗣、仰山の松。
直立亭亭不識冬　　直立亭亭として、冬を識らず。
今古東西渾裂破　　今古東西、すべて裂破す。
父呼子応緑陰濃　　父よび子こたえて、緑陰こまやかなり。

第一〇四則　徳山到潭

徳山和尚。長講金剛経為業。後聞南方禅宗大興。罔措其由。遂罷講散徒。携疏鈔南遊。先到龍潭。纔跨門云。久響龍潭。及乎到来。潭又不見。龍又不現。潭云。子親到龍潭。山乃礼拝而退。至夜入室。侍立更深。潭云。子何不下。山遂珍重。掲簾而去。見外面黒。却回云。外面黒。潭乃点紙燭度与。山方接次。潭便吹滅。山於是忽然大悟。便礼拝。潭曰。子見箇甚便礼拝。山云。某甲自今已後。更不疑著天下老和尚舌頭。至来日。龍潭上堂云。箇中有箇漢。牙如剣樹。口似血盆。一棒打不回頭。他時後日。向孤峰頂上。立吾道去在。山遂取疏鈔。於法堂前。将一炬火提起云。窮諸玄弁。若一毫致於太虚。竭世枢機。似一滴投於巨壑。将疏

徳山和尚、つねに金剛経を講ずるを業となす。のちに南方に禅宗《ぜんそう》ひろく興するを聞くに、そのゆえを措くことなし。ついに講をやめ、徒を散じ、疏鈔《じょしょう》をたずさえて南遊す。まず龍潭《りゅうたん》に到る。わずかに門をこゆるに云く、久しくきこゆる龍潭、到来するに及んで、潭もまたみえず、龍も又現ぜず。潭云く、なんじ、親しく龍潭に到れり。山乃ち礼拝して退く。夜に至って入室す。侍立するに更《かん》ふけぬ。潭曰く、なんじ、なんぞ下らざる。山ついに珍重《しんじゅう》し、簾をあげて去る。外面《ぐいめん》のくらきを見て、かえりて云く、外面くらし。潭乃ち紙燭を点じて、渡し与《あと》う。山、まさに接するついでに、潭、すなわちふきけす。山ここにおいて、たちまちに大悟して、便ち礼拝す。潭云く、なんじ、なにごとを見てか便ち礼拝する。山曰く、それがし今よりのち、更に天下の老和尚の舌頭《ぜっとう》を疑著せず。来日に至って、龍潭、上堂して云く、このうちに有箇漢《ゆうこかん》あり、牙《が》は剣樹の如く、口《く》は血盆《けつぶん》に似たり。一棒打に回頭《らいちょう》せず。他時後日《たじごじつ》、孤峰頂上にゆきて、吾が道を立し、もてゆくことあらん。山、ついに疏鈔を取り、法堂前にして、一炬の火をもっ

鈔便焼。於是礼拝。

て提起して云く、もろもろの玄弁をきわむるに、一毫を太虚《たいこ》におくがごとし。世の枢機《すうき》をつくすに、一滴を巨壑《きょがく》にいるるに似たりと。疏鈔を将って便ち焼いて、ここにおいて礼辞す。

徳山和尚は、つねに『金剛経』を講説するのを以て道業としていた。後に南方に、禅宗が広く勃興して来たことを聞いて、その理由がわからなくて、居ても起ってもいられなくなった。それで、とうとう『金剛経』の講義をやめ、学徒を解散してしまった。

それから、『金剛経』の注釈本を証拠として携えて、南支那をさして出発した。まず、龍潭崇信禅師の道場へ飛込んだ。わずかに門を越えると、大きな声で云った。久しく評判に聞いていた龍潭山、来てみたら潭も見えないし、龍も居らんじゃないかと、『金剛経』の一切皆空を以て、挨拶した積もりかも知れない。

すると龍潭和尚が「なんじ、親しく龍潭に到れり」と、ひょいと出て来ての応対だ。その何もない処が龍潭山だ。そこで徳山は礼拝して、一応、控室へ引き下がった。それから晩になって、あらためて入室独参した。それから、談論風発、大いに意見を戦わせたであろう。とうとう夜中近くになって、一応頭が下がったとみえる。

潭曰く、もう夜もふけて来たから、お前さん、控室に下がって休みなさい。徳山が、それではご免を蒙ります、お休みなされませと挨拶して、簾を上げて出で去った。出てみると、外は真っ暗だ。仕方なく引き返してきて、外は真っ暗でございますと申し上げた。

すると、龍潭が蠟燭をつけて出してくれた。徳山がそれを受け取るやいなや、龍潭がフッと吹き消したので、再び真っ暗になった。徳山はこの刺戟によって、たちまち大悟して礼拝した。龍潭が、お前さんは何を見て礼拝するのかと、すぐさま試験だ。山曰く、私これからはもう、あなたの仰せになることを、絶対に疑いませんと、完全に受け取った。

その翌日、龍潭禅師は上堂して、大衆にご披露なされた。この中に、こういうえらい奴が出来たぞ。牙は剣樹の如くであり、口は血盆のようで、鬼みたいな奴だ。ぶんなぐっても、ビクともせんという人物だ。いずれ後日、向上の第一義に立脚して、わが正伝の大道を挙揚するに至るであろうと。

徳山は、自分の持って来た『金剛経』の注釈本を、法堂の前に取り出して、たいまつを提起して、次の通りの引導法語を唱えた。「もろもろの玄弁をきわむるに、一毫を太虚におくがごとし。世の枢機をつくすに、一滴を巨壑にいるるに似たり」と。そして、この注釈書を全部焼き捨ててしまった。それから、身軽になって、おいとまをした。

この法語は、活きた『金剛経』と、紙に書いた『金剛経』との比較を明らかにしたものであって、徳山が従来、講釈仏法にだまされていたことを、深く後悔した証拠である。

徳山特特到龍潭　　徳山特特として、龍潭に到る。
欲滅魔禅徹底探　　魔禅を滅せんと欲して、底に徹して探る。
紙燭吹残明変暗　　紙燭吹残して、明、暗に変じ、
金剛砕破北成南　　金剛砕破して、北、南となる。

第一〇五則　雲岩大悲

雲岩問道吾。大悲菩薩。用許多手眼作什麼。吾云。如人夜間背手摸枕子。岩云。我会也。我会也。吾云。汝作麼生会。岩云。遍身是手眼。吾云。道即大殺道。祇道得八九成。岩云。師兄作麼生。吾云。通身是手眼。

雲岩、道吾に問う、大悲菩薩、許多《こた》の手眼《しゅげん》をもて、そしも。吾云く、人の夜間に手をうしろにして、枕子をさぐるがごとし。岩云く、われ会せり、われ会せり。吾云く、なんじ、そもさんか会す。岩云く、遍身これ手眼。吾云く、道うことは即ち大殺《はなは》だ道う、ただ、八九成《はっくじょう》を道い得たり。岩云く、すひん、そもさん。吾云く、通身これ手眼。

雲岩と道吾は、共に薬山禅師のもとで修行して、二人とも薬山の法を嗣いだ人である。この公案は、二人の兄弟が殆ど互格の力量で、互いに法戦問答して、百錬千鍛するところの実例である。

雲岩がまず道吾に問うた。「大悲菩薩、許多の手眼をもて、そしも」と、戦端を開いた。「そしも」は支那の俗語であって、何をするのか、と云ったようなことだ。「大悲菩薩」とは、ここでは千手千眼観世音菩薩のことである。大智禅師も「人々一座の補陀山」と歌っているとおり、われわれの一人一人がことごとく、千手観音であると見るのが、祖師門下の活眼睛《かつがんぜい》である。

しかしながら、客観界にも目鼻を持った、具象的の観世音菩薩が実在して、三十三身どころか、百千万無量無辺に身を現じて、衆生済度をして居られると言うことを信じ得ないならば、その人はまだ本当には、仏法を受け取ってはいないと申さねばならない。

これと対照的に、客観界に観音様がおいでなさると言うことを無条件に信じて、ひたすら、そのご利益を蒙ろうとするのみで、自己が活きた観音様であると言うことを知らない人も亦、仏法を正しく受け取っていないのである。

白隠禅師が未熟であった頃、『観音経』を見て、つまらない迷信だと思って、捨てておいたが、その後、修行が相当に進んでから、再び『観音経』を見て、その旨の深いのと、観音様の尊いことを知って、それから観音信仰を人々にもすすめた。そして常に『十句観音経』をお読みになり、『十句観音経霊験記』という書物をお書きになり、数々の霊験の実例を示しておられる。

さて、今は、自己の活観音についての法戦である。千手千眼観世音菩薩が、沢山の手眼をもって居られるが、どのような働きをなさるのか、との打ち込みである。

吾云く、人の夜間に手をうしろにして、枕子をさぐるがごとし、うむ、それはなあ、われわれが、夜間に眠っていて、ねぼけ半分で後ろの方へ手をやって、枕をさがして、頭の下にもってくるようなものだよ、との応対だ。任運無功用とでもいうことかなあ！

岩云く、われ会せり、われ会せり、わかった、わかった。吾云く、なんじ、そもさんか会す、どうわかったというのか。岩云く、遍身これ手眼、うむ、からだ中が手であり、からだ中が眼だなあ！

吾云く、道うことは、即ちはなはだ道う、ただ八九成を道い得たり、なるほど、うまいことを言うには言ったが、それではまだ八十点だ。おおまけにまけて、九十点かなあ！

岩云く、師兄、そもさん、それなら兄貴はどうなんだい。吾云く、通身これ手眼、からだ中が手で、からだ中が眼だよ。なーんだ、それなら同じことじゃないか。「兄貴もやっぱり八十点の仲間だ」とは言わないが、腹の中では「お互い様」と、たがいに了解ずみだ。

ここで通身と遍身について、かれこれ論じたらお笑い草だ。ただ八九成が大切だ。「語は十成を忌む」といって、どのような立派な答が出ても、百点を与えるものではない。進歩がとまるし、その境地に住著するおそれがある。また、法というものは、釈迦でも達磨でも、完全に説けるものではない、という宗旨もある。審細に参究することを要する。

手眼千千作什麼　　手眼千千、なにをかなす。
南柯入夢伐南柯　　南柯、夢に入って、南柯を伐る。
人人悉有光明在　　人人ことごとく、光明の在るあり。
摸枕添衾妙用多　　摸枕添衾、妙用多し。

第一〇六則　龍潭大悟

龍潭和尚。作餅為業。礼天皇和尚出家。皇謂曰。汝執侍吾。已後為汝説心要法門。凡経一載。師曰。来時和尚許説心要法門。至今未蒙指示。皇曰。吾為汝説来久矣。師曰。何処是和尚為某説。皇曰。汝若不審我則合掌。我若坐時汝則侍立。汝擎茶来吾為汝受。師良久。皇曰。見則便見。擬思即差。師乃大悟。

龍潭和尚は、餅《へい》を作るを業となす。天皇《てんのう》和尚を礼して出家す。皇、謂って曰く、汝吾に執侍すべし、のちに汝がために、心要の法門を説かん。およそ一載《いっさい》をふるに、師曰く、来たりし時、和尚、心要の法門を説かんと許したまいき、今に至って、いまだ指示を蒙らず。皇曰く、われ汝がために、説き来たれること久し。師曰く、いずれの処か是れ、和尚それがしがために説く。皇曰く、汝もし不審せば、われ則ち合掌す。われもし坐する時は、なんじすなわち侍立す。なんじ茶をささげて来たれば、われ汝がために受く。師、良久す。皇曰く、見はすなわち見、擬思《ぎし》すれば即ち差《たご》う。師乃ち大悟す。

龍潭和尚は在家の時、餅を作って売るのが家業であったという。このことについて思い出すのは、徳山が龍潭山へ上る直前、餅屋の婆さんに、三世心不可得という『金剛経』の一句を質問されて、閉口したという話である。あの婆さんは、龍潭和尚のもとの妻君であったか、母親であったか、何か関係があるように思われる。餅とは、支那では、小麦粉で作ったものだと辞典には書いてある。

さて、龍潭は餅屋をやめて出家して、天皇和尚を礼拝した。天皇道吾禅師は、馬祖の法嗣だから、百丈や南泉と兄弟だ。天皇和尚が龍潭に謂って曰く。お前はこれから、わしの侍者をするのだ。そうすると、今後、お前のために真実の仏法を教えてやる。

それから凡そ一年経過して、龍潭が天皇和尚に申し上げた。私が初めて参りました時に、あなたは、真実の仏法を教えて下さることをお許しなされました。然るに、今に至るまで、まだ何のご指示も蒙りませんと。とうとう、待ちきれなくなって催促に及んだ。

すると天皇和尚曰く、わしはお前のために久しい間、説いてやっているよ。師曰く、いつお説き下さいましたか。「汝もし不審せば、われ則ち合掌す。われもし坐する時は、なんじすなわち侍立す。なんじ茶をささげて来たれば、われ汝がために受く」。こう言われて、龍潭は深く考え込んだ。不審という語には、三義ありと言われている。一は挨拶することで珍重と同義。二は休歇の語、三は疑をはさむ語。今の不審は珍重の義である。

この時天皇和尚は、龍潭のまだ気がつかないのを見て、更に重ねて注意を与えて曰く、見んと要せば直下に見よ。そのまま受け取れ。ハテナと考えたら、イスカのハシだ。当面に食い違うぞと、言われて龍潭、乃ち大悟した。

悟りというものは妙なものだ。弟子が、お休みなされませと、頭を下げると、師匠が合掌して答礼をする。侍者がお茶を持って来ると、和尚が有難うと、それを呑む。それが真実の仏法だというに過ぎない。けれども、この道理がわかったというのは、それは悟りではない。単なる知識だ。もしも、そのような知識が悟りであるなら、一時間も話を聞けば、百人が百人みな悟れるよ。

だからといって、その外に悟りという、何か変わったものが別にあるわけではない。けれども、悟った人と悟らない人では、その実生活において天地の違いがある。悟った人はどう滑っても、転んでも、満足し、安心し、感謝して生活出来るけれども、悟らない人は順逆の境が向こうに見えて、それに翻弄されるから、本当の安心も、満足も、永久に得られない。

無間地獄に落ちても、三禅天の妙楽を満喫することが出来るようでなくては、本当の悟りではない。勿論これは、徹底した悟りをいうのであって、初関を透ったぐらいの見性の力では、その筋だけは見えても、情意がいうことをきかないから、その行動までが、右のとおり急に立派になると言うわけにはいかない。これが、悟りというものの実際である。容易の看をなすなかれだ。

擲餅龍潭礼拝天　餅をなげうって龍潭、天を礼拝す。
珍重合掌法門円　珍重合掌、法門まどかなり。
擎茶侍立無虧欠　擎茶《けいさ》侍立《じりつ》、虧欠《きけつ》なし。
大悟元来直幾銭　大悟元来、あたい幾銭ぞ。

第一〇七則　雲門両病

雲門大師云。光不透脱。有両般病。一切処不明。面前物有。是一。透得一切法空。穏穏地似有箇物相似。亦是光不透脱。又法身亦有両般病。得到法身。為法執不忘。己見猶存。堕在法身辺。是一。直饒透得放過即不可。子細検点将来。有什麼気息。亦是病。

雲門大師云く、光、透脱《ちょうとつ》せざるに、両般の病あり、一切のところに明らかならず、面前に物ある、これ一つ。一切法空と透得すれども、穏穏地《おんおんち》にこの物あるに、似たるにあい似たり、またこれ光、透脱せず。又、法身に亦、両般の病あり、法身に到ることを得れども、法執忘ぜず、己見なお存するによって、法身の辺に堕在す、これ一つ。たとい透得するも、放過《ほうこ》即ち不可なり。子細に検点し、将来す、なんの気息かあると、亦これ病なり。

この公案は修行上の心得を示すと共に、悟りに明暗深浅の差があることを明らかにしたところの、着実な公案である。それで多少か眼のある者は、自分の見地に引き当てて参究するのだが、未見性の者は、悟った上にも悟るということのあるものだということを知って、修行上の常識を、養っておくことが肝要だ。

見出しには、「雲門両病」としておいたけれども、実は、病気が二つずつ、二組あるので、みんなで四つの病気を挙げている。初めの二つは、不徹底の悟りについての病気であり、あとの二つは、徹底した悟りについての病気である。まず、はじめの二つについて参究する。

「雲門大師云く、光、透脱せざるに、両般の病あり、一切のところに明らかならず、面前に物ある、これ一つ」。光とは悟りだ。自己の光明だ。悟っても、大悟徹底に至らなければ、そこに二つの病気が残る。朝より暮れに至るまで、悉く本来の自己の活三昧だと悟ってはみたが、それが何だか不透明で、自己の外に物があるように見えて仕方がない。これが一つだ。大雲室老師も、こんな時代が五、六年あったと云っておられた。

「一切法空と透得すれども、穏穏地にこの物あるに、似たるにあい似たり、またこれ光、透脱せず」。一切の法が、空だと悟ったつもりでも、まだ何となく、空じきれないものがあるように思えて仕方がない。前の病気よりは稀薄になったけれども、まだうすがすみのように、残り物があって、すっきりせん。それが一つだ。これはまだ、本当に桶底を脱していない証拠だ。

「又、法身に亦、両般の病あり、法身に到ることを得れども、法執忘ぜず、己見なお存するによって、法身の辺に堕在す、これ一つ」。真に法身三昧に到り得て、大悟徹底し、乾坤ただ一人となっても、そこにまた両般の病がある。その一つが法執だ。それを、己見なお存すというのだ。歓喜という病気が残ることだ。こんな有難い、尊い世界をほかの人は知るまいがなあ、これほどはっきりと見届けた者は、自分一人ではあるまいか、という奴だ。法身の辺に堕在すとは、悟りとはこんなものだということを、頭に描くことだ。高い意味の認識だ。深い意味の信念だ。

たとい透得するも、放過せば即ち不可なり、子細に検点し、将来す、なんの気息かあると、亦これ病なり、「透得」とは、真に光が透脱したことだ。真に桶底を脱したことだ。だが、放過と怠ったら、法身の辺に落ちて、己見がおこるから、放過せずに、子細に点検して、時々刻々、深く注意を払って行くのだ。こうして行けば、どこから見ても気息、すなわちキズはないという、亦これ病気だ。実に微細な病気だ。

悟りの悪口をかろがろしく言う人は、こういう公案のあることも知らないであろうし、このような着実な公案を参究したこともあるまいし、もちろん、透過しては居らないであろう。雲門大師は、悟りについての病気を四つ出した。腰掛けを四つ出したようなものだ。どの腰掛けにも腰を掛けなければ、悟りに深浅の差はあっても、その程度程度で、おのずから仏道にかなう。腰を掛けたらみな、病気となって落第だ。

無病道人還大患
疾入膏肓見得難
気息全無猶未健
命根喪失始平安

無病の道人、また大患。
疾膏肓《こうこう》に入って、見うること難し。
気息全く無きも、なお未だ健ならず。
命根喪失して、始めて平安。

第一〇八則　馬祖百非

僧問馬祖。離四句絶百非。請師。直指某甲西来意。大師云。我今日労倦。不能為汝説。問取智蔵去。僧問蔵。蔵云。何不問和尚。僧云。和尚教来問。蔵云。我今日頭病。不能為汝説。問取海兄去。僧問海。海云。我到這裏却不会。僧挙似大師。大師云。蔵頭白。海頭黒。

僧、馬祖に問う。四句を離れ百非を絶して、請う師、某甲に西来意を直指したまえ。大師云く、われ今日労倦なり、汝がために説くことあたわじ、智蔵に問取し去れ。僧、蔵に問う。蔵云く、何ぞ和尚に問わざる。僧云く、和尚、教えて来問せしむ。蔵云く、われ今日頭病なり、汝が為に説くことあたわじ、海兄に問取し去れ。僧、海に問う。海云く、われ這裏に到ってまた会せず。僧、大師に挙似す。大師云く、蔵頭は白く、海頭は黒し。

この公案は特に素晴らしい公案であると、私には思われる。少しも入り組みがなく、そしてかどがなく、しかも仏法を丸出しに示している。もしも問話の僧が、大悟徹底している僧であると見ても、この公案は取り扱える。そう見ると、悟りらしい臭いも付いていない処の、垢抜けた公案であるともいえる。しかし一般に、この僧を無眼子と取り扱っているから、私もやはり無眼子と取り扱うことにする。

馬祖道一禅師に僧が問うた、四句を離れ百非を絶して、請う、師、それがしに西来意を直指したまえと。西来意とは、祖師西来意のことで、達磨大師が西天の印度から支那に来て、二祖慧可大師に伝えた仏法的的の大精神を指した言葉である。四句とは、有と、無と、双亦と双非の四つである。

仏教には、一つのものを四つに分けて、説明する方式がある。それを、四句分別と云っている。例えば、有と無でもよし、平等と差別でもよし、主観と客観でもよいが、今は、有と無との二つに分けることにする。一つのことを有と無との二方面に分けて観察すると、その次には、それが、有でもなく、無でもないという見方が出てくる。その次には、有でもあり、無でもあるという見方出てくる。これで、有と、無と、双亦と、双非の四句分別となる。

百非というのはこうだ。この四句にそれぞれ、四句がそなわっているから十六句にある。これを、すでに起こったのと、まだ起こらないとの二つの場合をあてると、三十二句となる。これを更に、過去と現在と未来の三世に配当すると、九十六句となる。これに根本の四句を合わせると百句になる。これが百非だ。われわれ人間が物事を考える方式を、細かに分類すると、このようなことになるという。思想というものは変なものだ。

さて、四句を離れ、百非を絶して云々とは、有無や双亦双非というような、観念遊戯を離れ、ああでもない、こうでもないと、百返も無い無いづくしを重ねるような、馬鹿げた思想のいたずらを超絶して、活きた仏法をズバリと、お示し下さいとの質問だ。実に素晴らしい質問だ。

そこで、馬大師のお答えも亦素晴らしい。大師云く、われ今日労倦なり、汝がために説くことあたわじ、わしはなあ！　今日は疲れている。お前さんのために話すことが出来そうもないよといって、しばらく僧の顔を見ていたであろう。西来意をこのとおり、丸出しに示しているのに、この僧受け取れない。それで馬大師が、再び言葉を続けて「智蔵に問取し去れ」と仰せになったのであろう。問取の取も、去れも、助詞で意味はない。智蔵に聞けということだ。

智蔵も懐海も二人共馬祖の法嗣で、この時は既に、法成就に至っていたと見える。この僧は正直に、智蔵和尚の処へ聞きに行って、前と同じように、四句を離れ、百非を絶して、請う、師、それがしに西来意を直指したまえ、とやった。

すると智蔵が、そういうことは、なぜ馬大師にお尋ね申し上げないのかと、たしなめた。禅の修行道場では、修行者を指導するところの最高責任者は、住持人だけである。だから、たとえば法成就に至った者が幾人居ても、それらは補佐役であって、住持人から命ぜられ、委任された範囲においてのみ、修行僧の指導に当たるものである。従って、修行者は、修行上の直接の問題は、全て住持人に独参して尋ねるべきものである。ほかの人に聞いてはならない。これが、修行者の常識である。

僧云く、和尚教えて来問せしむ。はい、馬大師が「われ今日労倦なり、汝がために説くことあたわじ」と仰せになって、それから、あなたさまに問えと言われましたので、それで伺いました。智蔵和尚は頭にピンと来た。蔵云く、わしも今日はなあ！　頭痛がして、お前さんのために話が出来そうにないよと、しばらく顔を見ていたであろう。けれどもやはり、受け取れない。そこで、懐海和尚の処へ行ってもらいたいと、突っぱねた。

また僧が正直に、懐海和尚の処へ聞きにいった。すると懐海和尚が、この凡くらめが、二度もよい球を投げて貰っていながら、二度とも逃してしまった。こやつ、同じ手では駄目だと見たであろう。海云く、われ這裏に至って、また会せず、そうか、祖師西来意か、そいつはわしにはサッパリわからんと、わかるべきものが、どこにあるかと、云わんばかりに、西来意を突きつけた。やっぱり受け取れない。

僧が再び馬祖大師の処に行って、右の経過を報告した。すると馬大師が、つくづくと僧の顔を見ていたであろう。三返も良い球を逃している。仕方ない奴だと、いよいよ最後の説法だ。大師云く「蔵頭は白く、海頭は黒し」。そうか、智蔵の頭は白かったろう、あれは老僧だ。懐海の頭は黒かったろう、あれはまだ若僧だ。烏は黒い、鷺は白い、何をよそ見ばかりしているのか。

馬大師の説法は、最初から最後まで、水も洩らさぬ完全な説法だ。補佐役の二人も、申し分のない指導ぶりだ。こういう取扱い方を称して、頭《ず》正《しん》尾《び》正《しん》というのだ。

労疲倦怠為人円　　労疲倦怠、為人まどかなり。

黒白西来的意鮮
智蔵頭痛離四句
海兄不識達磨禅

黒白西来、的意あざやかなり。
智蔵の頭痛、四句をはなる。
海兄不識、達磨禅。

第一〇九則　玄沙火爐

福州玄沙院宗一大師。因雪峰云。世界闊一丈。古鏡闊一丈。師指火爐云。火爐闊多少。峰云。似古鏡闊。師曰。老漢脚跟未點地在。

福州玄沙《げんさ》院宗《いんそうい》一大師、ちなみに雪峰云く、世界のひろさ一丈、古鏡のひろさ一丈。師、火爐を指さして云く、火爐のひろさ多少《としょう》ぞ。峰云く、古鏡のひろさに似たり。師云く、老漢、脚跟いまだ地に點ぜざることあり。

福州玄沙院の宗一大師は、雪峰の秘蔵の弟子である。この人は眼に、一丁字《いってぃじ》もなかったという。謝氏の三男坊で、父と共に小舟に乗って魚を釣っていた。ある時、父があやまって水中に落ちた。玄沙は急いで棹を差し出して、父を救おうとしたが、急流であったためか、救うことが出来なかった。たちまち無常を観じて、雪峰山にのぼって出家した。

命がけの猛修行をすること三年、ある日、山を下る途中、石につまずいて、ア痛たた！　と、たちまち悟ったという人だ。道元禅師が最も尊敬しておられるのは、六祖大師、洞山大師、玄沙大師等であるといわれている。

この公案は、師弟互いに一隻手を出して、大法を挙揚しておられる姿である。ある時、雪峰禅師が「世界のひろさ一丈、古鏡のひろさ一丈」と、玄沙に示された。何のことだろうか。いつもいうとおり、禅門では言葉を自由に使う。そして、具象的に法を示すのが特長だ。それでないと、活きた仏法のやり取りが出来ない。言葉に定義をつけたり、抽象的の表現をすると、観念遊戯になって、活きた事実を失うからである。

されば、一丈といっても、普通の一丈ではない。百丈といっても、万丈といっても、差し支えない。気焔万丈といったからとて、その人の気焔が十万尺あった、ということではないじゃないか。そこで、一丈という言葉を観念論に落として講釈すると、極小から極大までだ。もちろん、長さだけのことではない。広さも容積も、みな入るのだ。

世界というものは、このようなものだ。事々物々もそうであるし、一念半思もまたそういうものだ。それなら、世界と古鏡と大きさが同じだといっても、違うといっても、どちらでもよいではないか。だが、ここでいう古鏡は、単に古い鏡ということではない。『正法眼蔵』の中に、古鏡の巻というのがあって、「古鏡の裏は、猿にて配す。云々」という有名な垂示がある。

だからここで世界といっているのは、古鏡の巻でいうところの猿かも知れない。いうまでもなく、猿は偏位をあらわし、古鏡は正位をあらわしている。偏位とは因縁の姿であり、正位とは性空のことである。ここまで言ったら、ははあ！　例のあれかと、気がつくであろう。

正位と偏位は一つものだ。世界と古鏡は一つものだ。一つものなら、比較する訳にはいくまいがなあ！　だから、どちらも一丈だと言っても、一寸だと言っても良い。あの白髪の如く、三千丈だと言っても良いじゃないか。そこで、玄沙が雪峰に対して相づちを打った。

玄沙、火爐を指さして云く、火爐のひろさ多少ぞ、それなら、この囲鑪裡のひろさは何程ありますかと。目前にある実物をとらえて、師匠に応戦し、逆襲した。峰云く「古鏡のひろさに似たり」。おだやかな答話であり、まことにご尤もであるが、どうもパッとしない。鮮やかなご明答と言う訳には参りかねる。

玄沙云く、老漢、脚跟いまだ地に点ぜざることあり、老漢とは、親しみを含んだ一種の敬語である。跟はかかとのことだ。老師！　足が未だ地についておりませんよとの挨拶だ。雪峰もうっかりすると、玄沙に足をすくわれそうだ。偉い弟子が出来たものだ。師家は、師匠を打ち負かす程の弟子が出来ることを、楽しみにしている。それが、時々あるから、法が栄えるのだ。弟子は師匠に及ばないものと決まっていたら、段々末ぼそりになって、滅びるじゃないか。

みんな自重して、自信をもって、憤発勉励しなされよ。

火爐焼残*古鏡台　火爐焼残す、古鏡台。
三天六道悉成灰　三天六道、ことごとく灰となる。
山高海闊何言句　山高く海ひろし、何の言句ぞ。
雪老玄沙口作災　雪老玄沙、口、災いとなる。

*そこなうの意

第一一〇則　大潙声色

大潙一日。索門人呈語。乃曰。声色外与吾相見。時有幽州鑑弘上座。呈語云。不辞出来。那箇人無眼。師不肯。仰山凡四度呈語。第一云。見取不見底。師云。細如毫末。冷似霜雪。第二云。声色外誰求相見。師云。祇滞聲聞方外榻。第三云。如両鏡相照。於中無影像。師云。此語正也。我是。汝不是。早立像了也。仰山却問師。某甲精神昏昧。拙有祇対。未審。和尚於百丈師翁処。作麼生呈語。師云。我於百丈先師処呈語云。如百千明鏡鑑像。光影相照。塵塵刹刹各不相借。仰山於此礼謝。

大潙ある日、門人の呈語《しんど》を索《もと》む。乃ち曰う、声色の外にわれと相見せん。時に幽州《ゆうしゅう》の鑑弘上座というあって、呈語して云く、出来せんことを辞せず、那箇人、無眼なり。師うけがわず。仰山およそ四たび呈語す。第一に云く、見取不見底。師云く、細なること毫末の如し、冷たきこと霜雪に似たり。第二に云く、声色の外に誰か相見を求むる。師云く、ただ声聞方外《ほうげ》の榻《とう》にとどこおる。第三に云く、両鏡あい照すに、中において影像なきが如し。師云く、この語、正なり。われは是、汝は不是。早く像を立て了りぬ。仰山また師に問う、それがし精神昏昧にして、祇対あるに拙《つたな》し、いぶかし、和尚、百丈師《す》翁《ゆう》の処において、そもさんか呈語せし。師云く、我、百丈先師の処において呈語して云く、百千の明鏡《みんきん》鑑像するに、光影あい照らして、塵塵刹刹おのおの相借らざるが如し。仰山、ここに於いて礼謝す。

大潙山大円禅師がある日、門人達に向かって、おのおの見所を呈してみよと仰せになって「声色の外にわれと相見せん」と問題を与えられた。

声色の外といっても、知見の先といっても同じことだ。声と耳と対し、色と眼と対して、眼見耳聞ということになるが、それで六根と六境との対立になって、それがいつも本来の自己をけがす。それだから、六境のことを六塵ともいう。そのような汚れのつかない一句を、呈して見よというのだ。

その時に幽州から来ていた、鑑弘上座が呈語して云く「出来せんことを辞せず、那箇人、無眼なり」。呈語にまかり出ることをいといません。私の見所を申し上げますと、本来の自己には眼も耳もございませんと。『心経』に書いてあるような理窟を持ち出した。これでは、落第に決まっている。師、うけがわずは当然だ。

次ぎに仰山がまかり出た。この時は仰山、まだ見地が明らかで無かったと見えて、四たびも見所を呈したが、潙山禅師は、それをお許しにならなかった。「第一に云く、見取不見取底」と。見て見ず、聞いて聞かずといったような理窟を持ち出した。

潙山云く「細なること毫末の如し、冷たきこと雪霜に似たり」と。これは譬喩的の表現であって、色々な意味に取れる。ほめる意味にも取れるし、くさす意味にも取れる。今は、くさす意味に見ておく。そんなノミのキンタマみたような、ちっぽけな見処が何になる。そんな冷たい、死人禅は役にたたんわい、といったようなことかも知れない。

「第二に云く、声色の外に誰か相見を求むる」。声色の外に相見の仕様はございますまい。眼見耳聞に何の汚れがありますかいと、いったような見識と思われる。師云く「ただ声聞方外の榻にとどこおる」。ここに声聞とあるのは、声聞縁覚の声聞ではなくて、聞声のことである。聞声見色が、聞声見色を超越しているというような処に、腰を掛けているとの批判だ。

「第三に云く、両鏡あい照すに、中において像影なきが如し」。両鏡とは、言うまでもなく、根と境とにたとえたのだ。これは、表現の言葉としては立派なものだ。師云く「この語、正なり。われは是、汝は不是。早く像を立て了りぬ」。言葉としては正しい。申し分はない。だからわれは是だ。けれども汝は不是だ。なんとなれば、汝は早くも頭の中に像をえがいている。これだな！　という心象をえがいているじゃないか。

第四度とは書いてないが、次が四度だ。仰山また師に問う「それがし精神昏昧にして、祇対あるに拙し、いぶかし、和尚、百丈師翁の処において、そもさんか呈語せし。師云く、我、百丈先師の処において呈語して云く、百千の明鏡鑑像するに、光影あい照らして、塵塵刹刹おのおの相借らざるが如し。仰山、ここに於いて礼謝す」。

「塵塵刹刹」とは、事々物々ということだ。事々物々は、あたかも百千の明鏡が、おのおのその影像をうつすが如しだ。鏡と影とが、互いに照らし合って、しかも、お互いに無関係だ。仰山がこれを聞いて礼謝した。礼謝しただけであったとみえる。豁然大悟とは書いていない。

潙山索語悩門人　　潙山語をもとめて、門人をなやます。
四度呈来未得真　　四たび呈来、いまだ真を得ず。
寂子翻然因設問　　寂子翻然として、ちなみに問いをもうく。
万千明鏡百千塵　　百千明鏡、百千の塵。

第一一一則　法眼塞却

挙。清涼院大法眼禅師。因開井被砂塞却泉眼。乃問僧。泉眼不通。被砂塞却。道眼不通。被什麼物礙。僧無対。師自代云。被眼礙。

挙す。清涼院法眼《ほうげん》禅師、ちなみに井のいさごに泉眼を塞却せらるるを開くに、乃ち僧に問う、泉眼の通ぜざるは、いさごに塞却せらる、道眼の通ぜざるは、なにものにかさえらるる。僧ことうることなし。師、みずから代わって云く、眼にさえらる。

法眼文益禅師は、地蔵院の桂琛禅師の法嗣で、玄沙の孫にあたる。法眼宗の開祖と仰がれ、啐啄同時の宗風で名高い人である。あるとき、井戸の泉眼が砂でふさがれて、水が出なくなったのを、あけようとするとき、法眼禅師が僧に問うた。

泉眼が通じないのは、砂にふさがれているからである。道眼の通じないのは、なにものにさえられるのかと、好箇の参究問題を示された。泉眼とは、水の出る水口のことだ。僧が対えなかったので、禅師みずから代わって云く「眼にさえらる」と。簡にして要を得た、素晴らしいご明答だ。

さて、「一盲、衆盲を引く」という言葉があるが、良い意味にも、悪い意味にも使われる。悪い意味に使うことは、誰でも知っているから、良い意味に使う方を言う。めくらになって、初めて、めくらの道案内が出来るということだ。目が光っていては、めくらの心境を理解することが出来ないし、めくらの生活を本当に知ることは出来ない。古来、禅門でめくらを貴ぶ一つの理由はここにある。

めくらのことを瞎というが、瞎に凡瞎、邪瞎、正瞎、真瞎または起瞎と、少なくとも四通りあることは、前に述べてある。いま法眼禅師の「眼にさえらる」の一句を、右の四瞎にあてて参究してみる。

道の見えない根本は、第一に凡眼が妨げをしているのだ。凡眼とは、自我を妄認して、自他対立の妄見をおこすことである。これが、凡瞎といわれるめくらで、凡眼の光で道が見えないのだ。第二は、邪見の目が妨げて、道を見えなくしてしまう。その代表的なのが、断見と常見だ。人間の世界にはそのほか、種々雑多な間違った見解が行われて、それが、色々なイデオロギーとかいうものになって、世界中を混乱させている。これが邪瞎だ。邪見の目が光って道が見えないのだ。

さて、右にあげた凡瞎と邪瞎の目が、本当につぶれてしまうと、はじめて正瞎となる。これが悟りの目だ。この悟りの目を開くことは、もちろん大切であるけれども、この目が光っていると、それがまばゆくて、ものごとが本当には見えない。「眼を開いて、あかつきをおぼえず」（従容録第六十六則参照）というやつだ。

この悟りの目にも、明暗深浅、多くの級階があるけれども（従容録第十一則参照）、今は省略する。

さて、法眼禅師が「眼にさえらる」と言われた一句は、右に列挙したところの、どの眼にも響くけれども、最後にあげたところの、悟りの眼が妨げになって、本当の道が見えないというのが、狙いであると思われる。実に、八方睨みのお言葉である。

鑿開玉井欲沾喉　玉井を鑿開して、喉を沾さんと欲す。
泉口呑沙水不流　泉口、沙を呑んで、水流れず。
道眼由何明不得　道眼なんによってか、明不得なる。
月光礙月一天秋　月光、月をさゆ、一天の秋。

第一一二則　地蔵竹木

地蔵院琛禅師。因玄沙問。三界唯心。汝作麼生会。師。指椅子曰。和尚喚這箇。作什麼。沙云。椅子。師云。和尚不会三界唯心。沙云。我喚這箇作竹木。汝喚作什麼。師云。某甲亦喚竹木。沙云。尽大地覓一箇会仏法人不可得。

地蔵院琛禅師、因みに玄沙問う。三界唯心、なんじ、そもさんか会す。師、椅子を指して曰く、和尚、しゃこをよんで、なにとかなす。沙云く、椅子。師云く、和尚三界唯心を会せず。沙云く、われ這箇をよんで竹木となす、なんじ、よんでなんとかなす。師云く、それがし、亦よんで竹木となす。沙云く、尽大地一箇の会仏法人をもとむるに不可得なり。

地蔵院の桂琛禅師は、玄沙師備大師の法嗣である。ある時、玄沙が地蔵に試問した。三界唯一心とお経にあるが、お前はそれをどう受け取っているかとの点検だ。すると地蔵が、そこにあった椅子を指さして、和尚さん、あなたはこれを何だと仰せになりますかと、師匠に対して逆襲を試みた。すると、玄沙大師が「椅子だよ」と、無造作にお答えなされた。

すると地蔵が、「そんなことを仰せになるようでは、あなたはまだ、三界唯心をご存じありませんなあ」と、師匠をやりこめた。こういう弟子が出来るので、師匠も楽しみだ。そこで玄沙が、「うむ、おれはそれを竹だ木だというよ」と、先の答を言い直した。そしておいて、「お前は何というか」と、再びご点検だ。

地蔵云く、「私もまた竹だ木だと、あなたの仰せになった通りに申します」と、今度は相槌を打った。すると玄沙が「尽大地一箇の会仏法人をもとむるに不可得なり」と、判決を下した。さて、この判決が参究ものだ。

禅録になれている人は、こういう場合、すぐに言外のひびきを見てとるが、なれない人は、言葉の表面ばかりついているから、見当もつかないことになる。それと、もう一つは、言葉の出処を心得ておくということが肝要だ。会仏法という言葉については、次の来由がある。

このことは、第五十九則大鑑不会という処に出ている。即ち、会仏法と不会仏法だ。会仏法は、未だ本当の仏法ではない。不会仏法、不得仏法が本当の仏法だ。これだけのことを心得た上で、右の玄沙の語を味わってみるのだ。

玄沙の言葉を、普通の日本語に直すと、「世界中に仏法のわかって居る者は一人もない」ということになるが、今は地蔵桂琛の応対ぶりに対する批判である。世界中の人々には用事のない話だ。すると、この言葉の裏に隠されている処の、精神を探り出してみなければならない。

ここまで吟味してくると、世界中の人とは、玄沙と桂琛の二人のことだと見当がつく。丁度、「お前さんは」とあからさまに言わずに、「時の人」というようなものだ。すると、「おれとお前の二人だけが、仏法を不会不得だ」と、言って、地蔵の見処をご証明になったのだと、いうことが読み取れるであろう。

三界唯心作麼生　　三界唯心、そもさん。
元来竹木助詩情　　元来、竹木、詩情をたすく。
師資不会徒酬対　　師資不会、いたずらに酬対す。
椅子跳天斗柄傾　　椅子天におどって、斗柄かたむく。

第一一三則　羅漢不塞

羅漢院和尚。問保福僧。彼中仏法。如何示人。僧曰。保福有時示衆云。塞却汝眼。教汝覷不見。塞却汝耳。教汝聴不聞。坐却汝意。教汝分別不得。師曰。吾問汝。我不塞汝眼。汝見箇什麼。不塞汝耳。汝聞箇什麼。不坐汝意根。汝作麼生分別。僧於言下有省。

羅漢院和尚、保福の僧に問う、彼の中の仏法、いかが人に示す。僧曰く、保福あるとき衆に示して云く、汝が眼を塞却して、汝をして覷《き》不《ふ》見《けん》ならしむ。汝が耳を塞却して、汝をして聴《ちん》不《ふ》聞《もん》ならしむ。汝が意を坐《そ》却《きゃく》して、汝をして分別不得ならしむ。師曰く、われ汝に問う、われ汝が眼をふさがず、なんじ、箇のなにをか見る。汝が耳をふさがず、汝箇のなにをか聞く、汝が意根に坐《そ》せず、なんじそもさんか分別す。僧、ことばのうちに明むることあり。

羅漢院和尚とあるのは、地蔵院老琛禅師であり、真応大師のことであると、傍注が施してある。羅漢院和尚が、保福の処から来た和尚に問うた。保福は仏法をどのような工合《ぐあい》に人に示すかと。僧云く、保福ある時、衆に示して、次の通りに申されました。

お前たちの眼をふさいでしまって、何も見えないようにしてしまうぞ。お前たちの耳をふさいで、何も聞こえないようにしてしまうぞ。お前たちのこころを坐らせてしまって、思慮分別することの、出来ないようにしてしまうぞ。

これを聞いた羅漢院和尚が、その僧に向かって「われ汝に問う、われ汝が眼をふさがず、なんじ、箇のなにをか見る。汝が耳をふさがず、汝箇のなにをか聞く、汝が意根に坐せず、なんじそもさんか分別す」。こういわれて、その僧が言下に省悟した。

悟りというものは、何が機縁となって開けるか、予測の出来ないものだ。そこで師家は、こう言ったら気がつくか、ああ言ったら気がつくかと、色々に苦辛するものだ。同じ事を言っても、相手の機根によって、反応が違い、受け取り方が違う。それだから、この手で駄目ならあの手、あの手で駄目ならこの手と、色々手段を変えて指導するのだ。この公案もその一例だ。

それで、「頭を使っては絶対だめだ。すべての考えを捨ててしまえ」と指導することもあるし、反対に、「頭のわれるほど、一所懸命になって考えろ」と云って、思考力の及ばないような問題を出すこともある。

この公案を見ると、保福が六根を閉鎖する方法で指導されたが、この僧は気がつかなかった。それで羅漢が、六根を開放する方法をとった。それが的中して、この僧が言下に悟った。

塞不明明二老言　塞不明明たり、二老の言。
時人錯自為恩冤　時人あやまってみずから恩冤をなす。
如知保福真消息　もし保福、真の消息を知らば、
羅漢何曽費胆魂　羅漢なんぞ曽て、胆魂をついやさん。

第一一四則　趙州狗子

趙州因僧問。狗子還有仏性也無。州云。有。僧云。既有。為什麼却撞入這箇皮袋。州云。為他知而故犯。又有僧問。狗子還有仏性也無。州云。無。僧云。一切衆生皆有仏性。狗子為什麼却無。州云。為伊有業識在。

趙州因に僧問う、狗子また仏性有りやいなや。州云く、有り。僧云く、既に有り、なにとしてか、また這箇の皮袋《ひたい》に撞入《とうにゅう》するや。州云く、為他すらくは知而故犯。またある僧問う、狗子また仏性有りやいなや。州云く、無し。僧云く、一切衆生みな仏性あり、狗子なんとしてかまた無き。州云く、かれに業識の在り有るがためなり。

これは仏法有無の公案といって、有名なものである。口唇皮上に光明を放つ、と言われる趙州古仏のご名答である。すぐ前の公案で述べたとおり、趙州も、あの手、この手を使って、ああも言ったり、こうも言ったりという趣きがある。

僧が趙州和尚に問うた。狗子また仏性ありやいなやと。この読み方も、道元禅師が示されたもので、一般の人の従来の読み方とは違う。けれども、一般の読み方は漢文直訳であって、日本語としては無理がある。道元禅師の示された読み方は、日本語として正しく翻訳されているので、意味もすっきりしている。

州云く、有り。これも「有り」と読んだ方がしっくりする。ことさらに「う」と読んで、何か意味でもあるかのように思わせるのは却って宜しくないと思う。有りと云っても、単に有るということではないなどと言う詮索は、公案全体として見るべきもので、一語一語について、そのようなことを言っていると、却って全体がわかりにくくなる。

僧云く、すでに有り、なにとしてか、また這箇の皮袋に撞入する、仏性があるなら、なぜ毛皮の袋をかぶって、犬になっているのですかと、趙州に食い下がった。この僧は、わからなくて問うたのではなさそうだ。わざとこう言って、趙州和尚のご名答を拝もうという魂胆らしい。

州云く、為他すらくは知而故犯（かれ知りて、ことさらに犯すとすとも読ませてある）、うむ、かれは承知の上で、犬になっているのだよ。それが仏性じゃないかと、云ってしまっては、お座が醒める。そこは、云わぬが花の老趙州だ。

またある僧が問うた。狗子また仏性有りやいなやと。州云く、無し。今度は「無いよ」と答えた。これもわざと「無」と読ませて、無いという意味ではないなどと、ここでむつかしいことをいうと、却ってわかりにくくなる。ここでは、あっさりと「無いよ」と見ておく方がよい。

僧云く、一切衆生みな仏性あり、狗子なにとしてかまた無き。一切衆生みな仏性ありは、仏道の通則であって、例外は許されない。然るに、狗子に仏性が無いとは何事かと、これまた趙州に食い下がった。やはり、老趙州を揺さぶっているのだ。

州云く、かれに業識の在り有るがためなり。犬のやつ、業識が有るのでなあ！　仏性は行方不明だよ。仏性が立派に業識となって、光っているではないかと、言わぬは言うにいやまさるのだ。趙州の苦心のある処が見えなくては駄目だ。

さて、業識とはなんのことか。われわれの心識が、貪瞋痴という三毒の煩悩をおこし、それが悪業を造り、その悪業に相応した結果として、三界六道に生を受けることになる。これが業識の作用だ。だがそれは、仏性以外の何物でもない。仏性の千変万化だ。これは思想的の説明だ。講釈だ。公案は活きた仏性を、活きたままつかまえるのが狙いだ。講釈は死仏法だ。

不堕有無誰敢和
趙州妙舌却成災
知而故犯君休問
業識茫茫入狗胎

有無におちず、誰か敢えて和せん。
趙州の妙舌、却って災いと成る。
知而故犯、君問うことをやめよ。
業識茫茫、狗胎に入る。

第一一五則　大潙無仏

大潙嘗示云。一切衆生無仏性。因塩官或示衆云。一切衆生有仏性。塩官会有二僧。遂特詣師会探之。既到。所聞説法。莫測其涯。若生軽慢。一日在庭中坐次。見仰山来。遂勧曰。師兄切須勧学仏法。不得容易。仰山遂作一円相。托呈。却抛向背後。復展両手。就二僧索。二僧茫然不知所措。仰山乃勧云。直須勧学仏法。不得容易。珍重便去。二僧逮返塩官。将行三十里。一人忽然有省。自嘆云。当知。潙山云一切衆生無仏性。誠不錯也。却廻潙山。一人又行数里。因渡水亦有省処。自嘆云。潙山道一切衆生無仏性。灼然有他与麼道。亦返潙山。

大潙かつて衆に示して云く、一切衆生無仏性。ちなみに、塩官《えんかん》ある時、衆に示して云く、一切衆生有仏性。塩官の会に二僧あり、ついにことさらに、師の会に詣《いた》って、これをさぐる。すでに到れども、聞くところの説法、そのきわをはかることなし、軽慢《きょうまん》を生ずるがごとし。一日庭中に在りて、坐するついでに、仰山の来るを見て、ついにすすめて曰く、師兄、切にすべからく仏法を勧学すべし、容易にすることを得ざれ。仰山ついに一円相をなして、托呈《たてい》して、また背後に抛向して、また両手をのべて、二僧について索《もと》むるに、二僧茫然《もうねん》として、措《お》くところを知らず。仰山すなわち、すすめて云く、直にすべからく仏法を勧学すべし、容易にすることを得ざれ。珍重してすなわち去る。二僧、塩官に返るにおよんで、行くこと三十里になんなんとするに、一人忽然として、あきらむることあり。自ら嘆じて云く、まさに知るべし、潙山の云う、一切衆生無仏性は、まことにあやまらず。また潙山にかえる。一人また行くこと数里す、ちなみに水を渡るに、またあきらむ処あり。みずから嘆じて云く、潙山の道う、一切衆生無仏性、灼然として他よも道あり。また潙山にかえる。

大潙山大円禅師がかつて衆に示して、一切衆生無仏性と仰せになった。ところが塩官の斉安国師は、ある時、衆に示して、一切衆生有仏性と仰せになった。どちらも立派な大宗匠であるのに、二人の言われることが全く正反対だ。正反対だから有難いのだ。

父は打ち　母は抱きて　なつくるを
かわる心と　子やおもうらん

塩官の会下に二人の僧があった。親心をまだ察することの出来ない僧だ。その二人が、わざわざ大潙禅師の会中に来て、潙山禅師の説法ぶりを探ろうとした。来てみて、潙山禅師の説法を聞いたけれども、その涯際を測ることも出来なくて、軽慢心を生じたと見える。

ある日二人が庭で坐っている時、潙山の弟子の仰山が来るのを見て、ついに仰山にすすめて曰く「師兄、切にすべからく仏法を勧学すべし、容易にすることを得ざれ」と。えらい忠告をしてくれた。そこで、仰山が二人の僧に法戦を挑んだ。

仰山が、一円相をつくって、それを両手にささげ呈して、それから、その円相をうしろの方へ投げて、そしてまた、両手を広げて見せた。そして、二僧に応戦を求めた。仏性が有るとか無いとか、頭の中で抽象的にいじくっている連中は、活きた仏性を、具象的にこう出されると、忽ち、目を白黒させる。

二僧、茫然としておくところを知らずと、化けの皮があらわれた。そこで、仰山がすすめて云く「直にすべからく仏法を勧学すべし、容易にすることを得ざれ」と。先刻のご忠告は、ご返礼として差し上げますと、云わんばかりだ。そして、仰山は挨拶をして立ち去った。

二僧が塩官の道場へかえろうとして、三十里ばかり行ったところで、一人が忽然として悟った。そこでみずから嘆じて云く、潙山禅師の言われた、一切衆生無仏性は、まことに間違いのない説法であった、はじめてわかったと、そこで潙山にかえった。

もう一人の僧もまた、数里行って、河を渡る時に、ホッと気がついた。みずから嘆じて云く、潙山禅師の言われた、一切衆生無仏性こそあきらかなものだ。そう言われてこそ明確だと、この僧もまた、潙山の道場へかえった。

仰山の作略は、師匠の潙山を補佐する力が十分にあった。仰山のおかげで、二人の僧はえらい儲け仕事をした。めでたし、めでたしだ。

塩官有也大潙無　　塩官は有、大潙は無。
仏性何曽亘二途　　仏性何ぞ曽て、二途にわたらん。
円相不知僧共去　　円相知らず、僧ともに去る。
忽然活捉掌中珠　　忽然として活捉す、掌中の珠。

第一一六則　南岳鏡像

南岳山大慧禅師。因僧問。如鏡鋳像。光帰何処。師曰。大徳未出家時相貌。向甚処去。僧曰。成後為甚不鑑照。師曰。雖不鑑照。瞞他一点也不得。

南岳山大慧禅師、ちなみに僧問う、鏡をもて像に鋳るがごときは、光いずれの処にか帰す。師曰く、大徳、未出家の時の相貌、いずれの処に向ってか去る。僧曰く、成りて後、なにとしてか鑑照せざる。師曰く、鑑照せずといえども、他を瞞ずること、一点もまた得ず。

南岳山の大慧禅師に、親しく僧が問うた。鏡をつぶして、人間なら人間の銅像を造ったといたしますと、鏡が影をうつす作用は、どこへいってしまったのでありますかと。もちろん、借事問であって、鏡の詮索ではない。

師曰く、お前さんがまだ出家しなかった時の姿は、今、どこにいったのかと、反省を促した。僧曰く、鏡が銅像になって後は、なぜ影をうつさないのでありますかと、この僧は、何処までも禅師に食い下がって、ご明答を促した。

師曰く「鑑照せずといえども、他を瞞ずること、一点もまた得ず」。瞞ずるとは、ごまかすとか、馬鹿にするとかいうことだ。なるほど、鏡を鋳直して、銅像に造ったのだから、影はうつさないけれども、銅像は銅像で、一点もごまかしはない。子どもは子ども、おとなはおとな、男は男、女は女だ。鏡は鏡、銅像は銅像だ。どこに違いがあるかい、と云わんばかりだ。

ここに類則を一つ挙げて、参究の便に供する。『従容録』の第八十一則に出ている。玄沙が蒲田県に行って、小塘長老を訪問した。お互いに親しい道友の間柄であったと見えて、「百戯してこれを迎う」とある。大々的に余興でもやったものと見える。ドンチャン騒ぎをやったらしい。

その翌日、玄沙が小塘長老に問うた。長老とは、大法成就の人に奉るところの尊称だ。オイ君、昨日のあの大騒ぎは、一体どこへ行ってしまったのかい。すると、小塘長老が、自分の掛けていた、お袈裟の一角をつまんで、「どこへ行くものかい。ここにちゃんとあるじゃないか」と応戦した。

すると玄沙が「とんでもない、大間違いだ」と、正反対に出た。こういう戦いぶりを、互いに一隻手を出して、宗乗を挙揚するというのだ。知己同志でなくては、出来ない芸当だ。正反対のことを言っていて、お互いに、うなずき合っているのだ。

「ここに有るよ」というのと、「どこにも無いわい」というのとは、五分五分だ。五分五分とは、半分ずつ言っているということだ。一返に両方は言えないから、二人がかりで、手分けして半分ずつ言って、真如実際をあらわしているのだ。「ここに有る」という一辺に落ちると常見になり、「どこにも無い」という一辺に落ちると断見になる。断常二見のいずれにも落ちないよう、互いに病弊を救いながら、真実を示しているのがこの法戦だ。

古鏡元来影像無　　古鏡元来、影像なし。
光光互照仏灯孤　　光光互いに照らす、仏灯孤なり。
森羅万象水中月　　森羅万象、水中の月。
未出家時已学愚　　いまだ出家せざりし時、已に愚を学ぶ。

第一一七則　華山古鏡

務州金華山国泰瑫禅師。因僧問。古鏡未磨時如何。師云。古鏡。僧曰。磨後如何。師曰。古鏡。

務州《ぶしゅう》金華山国泰瑫禅師、因みに僧問う、古鏡いまだみがかざる時、如何。師曰、古鏡。僧曰、みがいて後、如何。師曰、古鏡。

務州金華山国泰院の弘瑫禅師に僧が問うた。古鏡、いまだみがかざる時如何。師曰く、古鏡。これももちろん、鏡を借りてきて、自己の一大事因縁を商量しているのだ。まだ悟らない前の、本来の自己はどうなのですか。本来の自己だよ。悟ってから後の、本来の自己はどうなのですか。やはり、本来の自己だよ。悟り了れば、未悟に同じだ。だがこれは、本分上からの話だ。公案は、本分上の事をやりとりするのが主眼であり、本分上の事を悟らせるのが目標である。

これを、修証辺から言えば、磨かない前の鏡は、真っ黒で物が映らない。磨くと、明鏡になって、何でも映る。凡夫はすべて真っ暗生活だ。大悟すると、光明三昧の生活が出来るようになる。凡夫と仏とは、これほど違うけれども、凡夫の肉体が一分一厘、かわるのでもなく、凡夫の心識が一糸一毫増減するのでもない。全く元のとおりだ。ただ、そこに大悟という転機がある。この転機があって、初めて転凡入聖するのだ。煩悩即菩提の即とは、この転機をいうのだ。

これにも類則がある。『碧巌』の第二十一則に出ている。「僧、智門に問う、蓮華、未だ水を出でざる時、如何。門云く、蓮華。僧云く、水を出でて後、如何。門云く、荷葉」。蓮華とは、ここでは「はす」のことだ。荷葉ははすの葉であるが、毎年五月頃になると、はすの若葉が水の上に浮き出して、円く円く姿をあらわす。荷葉団々として、鏡よりも円かなり、と言われるとおりである。

さて、はすが水を出ても、水の中にもぐっていても、はすは、はすである。だから、水を出でざる時も、水を出てのちも、同じように蓮花と答えて良いのだけれども、はすの若葉が、水面に現れたところをとらえて、荷葉と答えたにすぎない。だから、古鏡いまだみがかざるときと、みがいてのちという公案が同類だというのだ。もしも、荷葉と蓮花に差別をつけて見るなら、それは、修証辺の事になってしまって、本分上の事を逃がすことになる。仏法というものは、本分の世界を修証する外にはない。

崋山答処太衡平　崋山の答処、はなはだ衡平。
打破乾坤奪謂情　乾坤を打破して、謂情を奪う。
磨与不磨何別異　磨と不磨と、なんの別異ぞ。
従来古鏡没光明　従来古鏡、光明なし。

第一一八則　大潙三唱

大潙問仰山。承聞。子在百丈問一答十。是否。仰云。不敢。師云。仏法向上道取一句。作麼生道。仰擬開口。師便喝。師。如是三問。仰。如是三擬答。凡被喝。仰。低頭垂涙云。先師道。教我更遇人始得。今日便是遇人也。便発心看牛三年。一日師入山。見在樹下坐禅。師以杖点背一下。師廻首。師云。寂子。道得也未。仰云。雖道不得。且不就人別借口。師云。寂子会也。

大潙、仰山に問う、しんもんすらくは、なんじ百丈に在りしに、問一答十すと、是なりやいなや。仰云く、ふかん。師云く、仏法向上に道取せん一句、そもさんか道わん。仰、口を開かんと擬するに、師、すなわち喝す。師、是の如く三問す。仰、かくの如く、三たび答えんと擬す。凡そ喝せられる。仰、低頭垂《し》涙《るい》して云く、先師道く、我をしてさらに人にあわしめば、始得《して》ならん。いますなわちこれ、人に遇えり。便ち発心して、牛をかろうこと三年するに、ある日、師、山に入りて見るに、樹下に在って坐禅す。師、杖を以て、点背《てんぶい》一下す。仰、廻首す。師云く、寂子、道得なりや、いまだしや。仰云く、道不得なりといえども、また人について別に口を借らじ。師云く、寂子会せり。

大潙山大円禅師が仰山に問う。聞くところによると、お前さんは百丈和尚の処に在って、一を問えば十を答えるというが、本当かどうか。仰山云く、どういたしまして。これは、仰山がはじめて潙山に相見したときのことと思われる。潙山が、これは頭の良い人物に違いない。従って、理窟が多く、口も達者であろうと、そこで早速、あぶらをしぼることにした。

潙山云く、仏法を向上に道うには、なんと道うか。仰山が何かを言おうとした時、潙山が素早く一喝を食わせた。これを三返繰り返した。三返とも、答えようとした途端に一喝を与えた。仰山、素直にかぶとをぬいだ。仰山が深く頭を下げ、涙を流して云く、先師百丈和尚が申されました。お前は今後さらに、出格の道人に遇うたならば、はじめて、法成就に至るであろうと。今こそ、その人にお逢い申したのであります。どうぞ、どこまでもご指導下されませと。

それからあらためて発心して、心牛をかうこと三年、油断も隙もなく精進弁道を続けた。思うに、仰山は、百丈山に在って、一応の見性くらいはしていたであろう。そして、自分の見処を、相当なものと自負していたであろう。ここから、一問十答が出て来たのではあるまいか。それで潙山が、向上更に道えと、釣り出しておいて、すぐに一喝を下して、出鼻をくじいた。それを一度ならず、二度、三度続けざまにやられて、仰山、はじめて我が折れた。

それで、先師のお言葉を思い出し、自分の未熟に気がついて、悲涙を禁じ得なかったであろう。そこで、改めて菩提心をおこして、本格的の修行をはじめた。すなわち、見牛位から得牛位へ、それからさらに牧牛位へと、血みどろの修行を続けて、三年に及んだ。

潙山禅師はその間、注意深く、仰山の修行ぶりを見まもっていたに違いない。ある時、潙山禅師が、山に入ってごらんになると、仰山が樹下に在って、凛然と坐禅していた。潙山が杖でそっと、仰山の背に点ずること一下した。杖でそっと、背にふれて見たのだ。すると仰山が首をめぐらした。

師云く、寂子どうじゃ、何とか道い得るか、まだか。仰山云く、道うことは出来なくとも、まあ別に人さまの口を拝借する必要はございません。「師云く、寂子会せり」。うむ、確かに手に入ったなと、ご証明になった。

潙山禅師はこの三年間、常に仰山の心境を、点検しておられたに違いない。そして、仰山の心境が、次第に開けていくありさま、熟していく様子を、見守っておられたものと思われる。それだから、今の一問一答で、明確な判定を下されたのであろう。

仰山伶俐大雄優
及見潙師向上幽
口擬纔開三被喝
低頭三歳足心牛

仰山伶俐、大雄に優なり。
潙師にまみゆに及んで、向上かすかなり。
口わずかに開かんと擬して、三たび喝せらる。
低頭三歳、心牛を捉う。

第一一九則　趙州柏樹

僧問趙州。如何是祖師西来意。州云。庭前柏樹子。僧曰。和尚莫以境示人。州云。吾不以境示人。僧云。如何是祖師西来意。州云。庭前柏樹子。

僧、趙州に問う、如何ならんか是れ祖師西来意。州云く、庭前の柏樹子。僧曰、和尚、境を以て人に示すことなかれ。州云く、われ境を以て人に示さず。僧云く、如何ならんか是れ祖師西来意。州云く、庭前の柏樹子。

これも、趙州の口唇皮禅《くしんぴぜん》と称讃される、有名な公案の一つである。僧が趙州和尚に向かって、如何ならんか是れ祖師西来意と尋ねた。祖師西来意という語は、たびたび出ているとおり、達磨大師のどてっ腹を借りて、仏法のぎりぎりをあらわす語だ。

すると、趙州が無造作に、「庭前の柏樹子」と答えた。この一句が簡単明瞭であって、しかも難透難解だ。柏樹というのは、日本でいう「かしわの木」ではないそうだ。支那では、松柏《しょうはく》の操《みさお》などと言われて、常緑樹だという。この柏樹子に講釈を付けて、自然のままが仏法だなどと、天然外道の出来損ないのようなことを云っている講釈師が、明治以来の日本では、幅をきかせていた。まことに、笑止千万だ。そんな理窟はヌキで、仏法の丸出しだげな。

さて、趙州和尚の居られた、観音院の境内には柏樹が沢山あって、生い茂っていたそうだ。趙州和尚は、ただ目の前にあり合わせのものをもって、庭前の柏樹子と示したのであって、何の理窟も作為もない。きわめて自然な答話である。

僧云く「和尚、境を以て人に示すことなかれ」。この僧は、境の会をなしたと見える。或いは、わざと境の会をなしたようなふりをして、趙州のご名答を、引っ張りだそうという料簡かも知れない。どっちだかわからない。

「州云く、われ境を以て人に示さず」。これもきわめて自然だ。もし、不自然だと思うならば、思う方が不自然だ。僧が再び、如何ならんか是れ祖師西来意と、詰問すると、趙州が、庭前の柏樹子とお答えになった。側で見ていたのではないから、保証は出来ないが、多分、前回と少しも違わない調子で、お答えになったものと思われる。

これが余りにも、ずば抜けたご名答であるので、天下に評判になった。趙州遷化の後までも、それが禅界の話題になっていたものと見える。趙州のお弟子に、鉄觜覚という人がある。ある時、鉄觜覚に向かって、「趙州和尚に、柏樹子の話というのがあると、承りましたが、本当でございますか」と、鎌をかけた人があった。すると鉄觜覚が、「先師にこの語なし、和尚、先師を謗することなかれ」と答えた。さすがに、親をはずかしめない克家の子だ。

また、「柏樹子の話に賊の機あり」と評した有名な人もある。庭前の柏樹子という一句は、恐ろしい曲者だとよ。人の気のつかないうちに、われわれの頭の中にしまってあるところの全財産を、根こそぎ持って行ってしまうという、すりの大将だとなあ。

おかげで、丸裸になることが出来る。丸裸が、生まれたままの仏様だ。着物は生まれてから後につけた財産だ。その産財を持てあまして、苦しんでいるのが凡夫だ。学者や思想家は、特に財産をしこたま持っている。それだから、容易に悟れないのだ。本来無一物にきがつかない。早く、はだかになれ、はだかになれ。涼風を満喫することが出来るぞ。宇宙一杯の柏樹子のもとでなあ！

柏樹庭前緑作蔭　　柏樹庭前、緑、かげをなす。
非人非境自森森　　人にあらず、境にあらず、おのずから森森たり。
斯僧再問何文句　　この僧再問す、なんの文句ぞ。

柏樹庭前緑作蔭

柏樹庭前、緑、かげをなす。

第一二〇則　進山問性

進山主。問修山主云。明知生不生性。為什麼為生之所留。修云。筍畢竟成竹。如今作篾使。還得麼。進云。汝向後自悟在。修云。某甲只如此。上座意旨如何。進云く。遮箇是監院房。那箇是典座房。修礼拝。

進山主、修山主に問うて云く、明らかに生不生の性を知る、なにとしてか、生のためにとどめらるる。修云く、たかんなついに竹となる、いま篾《べつ》に作りて使うこと、また得んや。進云く、なんじ、後にみずから悟ることあらん。修云く、それがし、ただかくの如し、上座の意旨《いし》いかん。進云く、しゃこ是監院房《しかんいんぼう》、なこ是典座房《してんぞぼう》。修、すなわち礼拝す。

進山主と修山主は、地蔵桂琛の弟子で法の兄弟だ。それが互いに切磋琢磨するところだ。この時は進山主はすでに徹底していたけれども、修山主はまだ未透底であった。それで進山主が、修山主に問題を提出して、機発を促すのだ。明らかに、生即不生という、自己の本性を承知しておりながら、なにゆえに、生に執着して、死ぬのは嫌だと悩むのであるかと、好箇の一問だ。生とは、生まれたり死んだりする現実のことだから、誰にも一応わかっているようであるが、不生は、内面の本質、すなわち自性のことだから、思想的には一応わかっても、活きたままの自性は、なかなかつかまらない。

修山主も思想的には、自性を理解していたと見えるけれども、体得していないので、生死問題が気にかかるのだ。一般の人々が、理解も体得もしていないのに、生死問題を一向に気にしないのは、それは、一般の動物と同じレベルで、まだ人間らしいところまで、思想が発達していないためか、さもなければ、唯物的の頭に偏して、断見におちているためだから、これらは論外だ。

修云く「たかんなついに竹となる、いま篾に作りて使うこと、また得んや」。たかんなは竹の子だ。篾は竹のヒゴ（細工用に細長く裂いた竹）だ。竹の子では、まだ竹のヒゴには出来ない。けれどもやがて、一人前の竹になり、二年生の竹になれば、立派なヒゴを作ることが出来る。

この修山主の答は、全部間違いであるか、それとも、どこか取り柄があるか。これも一つの参究問題だ。修証辺からは、修山主の言うとおりだ。不生不滅の道理がわかった位のことでは無論のこと、見性したからといって、すぐに平気で死ねるようになれるものではない。生死する何物もない、という筋だけは見えても、情意がそのとおりには働かない。これは定力を養って、情意を自由に使うように訓練して、はじめて出来るようになるのである。

進云く、なんじ、のちにみずから悟ることあらん、そんなことをいうようでは、お前はまだ悟っておらない。いずれ今後、みずから本分の世界を悟るであろうと、警告を与え、予言を与えた。

修云く、それがし、ただかくのごとし、上座の意旨いかんと、素直に問うた。進云く「しゃこ是監院房、なこ是典座房」。こちらは監院寮だ、あちらは典座寮だ。竹の子は、典座寮で料理に使うよ。風呂桶のたがの取替は、監院和尚が浴司に命ずるよ。もちろん、そんなことではない。それならどんなことか。

監院寮の典座寮におけるは、なお竹の子の竹におけるが如しか。それなら、正比例の数学の問題と同じかなあ。うむ、似てはいるが、数学とも違うよ。数学では、正比例するものは正比例し、反比例するものは反比例するが、こいつは、正比例もすれば、反比例もする。変だなあ！　変じゃないよ。竹の子も一人前だよ。親竹になったからとて、二人前、三人前になるのではあるまい。表面の形はそう見えても、内面の価値観はどうなのか。また、竹の子と親竹の生命力を比べてみよ。正比例もすれば、反比例もすることになるだろう。閑話休題。

さて、「死ぬのはいや！」これは何だろう。これが問題の中心だ。参究課題としておく。志ある人は、正師の室に参じて知るが良い。

死活可憐雲変更
筍竹何論篾箍栄
這辺典座那監院
裂帛凄寥蜀鳥声

死活あわれむべし、雲の変更。
筍竹なんぞ論ぜん、べっこの栄。
這辺は典座、那は監院。
裂帛凄寥たり、蜀鳥の声。

第一二一則　良遂大悟

寿州良遂座主。初参麻谷。谷見来。便将鋤頭去鋤草。師到鋤草処。谷殊不顧。便帰方丈閉却門。師。次日復去。谷又閉関。師遂敲門。谷乃問。阿誰。師曰。良遂。纔称名字。忽爾契悟。乃云。和尚莫瞞良遂。良遂若不来礼拝和尚。洎合被経論賺過一生。及帰講肆。開演有云。諸人知処。良遂総知。良遂知処。諸人不知。終罷講散徒。

寿州《じゅしゅう》の良遂座《りょうすいぞ》主《しゅう》、初めて麻谷《まよく》に参ず。谷、来るを見て、すなわち、すきをもて、ゆいて、草をすく。師、草をすく処に到る。谷、ことさらにかえりみず、すなわち、方丈に帰りて門をとず。師、次の日もまたゆく。谷、またとざしをとず。師、ついに門をたたく。谷すなわち問う。たそ。師曰く、良遂。わずかに名字を称するに、たちまちに契悟す。乃ち云く、和尚、良遂を瞞ずることなかれ、良遂もし来たって和尚を礼拝せずば、ほとほと経論に一生を賺過《れんか》せられなまし。講肆《こうし》に帰るに及んで、開演して云えることあり、諸人の知る処、良遂総知す。良遂が知る処、諸人不知なり。ついに講をやめ、徒を散ず。

寿州の良遂座主が初めて麻谷に参じた。座主とあるから、仏教学者であるとみえる。麻谷の谷は、浴の略字だ。半字法を用いたのだ。麻谷宝徹禅師は馬祖の法嗣で、南泉や百丈と兄弟だ。『現成公案』の巻には、麻谷風性常住の公案が出ている。

仏教学者が教理の研究に愛想がつきて、いよいよ禅に飛び込んで来るようになれば、しめたものだ。教理の研究で満足しているうちは、活きた仏法はつかまらない。良遂座主も、教理の研究では駄目だと気がついて、麻谷に参じたとみえる。

麻谷も、これは見込みのある人物が、やって来たと思ったのであろう。その接化ぶりが尋常ではない。初めて参問したのだから、相見の拝くらいはすませたであろうが、一言の指図もせず、麻谷はすき（農具）を持って、さっさと出て行って、草をすいた。

座主があとから、麻谷が草をすいている処へ行ったけれども、麻谷はことさら、振り向きもしない。それのみならず、さっさと方丈に帰って、門を閉めてしまった。座主は、あっけにとられたであろう。今日はご機嫌でも悪いかなと、思ったかも知れない。この日は遠慮して、そのまま控室に引き下がった。

翌日、再び参問しようと思って行くと、麻谷が門を閉じてしまった。そこで座主が門をたたいた。すると麻谷が、だれかと問うたので、良遂でございますと、答えた途端に忽然として契悟した。麻谷のご指導が図星に当たったのだ。

そこで良遂曰く、和尚、良遂を馬鹿になさいますな。良遂、もとから一人前でございました。和尚から、鼻糞一つ貰う必要はございませんと、言わんばかりの消息を通じた。そして、引き続いて次のように述べた。

私がもし和尚に参問しなかったならば、私は一生経論にだまされて、活きた仏法をつかまえることが、出来なかったでありましょうと。それから、講肆に帰って、学徒に開演して曰く、諸君の知っている処は、良遂すべて知っている。良遂がこのたび知った処は諸君にはわからないと。それから講義をやめ、学徒を解散してしまった。講肆とは、講義所のことだ。講も肆も、ともに究めるという意味だ。

良公瞞谷谷無瞞　　良公、谷を瞞ず、谷瞞ずるなし。
閉却阿誰毛骨寒　　閉却阿誰、毛骨寒し。
応答敲門天外月　　応答敲門、天外の月。
明明皓皓影団団　　明明皓皓、影団団。

第一二二則　玄則丙丁

玄則禅師。在法眼会中。一日眼云。汝在此間多少時。師云。在和尚会已得三年。眼云。汝是後生。尋常何不問事。師云。某甲不敢瞞和尚。某甲曽在青峯処。得箇安楽。眼云。汝因甚語得入。師云。曽問青峯。如何是学人自己。峯云。丙丁童子来求火。眼云。好語。祇恐汝不会。師云。丙丁属火。将火求火。以将自己覓自己。眼云。情知。汝不会。仏法若如是。不到今日。師乃懆悶便起。至中路却云。他是五百人善知識。道我不是。必有長処。却回懺悔便問。如何是学人自己。眼云。丙丁童子来求火。師。言下大悟。

玄則禅師、法眼の会中にありしに、一日眼云く、汝ここに在りて、いくばくの時ぞ。師云く、和尚の会に在りて、すでに三年なり。眼云く、汝これ後生なり、よの常に、何ぞ事を問わざる。師云く、それがし、あえて和尚を瞞ぜず。それがし曽て青峯の処に在りしに、箇の安楽を得たり。眼云く、汝、いかなる言葉によりてか、入ることを得し。師云く、師云く、曽て青峯に問う、如何ならんかこれ学人の自己と。峯云く、丙丁童子《びょうじょうどうじ》来たって火を求むと。眼云く、よきことばなり、ただ恐らくは汝、会せざらんことを。師云く、丙丁は火に属す、火をもって火を求むる、自己をもて自己を求むるに似たり。眼云く、まことに知りぬ。汝不会なることを。仏法もし是の如くならば、今日に到らじ。師すなわち懆悶して便ち起ちぬ。中路に至るに却っておもう。かれはこれ五百人の善知識なり。我が不是を道う。必ず長処あらん。かえって、懺悔して便ち問う。如何ならんか是れ学人の自己。眼云く、丙丁童子来求火。師、言下に大悟す。

玄則禅師は法眼の会中に在って、監院職をつとめていたと見える。則公監院とよばれている。監院は寺の事務総長だ。ある日、法眼禅師が則監院に向かって、お前さん、ここへ来てから何年たちますかと尋ねた。はい、もう三年たちました。そうか、お前さんはまだ、これからという大事な人だが、つね日頃、なぜわしに法を問わないのか。

こう言われて、則公が本音を吐いた。私は和尚を、あざむく訳には参りません。それがし曽て、青峯禅師の処に居りました時、すでに安楽の境地を得ておりますと申し上げた。眼云く、そうか、青峯禅師のどのような言葉によって入証することが出来たというのか。

則公云く、曽て私が、いかならんか是れ学人の自己と問うたら、青峯禅師が、丙丁童子来たって火を求むとお答えになりました。すると法眼禅師が、成るほど、その言葉は結構だけれども、ただ恐らくは、お前さん、本当は受け取っては居らんよと、反省をうながした。

すると、則公監院が説明をはじめた。丙丁は火の神であります。火が火を探すと同じく、自己が自己を探しているのだと、気がつきました。そこで法眼禅師が、「お前さんが正しく受け取っていないことが、それでまことに良くわかった。仏法がもし、そのような理解で済むものならば、嫡々相承して、今日に到るものではない」と、判決を与えた。

ここにおいて、則公監院、大いに焦燥し煩悶した。そして、早速下山してしまった。だが、途中で考えなおした。法眼禅師は、五百人の善知識だ。私の至らない処を道うてくださったに付いては、必ず、先方に長所があるに違いないと、再び戻って、懺悔し、礼謝して、便ち問うた。「如何ならんか是れ学人の自己」。眼云く、丙丁童子来求火。則公、言下に大悟した。

この話は西有禅師、秋野禅師、岸沢禅師などから、若い頃しばしば承ったものであるが、その頃、これらの老師方の言われることが、どうも腑に落ちなかった。なぜというに、この物語の取り次ぎだけはしてくれるけれども、われわれに対して、道理がわかっただけでは駄目だ。則公監院のように、大悟しなくては本物ではない。大悟するには、こういう工合に修行するのだという、大切な指導がなかった。

悟らなければ駄目だということは、どの公案を見ても明々白々である。仏教教理を理解し、信受して、あとは行持綿密に生活すれば、悟らなくても良いなどと、仰せになった仏祖は一人もない。『弁道話』を見ても、『普勧坐禅儀』を読んでも、悟るための修行の仕方が、明確に示されてある。宗門の人達は、明治以来の誤った教学の方針を一新して、大悟徹底の道人を打出さなくては、仏法の命脈は断絶するであろう。

火神求火往還来　　火神、火を求めて、往いてまた来る。
不覓由何得宝財　　覓めずんば、なんによってか宝財を得ん。
莫謂天辺元有月　　謂うことなかれ、天辺元より月有りと。
他人屋上影徘徊　　他人屋上、影徘徊。

第一二三則　麻谷風性

麻谷山宝徹禅師。一日使扇次。有僧問。風性常住。無処不周。和尚為甚却揺扇。師云。汝只知風性常住。且不知無処不周。僧云。作麼生是無処不周底道理。師却揺扇。僧作礼。師云。無用処師僧。著得一千箇。有什麼益。

麻谷山の宝徹禅師、ある日扇を使うついでに、ある僧問う、風性常住、処としてあまねからざるなし、和尚、なにとしてか、また揺扇《ようせん》す。師云く、汝ただ風性常住なるを知りて、しばらく無処不周を知らず。僧云く、そもさんか是れ無処不周底の道理。師また揺扇す。僧、礼をなす。師云く、無用処師僧《すすん》、著得《じゃてい》一千箇、何の益かあらん。

麻谷山の宝徹禅師がある日、扇を使っている時に、ある僧が問うた。「風性常住、処としてあまねからざるなし、和尚、なにとしてか、また揺扇す」。この問いの意味は説明するまでもあるまいが、これも借事問だ。風の研究ではない。

師云く「汝ただ風性常住なるを知りて、しばらく無処不周を知らず」。この答話に付いては説明を要する。この公案の講義を、諸先輩から何返も聞いたけれども、次のような説明は誰もしてくれなかった。それで、この言葉の意味がはっきりしなかった。この言葉は、次のように解すべきではあるまいか。

汝ただ、風性常住の半面を知って、風性常住の他の半面を知らず。汝ただ無処不周の半面を知って、無処不周の他の半面を知らずと、こう言うべきところを、影略互顕の筆法によって、汝ただ風性常住の半面を知って、無処不周の他の半面を知らずと、言ったのである。それをさらに「他の半面」という語を省略したのが、宝徹禅師の答話となっている。

さて、風性常住と無処不周とは、同じく風性をあらわしているので、言葉はかわっても、その意味にかわりはない。ただ、風性常住は時間的に風性をあらわし、無処不周は、空間的に風性をあらわしたにすぎない。

学僧達に宗旨の宣揚が出来なくても、それは止むを得ないけれども、せめて文章のせんさく位は、綿密に着実にやってもらいたい。そうすれば、思想的に正しく、その筋だけは理解出来るようになる。思想的に理解出来れば、人々が耳をかたむける。思想的にも、チンプン、カンプン、宗旨もアイマイ、モコと来ては、眼蔵会も眠蔵会になってしまう。

僧云く「そもさんか是れ無処不周底の道理」。この僧は、鸚鵡返しに問うたらしい。師また揺扇す、だが、この揺扇は立派に光っている。どう光っているか、参究ものだ。「僧、礼をなす」とあるが、この僧チンプン、カンプンで頭を下げたらしい。師云く「無用処師僧、著得一千箇、何の益かあらん」と、お灸をすえられた。こんな、扇の使い方も分からんような、無用無能の坊主が千人いても、何のご利益もないわいと。

これだけで、分かる人には分かるであろうけれども、お小僧さん達の為に蛇足を加えておく。まず、仏教を理にあてると、風性常住の半面とは、性空のことだ。これが風性という言葉の表面に出ている。他の半面とは、この言葉の裏に隠れている処の因縁のことだ。性空だから、因縁に応じて、大風にもなれば、微風にもなるし、無風状態にもなる。

これを、宗門の符牒であらわすと、正位と偏位になる。風性常住とか、無処不周とかいう、言葉の表面には、正位が出ている。その裏には、偏位が隠れている。これが偏正五位だ。これを更に、功勲五位にあてると、風性常住、無処不周は、衆生本来仏なりということで、仏性常住のことだ。本来の自己のことだ。本家郷のことだ。これを知って、本来の自己にかえろうという志を起こして（発心）、家郷に向かって（修行）一歩を踏み出す。それが、功勲五位の第一、向位だ。これが、扇を少し動かしはじめたところだ。少し動かせば、少し風が出る。多く動かせば、多く風が出る。因果必然だ。

然るに、衆生本来仏だから、修行しなくても、悟らなくても、そのまま仏だ。それを信ずればそれで良いのだと、主張する現代の宗学者達は、麻谷に質問したこの僧と同じで、風性常住だから、扇を使わなくても、風が出ると思っているような連中だ。そのような学者の頭を、百千ならべても、何のご利益もないのみならず、仏法を滅却するという、恐ろしい殃《わざわい》の本となる。

抛身志気満禅堂　　身をなげうつ志気、禅堂に満つ。
熱苦何憑玉扇功　　熱苦なんぞたもまん、玉扇の功。
深樹清陰還翠竹　　深樹清陰、また翠竹。
為君葉葉送清風　　君がために葉葉、清風を送る。

第一二四則　深明鯉魚

深明二上座。因到淮河。見人牽網。有鯉魚透出。深曰。明兄俊哉。一似箇衲僧。明曰。雖然如此。争似当初不撞入網羅好。深曰。明兄。汝欠悟在。明至半夜。方省前語。

深《しん》と明《みよう》の二上座、ちなみに淮河《わいが》にいたる。人の網をひくに、鯉魚《りぎよ》の透出することあるを見て、深曰く、明兄《みんきん》、俊なるかな、もはら箇の衲僧《なすん》に似たり。明曰く、しかもかくの如くなりといえども、なんぞ初めより、網羅《もうら》に撞入せざらんが、好きに似ん。深曰く、明兄、なんじ悟り欠けたること在り。明が半夜に至って、まさに前の語をあきらむ。

深と明の二人は、雲門の法嗣になった人だというが、今は兄弟互いに切磋琢磨するところだ。われを産むのは父母だが、われを玉成してくれるのは、道友の力だ。もつべきものは良師であり、良友である。「善者に親近すれば、霧露の中に行くが如し。衣を潤さずといえども、時時に潤いあり」。潙山禅師も言うておられる。

さて、深と明の二人が、河南省の淮河の辺を通る時、漁師が網をひくのを見た。その時、鯉が網から躍り出たのがあった。それを見て深上座が「明兄よ、あの鯉は素早いやつだなあ！　まるで、真箇の衲僧に似ているわい」と、戦端を開いた。

明云く「うむ、それはそうだけれども、はじめから網の中へ飛び込まない方が、もっとよいじゃないか」と、応酬した。すると深上座が「明兄よ、そんなことを言うようでは、お前さんはまだ悟ってはおらんよ」と、立派な一鞭を与えた。

明上座はこの一鞭を食らって、その晩、寝ずに坐ったとみえる。半夜に至って、前の話を省悟した。「前の語をあきらむ」とは、さきの深上座の、鯉の話の意味がわかったというのではない。「なんじ悟り欠けたること在り」という、活公案を突破したということだ。

鯉は譬喩であって、鯉と衲僧とは違うよ。譬喩《ひゆ》というものは、一部分しか当たらない。だから、分喩というのだ。全喩というものは有り得ない。鯉ならば、網が来ると、すぐに逃げてしまって、網に掛からない。それが一番すばしこい奴であろうけれども、衲僧はそうではない。

俊発伶俐の衲僧は、自ら進んで、仏法という網の中に飛び込むのだ。そして、発心、修行と、網に引っかかって、さんざん苦しむのだ。それから菩提、涅槃と、その網をぶち破って、踊りでるのだ。千仏万祖、悉くそうだ。だから、本証一辺倒は仏法ではない。

衆生本来成仏を誤解して、悟りを否定するような過ちを犯さないように、「いまだ、発心、修行、菩提、涅槃せざるは即心是仏にあらず」とお示しなされ、「痴人おもわくは、衆生の慮知念覚の、未発菩提心なるを、すなわち仏とすとおもえり。これはかつて、正師にあわざるによりてなり」とも示されて、道元禅師が特に注意を与えておられる。

悟りの小言は悟ってから後の話だ。悟ったことのない先生が、まだ悟らない者に対して、悟りの小言を言っているのが、明治以来の宗門の実状である。コッケイというか、ナンセンスというか、これ程、馬鹿馬鹿しい話はないであろう。

透網鯉魚夫俊哉　　透網の鯉魚、それ俊なるかな。
何如未入莫徘徊　　なんぞいまだ入らざるに如かん、徘徊することなかれと。
明兄欠悟無頭漢　　明兄、悟を欠く、無頭漢。
夜半惺惺眼豁開　　夜半惺惺、眼豁開す。

第一二五則　曹山法身

曹山本寂禅師。問徳上座云。仏真法身。猶若虚空。応物現形。如水中月。作麼生。説箇応底道理。徳云。如驢覰井。山云。道即大殺道。只道得八九成。徳云。和尚又如何。山云。如井覰驢。

曹山本寂禅師、徳上座に問うて云く、仏の真法身はなお虚空の如し。物に応じて形を現ずることは、水中の月の如し。そもさんか、この応ずる底の道理を説く。徳云く。驢の井をみるが如し。山云く。道うことは即ちはなはだ道う。ただ八九成を道い得たり。徳云く。和尚またいかん。山云く。井の驢をみるが如し。

曹山本寂禅師が、徳上座に問うて云く「仏の真法身はなお虚空の如し。物に応じて形を現ずることは、水中の月の如し。そもさんか、この応ずる底の道理を説く」。まずこの問いの言葉を、よく吟味してみなくてはならない。真法身とあるけれども、法身には真も偽もなく、真も妄もなく、真も仮もない。これはただ、四字句に揃えるために、「仏真法身」としただけのことであろう。

さて、法身、般若、解脱と並べると、仏の三徳となるし、法身仏、報身仏、応身仏と並べると、仏の三身となるが、今はそのように仏を向こうに置いての詮索ではなく、直に自己本来の法身仏の神通妙用を参究するのである。

次ぎに虚空のごとしという一句を、よく味わうことが必要だ。虚空とは真空のことだ。それも譬喩であって、自己の法身仏が真空だと言うのではない。無自性のことであり、固定性のないことであり、釘付けでないということだ。だから、物に応じて形を現ずることは、水中の月のごとしとなるのだ。

然るに凡夫は、有りもしない自我を妄想して、それにしがみついているから、時に応じて適正に、しかも、自由に対処することが出来ないのだ。ことに何々主義というものに囚われていると、その主義に縛られて、自由がきかない。それを無縄自縛というのだ。

道人は常に、法身三昧でなくてはならない。宝鏡三昧でなくてはならない。水月三昧でなくてはならない。虚空三昧でなくてはならない。その三昧の生活ぶりと、いま曹山と徳上座とが、互いにやりとりしているのだ。これだけのことを心得ておいて、二人の問答商量を見れば、一目瞭然である。

応ずる底の道理と言っても、理論ではない。応ずる底の消息であり、事実である。「徳云く、驢の井をみるが如し」。驢馬はあまり、利巧な動物とされていない。理窟の頭の働かない代表に出したのだ。驢馬が井戸をのぞいて、水鏡を見たようなものだと答えた。

驢馬がいかに鈍物でも、目があるのだから、水鏡に映った自分自分の顔は見えたに違いないけれども、これが、自分の顔だと判断したかどうか。おれの顔は、ばかに長くてみっともないとか、ひげがうすくて貧弱だとか、そんな分別はないであろう。見えたら、見えたままで何の分別もない。そこが、道人の心境に似ているというのだ。

すると曹山が、あんたはうまいことを言うには言うたけれども、それではまだ八十点だ。大まけにまけて、九十点そこそこだと、批判した。禅門では、どのような立派な答を出しても、百点はつけないことになっている。語は十成を忌むと言って、進歩の余地を残しておくのである。

徳云く。和尚また如何と。今度は、賓主互換だ。山云く、井の驢をみるがごとし、うむ、水鏡が驢馬の顔をうつしてみたようなものだよ。成るほど、驢馬よりは、水鏡の方がさらに一層、分別心が無いであろうけれども、そのようなことは問題ではない。これに優劣をつけて、かれこれと理窟をいうのは、井戸端会議だ。驢馬があきれて、ヒヒーン！　というわい。

驢看井　井看驢
法身明明万慮虚
応物随時行不息
僧房月出夜禅初

驢は井を看、井は驢を看る。
法身明明、万慮むなし。
物に応ずる時に随って、行いてやまず。
僧房月は出ず、夜禅のはじめ。

第一二六則　韓愈得入

韓愈文公。一日曰大巓云。弟子軍州事多。省要処。乞師一句。巓良久。公罔措。時三平義忠禅師。為侍者。乃敲禅床三下。巓云。作麼。平云。先以定動。然後智抜。公乃礼謝三平云。和尚門風高峻。弟子於侍者辺。得箇入処。

韓愈《かんゆ》文公《ぶんこう》、ある日大巓《だいてん》に曰して云く。弟子、軍州、事多し。省要の処、乞う師、一句せよ。巓、良久す。公、おくことなし。時に、三平の義忠禅師、侍者たり。乃ち禅床をうつこと三下す。巓云く。そも。平云く。先ず定を以てうごかし、然してのち、智をもて抜く。公、乃ち三平を礼謝して云く。和尚の門風、高峻なり。弟子、侍者の辺において、箇の入処を得たり。

韓退之（韓愈文公）は有名な廃仏家であった。仏骨の表を奉って、徐州に左遷された。そこで、大巓禅師と交わった。大巓云く、君の文学と羅什の文学と比較してどう思うかと。退之云く。僕は羅什にはとても及ばんと、本音を吐いた。大巓云く。君よりもすぐれているという羅什が、あれほど仏教に熱を入れているのに、君が仏教を排斥するとは、少しおかしくはないか。君は、食わず嫌いではあるまいか。仏教を少し勉強してみたらどうか。こう言われて、それから仏教を勉強し始めた。研究すればするほど、仏教が広大無辺の教えであるということが、次第にわかってきて、それから本気になって、大巓和尚に参問したという。

韓愈文公がある日、大巓和尚に曰して云く「弟子、軍州、事多し。省要の処、乞う師、一句せよ」。軍も州も、宋時代の行政区画の名だと『大漢和辞典』にある。して見ると、軍州、事多しとは、軍や州の行政事務が多くて、忙しいということだ。だから、七面倒なことでは困るから、仏法の肝要な処を、簡単な一句でご指導を願いたいと、申し入れた。

大巓和尚が「良久」した。良久とは、やや久しゅうすということだが、時間つぶしをしたことではない。韓退之の注文どおり、最も簡単に仏法の極意を示したのだ。これを専門用語では、全体作用といっている。活きた仏法を丸出しにして、どうだ、見えたか？　まだ見えないか？　と、歯ぎしり咬んでいる処が見えなくては駄目だ。

公、おくことなしとあるから、韓退之が、居ても立っても、いられないという状態に追い込まれた。その時、侍者和尚の三平義忠が、見るに見かねて、禅床をうつこと三下した。韓文公、相変わらず、茫然としていたと見える。そこで大巓和尚が、それは何だと、侍者和尚にもう一度、何か言わせようとした。侍者云く「先ず定を以てうごかし、然してのち、智をもて抜く」と。

これは、仏法の通則であるから、韓退之も或いは、この言葉だけは知っていたかも知れない。先ず、禅定の力を養って、それで迷いの根をぐらぐらに動かしておいて、それから悟りの智慧を以て、一挙に迷いを引き抜くということだ。

公、すなわち三平を礼謝して云く。和尚、門風高峻なり。弟子、侍者の辺にして、箇の入処を得たり。和尚の門風はあまりにも高尚で峻厳で、私には寄りつけません。侍者が示されたあたりで、いささか納得致しましたと言った様な言い分だ。

文公の右の言葉を検討してみると、まだまだ知解の分際と見える。本当に悟ったのであるならば、和尚の良久が受け取れる筈だ。それを高峻だなどと云っているようでは、白雲万里だ。最初、良久のところで、公、おくことなしと、まことに大事なところまで行った。侍者が余計な口出しをしないで、文公をうんと困らせると、却ってよかったかも知れない。実にむつかしいものだ。

廃仏韓公拝大巓
敲床侍者道情全
如何一問逢良久
智抜難成未化仙

廃仏の漢韓公、大巓を拝す。
床をたたく侍者、道情全し。
いかんせん一問して、良久に逢う。
智抜成りがたく、いまだ仙と化せず。

第一二七則　文殊三三

文殊問無著。近離甚処。著云。南方。殊云。南方仏法。如何住持。著云。末法比丘。少奉戒律。殊云。多少衆。著云。或三百。或五百。著問文殊。此間仏法如何住持。殊云。凡聖同居。龍蛇混雑。著云。多少衆。殊云。前三三。後三三。

文殊、無著《むじゃく》に問う。近離いずれの処ぞ。著云く。南方。殊云く。南方の仏法いかが住持す。著云く。末法の比丘、戒律を奉ることすくなし。殊云く。多少《いくばく》の衆ぞ。著云く。或いは三百、或いは五百。著、文殊に問う。すかんの仏法いかが住持す。殊云く、凡聖同居し、龍蛇混雑す。著云く。多少の衆ぞ。殊云く。前三三。後三三。

この公案は、仮作したものだといわれているが、なるほど、一場の雑劇と思われる。だが芝居を見るときに、これは芝居だ、事実ではないなどと、理窟を言っていては、面白くない。事実とも、事実でないとも、そのようなことは打ち忘れて、無心で見ていると、可笑しい場面には、腹を抱えて笑うし、悲しい場面では、涙がぽろぽろ出る。それでいいじゃないか。もしそうでなかったら、芝居を見てもつまらないであろう。

さて、文殊は文殊菩薩のことである。北支の五台山は、文殊菩薩の霊場として有名な所である。文殊は、平等性智という悟りの智慧を象徴したもので、七仏の師と称讃されている。それはそれでよいが、それだから、目鼻を持った具体的な文殊というは実在しない。単に仮設の菩薩にすぎないというのは、間違いである。

仏法には、理釈（観心釈）と事釈ということがある。具体的の文殊菩薩が実在するとみるのが事釈である。事釈だけの仏菩薩もないと同時に、理釈だけの仏菩薩もないというのが、仏法の正しい見方である。理論のあるところには、その裏付けとなる事実があり、事実のあるところには、その裏付けとなる理論がある。こう見るのが正しい仏法である。学者は、理釈一辺倒に落ちる恐れがあり、純粋な信者は、事釈一辺倒になることが多い。両者ともに注意を要する。

次に、無著という人物も、ハッキリしていない。牛頭山の法融禅師の法嗣だとも言われている。仏道修行は、悟りを開くということが、先決問題である。それで、禅堂には、聖僧さまとして、文殊大士を安置するのである。無著も五台山の文殊さまを礼拝しようというので、南支那からわざわざやって来た。五台山の麓まで来ると日が暮れて了った。

さてどこかで、泊めてくれる家はあるまいかと、あたりを見回すと、幸いお寺があった。一夜の宿を頼むと、快く承知してくれた。やがて、主人が出て来た。それが文殊であるとは、無著も全く気がつかなかった。

文殊、無著に問う。どこからお出でなされたか。はい、南方から参りました。南方では仏法を、どんな工合に護持しておりますか。はい、末世の比丘僧で、戒律を持つものは、まことに少数でござります。左様か、どれほどの人数が修行しておられますか。はい、あちらの道場には三百人、こちらの道場には五百人といった程度でございます。

以上は、きわめて平凡な問答であるが、これから、無著が文殊に問うことになる。文殊の答が参究ものだ。無著、文殊に問う「すかんの仏法いかが住持す。殊云く、凡聖同居し、龍蛇混雑す」。龍蛇はたとえであって、龍のような偉い人と、蛇のようなつまらない人間といったようなことだ。

文殊の答を言葉通りに解釈して、凡僧もいれば聖僧も居る。龍のような大人物も、蛇のような小者も、皆一緒に、ごたごた暮らしているよと見たら、文殊の答に何の価値もない。それでは、無著の答と五分五分だ。文殊の答には宗旨が光っている。その宗旨は、あからさまに言いたくない。言うと実参実究の余地がなくなる。所詮は室内の参究ものだと、しておくのが親切だ。

これを分からず屋は、誤魔化して逃げたと誤解する。誤魔化しかどうか、この公案を引っ提げて、参じて見たらよいじゃないか。だが、チョット、ヒントだけ書いておく。小僧も居れば和尚もいる。めくら坊主もおれば、めあきもいるが、みんな自分の鼻で息をしているよ、とでも言うことかなあ！

「著云く。多少の衆ぞ。殊云く。前三三。後三三」。この答は言葉の意味さえわかれば、別に問題はない。理窟をつければ何とでも理窟はつくけれども、そんな理窟は宗旨とは無関係だ。言葉の意味は前も三々、後も三々、右も三々、左も三々と言ったようなことだ。三々では、いくら出て来ても始末はつかない。三四となればしめたものだ。それは五目並べのことだ。

さて、翌朝、お暇乞いをして出かけると、一人のお小僧が門送してくれた。途中で無著がお小僧に尋ねた。和尚さんが、前三々、後三々と言われましたが、それはいくつのことですかと。するとお小僧さんが、「大徳」と呼んだ。無著が「はい」と答えると、それはいくつかねと言われて、また、まごついた。

それから無著があらためて尋ねた。このお寺は、どういうお寺ですかと。すると小僧が、だまって山の方を指さしたので、無著がこちらを向いた瞬間に、小僧も寺も消えてしまって、ただ、大きな山が青々としていた。

南方仏法又如何　　南方の仏法、また如何。
持戒雖寛僧衆多　　持戒、寛なりといえども、僧衆多し。
争似龍蛇恒混雑　　いかでかしかん龍蛇の常に混雑にして、
人人壁立唱村歌　　人人壁立、村歌をとのうるに。

第一二八則　百丈大笑

百丈禅師。因普請。鋤地次。有一僧。挙起鋤頭。忽聞鼓鳴。乃抛下鋤大笑便帰。師曰。俊哉。此是観音入理之門。帰院乃喚其僧問。適来見什麼道理。便与麼。僧云。適来肚飢聞鼓声。帰喫飯去。師乃大笑。

百丈禅師ちなみに普請《ふしん》す。地をすくついでに、ひとりの僧ありて、鋤頭を挙起するに、鼓の鳴るをきいて、乃ちすきを抛下し、大笑して便ち帰る。師曰く。俊なるかな。これは是れ観音入理の門なり。院に帰って、乃ちその僧をよび問う。適来、いかなる道理を見てか、すなわち与麼なる。僧云く。適来《しらい》、はら飢えて、鼓の声を聞きて帰って喫飯す。師、乃ち大笑す。

百丈禅師が大衆と一緒に、野良作務をしていたとき、一人の僧が、すきを持った途端に、斎鼓の鳴るを聞いて、すぐさま、すきを投げ捨てて、ウワッハッハーと、笑いながら寺に帰った。百丈禅師がこれをご覧になって、俊なる哉。これは是れ、観音入理の門なりと仰せになった。

観音さまは、耳根円通の人といわれて、音声を聞いて悟った。香厳が竹の音を聞いて悟ったのも、耳根円通だ。今、この僧が斎鼓の音を聞いて悟ったとすれば、やはり耳根円通だ。観音入理の門が開けたのだ。僧があまりにも、鮮やかな動作であったものだから、百丈禅師が、或いはこの僧、悟ったのかも知れないと、思ったらしい。

それで、院に帰ってから、その僧をよんで、先刻はなにごとがわかって、あのような動作をしたのかと、禅師がお尋ねになると、その僧云く。はい、お腹がぺこぺこになっていたところへ、斎鼓の音がしたものだから、嬉しくて、われを忘れて飛んで帰り、腹いっぱい食べましたと。百丈禅師、なーんだと、言わんばかりに呵々大笑なされた。元来悟っても悟らんでも、いつも皆、耳根円通三昧であるのだが、気がつくまでは仕方がない。

抛下鋤頭太俊哉　鋤頭を抛下す、はなはだ俊なるかな。
一声斎鼓響如雷　一声の斎鼓、ひびき雷の如し。
観音入理円通路　観音入理、円通の路。
喫飯忘飢大笑来　飯を喫し、飢を忘る、大笑来。

第一二九則　薬山思量

薬山和尚。坐次。有僧問。兀兀地。思量什麼。師云。思量箇不思量底。僧云。不思量底。如何思量。師曰。非思量。

薬山和尚、坐する次いでに、ある僧問う。兀兀地、なにをか思量す。
師云く。箇の不思量底を思量す。僧云く。不思量底、如何が思量せん。
師曰く。非思量。

この公案は、仏祖正伝の坐禅の要所をお示しになったものだ。薬山禅師が坐禅しておいでになった時、ある僧がお尋ね申し上げた。兀々地なにをか思量すと。兀々地とは、坐禅のことである。兀々は、山のそびえて動かない形を形容した言葉で、坐禅の姿をあらわすことになっている。

「師云く。箇の不思量底を思量す」。この答話は、持って回ったような言い方であるけれども、相手の僧が、兀々地なにをか思量すと問うたから、その言葉に調子を合わせて、箇の不思量底を思量すとお示しになった迄のことだ。そこで僧が、不思量底いかんが思量せんと、再問した。

「師曰く。非思量」。この一句が要点だ。講釈本には「非不は除却をいうにあらず。思量の真実体なり」と書いてあるけれども、思量の真実体がやっぱりわからない。それは正法の坐禅の、正しい状態であるから、実地に坐禅して、昏沈の病や、散乱の病と闘い抜いて、自得するより外に仕方がない。

非思量の境地を自得している人ならば、相手の質問に応じて、適切に指導することが出来るけれども、自得していない人が、自分勝手の想像で、出放題を言ったら、他人を迷わすことになる。

ある人は、この非思量を説明するのに、あたかもコマがすんだときのような、精神状態になるのだと言っているが、うまいことを想像したものだ。これは、半分当たっているが、半分は当たっていない。なぜならば、静的の坐禅には当たっているが、動的の禅（活動禅）には当たっていない。すなわち、コマが暴れ回るのも、非思量の王三昧だという一面を逃している。

恩師大雲室は、次のように非思量の端的を示された。真剣勝負に立ち会ったと考えてみよ。互いに、三尺の秋水を引き抜いて、チャリーンと切っ先を結んで、構えたとしてみよ。その時の精神状態は、大体想像がつくであろう。雑念なんかが少しでも出たら、ぶった切られてしまう。況んや、夕べ寝不足だったので、つい居眠りが出たなどという馬鹿なことがあるかい。二晩や三晩眠らなくても、居眠りなどでるもんではない。坐禅もその通りだ。真剣になれば、昏沈も散乱も、一辺に吹っ飛んでしまう。昏散まず撲落す、の端的だ。大雲室の垂示はいつも明確だ。

読者諸君はこの話を聞いて、立ち会って、動かない時だけが非思量で、動いたら非思量でなくなるなどと、馬鹿なことは考えないであろう。何故ならば、真剣勝負が、静の構えから、動に転じて、お互いに飛鳥の如く、電光石火の早業を演じても、精神状態に変わりはないであろう。これが、動的の非思量三昧に当たる。

ここでもう一つ注意をしておくことは、非思量の状態と悟道との関係である。非思量は、坐禅の状態であって、見性悟道とは微妙な違いがある。状態というものは、もちろん変化もするけれども、永続することも出来る。非思量の境界は永続することを要する。静の時も、動の時も、いつも、非思量三昧を失わないように、努力することが肝要である。

悟道というものは、瞬間的の体験である。カ地一声と言われる通り、アッというまの体験だ。これは、気の付くことであり、発見することであるから、瞬間的であるのが当然である。そこで、非思量の状態が永続して、それを自分で味わって、良い気持ちになっていても、それは、ただ定力が出来たというだけであって、悟道ではない。

この定力が本になって、何かの機縁にふれて、忽然として本来の自己を発見する、それが、見性悟道というものである。かくて、見性の眼が明らかになると、本来の自己が百パーセント完全に活躍している状態が、非思量であると言うことが明確になると共に、なるほど、これが仏境界というものかなあと、自分にうなずくことが出来る。それで、初めて、自己の坐床というものが明らかになり、他国の塵境に去来しない生活が、おいおい出来るようになる。それには、只管打坐を基本とし、中心として、七転八倒、那伽大定というように、動中においても常に只管の生活、非思量の生活を、逃がさないように努めることが何より肝要である。

兀地思量箇什麼　兀地このなにをか思量す。
元来非不本人歌　元来非不は本人の歌。
堪憐薬老悲傷涙　あわれむにたえたり、悲傷の涙。
古往今来錯者多　古往今来、錯る者多きことを。

第一三〇則　潙山業識

大潙問仰山。忽有人問。一切衆生。但有業識。茫茫無本可拠。子作麽生験。仰云。慧寂有験処。時有僧面前過。寂召云。闍梨。僧廻頭。寂云。和尚。這箇便是。業識茫茫。無本可拠。潙云。此是獅子一滴乳。迸散六斛驢乳。

大潙、仰山に問う。忽ち人あり問わん。一切衆生、ただ業識のみ有って、茫茫として、本として拠るべきことなしという。なんじそもさんか験せん。仰云く。慧寂、験処あり。時に僧あって面前を過ぐ。寂、召して云く。闍梨と。僧廻頭す。寂云く。和尚、這箇すなわち是れ業識茫茫。本として拠るべきことなし。潙云く。これは是れ獅子一滴の乳、六斛《こく》の驢乳を迸散《ひんさん》するなり。

この公案は『従容録』の第三十七則に出ているが、少し書き方に相違がある。もちろん、大体の精神に於いてかわりはない。潙山が、弟子の仰山を試験なさるところだ。常に差し置かずご指導なさる。実に親切なものだ。

潙山、仰山に問う「忽ち人あり問わん。一切衆生、ただ業識のみ有って、茫茫として、本として拠るべきことなしという。なんじそもさんか験せん」。これが試験問題だ。どうだ仰山、突然人が来て、次のように問うたら、お前はその人を、どう調べて指導するか。その人云くだ。一切衆生は、ただ業識のみの生活で、茫々と果てしもなく、ぐらぐら生活で、なんのよりどころもござりませんと。業識についてはすでに、第百十四則で説明してあるから、省略する。

この僧は、一切衆生の代表に出て来たおもむきがある。さてこの僧、これ凡か、これ聖か、見分けの出来ないような呈し方だ。達道の人もまた、業識茫々だと言ってもよい。そして迷いにも、悟りにも、どこにも腰掛けていないから、やはりぐらぐら生活だ。凡夫はまごついて、ぐらぐらだが、達人は、自由でぐらぐらだ。さてそうすると、この僧は明眼の漢であるか、それとも無眼子か。仰山、これをどう試験するか、腕前の見せ所だ。

仰山云く。慧寂、験処あり、私にはその僧を試験する方法がござりますと、自信満々だ。丁度その時、一人の僧が前の方を通り過ぎるので、仰山が「おい君」とよんだ。その僧が、思わず振り向いた。すると仰山が、和尚さま、このとおり業識茫々で、本拠も出店もござりませんわいと、申し上げた。

「潙山云く。これは是れ獅子一滴の乳、六斛の驢乳を迸散するなり」。『従容録』にはここのところを、「潙云く、善い哉」と書いてある。証明の言葉であり、称讃のことばであることは、どちらも同じだ。迸散は、ほとばしり散ることだ。潙山が「獅子一滴の乳」と「六斛の驢乳」とをかさねたのは、どういう意味であるか。獅子の乳とは、質の立派なところをほめ、驢馬の乳とは、量の十分なところをほめたと、いうようなところではあるまいか。それなら、両方を一つにして、「獅子六斛の乳」とやったらどうか。ダメダメ。獅子の乳がこんなに沢山出たら、価値が無くなるよ。

喚則回頭是什麼　　よべば頭をめぐらす、これなんぞ。
潙山父子有淆訛　　潙山父子、淆訛あり。
人天鬼畜三千界　　人天鬼畜、三千界。
業識茫茫夢転多　　業識茫茫、夢うたた多し。

第一三一則　安国眼華

福州安国慧球禅師。亦曰臥龍。問了院主。先師道。尽十方世界。是箇真実人体。汝還見僧堂麼。主云。和尚莫眼花。師曰。先師遷化。肉猶煖在。

福州安国の慧球《えきゅう》禅師、また、臥龍ともいう。了院主に問う。先師の道く。尽十方世界、是れこの真実人体と。汝また僧堂をみるや。主云く。和尚、眼花なし。師曰く。先師遷化すれども、肉なお煖なり。

福州安国院の慧球禅師は、玄沙の法嗣だという。また臥龍ともいう。あるとき院主に問うて云く。先師玄沙大師が、尽十方世界、是れこの真実人体と道われたが、どうだお前さん、自分の外に僧堂が有るように見えるか、との点検だ。玄沙大師は「尽十方世界、是れ一顆の明珠」とも道われた。真実人体といっても、一顆の明珠といっても、精神においてかわりはない。

さて、真実人体とはなんのことか。真実の自己のことだ。本当の自分のことだ。全宇宙が、本当の自分だということを、尽十方世界是れ真実人体というのだ。こんな素晴らしい自分だということは、仏法を聞いて、はじめて教えられるのだが、どうだい、信じられるかい。衆生本来仏だとか、本来完全無欠だとか、抽象的にいうと、信じられるような気がするかも知れないが、尽十方世界が自分だと、具体的にいわれると、目を白黒させる。

悟りとは、こういう素晴らしい自己を発見することだ。恩師大雲室の参禅の師、高源室毒湛老師が、「悟ったなどといっても、一切が自分だと見えるようになるのは、中々容易ではないよ」と言われたことがあると、大雲老漢から承っているが、寒毛卓立を覚える。

こういうわけだから「汝また僧堂をみるや」は、まことによい突っ込み方だ。こう突っ込まれて、まごつかないのみならず、院主が和尚を逆襲したおもむきがある。「和尚莫眼花」の一句がそれだ。この語は「和尚、眼花することなかれ」と、普通は読んでいるけれども、道元禅師は「和尚、眼花なし」と、読んでおられる。眼花とは、眼病患者が空中に花のようなものがちらつくのをみることだ。

「眼花なし」といえば、和尚の眼はたしかなものだと、相槌を打ったことになるし、「眼花することなかれ」と読めば、和尚、うろたえなさるな、といったようなことになる。いずれにしても、この院主の眼のたしかなことは、この語によってあきらかだ。そこで慧球禅師が、先師の皮肉、汝によって、今なおあたたかなりと、院主の眼をご証明になった。

尽十方世界の一句は、どのようにでも取り扱うことが出来る。抽象的の空論ではなくて、活きた事実だ。一人一人の世界だ。自分の世界だ。ここで世界論を、チョッピリ書いておく。世は遷流の義、界は隔別の義だ。この言葉は仏教語であって、意味深長だ。

全宇宙もそうだが、一人一人の世界も、常に流動している。釘付けではない。そして、甲と乙とはその世界が別々のものだ。一番下等な人間の世界から棚卸しをすると、台ばかりに乗って、計ることの出来る目方だけのものが自分だと思って、その外のものは、全て自分ではない、と思っている。こういう人間は、自分の肉体だけを可愛がっている。これが、最下等の人間の世界だ。

次はチョット飛んで、自分の一家だけが自分の世界であって、あとは他人の世界だと思っている。それで、一家だけが自分だと思って、自分と家族とは、分け隔てをしない。だが、お隣がどうなろうと、それは痛くも痒くもないという人物だ。

さらに飛躍して、一国全体を自分だと本当に考えて、一国のために自分を全部ささげて、悔いないのみならず、それが本望であり、念願であるという人物なら、その人は、全国が自分であり、全国民が自分であり、全国土が自分である。こういう人が総理大臣になれば、立派な政治が行われると思う。

さらにさらに大飛躍をすると、今度は全宇宙が自分だと本当に目覚めて、一切衆生の苦しみは悉く自分の苦しみであり、一切衆生を済度し尽くさずんば、仏になれないという人物だ。この人物は、衆生済度を本願とする。これが、仏陀であり、如来である。

仏道を学ぶ者は、この仏陀になるのを目標としているのであるから、利己主義などというケチな考えが、毛頭でも有ってはならない。せめて、全ての存在が自分だと見えるように、早くなりたいものである。それにはどうしても、坐禅をして悟り、悟っては、更に坐禅をするという修行を、どこまでも続けることが肝要である。

開単展鉢往来新　　開単展鉢、往来あらたなり。
厨庫僧堂眼裏塵　　厨庫僧堂、眼裏の塵。
安国等閑評院主　　安国なおざりに、院主を評す。
十方世界是真人　　十方世界、これ真人。

第一三二則　高安声前

高安白水本仁禅師〈嗣洞山〉。示衆云。尋常不欲向声前句後。鼓弄人家男女。何故。且。声不是声。色不是色。僧問。如何是声不是声。師云。喚作声得麼。僧云。如何是色不是色。師云。喚作色得麼。僧無語。師云。且道。為汝説。答汝話。若人弁得。許汝有箇入処。

高安白水の本仁《ほんにん》禅師（洞山に嗣ぐ）。衆に示して云く。よのつね声前《しょうぜん》句後《くご》に向かって、人家《にんけ》の男女を鼓弄《くろう》せんとおもわず。何の故ぞ。しばらく、声これ声にあらず、色これ色にあらず。僧問う。いかなるかこれ声不是声。師云く、よんで声となし得てんや。僧云く。いかなるかこれ色不是色。師云く。よんで色となし得てんや。僧無語。師云く。且道《しゃどう》すらくは、汝がために説く。汝に答うる話、もし人弁得せば、汝に箇の入処あることを許す。

本仁禅師、衆に示して云く「よのつね声前句後に向かって、人家の男女を鼓弄せんとおもわず。何の故ぞ。しばらく、声これ声にあらず、色これ色にあらず」と。声前の一句、千聖不伝と、『碧巌』の垂示に出ているが、声前とはまあ、向上の第一義といったようなことだ。そうすると、句後は、向下門のことかなあと、見当がつく。人家の男女とは、多くの人々ということだ。鼓弄とは、太鼓をたたいて、人を調子づかせて、翻弄するといったような事らしい。そこで示衆全体の精神を、よく参究してみる。いつもわしは、向上だの向下だのといったような、仏法くさいことを持ち出して、多くの人々をおだて上げて、翻弄しようとは思わないよ。なぜならば、声これ声にあらず、色これ色にあらずだからよ。と、こんなことになるが「声これ声にあらず、色これ色にあらず」が何のことだかわからない。

実は、これを大衆に参究させる目的で、右の垂示、すなわち釣語を下したのだ。

声これ声にあらず云々は、仏道の通則であって、これを思想的に説明することは、いと易いけれども、それでは、仏教哲学になってしまう。禅門は、この事実を活きたまま捕まえて、自己の生活にし、自己の人格にすることが肝要だ。それには、思想的の研究では駄目だ。どうしても、実参実究して、悟る以外に方法はない。この公案は、声これ声にあらずと悟らせ、捕まえさせるのが目的だ。

思想的の説明なら、金剛の三句といったようなことでも間に合う。すなわち、第一句が「声色」だ。第二句が「声色にあらず」だ。そして、第三句が、「これを声色と名づく」となる。これを簡単に説明すると、第一句の「声色」は、凡夫の頭に描いている声色だ。凡夫は、声色の表面だけしか見ていない。第二句の「声色にあらず」は、悟りの眼で見た声色の内面だ。内面とは、一切皆空という内面だ。第三句の「これを声色と名づく」は、表面の「声色」と、内面の「声色にあらず」とが、一つになっている事実だ。この事実は単に、「声色」といっただけでは当たらない。「声色にあらず」といっただけでも当たらない。強いていうならば、「非声色の声色」だ。頭の中に絵を描くには、こんな工合にいうより外に致し方がない。

さて、本仁禅師の法語につられて、僧問うと、出て来た。「いかなるかこれ声不是声」。折角釣ってやろうと、親切の底を尽くしても、釣られて来ない奴は救いようがない。この僧は、食いついて来た。来たからといって、教えたのでは、単に知識として受け取るから、役に立たない。活きたまま受け取らせるには、ヒントを与え、刺戟を与えるに、止めておかなくてはならない。それで、師云く。よんで声となし得てんやと、自覚を促し、反省を求めた。次の問答も、同じようなことを、繰り返したままでのことだ。ところが、僧無語ときた。無語には、大体三種ある。行き詰まっての無語。用事相済みの無語。もう一つは、ここで無語と出たら、先方はどうなさるか、お手並み拝見という無語だ。この僧の無語は、答に窮しての無語らしい。

「師云く。且道すらくは、汝がために説く。汝に答うる話、もし人弁得せば、汝に箇の入処あることを許す」。まあ、お前にいうておくが、お前に答えた今の語話を、もしお前がウムと呑み込んだら、悟ったということをお前に許すが、それまでは、どうしようもないわい、との判決だ。

声前句後弄人家　　声前句後、人家を弄す。
色是非空豈色耶　　色これ空にあらず、あに色ならんや。
会取高安真面目　　高安の真面目を会取せよ。
清風翠竹又桃花　　清風、翠竹、また桃花。

第一三三則　趙州勘婆

台山路上。有一婆子。僧問。台山路向甚処去。婆云。驀直去。僧纔行。婆云。好箇阿師。又恁麼去。前後僧問。皆如此。後有僧。挙似趙州。州云。待我為汝。勘破這老婆。遂往問。台山路。向甚処去。婆云。驀直去。州纔行。婆云。好箇阿師。又恁麼去。州帰挙似大衆云。我為汝勘破這老婆了也。

台山の路上にひとりの婆子《ばす》あり。僧問う。台山の路、いずれの処に向かってか去る。婆云く。驀直去《まくじっこ》。僧纔行《ざんこう》す。婆云く。好箇の阿師《あす》、また恁麼《いんも》に去る。前後の僧、問うこと皆かくの如し。後にある僧、趙州に挙似す。州云く。まて、われ汝がために、この老婆を勘破せん。ついに往いて問う。台山の路、いずれの処に向かってか去る。婆云く。驀直去。州、纔《わずか》に行く。婆云く。好箇《こうこ》の阿師《あし》、また恁麼に去る。州、帰って大衆に挙似して云く。われ汝がために、この老婆を勘破しおわりぬ。

北支の五台山が、文殊菩薩の霊場であるということは、すでに第百二十七則で書いておいた。そこで仏道修行者が、南方から五台山へと、文殊参りにやってくる。その路傍にひとりの婆さんが、茶店でも出していたのかも知れない。丁度その辺で路が、二またにでもなっていたものと見える。

僧問う。お婆さんよ、五台山へ行くには、どう行ったらよいかね。婆云く「まくじっこ」。マアーッスグに、おいでなさい。ありがとうと、僧が三歩か五歩行くと、婆さんが、聞こえよがしに、ああ、いいお坊さんがまた、あんなにして行きなさるわいと。変な調子でいう。

無眼子ならば、婆さんの言葉をなんとも思わないし、大悟徹底している人もまた、なんとも思わないが、中途ざとりの者には、これが気に掛かる。どうも、一癖ありそうな、変な婆さんだぞ。マアーッスグというあのアクセントが、どうも、人を当てこすっているようだ。活文殊は、脚跟下にありというつもりではあるまいか。そうだとすると、いいお坊さんがといったのは、この馬鹿坊主ということではあるまいかと、色々勘ぐる。そこで、僧が趙州和尚に、告げ口をした。

州云く。まてまて、おれが行って、その婆さんを調べてきてやると、老趙州が、早速出かけた。一介の雲水にばけて、同じように路を尋ねると、婆さん、いつものとおり、「まくじっこ」とやった。趙州が、有難うと、三歩五歩行くと、婆さん、いつもの調子で、またいいお坊さんが……とやった。

趙州が寺に帰って、大衆に挙似して曰く。おれがなあ！　あの婆さんの五臓六腑をすっかり見てきたよ、との報告だ。さて、どう見てきたのか。それは趙州、わざと言わない。言っては参究にならないからだ。この公案の要所はここにあるのだ。それを言ってしまったら、単なる物語りになってしまって、公案としての生命がなくなる。そこが室内の参究ものだ。

これだけにしておくとよいのだが、ちょっぴりと婆々談義をしておく。悟りと言えば、千篇一律、みんな同じだと思う病気を引き抜く公案だ。悟りというものは、もちろん二種も三種もあるものではない。本当の悟りなら、誰の悟りも、その質は同じものだ。けれども、明暗深浅の差は、人によりて千差万別だ。況んや、その悟りがどれだけ、その人の生活となり、人格となっているかに至っては、天地雲泥の違いがある。これらの違いを明確に見破る眼を「同中異弁の眼」「異中同弁の眼」という。この眼を調べるのがこの公案だ。

趙老勘婆婆勘州　　趙老、婆を勘し、婆、州を勘す。
鵠鴻燕雀互相酬　　鵠鴻燕雀、たがいに相いむくゆ。

台山驀直誰来往
好箇阿師去未休

台山まくじき、誰か来往す。
好箇の阿師、去っていまだ休さず。

第一三四則　潙山天寒

潙山問仰山云。天寒人寒。仰山云。大家在這裏。潙山云。何不直説。仰山云。適来不曲。和尚如何。潙山云。直須随流。

潙山、仰山に問うて云く。天さむきか、人さむきか。仰山云く。大家、這裏に在り。潙山云く。なんぞ直説せざる。仰山云く。適来《しらい》も曲ならず。和尚いかん。潙山云く。直にすべからく流に随うべし。

「潙山、仰山に問うて云く。天さむきか、人さむきか」と。よい参究問題だ。もちろん借事問だ。天候の話でもなく、触覚についての問題でもない。強いて説明すれば、主観と客観の問題だ。自分と境遇との問題だ。境遇の善し悪しによって、人間が良くもなれば、悪くもなるという一面があると共に、その人の心一つで、境遇を善用することも出来れば、悪用することも出来る。また、境遇を改善することも出来れば、悪くすることも出来る。

ここまで掘り下げてみると、境遇が人間を支配するのか、人間が境遇を支配するのか、いずれとも言い切れないところの、微妙な問題があるということになる。だがこれは、凡人の間でいうことであって、達道の人にはまた、別の天地がある。凡の凡なる人間は、悪いことは全て境遇の罪だと思い、善いことはみんな、自分のやった手柄だと思う。

達道の人になると、境遇は全て、自分が造り出すものであるということを、徹底うけがっているから、決して境遇に翻弄されないのみならず、境遇を自由に活用し、善用する。改善を必要とするような境遇は、自分で改善する。こういう筋であるから、天寒きか、人寒きかという問題が、人生の重大問題であり、われわれの活公案である、ということになる。

仰山云く。大家、這裏にあり、大家は大人物だ。這裏はここだ。大人物がここに居りますとは、誰のことか。潙山のことか、仰山のことか。はたまた、全ての人のことか。本分上から見たら、すべての人が大家に違いないが、修証辺から見たらどうか。潙山も、仰山もすべて、大家になっているであろう。すなわち、天寒だの人寒だのという問題は、すでに片付けてしまった人達であろう。

潙山云く。なんぞ直説せざる、何故、そんな遠回しにいうのか。もっとズバリと言ったら良いじゃないか。仰山云く。適来も曲ならず。和尚いかん、私の申しましたことは、少しも婉曲ではございません。あなたは、いかが仰せになりますかと、仰山、反撃に出た。「潙山云く。直にすべからく流に随うべし」。

さて、この潙山の最後の判決は、更に参究を要する。隋流去の三字には、容易ならぬひびきがある。大梅の法常禅師が山にかくれて、悟後の修行を百錬千鍛するために、只管打坐をしておられた。ある僧が路に迷うて図らずも、法常禅師の坐禅しているのを見つけて、出山の路、いずれの処に向って去るやと問うたら、禅師が、流れに随い去れと示された。迷いの山から解脱する方法も、また流れに随い去るのが、その要訣である。

仏道を習うというは、自己を習うなり。自己を習うというは、自己を忘るるなり。自己を忘るるというは、万法に証せらるるなりだ。ただ、わが身をも心をも、はなちわすれて、仏の家に投げ入れて、仏の方より行われ、これにしたがいもていくのだ。

これは、仏道修行の心得であるが、仏道そのものも又、隋流去だ。仏道は無我にて候だ。自己も天地も、因果必然という流れに随って、常に新陳代謝している。寒くなれば、着物を着る。暑くなれば、着物をぬぐより外に、活きる道はない。生物も、無生物も、寒地に在るものは寒地に随い、熱地に在るものは熱地に随っている。随うとも思わずに随っている。随うより外に道はないのだから。

地上活波問仰山　地上に波を生じて、仰山に問う。

天寒直説曲彎彎
層氷積雪人何処
父子随流縦往還

天寒直説、曲彎彎。
層氷積雪、人いずれの処ぞ。
父子流れに随って、ほしいままに往還す。

第一三五則 趙州答話

趙州云。老僧答話去也。有解問底。致将一問来。時有僧出礼拝。州云。比来抛塼引玉。却引得箇墼子。下座。後法眼。挙問覚鉄觜。此意如何。覚云。与和尚挙箇喩。如国家拝将相似。問誰人去得。有一人云。某甲去得。曰。汝去不得。法眼云。我会也。

趙州云く。老僧、答話し去らん。問を解する底あらば、一問を致将《ちしょう》し来たれ。時にある僧いでて礼拝す。州云く。比来《ひらい》は抛塼《ほうせん》引玉す。さらに墼子《きゃくす》を引き得たりと云って下座す。のちに法眼、覚鉄觜《かくてつし》に挙問す。この意いかんと。覚云く。和尚のために箇の喩を挙せん。国家の将を拝するが如くに相い似たり。誰人《たれひと》が去得《ことく》と問わく。一人あって云く。それがし去得と。曰く。なんじ去不得。法眼云く。われ会せり。

趙州和尚がある時、釣語して云く。わしが答話をしてやるから、問うことの出来る者は、一問をもって来いと。その時、ある僧が、進み出て、うやうやしく礼拝した。すると趙州が、わしはこれまで、かわらを投げ捨てて、玉を引きだそうとしていた。ところが今日は却って、一箇のかわらを引き当てたわいと云って下座した。

さて、それが問題だ。趙州が礼拝した僧をうけがったのか、それとも、うけがわないのか。玉とかわらと比較すれば、玉が上等で、かわらは下等だというのが、世間普通の相場であるが、仏法ではそうと決まっていない。玉を下等と扱い、かわらを上等と扱うことがしばしばある。

そこで法眼が、趙州和尚のこの答話をあげて、趙州のお弟子の覚鉄觜に、この意いかんと問うた。覚云く。あなたのために、一つの喩えを挙げましょう。それはあたかも、国家が将軍をむかえるようなものであります。さあ、誰が将軍職を引き受けて、塞外を治めるかと問われて、はい、私が引き受けますと、答えたが、お前さんでは駄目だと云われたようなものだと、覚鉄觜がいうたら、法眼が、われ会せりと言われた。

法眼は、われ会せりと言われたが、諸君は果たして会せりと、自信をもって道い得るかどうか。「お前さんではだめだ」との一言、権あり、実ありで、一筋縄では縛ることの出来ない語である。お前さんなら適任だと、かるがるしく認めることは、却って本人に失敗させる本となる。だめだと、思い切って抑える方が、はるかに親切というものだ。趙州が、僧をかわらだと言ったのと、好一対だ。点の甘いのは、ためにならない。塩があまいと、腐るからなあ。

老僧答話問将来　　老僧答話せん、問いもち来たれ。
三拝誰人弄墼坏　　三拝、誰人か、墼坏を弄す。
白玉光消成瓦礫　　白玉ひかり消して、瓦礫と成る。
秋天半夜月徘徊　　秋天半夜、月徘徊。

第一三六則　趙州大死

趙州問投子。大死底人。却活時如何。投子云。不許夜行。投明須到。

趙州、投子に問う。大死底の人、また活する時如何。投子云く。よる行くことを許さず。あくるをまって須らく到るべし。

この公案は、名人と名人との一本勝負といったような、おもむきがある。まず趙州和尚が、大死底の人、また活する時如何と、打ち込んでみた。大死一番、大活現成、これは、仏道修行の公式のようなものだ。誰でも修行はこういくに決まっている。まず、凡夫根性を殺すことが先決問題だ。凡夫根性を殺しさえすれば、必ず、本来の自己に復活する。

「ただ凡情をつくせ、別に聖解なし」と古人も言っている。悟りといって、特別なものがあるのではない。ただ凡夫根性を殺し尽くせば、それでよいのだ。凡見凡情という迷いの雲を払い尽くせば、真の自己は、もとより空にありあけの月だ。

「投子云く。よる行くことを許さず。あくるをまって須らく到るべしと」。なぜこんなことを言うのか。投子の言い草を、もっとえぐり出してみたら、こんなことになるのではあるまいか。おい、趙州どの、死んだ奴が、また活きかえったと？　そりゃ、幽霊坊主だなあ！　おれのところでは、そんな幽霊は相手にせんよ。ご用があるなら、まっぴるま、堂々とお出でなされよ。

言うまでもなく、相互に相手の腹が、十分にわかっていてのやり取りだ。趙州も口では、大死底の人云々と言っているけれども、死だの活だのいうものを、担いでいるわけではない。投子も口では、夜行だの、明だの云っているけれども、明暗に引っかかっている人ではない。だから一本勝負で、どちらも土つかずだ。鮮やかな模範仕合だ。

大死底人還活時　大死底人、また活する時。
明中有暗暗中辞　明中に暗あり、暗中の辞。
趙州投子元相識　趙州投子、元よりあい識る。
口角飛泡落便宜　口角あわをとばして、便宜におつ。

第一三七則　雲居雪消

雲居山弘覚大師。問雪峯云。門外雪銷也未。雪峯云。一片也無。銷箇什麼。師自云。銷也。

雲居山の弘覚大師。雪峯に問うて云く。門外の雪きえたりや、いまだしや。雪峯云く。一片もなし。箇のなにをかけさん。師みずから云く。銷也《しょうや》。

雲居山の弘覚大師は洞山の法嗣である。雪峯は、修行に随分苦労した人だ。三たび投子に到り、九たび洞山に至るといわれている。常に徳を積むことに心がけた人だ。最後に、岩頭によって桶底を打破し、徳山の法を嗣いだ。この頃はまだ、一枚悟りを担いでいた頃である。

雲居禅師が雪峯に「門外の雪きえたりや、いまだしや」と、お尋ねになった。もちろん借事問だ。雪の話ではない。雪とはなんのことだろう。分別妄想はいうまでもなく、迷悟凡聖、仏見法見、すべて雪だ。どこまで本来の自己にかえり得たかを、お調べになるのだ。

雪峯云く、一片もなし。このなにをか消せんと。元来、雪などというけがらわしいものは、一かけもございません。消すも消さないもありますかいと。一枚悟りを担いでいる様子が、よくあらわれている。雪峯は、この一枚悟りにながく腰を掛けていて、らちがあかなかった。

師、みずから云く、消せりと。これは雲居禅師が、雪峯に代わって云くだ。お前の答話はまだだめだ。おれが適当な答をいうてやると云うつもりで「銷也」と示された。この公案は、この一句が肝要だ。

凡夫は、迷いの皮を幾枚もかぶっているから、一枚や二枚むいても、未だ未だ何枚も残っている。最初のひと皮、ふた皮は厚い皮だから、むけたのがよくわかるけれども、中へ行くほど、うす皮になって、有るか無いかもよくわからない。従って、むけたか、むけないかもわかりにくい。それだから、明眼の師家に参じて、厳しく点検をして貰う必要がある。消しても、消しても、雪があとから降ってくるから、悟っては、悟りをすて、悟っては、悟りをすてて、どこまでも、精進波羅蜜を続けることが大切である。「銷也」と正直に、素直に出てくれれば、「まだ残雪があるぞ」と注意してやることが出来るけれども、「どこに雪なんかが、ありますかい」という処に潜り込んでいるうちは、救いようがない。雪峯を、この穴から突き出すために、岩頭と徳山の苦心する場面が、徳山托鉢の公案に出ている。人ごとではない。多少、眼のある者は、自分に引き当てて、大いに反省しなければならない。

雲居問雪雪消不　　雲居雪に問う、雪きえたりやいなや。
一片還無不識羞　　一片もまたなしと、羞をしらず。
覚老慈悲云銷也　　覚老慈悲、銷也と云う。
寒毛卓立忘恩讎　　寒毛卓立して、恩讎をわする。

第一三八則　趙州明暗

趙州問南泉。明頭合。暗頭合。泉下座。帰方丈。師云。這老和尚。尋常口吧吧地。今日被吾一問。杜口無語。首座云。莫道堂頭無語。自是上座不会。師掌首座一掌云。這一掌与堂上老漢喫。首座便休。

趙州、南泉に問う。明頭合か、暗頭合か。泉、下座して方丈に帰る。師云く。この老和尚、よのつね口吧吧地なるに、今日われに一問せられて、杜口無語と。首座云く。道うことなかれ、堂頭無語と。みずからこれ上座、えせざるなり。師、首座を掌すること一掌して云く。この一掌、堂上老漢とともに喫せしむ。首座すなわち休す。

趙州が師匠の南泉和尚に一問を発した。明頭合か、暗頭合かと。頭は例の助字で意味はない。明合か、暗合かということだ。明暗の借事だ。言うまでもなく、明は偏位をあらわし、暗は正位をあらわしている。明を向下門とすれば、暗は向上門だ。趙州が師匠を、こう言って引っかけてみたのだ。もちろん、わからなくて、問うたのではない。

南泉にも、趙州の腹はすぐ見えたに違いない。趙州の問話におかまいなく、下座して方丈にお帰りなされた。だが、単に取り合わなかったのではない。立派に応酬してござる処を、見て取らなくてはならない。明暗に落ちない端的を、お示しになされたとでも言うのかしら。

趙州云く。この老和尚、いつもべちゃくちゃ言うくせに、なんだい今日は、わしに一問せられて、杜口無語とは、杜は、とじると言う意味だ。口を閉じて、何も言わないとは、まさか、お天気が変わったわけでもあるまいと、言った様なあんばいだ。

ときに首座云く。堂頭和尚が、何とも言わなかったなどと、いいなさるな。あんたが、ご自分で、堂頭和尚の作略を会得することができないのだと。この首座は、まんまと、趙州の口車に乗ってしまった。首座も、まんざらの無眼子ではあるまいけれども、趙州にしてやられた。

果たせるかな、師、首座を掌すること一掌。横びんたをピシャリやって、この一掌は、堂頭和尚と、お前さんと、一緒にお上がりなされと。賞与の一掌か、懲罰の一掌か。堂頭和尚には讃歎の一掌であったろうけれども、首座には懲罰らしい。

「首座すなわち休す」は、答に窮して、休したと見える。南泉の代理で貰った賞棒は、自分のものにはならない。罰棒だけが、自分のものとは、骨折り損のくたびれもうけだが、それを怠らずにやっていくので、修行がすすむのだ。精出して、骨折り損をやりなされ。

明頭暗合口吧吧　　明頭暗合、口吧吧《くちはは》。
趙老南泉両毒蛇　　趙老南泉、ふたつともに毒蛇。
首座不知招一掌　　首座は知らずして、一掌を招く。
翻身草裏入烟霞　　身を草裏に翻して、烟霞に入る。

第一三九則　仰山竪払

仰山問陸郎中。承聞郎中看経得悟。是否。郎中云。是。弟子看涅槃経道。不断煩悩。而入涅槃。師竪払子云。只如這箇。作麼生入。郎中云。入之一字也不用得。師云。入之一字。不為郎中。郎中便起去。

仰山、陸郎中に問う。承り聞く、郎中、看経して悟を得たりと、是なりや否や。郎中云く。是。弟子涅槃経を看るに道く。煩悩も断ぜずして、涅槃に入ると。師、払子をたてて云く。ただ這箇の如きは、そもさんか入らん。郎中云く。入の一字も用得せず。師云く。入の一字、郎中のためにせず。郎中すなわち起ちぬ。

仰山が、陸郎中に問うた。陸は姓で、郎中は官の名である。あんたは経文を読んで悟りを得たと承りましたが、本当でございますか。郎中云く、左様。私は涅槃経を読みましたところ、次の様に書いてありました。煩悩を断ぜずして涅槃に入ると。この文によって悟りました。

すると仰山が、ツーと払子を竪起して云く。あんたは、涅槃に入ると言われるが、さあ、この中にはいってごらんなされ。こう言われてまごつくようなら、ニセ悟りだ。今日の室内でもよくやられる手だ。師家が笏を突きだして、「この中へはいってみよ」などと拶著することがある。

郎中云く。入の一字も用得せずと。用得の得は助字だ。用得せずとは不用ということだ。不必要ということだ。入という言葉を使ってはいるけれども、入もへちまもありますかいと、言った様な挨拶だ。

仰山云く。入の一字、郎中のためにせず。入の一字も不用だといわれるが、お前さんが入用であろうと、不用であろうと、何もお前さんのために、入の字が書いてあるわけではない。余計なことを言いなさるなと、言わんばかりの撈著だ。宗師家為人の語だ。

郎中はさっさと起ち去った。少しも後ろ髪を引かれる様子がない。戦いはすでに相済みと、軍をさっと引き上げたおもむきだ。美食、飽人の喫に当たらずとでもいうかいなあ。

不断凡心入涅槃　　凡心を断ぜずして、涅槃に入る。
郎中読経復何看　　郎中、経を読んで、また何をか看る。
群生悩故吾還悩　　群生悩むがゆえに、吾またなやむ。
美食愁人不中餐　　美食愁人には、餐にあたらず。

第一四〇則　大医何心

第三十一祖大医禅師問三祖。如何是古仏心。三祖云。汝今是何心。師云。我今無心。三祖云。汝既無心。諸仏豈有耶。師於是頓息疑。

第三十一祖大医禅師、三祖に問う。如何なるか是れ古仏心。三祖云く。なんじ今これ、何の心ぞ。師云く。われいま無心。三祖云く。なんじすでに無心。諸仏あに有ならんや。師ここにおいて、頓に疑をやむ。

第三十一祖が三祖に問うたとあるが、この書き方は少し妙だと思われる。第三十一祖とは、印度における第一祖摩訶迦葉尊者から数えたものであり、三祖とあるのは、支那における第一祖菩提達磨尊者から数えたのであるから、数字の出てくる本が別々である。それでいま、基準を一定とすると、次のようになる。

第三十一祖大医禅師が、第三十祖鑑智禅師に問うたと書くか、或いは、第四祖大医禅師が、第三祖鑑智禅師に問うたと、こう書いた方が明確になる。

如何なるか是れ古仏心。古仏心とはなんのことであるか。文字の表面は、古仏の心であるが、古仏とか新仏とかいうことには、かかわりがないであろう。仏心というのが狙いではあるまいか。仏心とは言うまでもなく仏性のことであり、われわれの本心本性のことであるが、仏性とか、本心とかいうたのでは、どうも抽象的になって面白くない。それで古仏心と、やや具象化した言い方を用いたのであろう。

三祖云く、なんじ、今これなんの心ぞと、自分の心を反省させた。四祖云く、われいま無心と、正直に答えた。心の、心とすべき特別なものは何も無い。ただ嬉しい、悲しい、わかる、わからんと、はたらくだけである。

三祖云く、なんじすでに無心。諸仏あに有ならんや、なんじ、すでに無心と気がついたではないか、諸仏といえども、仏心などという特別なものが、どこにあるかい。四祖、ここにおいて、頓に疑をやめ、多年の疑団が氷解したとある。

仏心とか仏性とかいうと、何か特別に尊い心か、性能かが、われわれに内在するように思っている人が、師家の中にもチラホラ見えるようである。そういう人は、『正法眼蔵仏性』の巻を、よくよく拝覧するとよろしい。仏心とは牆壁瓦礫《しょうへきがりゃく》のことだ。仏性とは、屙屎放尿《あしほうにょう》のことだ。はっきりつかまえないと、ニセ悟りになってしまう。仏心と言っても、仏身と言っても同じことだ。「仏身は法界に充満して、あまねく一切群生の前に現ず」とあるではないか。仏心でないものがどこにあるかい！

仏心を特別扱いするのは、ヒイキの引きたおしだ。仏心がなくわい。仏さまを泣かせるなよ。

問著空王古仏心　　問著す空王、古仏心。
応酬毎弄没絃琴　　応酬つねに弄す、没絃琴。
山川草木還人畜　　山川草木、また人畜。
昼夜綿綿送妙音　　昼夜綿綿として、妙音を送る。

第一四一則　世尊陞座

挙。世尊。一日陞座。大衆集定。迦葉白槌云。世尊説法竟。世尊便下座。

挙す。世尊ある日陞座したもう。大衆集定す。迦葉、白槌して云く。世尊説法し竟ると。世尊すなわち下座したもう。

世尊とは、仏の十号の一つであって、この世の中で、一番尊いお方という意味だ。だが、ここではお釈迦さまのことである。お釈迦さまがある日、説法の座におのぼりになられた。その時、大衆はすでに集まって、仏の説法を拝聴しようと、おまち申していた。

釈尊が説法の座におつきなされて、いつものとおり、しばらく入定なされたであろう。すると、一弟子の迦葉尊者が白槌なされた。白槌とは、槌をカチーンと鳴らすことである。これは、何か大衆に報告するとき、大衆の注意を喚起するための、予告として鳴らすのである。そして、報告して云く。釈尊の説法はこれで竟りました。竟の字は、単におわったという意味だけではなくて、究竟円満ということで、完全無欠、なんの申し分もないということだ。釈尊がまだ口を開かないうちに、迦葉が大衆に、右のとおり報告してしまった。すると釈尊が、便ち下座なされた。便の字は、よどみない動作をあらわす副詞である。

これで分かる人には、十分分かるのであるが、分からない人には、さっぱり見当もつかない。そこで分からない人のために、蛇足を添えておく。説法というものは、ベラベラしゃべるばかりが能ではない。三業説法というて、身口意の三業が一体となって説法をするとき、説法が功果を奏する。

口ばかりうまいことを言っても、腹と口と違っていたら、本当に人を感動させることは出来ない。それに反して、一言もいわなくても、まごころが全身に、にじみ出ていれば、自然に人を感動させることが出来る。仏は常に、三業一体で、説法三昧の生活を続けておられる。それだから、眼ある人から見ると、釈尊の一挙一動が、甚深微妙の法門を説いておられる。大衆にこの説法を、聞き取る眼《まなこ》を開かせようとして、迦葉が警策を与えた。こんな工合に言ったら、あたらずとも、遠からずではあるまいか。

世尊陞座葉鳴椎　　世尊陞座、葉椎を鳴らす。
説法円成聴者誰　　説法円成、聴く者はたそ。
露柱灯籠曽大笑　　露柱灯籠、かつて大笑す。
満堂大衆茫然時　　満堂の大衆、茫然たる時。

第一四二則　仰山法身

仰山因有僧問。法身還解説法也無。師云。我説不得。別有人説得。曰。説得底人。在甚処。師乃推出枕子。潙山聞乃云。寂子用劔刃上事。

仰山ちなみにある僧問う。法身また、説法を解すやいなや。師云く。われ説くことを得ず。別に人あって、説くことを得たり。曰く。説きうる底の人、いずれの処にか在る。師乃ち枕子を推し出す。潙山聞いて乃ち云く。寂子《じゃくし》劔刃上《けんにんじょう》の事をおこのう。

仰山和尚にある僧が、親しくおたずねもうした。法身仏が説法致しますか、いかがですかと。仏を法報応の三身にわけて説明することは、すでに第五十五則ですんでいるから再説しない。報身仏と応身仏は、目鼻を持った仏様だから、説法なさることは当然だと、わかるけれども、法身仏は法を以て身とする仏様だから、説法なさるかどうか。それが問題だ。

法身仏とは仏性のことであり、法性のことであって、禅門ではこれを有り合わせの符牒で表現する。無字とか、麻《ま》三《さ》斤《ぎん》とか、柏樹子とか、色々な言い方をする。無字が説法するかどうか。柏樹子が説法するかどうか。狗子が説法するかどうか。

仰山云く、わしには法身仏の説法はできない。法身仏の説法の出来る人が別に居るよと。僧云く。その人はどこに居りますか。仰山がそこで枕子を推し出した。枕子はまくらだ。まくらを推薦して、このお方が法身仏の説法をなさるから、よくお聞きなされと、言わんばかりの説得だ。

このことを師匠の潙山禅師がお聞きになって、仰山は、劔刃上の事行うとの批判だ。劔刃上の事とは、なんのことか。『無門関』の頌に「劔刃上にゆき、氷稜上にわしる」という語がある。刀の刃渡りだ。ぐずぐずしていると、足が斬れる。分別を入れる余地のないことを譬えたのだ。向上の第一義に譬えたのだ。仰山の接化ぶりは、向上の第一義を突きつけているわいと、いったようなことか知らん。

法身説法又誰聞　　法身説法、又、たれかきく。
用耳人家未有分　　耳を用ゆる人家、いまだ分あらず。
水鳥樹林還枕子　　水鳥樹林、また枕子。
朝朝夜夜常云云　　朝朝夜夜、つねに云云。

第一四三則　芙蓉意句

芙蓉楷禅師。問投子青和尚。仏祖意句。如家常茶飯。離此外別有為人言句也無。青云。汝道。寰中天子敕。還仮禹湯堯舜也無。師擬開口。青拈払子。驀口打云。你発意来時。早有三十棒分。師於此契悟。作礼便行。青云。且来闍梨。師不回首。青云。子到不疑地耶。師掩耳自去。

芙蓉の楷禅師、投子の青和尚に問う。仏祖の意句は家常の茶飯の如し。これを離れてほか、別に為人の言句ありやいなや。青云く。なんじ道え。寰中《かんちゅう》は天子の敕《ちょく》。また禹湯堯舜をかるやいなや。師、口を開かんと擬す。青、払子を拈じて、驀口《まっく》に打って云く。なんじ、発意《ほっち》し来る時、早く三十棒の分あり。師、ここにおいて契悟し、作礼してすなわち行く。青云く。且来闍梨。師、首をめぐらさず。青云く。なんじ不疑の地に到るや。師、耳を掩うて去る。

芙蓉山の道楷禅師が、投子山の義青和尚に問う。仏祖の意句は、家常の茶飯の如しと申しますが、それを離れてほか、別に為人の言句がござりますか、いかがですか。これは漢文の直訳であって、こんな言い方では意味がはっきりしない。

仏祖の意句とは、仏祖が学人を指導なさる時の言句のことだ。それはあたかも、家常の茶飯の如しだ。家常の茶飯は譬えであって、平常使うところの、普通の言葉だということだ。室内に参じた人は、誰でも知っているとおり、室内では、難しい言葉は通用しないし、使わせない。ねる、おきる、泣く、笑う、嬉しい、くやしい、暑い、寒い、くたびれた、といったような言葉で応酬する事になっている。これらのような普通の言葉の外に、何か特別な為人接化の言葉がござりますかと。これもまだ直訳じみている。右のような普通の言葉の外に、何か私をご指導なさる特別な言葉がございましたら、どうぞ、頂きとうございますと。こういうことではあるまいか。漢文はとにかく外国語だから、文中に含まれている微妙な精神は、われわれ日本人には、味わいかねる。

「青云く。なんじ道え。寰中は天子の敕。また禹湯堯舜をかるやいなや」。これもまた、日本人には味わいかねる。どうしても、言葉の意味を解説してもらう必要がある。寰中は天子直轄の地だ。禹湯堯舜は、支那古代の名天子四人の名だ。

「寰中は天子の敕、塞外は将軍の令」という語が支那にある。それを日本に移して説明すると、日本でも昔、五畿内は天皇おんみずから之をお治めなされ、地方之は夫々四道将軍を任命し、派遣して之を治めさせた時代があった。これだけのことを心得ておいて「寰中は天子の敕。また禹湯堯舜をかるやいなや」という言葉の意味を探ってみる。天子が寰中を統治するのに、昔の名天子の力をかりる必要があるかどうか。なんじ言うてみよということだ。言うまでもなく、他人の力を借りなければ、自分の国を治められないようでは、天子たる資格はない。師匠から何とか言ってもらわなければ、わからないような者が、何で衲僧と言えるかと、自覚を促し、反省を迫っているのだ。そこで、師、口を開かんと擬す。擬するという字も、われわれは、真似すると解しているけれども、ここでは、口を開こうとしたのだ。何か言おうとしたことだ。「青、払子を拈じて、驀口に打って云く。なんじ、発意し来る時、早く三十棒の分あり」。拈ずるという字も、拈香などと言って、われわれは、何かていねいに頂くように感じるけれども、ここでは単に持つということだ。驀口の口は助字であろう。いきなり払子を持って、ピシャリと打つことだ。

「発意し来る時、早く三十棒の分あり」とはどういうことであるか。発意とは、新発意《しんぼっち》などというて、初めて発心して、仏道を求めだしたことだ。三十棒の分ありとは、三十もぶん殴られて当然だということだ。お前が初めて発心して、法を求めだした時に、すでに二、三十もぶん殴られて当然だということだ。これは言葉の説明だ。

楷禅師と、青和尚との、この時の問答は、一騎打ちの真剣勝負だ。言葉にも、動作にも気分がかかっていなくてはだめだ。ピシャリッと打って、何が不足で法を求める等と、ウロウロしているのかッと、叱りつけたのだ。ここで初めて、真の自己に気がついた。それで、有難うございましたと、礼拝して、さっと引き下がった。

青云く。且来、闍梨！　それからすぐに、楷禅師の悟りの徹底、不徹底をお調べになるところだ。こら、待て！　と声をかけて見たが、楷禅師はうしろを振り向かなかった。もう沢山ですということだ。青云く。なんじ不疑の地に到るやと、これまた試験だ。はい、不疑の地に到りましたなどと言おうものなら、またぶん殴られるのだが、師、耳を掩うて去る。うるそうござります。聞く耳も持ちませんわいと、言わんばかりの応対だ。実に確かなものだ。

この公案だけ見ると、頗る安易に悟ったかのように思うかも知れないけれども、ここに到るには、容易ならぬ修行の功を積まれたものであるということを、よくよく味わって見なければならない。

一片心田又曷論　　一片の心田、またなんぞ論ぜん。
仏家文句似空言　　仏家のもんくは、空言に似たり。
発意来時三十棒　　ほっちし来る時、三十棒。
寰中何仮帝堯恩　　寰中なんぞ帝堯の恩をからん。

第一四四則　玄沙好与

福州玄沙院宗一大師。一日侍雪峯次。有二僧従堦下過。峯云。此二人堪為種草。師云。某甲不与麼。峯云。汝作麼生。師云。便好与二十棒。

福州玄沙院の宗一大師、ある日雪峯に侍するついで、二僧あり。堦下より過ぐ。峯云く。この二人は種草《しゅそう》とするにたえたり。師云く。それがしは与麼ならず。峯云く。なんじそもさん。師云く。すなわちよし。二十棒を与えん。

玄沙は雪峯の秘蔵の弟子だ。ある日玄沙が、雪峯のおそばに随侍していた時、二人の僧が階段の下を通り過ぎた。それを見て雪峯が云った。あの二人は、立派な種草になる人物だと。種草は喩えであって、仏家のあとを継ぐ、すぐれた人材ということだ。

すると玄沙が、お師匠さま、私の見方はちょっと違いますと申し上げた。どう違うというのか。はい、私なら、二、三十ぶん殴ってやるとよいと、こう申しますと、答えた。弟子だからといって、何でも師匠の言うとおりに、妄従したのでは、さっぱり価値がない。

もちろん、むやみに反抗する奴は論外だが、時に応じて、師匠と法戦出来るような弟子になることが必要だ。さて、雪峯の言い分と、玄沙の言い分と、そこに優劣があるのか、無いのか。これまた参究ものだ。堦下を通った二人の僧が、眼を具していたか、どうかは、この場合問題ではあるまい。

雪峯の批判は活人剣であるが、そこにおのずから殺人刀が光っている。玄沙の言い分は殺人刀であるが、これまたそこに活人剣が光っている。こういう法戦のことを、互いに一隻手を出して、宗乗を挙揚するというのだ。師は弟子と二人がかりで、完全に仏法をやり取りしているというものだ。

右の説明を、さらに具体的にいうと、雪峯は、二人の僧を見込みのある連中だと、活かして取り扱うと同時に、だから、しっかりせよということは、言外に秘めてある。玄沙は、見込みのある連中だということを、言外にかくしておいて、だからぶん殴って、しっかり教育する必要があるし、またそれに堪えられると、判断を与えたのである。

このように、ほめたり、叱ったりが適当に出来て、はじめて本当の教育となる。現代のように、わがままのさせ放題では、碌な人物は出ないであろう。父が叱りつけたら、母がかばい、母が叱ったときには、父がかばうというように、互いに一隻手を出してこそ、家庭教育もうまくいくのである。

然るに、父親が子供をほめると、母も一緒になってほめる。ここで子供が増長する。お天狗になる。そうかと思うと、今度は母親が叱ると、父親まで一緒になって小言をいう。子供は取りつく島がなくなって、気の弱い子供はいじけてしまう。気の強い子供は反抗心をおこす。これでは教育にならない。禅門には昔から、立派な教育法が伝わっている。現代はそれが衰えた。何とかして、挽回したいものである。

褒貶従宜教育人　褒貶よろしきに従って、人を教育す。
玄沙雪老縮還伸　玄沙雪老、縮また伸。
仏家種草生長否　仏家の種草、生長するや否や。
殺活縦横日日新　殺活縦横、日日にあらたなり。

第一四五則　徳山有過

徳山示衆云。問即有過。不問又乖。時有僧纔出作礼。師便打。僧云。某甲話也未問。為甚便打。師云。待汝開口。堪作什麼。

徳山、衆に示して云く。問えばすなわちとがあり。問わざればまたそむく。時にある僧、わずかに出でて礼をなす。師、すなわち打つ。僧云く。それがし、話もいまだ問わざるに、なんとしてかすなわち打つ。師云く。なんじが口を開くを待って、なににかなすに、堪ゆべき。

徳山宣鑑禅師「衆に示して云く。問えばすなわちとがあり。問わざればまたそむく」。この示衆は「問えばすなわちとがあり」が眼目であって、「問わざればまたそむく」は、修証辺から見て当たり前のことだ。問えばすなわちとがあり、とはどういうことか。もちろん本分上の事だ。

仏道とは自分自身のことではないか。仏道は、人々の脚跟下なりというが、下も上もあるかい。足が仏法だ。手が仏法だ。身も心も全部仏道だ。仏道でないものは、毛筋ほどもついていない。だから仏道を、他人に向かって問うのは、私はなんですかと問うようなものだ。だから問うのは全く間違いだ。大いに牛に乗って、牛を求むるに似たりだ。演若が頭を探しに、走り回るようなものだ。正気の沙汰ではない。

ところが凡夫は一人残らず、自分の頭を見失っている。いや、頭だけではない。自分を全部見失っているのだ。本来の自己を見失って、ニセモノの自我を、自分だと思いあやまっているのだ。自分が仏であることを、全く見失っている。自分が仏であるとは、万徳円満、完全無欠で、何の申し分もない身分だということだ。それを見失って、一個の凡夫だと思い込んでいる。それだから「私はなんですか」と、問う気にもならない。これは、本来の自己にそむいているのだ。これは、演若の頭探しが始まるところまで、まだ発達しない動物だ。

時にある僧がわずかに出でて礼拝した。「わずかに」とはどういうことか。少しばかり出て、少しばかり礼拝したということではあるまい。「まだお拝したばかりだのに」ということだ。師、便ち打つと、すぐさまピシャリと打った。あざやかな接化ぶりだ。

ここでこの僧が師の証明を謝すと引き下がったら、いささか作家の漢と言えるかも知れない。もちろん、お芝居ではだめだ。ところがこの僧「それがし、話もいまだ問わざるに、なんとしてかすなわち打つ」と、月並み的の抗議を申し出た。これもわざとこう言って、徳山に本音を吐かせようとの作略なら、すみにはおけない人物ということになる。

「師云く。なんじが口を開くを待って、なににかなすに、堪ゆべき」。お前さんが、何か言うのを待っていて、何になるかい。絶好のチャンスが飛んでしまうぞ。間に髪を入れずというのが、禅門の活きた指導ぶりだと、かんで含めて教えているようだ。

問即乖宗不問迷　　問えば即ち宗にそむき、問わざれば迷う。
唇皮纔動作藩羝　　唇皮わずかに動いて、藩羝となる。
徳山一棒縫緘口　　徳山の一棒、口を縫緘す。
瞎漢来参空噬臍　　瞎漢、来たり参じて、空しく臍をかむ。

第一四六則　六祖風旛

六祖大師。到法性寺。因二僧。争論風動旛動。往復酬答。未得契理。師云。不是風動。不是旛動。仁者心動。二僧。於師言下。領其旨。

六祖大師。法性寺にいたる。ちなみに二僧。風動旛動を争論す。往復酬答するも、いまだ理にかのうことを得ず。師云く。これ風の動くにあらず。これ旛の動くにあらず。仁者の心うごくなり。二僧、師の言下において、その旨を領ず。

六祖大鑑慧能禅師が、五祖から衣法を相続して、しばらく跡をくらまし、法難を避けて居られたが、諸々世に出てもよい時が来たので、広州の法性寺にあらわれた。その時二人の僧が、風旛について論争していた。一人は云く。旛動くと。一人は云く。風動くと。これも借事の問答であって、単に風旛の問題ではない。人境の問題、能所の問題、自他の問題である。一般の人に分かりやすく取り扱えば、境遇と自分との問題だ。前にもあったが、境遇が自分を支配するのか、自分が境遇を支配するのかという問題だ。これについては再説しない。

此の問題は凡夫の世界では、互いに水掛け論におわるであろうけれども、達道の人には問題にならない。六祖が「仁者の心うごくなり」と言われたのは、相手相応のご指導であって、六祖の本格的な接化ではあるまい。なんとなれば、甚だ生ぬるい説法であるからよ。

だがこの二人の僧にとっては、未だ曽て聞いたことのない説法であったと見えて、六祖のこの一言で、たちまち法論が決着となった。これが機縁となって、六祖が世にお出ましになった。

風播心動過弥天
六祖拖泥最可憐
好箇二僧共買得
真金贋札幾千銭

風播心動、とが天にみつ。
六祖拖泥、最もかれん。
好箇の二僧、共に買得。
真金、贋札、幾千銭。

第一四七則　臨済真人

臨済慧照大師。示衆云。有一無位真人。常在汝等面門出入。初心未証拠者。看看。

臨済の慧照大師、衆に示して云く。一人の無位の真人あり。つねになんだちが面門に在って出入す。初心未証拠の人、看るべし、看るべし。

これは臨済大師の有名な示衆である。「一人の無位の真人」という語をよく味わってみることが大切だ。この人は、全宇宙一人きりという人だ。しかも、どの人も、どの人も、みなその真人だ。そして無位だとさ。くらいづけがない。位階勲等などのないことはもちろん、いかなる位もついていない。凡夫という位も、仏という位も、善人という位も、悪人という位も、男という位も、女という位も、一切ついていない。それが本当のじぶんだげな。

この真人がつねに、われわれの面門に在って、出入しているとさ。面門とは、われわれの面についている門だ。本当はその門が六つあって、六根門というのであるが、顔には四つ付いている。眼と耳と鼻と口だ。そこから、この真人が六根に出たり、入ったりしている。どんな工合に出入しているか。見たり、聞いたり、掻いたり、食ったり、しゃべったりと、年がら年中、出入している。

「どうだ、気がついたか?」というのが、「初心未証拠の人、看るべし、看るべし」だ。これほどまでに親切で鄭寧に示されて、それで気がつかなくては仕方がない。ここにはこれだけしか書いてないが、外のところには、「時に僧あり。出でて問う。如何なるか是れ無位の真人」と書いてある。

すると臨済が禅床からおりて、その僧をとっ捕まえて、突き飛ばして、「この無位の真人の糞っ垂れ坊主めが」と、実にきびきびしたご指導をなさった。人ごとではない。修行が熟している人か、さもなくば、全く白紙になっていれば、この話を聞いただけで、すぐに悟れる筋合いのものだ。

無位真人出面門　　無位の真人、面門より出ず。
看看鼻直眼横尊　　みよみよ鼻直眼横尊。
三千八百朝還暮　　三千八百、朝また暮。
証拠分明又曷論　　証拠分明なり、又なんぞ論ぜん。

第一四八則　洞山無情

洞山悟本大師。参雲岩問。無情説法。什麼人得聞。岩云。無情得聞。師云。和尚聞否。岩云。我若得聞。汝即不聞吾説法。師云。若恁麼。即某甲。不聞和尚説法。岩云。我説法汝尚不聞。何況無情説法也。師乃述偈呈雲岩曰。也太奇、也太奇。無情説法不思議。若将耳聞声不現。眼処聞声方得知。

洞山悟本大師、雲岩に参じて問う。無情の説法、なんぴとか聞くことを得る。岩云く。無情の説法、無情聞くことを得。師云く。和尚聞くやいなや。岩云く。われもし聞くことを得ば、なんじすなわち、吾が説法を聞かじ。師云く。もしいんもならば、それがし和尚の説法を聞かじ。岩云く。わが説法すらなんじなお聞かず。いかにいわんや、無情の説法をや。師、すなわち偈をのべて、雲岩に呈して曰く。やたいき、やたいき。無情説法不思議なり。もし耳をもって聞けば、声、現ぜず。眼処に声を聞く、まさに知ることを得。

洞山悟本大師が雲岩曇成禅師に参じて問う。無情の説法、なんぴとか聞くことを得ると。洞山大師はこの時は既に、大証国師の無情説法の話を参究しておられたので、これは呈解問であろう。呈解問というのは、問いの形で、見所を呈して、師の批判を仰ぐという問い方のことだ。

岩云く。無情の説法、無情聞くことを得。さて、無情説法となんのことか。人畜等を有情と言い、山川草木等を無情と取り扱うのは仏教の通例であるが、禅門では、言葉にそのような定義をつけない。時に応じて言葉を自由に駆使する。

道元禅師は、『正法眼蔵無情説法』の巻において、「愚人おもわくは、樹林の鳴條する、葉華の開落するを、無情説法と認ずるは、学仏法の漢にあらず。もししかあらば、たれか無情説法を知らざらん。たれか無情説法をきかざらん」と、お示しなされている。

さて、そうすると、柱はたて、と説法している。敷居はよこ、と説法しているなどということでは、間に合わないことになる。「しるべし、無情説法は、仏法の総章これなり」とも示されてある。してみると、単に法身仏の説法だけではなくて、報身仏の説法も、応身仏の説法も、全部無情説法だということになる。してみると、無情説法とは、凡夫の情量の少しも混入しない説法、ということではあるまいか。凡夫の情量から割り出したところの、柱はたて、敷居はよこは、真っ赤なニセモノだということになる。されば、凡夫の情意にけがされなければ、柱が横になっても無情説法だ。柱が折れても、腐っても無情説法だ。仏祖の説法には、凡見凡情はついていない。ことごとく無情説法だ。なるほど、常説、熾然説、無間歇だ。

このような無情の説法は、凡見凡情の耳では、絶対に聞こえない。凡見凡情は全部捨てて、白紙になれば、いつでも、どこでも、誰でも聞くことができる。無情の説法は、このような無情のみが聞くことを得るものだ。

「師云く。和尚聞くやいなや。岩云く。われもし聞くことを得ば、なんじすなわち、吾が説法を聞かじ」。ここは「われもし聞くことを得ば」と読むよりも、「われ聞くことを得るがごときは」と読む方が、意味が通じ易いように思われる。わしの聞いている無情説法は、お前さんには聞こえないよと、いうことではあるまいか。

師云く、もしいんもならば、それがし和尚の説法を聞かじ、それなら私は、あなたから承りますまい。私自身できますわい。「岩云く。わが説法すらなんじなお聞かず。いかにいわんや、無情の説法をや」。こういう言葉をなんとみるか。これを勦絶《そうぜつ》というのだ。どこまでも殺して、カスを取るのだ。

師すなわち偈をのべて、雲岩に呈して云く。也太奇は、「あらめずらしや」と言ったような感嘆の語だ。無情説法は不思議だ。不思議とは不可思議の略だ。思議すべからずだ。べからずには禁止と不可能と、二つの意味がある。本質的にいうと、思議することは不可能だ。凡夫の頭には、描けないということだ。修行者の心得からいうと、思議することは禁物だ。

別本（拈評三百則不能語）には最後に「もし耳をもって聞けば、声、現ぜず」とある。「声、現ぜず」が、「ついに会しがたし」となっている本もある。凡夫の耳で聞いてわかることではない。凡夫の情量で聞き取ることはできないということだ。眼処聞声とは、凡見凡情を捨てて、白紙になって聞くことだ。そうすれば聞こえるとさ。

無情説法聴誰人　　無情説法、きくは誰人ぞ。
眼処聞声方初親　　眼処に声をきいて、方にはじめて親し。
父子往来家醜太　　父子往来して、家醜はなはだし。
六根不具廃残身　　六根不具、廃残の身。

第一四九則　雪峯耕種

雪峯山真覚大師。一日示衆云。此事如一片田地相似。一任衆人耕種。無有不承此恩力者。時玄沙云。且作麼生是一片田地。師云。看。沙云。是即是。某甲不与麼。師云。汝作麼生。沙云。只是人人底。

雪峯山の真覚大師、ある日衆に示して云く。この事、一片の田地の如くにあい似たり。衆人の耕種に一任す。この恩力を承《う》けざる者あることなし。ときに玄沙云く。しばらく、そもさんかこれ一片の田地。師云く。看よ。沙云く。是なることは則ち是なり。それがしはふいんも。師云く。なんじそもさん。沙云く。ただこれ人人底。

雲岩義存禅師真覚大師が、あるとき衆に示して云く。この事、一片の田地の如くにあい似たり。衆人の耕種に一任すと。この事とは、この一大事因縁ということだ。一大事因縁とは、仏知見を開くことだ。仏知見に悟入することだ。それは一片の田地の如くで、よい種子を蒔き、よい苗をうえて、耕作することが大切という垂示だ。

それから更に言葉を続けて「この恩力を承けざる者あることなし」との仰せだ。この恩力とは何か。この一片の大地の恩力だ。自己の心田だ。この心田に、精出して耕すことによって、立派に収穫を上げることが出来る。怠けて捨てておくと、雑草だらけになってしまう。折角の心田のご恩をうけているのだから、精出して、耕作せよということだ。

「ときに玄沙云く。しばらく、そもさんかこれ一片の田地。師云く。看よ」。看んと要せば、直下に看よと、いうことだ。どこを探しているのか、ということだ。頭上まんまん、脚下まんまんではないかと、言わんばかりだ。

玄沙云く。それはそれで結構でございましょうけれども、私はそのように申しません。「師云く。なんじそもさん。玄沙云く。ただこれ人人底」。めいめいがそれではないか。自分自身が、一片の大地そのものではないかと、こう申してやりますと。師匠の口まねはせん。自分の腹から出た指導を致しますと、いうことだ。

雖有心田不種飢　心田有りといえども、種ざれば飢ゆ。
耕転労作復奚疑　耕転の労作、またなんぞ疑わん。
人人底是非凡骨　人人底はこれ、凡骨に非ず。
雪老玄沙万世師　雪老玄沙、万世の師。

第一五〇則　江西揚眉

江西大寂禅師。示薬山云。我有時。教伊揚眉瞬目。有時。不教伊揚眉瞬目。有時。教伊揚眉瞬目者是。有時。教伊揚眉瞬目不是。薬山忽然大悟。

江西の大寂禅師、薬山に示して云く。われある時は、かれをして揚眉瞬目せしむ。ある時は、かれをして揚眉瞬目せしめず。ある時はかれをして、揚眉瞬目せしむるもの是なり。ある時はかれをして、揚眉瞬目せしむるもの不是なり。薬山、忽然として大悟す。

薬山の惟儼禅師が、初め石頭に参じた時に、「三乗十二分教は、それがし、ほぼ知る」と、自ら申し出たほどの仏教学者であった。そして禅に参ずる志をのべて、直指人心、見性成仏の旨をおたずねなされた。その時、石頭大師が、「いんももまた得ず。ふいんももまた得ず。いんも、ふいんも総に得ず。なんじそもさん」と、のっぴきならん処へ追い詰めて、機発を促したが、機輪が転じなかった。

そこで石頭大師が、「なんじが因縁はここにあらず。しばらく、馬大師の処に往き去れ」と仰せになって、江西の馬祖道一禅師のところへ差し向けた。薬山は、石頭大師の命に従って、直ちに馬大師を礼拝した。その時馬祖大寂禅師が、薬山に示して云く「われある時は、かれをして揚眉瞬目せしむ。ある時は、かれをして揚眉瞬目せしめず。ある時はかれをして、揚眉瞬目せしむるもの是なり。ある時はかれをして、揚眉瞬目せしむるもの不是なり」と、この言下において、薬山は忽然として大悟した。

白すまでもなく「かれ」が何者であるかを自覚させ、発見させるのが狙いである。揚眉とは、眉毛を動かすことであり、瞬目とは、まばたきすることであるが、これはわれわれの日常の動作の全てを代表させているのである。従って、揚眉瞬目とは、ねたり、おきたり、泣いたり、笑ったりすることである。

それからまた、「かれをして……せしむ」とあるけれども、これも「かれが……する」ということである。こう心得ておいて、それからこの言葉全体の精神を、よく味わうのである。あるときは、かれが寝たり、起きたりするし、あるときは、かれが泣きもしないし、笑いもしない。あるときは、起ったり、坐ったりするのがかれであるし、あるときは、飲んだり、食ったりするのがかれではない。こういうことになる。

これだけのヒントによって、薬山は忽然として大悟した。そこで石頭禅師の指導ぶりと、馬大師の指導ぶりとを比較してみると、石頭はもっぱら殺人剣を振ったのであるが、それでは眼があかなかった。馬祖は主として、活人剣を振るった。それによって、薬山の眼があいた。

その時馬祖が、お前さんはわしの処で悟ったけれども、お前さんの師匠は石頭和尚だから、石頭和尚の処へ帰りなさいと言われたので、薬山は石頭の許に帰って、石頭の法をついだ。古人はこの通り、法を重んじるのみであって、人我の見が少しもない。今日のわれわれが、大いに学ぶべきところである。

揚眉瞬目是何人　　揚眉瞬目、これなんぴとぞ。
万古心心日日新　　万古の心心、日日にあらたなり。
教伊誰知非教伊　　教伊たれか知る、教伊にあらざることを。
薬山大悟却失真　　薬山大悟して、却って真を失す。

第一五一則　薬山至宝

挙。薬山和尚。因僧問。如何是道中至宝。師云。莫諂曲。僧云。不諂曲時如何。師云。傾国莫換。

挙す。薬山和尚、ちなみに僧問う。如何なるかこれ道中の至宝。師云く。諂曲《てんごく》することなかれ。僧云く。諂曲せざる時如何。師云く。国を傾くるとも、換ゆることなかれ。

薬山和尚に僧が問うた。如何なるか是れ道中の至宝と。仏道中の至宝を問うていることは、申すまでもない。仏道中の至宝は、仏法僧の三宝の外にはない。三宝の中でも、僧宝が至宝中の至宝だ。なんとなれば、仏と法とを活かすも殺すも、僧宝の双肩に懸かっているからだ。そこで道中の至宝とは、道人の行履を問うたのだと、言うことは明らかである。

師云く。諂曲することなかれ。諂曲とは、己の本心をまげて、他人にへつらうことだ。『遺教経』の中にも、釈尊が最後の説法でこのことを、お誡め下さっている。「なんだち比丘、諂曲の心は道と相違す。このゆえに、宜しく応に、その心を質直にすべし」と。権力者にへつらったり、富貴の人にへつらったりすることは、世俗の人すら恥とする所である。

坊さんが檀信徒にへつらったり、宗務庁にへつらったりすることで、何になるかい。現代は、檀信徒や宗務庁にこびへつらって、檀信徒から上手に金を巻き上げて、それを宗務庁や大本山に奉納する坊さんが、一番偉い坊さんだと言うことになって、はばをきかせている。いやはや、宗旨宗乗とは、千万億里の隔たりだ。この現状に抵抗を感じないようでは、仏法は滅亡だ。

それを宗乗から言うたらどうなるか。何者にへつらってもいけない。道友にへつらってもいけない。師匠にへつらってもいけない。経論にへつらってもいけない。釈迦弥陀にへつらってもいけない。清浄無垢の処にへつらってもいけない。晴天もすべからく棒を喫すべしだ。

「僧云く。諂曲せざる時如何。師云く。国を傾くるとも、換ゆることなかれ」。一国の運命をかけても、質直の心操を換えるなということだ。命がけになって、守り通せということだ。首を要せば、斬り持ち去れというほどの覚悟をもて。

至宝求来問薬山　　至宝求め来たって、薬山に問う。
阿諛諂曲道中姦　　阿諛諂曲は、道中の姦。
柔和質直人如玉　　柔和質直、人、玉の如し。
白昼堂堂出谷関　　白昼堂堂として、谷関を出ず。

第一五二則　大証石獅

慧忠国師。因粛宗与師。到宮前。乃指石師子云。陛下這石師子奇。下取一転語。帝云。朕下語不得。請師下語。師云。山僧罪過。後耽源真応問師云。皇帝還会麼。師云。皇帝会且致。你作麼生会。

慧忠国師、ちなみに粛宗《しゅくそう》と師と宮の前に到る。すなわち石師子を指さして云く。陛下この石師子奇なり。一転語を下取すべし。帝云く。朕、下語すること得じ。請う師下語すべし。師云く。山僧罪過。のちに耽源真応、師に問うて云く。皇帝また会すや。師云く。皇帝の会はしばらくおく。なんじそもさんか会す。

南陽の慧忠国師は六祖の法嗣である。大悟徹底してのち、白崖山の黨子谷という処に隠れて、只管に打坐すること四十年、ひたすら悟後の修行に精進しておられた。そこへ勅使が来て、是非とも天子の師になって貰いたいとのことであったが、固くこれを辞した。勅使が三たび来たので、終に意を決して、都に出ることにした。それで帝王の師となって、国師と呼ばれるようになった。

この公案は粛宗皇帝が、相当に修行が出来てからのことではあるまいかと思われる。慧忠国師があるとき、粛宗と共に宮殿の前に往った。そこに石で造った獅子があったとみえる。国師がその石獅を指さして、陛下に申し上げた。陛下、この石の獅子はよう出来ておりますなあ。何とか一転語をお下しなされまし。一転語とは、法の大精神を道破するところの簡単な一語のことだ。人をして心機一転せしめる力のある語だ。転迷開悟の機縁となるような一句だ。

帝云く。朕、下語することを得じ。請う師下語すべし、いや、わしにはできませんわい。どうぞあなた、何とか道うてご覧なされと、逆襲なされた処を見ると、まんざらの素人ではないらしい。

「師云く。山僧罪過」。国師も帝の口車には乗らない。いやいや、わたくしこそ、つまらん問題を持ち出して、とんだ失敗を致しましたと。肩すかしをされたような趣きがある。

その後、弟子の耽源真応が、国師に問うて云く。皇帝はあの時、一転語を会しておられましたか、いかがですかと。国師云く。皇帝が会していたかどうかは、しばらくおいて、お前なら、あの時、なんと一転語を下したか。ここに真応の答が書いていないところを見ると、この和尚も、一つ穴の狢で、何もかも心得ていて、口はこれ災いの門とも、何とも言わず、ただ黙りこくったとみえる。

言う者は知らず、知る者は言わず、三人とも、隅には置けぬ人物らしい。誰か、この三人を真ん中に引っ張り出して、調べてみるような、物好きは居ないかしら。

南陽告帝石獅奇　　南陽、帝に告ぐ、石獅奇なりと。
転語求来不得宜　　転語求め来たって、宜しきを得ず。
下語山僧還罪過　　下語せば山僧、また罪過。
耽源若会更生肢　　耽源もし会せば、更に肢を生ぜん。

第一五三則　百霊得力

百霊和尚（嗣馬祖）。一日路次。見龐公。乃問。昔日南岳得力句。曽挙向人麼。公云。曽挙来。師云。挙向甚麼人。公以手自指云。龐公。師云。直是妙徳空生也讃之不及。公却問師。得力句是誰得知。師便戴笠子去。公云。善為道路。師去。更不回首。

百霊《ひゃくれい》和尚（馬祖に嗣ぐ）、一日路次にして龐公《ほうこう》を見る。乃問う。むかし南岳得力の句、かつて人に挙向《ここう》すや。公云く。かつて挙し来る。師云く。なんぴとにか挙向せし。公、手をもって自ら、指さして云く。龐公と。師云く。直にこれ妙徳、空生《くうしょう》もほむるに及ばじ。公、かえって師に問う。得力の句、これたれか知ることを得る。師すなわち、笠子《りゅうす》をいただいて去る。公云く。よく道路*をなす。師去って、さらに首をめぐらさず。

*方法・手立て。

百霊和尚は馬祖の法嗣である。龐居士も馬祖の弟子である。兄弟たがいに切磋琢磨するところだ。南岳得力の句とは、南岳懐譲禅師が六祖大師から、「これいかなるものの来るぞ」と問われて、この一句に参ずること八年にして徹したという、有名な一句のことだ。

百霊和尚がある日、龐居士に問うた。あんたは南岳得力の句を、かつて誰かに向かって、挙似したことがありますかと。公云く、はい、ありますよ。和尚が、誰に向かって挙似なされたかと再問すると、居士が自分を指さして、龐公と答えた。

すると和尚が「直にこれ妙徳、空生もほむるに及ばじ」と、居士をほめこくった。どうもわざとらしい。妙徳は文殊菩薩のことであり、空生は解空第一と言われた須菩提尊者のことである。わざとほめあげて、居士の眼の色を注意したのであろう。

このとき居士は多分、微動だにしなかったであろう。公、かえって師に問う。南岳得力の句を、あなたご存じですかと、引っかけた。すると、和尚も引っかからない。なんとも云わず、笠をかぶって、さっさと立ち去った。すると龐公が、「旅をすることには、なかなかなれておられますなあ」と声をかけたが、和尚はうしろを振り向かなかった。

さすがに馬大師の道人である。難兄難弟、互格の法戦で、火花を散らしているところを、よく味わってみなければならない。

霊師龐老甚麼人　　霊師龐老、なんぴとぞ。
得力誰知苦果辛　　得力誰かしる、苦果のからきことを。
指自看他残妙徳　　自を指し他を看て、妙徳をそこのう。
空生戴笠学清貧　　空生笠をいただいて、清貧を学ぶ。

第一五四則　南泉鎌子

池州南泉山願禅師。一日在山作務。有僧過問師。南泉路。向什麼処去。師拈起鎌子云。我這茆鎌子。三十文銭買得。僧云。不問茆鎌子。三十文銭買。南泉路。向什麼処去。師云。我如今使得正快。

池州南泉山の願禅師、ある日、山に在って作務するに、僧あって、いたりて師に問う、南泉の路、いずれのところに向かってか去る。師、鎌子《れんす》を拈起して云く。われこの茆鎌子《ほうれんす》、三十文銭をもて買い得たり。僧云く。茆鎌子、三十文銭に買えることは問わず。南泉の路、いずれのところへ向かってか去る。師云く。われいま使うに正にはやし。

これは南泉鎌子の話といって有名な公案の一つである。道元禅師が支那において、これらの公案を、当時の支那の禅僧達が「無理会」の公案だと思い、理知のはたらきを絶した境地を示したものだと云っていたのを、ひどく叱っておられる。決して無理会ではない。理路整然たるものであり、法の第一義を完全に示したものであることは、眼のある人には一目瞭然である。ただし、その味わい方や、取扱い方については、筆者は必ずしも古人に同調はしない。

例えばこの僧は、南泉山に来て、南泉山を問うているのだとか、人々本来具有底の鎌子は、価幾らなるかというようなことを、この物語の初めから持ち出すことには賛成しかねる。それはこの物語の筋、すなわち、僧の問いと、南泉の答との食い違いには、どんな作略が南泉にあるのかと、いうことを明らかにしておいて、それから法の精神を、一字一句にあてて拈弄するならば、それで、この公案の理路整然たるところが、明らかになると思う。

先ずこの僧は、南泉山の麓の道端で、茆刈りをしていた老人が、南泉和尚であるとは、全く気がつかなかったであろう。南泉の方では、また雲水が一人やって来た。こいつ何の気なしでいる処へ、本物を突きつけたら、ことによると、眼があくかも知れない。もし又、眼を具している僧ならば、こう引っかけたら、何と応対するかと、たちまち慈悲心が動き出して、一見、途轍もないような、挨拶をしたということになる。

多分、南泉山の道場へ上る路が、そのあたりで幾つかに分かれていたであろう。それで僧が「南泉の路、いずれのところに向かってか去る」と問うた。南泉たちまちつんぼに化けて、鎌を高く差し上げて、「わしゃ、この鎌、三十文で買いました」と答えた。

僧云く「鎌を幾らで買ったかと問うたのではない。南泉山へ行く路をたずねたのだ」と、更に大きな声で問い返したであろう。すると南泉も、一段と声をはりあげて、「この鎌はよくきれるよ」と答えた。この僧は無眼子であったと見えて、そのまま南泉山へ上ったらしい。

これだけ言うたら、眼ある者なら、成る程、素晴らしい公案だということが、うなずけるであろう。このうえ更に、人々脚下の南泉山だとか、人々本具の茆鎌子だとか、悟り臭い講釈を持ち出したら、却っておかしなものになりはしまいか。南泉和尚に、そんなことが知れたら、白い眼をするであろう。そして、狸奴白牯かえって有ることを知ると、言われるかも知れない。慚惶慚惶。

南泉路上問南泉　　南泉路上、南泉を問う。
竪起鎌頭示活禅　　鎌頭を竪起して、活禅を示す。
眼見如盲雲水客　　眼みて盲のごとし、雲水の客。
東西行脚不当銭　　東西行脚して、銭に当たらず。

第一五五則　霊雲桃花

福州霊雲志勤禅師（嗣大円）。因見桃花悟道。有頌云。三十年来尋剱客。幾回葉落又抽枝。自従一見桃花後。直至如今更不疑。挙似潙山。山云。従縁入者。永不退失。汝能護持。玄沙聞云。諦当甚諦当。敢保老兄未徹在。師亦聞云。和尚徹也未。

福州霊雲《れいうん》の志勤《しごん》禅師（大円に嗣ぐ）、ちなみに桃花を見て悟道す。頌をつくれるに云く。三十年来、剱を尋ねし客。いくめぐりか葉落し、また抽枝す。一たび桃花を見しよりのち、直にいまに至るまで、更に疑わず。潙山に挙似す。山云く。縁より入るものは永く退失せず。汝よく護持すべし。玄沙聞いて云く。諦当《たいとう》なることは、甚だ諦当なり。あえてたもて。老兄なおいまだ徹せざるあり。師もまた聞いて云く。和尚徹すやいまだしや。

福州の霊雲志勤禅師は、三十年の精進弁道によって、最後の桶底を脱した。それがこの公案だ。『正法眼蔵谿声山色』の巻には、道元禅師が次のようにお書きなされてある。

「また霊雲志勤禅師は三十年の弁道なり。あるとき遊山するに、山脚に休息して、はるかに人里を望見す。ときに春なり。桃花のさかりなるをみて、忽然として悟道す。偈をつくりて、大潙に呈するにいわく」として、次の偈を挙げてある。

「三十年来、剣を尋ねし客。いくめぐりか葉落し、また抽枝す。一たび桃花を見しよりのち、直にいまに至るまで、更に疑わず」。剣を尋ねし客とは、もちろん譬喩的に表現したのであって、霊雲自身が法を求めて、苦辛したことを述べている。

桃花を見て悟ったということと、刀剣とが、どのような関連をもっているのかと言うことも、言句の上の参究として必要である。これには故事がある。昔、印度から支那へ、刀剣を作る名工が来た。なんという名の名人であったか知らないが、周公がその人に桃氏を名乗らせた。桃という字は、不吉を除くと支那では言われていた。刀剣は、これを悪用すると不吉となるから、その不吉を避けるように、桃の字を用いさせたという。

「いくめぐりか葉落し、また抽枝す」は、三十年の間に、いくたびか秋におうて落葉し、また春におうて抽枝したと、歌って、第三句に桃花を点出するところの、伏線にしたおもむきがある。そして申すまでもなく、分別妄想の葉が幾たびか、ホロリ、ホロリと落ち、成る程これだ、ここだと、大小の歓喜があったことを述べている。

「一たび桃花を見しよりのち、直にいまに至るまで、更に疑わず」と、大安心決定したことを歌っている。桃花を見た瞬間に、自己の心華開発を見たのであることは、申すまでもない。それから、この偈を潙山禅師に呈した。

潙山云く「縁より入るものは永く退失せず。汝よく護持すべし」とのご証明であり、同時に、油断しないようにとの訓誡である。道元禅師は、「いずれの入者か従縁せざらん。いずれの入者か退失あらん。ひとり勤をいふにあらず」と仰せになっている。

悟りというものは、何かの機縁にふれて、ホッと気がつくものだ。自分の頭をひねって、絞り出すものではない。縁といっても、直接の機縁だけではない。多年の間、参師問法した縁も、陰で働いている。

さて、桃の花を見て悟ったというのは、事実にふれて、正智見を開いたのであって、それは、釈迦、達磨の得た正智見と、その実質は全く同じものだから、永久にこわれない。ただし、明暗深浅の差があることは止むを得ない。もちろん、智見の跡を更に掃う必要がある。これらは一人、志勤禅師だけのことではなくて、誰の悟道についても、右のような筋合いのものである。

霊雲靉靆蓋全山
一見桃花入故関
脉脉春風吹不尽
夭夭灼灼旧時顔

霊雲あいたいとして、全山をおおう。
桃花を一見して、故関に入る。
脉脉たる春風、吹いてつきず。
夭夭、灼灼たり、旧時のかんばせ。

第一五六則　長慶独露

長慶慧稜禅師（嗣雪峯）。参霊雲問。如何是仏法大意。雲云。驢事未去。馬事到来。師如是往来雪峯玄沙二十年間。未明此事。一日巻起簾。忽然大悟。乃有頌曰。也太奇。也太奇。巻起簾来見天下。有人問我解何宗。拈起払子劈口打。峯挙謂玄沙曰。此子徹去也。未可。沙曰。此是意識著述。更須勘過始得。至晩衆僧上来問訊。峯謂稜曰。備頭陀未肯汝在。汝実有正悟。対衆挙来。稜又有頌曰。万象之中独露身。唯人自肯乃方親。昔時謬向途中覓。今日看来火裏氷。峯乃顧沙曰。不可更是意識著述。

長慶の慧稜禅師（雪峯に嗣ぐ）、霊雲に参じて問う。いかなるか是れ仏法の大意。雲曰く。驢事いまだ去らざるに、馬事到来す。稜、かくの如くして、雪峯、玄沙に往来すること二十年の間、いまだこの事をあきらめざりき。ある日簾を巻起《けんき》するに、忽然として大悟す。乃ち頌をつくって曰く。やたいき、やたいき、簾を巻起し来たりて、天下を見る。人あり、われに何の宗をか解せると問わん。払子を拈起して、劈口に打たん。峯、挙して玄沙に謂って曰く。この子、徹せりや、いまだしや。沙曰く。これは是れ意識の著述なり。さらに須く勘過して始めて得べし。晩に至って衆僧上来し、問訊す。峯、稜に謂て曰く。備頭陀、いまだ汝をうけがわざること在り。なんじ実に正悟有らば、衆に対して挙し来たれ。稜、また頌をつくって曰く。万象之中独露身。唯人自から肯《うけが》って、乃ち方に親し。そのかみ、謬《あやま》って途中に向かって覓む。今日看来たれば火裏の氷なり。峯、すなわち沙を顧みて曰く。さらに是れ、意識の著述なるべからず。

長慶の慧稜禅師は後に雪峯の法を嗣いだが、はじめ霊雲に参じて問う。いかなるか是れ仏法の大意と。大意とは大精神とか、血滴々とかいうような意味であって、現代のような大体の意味というようなことではない。そこで霊雲和尚が、仏法の血滴々を示して云くだ。驢事いまだ去らざるに、馬事到来すと。

これは日本人にはわかりにくい言葉ではあるが、支那人には日常の平凡な言葉であったろうと思われる。驢事馬事とは、色々な用事のことであろう。この仕事がまだ片付かないうちに、あの仕事がやってくるという、忙しい生活の事実だ。それが仏法的々の大意であり、活きた仏法だとは、知る人ぞ知るだ。その解釈や理窟のわかったのは、真っ赤なにせものだ。なるほどと、本当に臍落《ほぞお》ちがして、天地がひっくり返っても、もはや微動だにしないという、立脚地が出来なくてはだめだ。

長慶はこれが納得できなくて、霊雲和尚の本師雪峯禅師と、その高弟玄沙師備頭陀との間を往来して、二十年間も実参実究に骨を折った。実にどえらいことだ。霊雲和尚と同じように、その間、幾たびか落葉し、抽枝したことであろう。

ある日簾を巻き上げて、外を見た途端に大悟したとみえる。乃ち頌をつくりて曰く「やたいき、やたいき」。別本（拈評三百則不能語）には「也太差」とある。「やたいき」ならば、「また、はなはだ奇なり」で、驚きをあらわす感嘆詞である。

簾を巻起し来たって天下を見る、みすをまきあげて、外がよく見えた。見たままで、なんの変哲もないけれども、それでいて、今迄とはガラリとかわった天地が開けたであろう。その消息は、これ以上説明のしようがない。強いて言えば、ひと目に三千世界が見えたとでも、いうより仕方がない。

人あり、われに何の宗をか解すと問わば、払子を拈起して劈口に打たん、「何を悟ったのかと問う奴があったら、払子で口のさけるほど打ってやるぞ」と歌った。潙山禅師がこの頌を、玄沙に挙似して曰く「この子、徹せりや、いまだしや」と。玄沙曰く。これは意残りざとりでございます。更にもっとよく、お調べなされたらよろしゅうございますよと。玄沙はなかなか手厳しい。点が辛い。

その晩、衆僧が方丈に上って、雪峯に問訊した。すると雪峯が、長慶に向かって云った。

師備頭陀が、お前さんをうけがわないから、お前さん、本当に悟ったのなら、大衆に対して、何とか示してごらんと。すると長慶がまた頌を作って「万象之中独露身。唯人自から肯って、乃ち方に親し。そのかみ、謬って途中に向かって覓む。今日看来たれば火裏の氷なり」と示した。

そこで雪峯が、玄沙をかえりみて云く。どうだ備頭陀、これなら、意残り悟りではあるまいがなあ！　このとき備頭陀は何とも言わなかったらしいが、それは用事相済みで、何も言う必要がなかったからであろう。玄沙もただ法のため、辛い点を付けただけのことで、もともと、根も葉もないことだ。

万象之中独露身　　万象之中、独露身。
簾纖脱尽見天真　　簾纖、脱尽して、天真を見る。
玄沙雪老何閑話　　玄沙雪老、なんの閑話ぞ。
自肯長慶火裏薪　　みずから肯う長慶は、火裏の薪。

第一五七則　疎山有無

疎山到潙山便問。承師有言。有句無句。如藤倚樹。忽然樹倒藤枯。句帰何処。潙山呵呵大笑。師云。某甲四千里売布単来。和尚何得相弄。潙山。喚侍者云。取銭還者上座。遂嘱云。向後有独眼竜。為子点破去在。後到明招。挙前話。招云。潙山可謂頭正尾正。只是不遇知音。師問。樹倒藤枯。句帰何処。招云。更使潙山笑転新。師於言下有省。乃云。潙山元来。笑裏有刀。

疎山、潙山に到りてすなわち問う。うけたまわる。師、言えることあり。有句無句は、藤の樹に倚るが如しと。忽然として樹倒れ、藤かれなば、句はいずれの処に帰するや。潙山、呵呵大笑す。師云く。それがし四千里、布単を売り来る。和尚なんぞ相い弄することを得たる。潙山、侍者をよんで云く。銭をとりて、この上座にかえせと。遂に嘱して云く。向後、独眼竜ありて、なんじがために点破し去らんと。後に明招に到りて、前話を挙す。招云く。潙山謂いつべし、頭《ず》正《しん》尾《び》正《しん》と。ただこれ知音に遇わず。師問う。樹たおれ、藤かれなば、句はいずれの処に帰するや。招云く。さらに潙山をして、笑い、うたた新たならしめん。師、言下において省あり。乃ち云く。潙山元来、笑裏に刀あり。

疎山匡仁禅師は、洞山良价禅師の法を嗣いだ人であるが、この時はまだ不徹底であった。そこで潙山大円禅師を訪ねて、次の問いを発した。あなたが有句無句は、藤の樹に倚るが如しと仰せになったと承わりますが「忽然として樹倒れ、藤かれなば、句はいずれの処に帰するや」と。

まず、この問いの言葉をよくよく参究することが必要である。その中でも、潙山の示された「有句無句は、藤の樹に倚るが如し」の一句が、特に参究ものだ。藤の樹に倚るとは、もちろん譬喩であって、それが、有句無句にたとえたということも明らかである。されば、有句無句の四字が眼目であり、結局は、有無の二字が要点であるということになる。

有は差別であり、無は平等である。凡夫は、どちらかに落ちる病気をもっている。現代は、平等の病が天下に流行している。それで、世の中が無茶苦茶になっている。この病気を救い得る正しい教えは、仏道を除いて外に無いであろう。もちろん仏道も平等を重んじ、平等を教えの根本としているけれども、それと全く同じ比重で、差別を重要視するものである。

全てのものの本質たる仏性は、元来平等であるが、その仏性の千変万化たる、因縁の姿は、いつでも、どこでも、なんでも、悉く差別である。この差別の面を有句と名付け、平等の面を無句と名付けるのである。有句は偏位であり、無句は正位である。偏位だけのものも無ければ、正位だけのものもない。

有は無によって存在し、無は有によって存在する。有と無とは、偏位と正位とは、差別と平等とは、お互いに裏付けとなっている。これを、藤の樹に倚るが如しと譬えたのだ。だから、本当は藤と藤だ。無の藤と、有の藤と、互いに巻き付いて、のびているのだ。

有と無とを別々のものだと思ったり、正反対のものだと思ったりする、凡夫の病気に対して、正中偏、偏中正という薬を用いて、有と無とは、相依相関的のものだと教え、それから、無は有を呑んでしまって、無だけだ（正中来）。有は無を呑んでしまって、有ばかりだ（偏中至）。このように整理しておいて、最後にそれだから、有とも無とも、一方に片付けるわけにはいかないという真実の世界（兼中到）を示す。これが、洞山大師の幻設された五位の大要だ。さて、本則に戻って、有もなくなり、無もなくなったら、真の第一句（本来の自己）はどこへ行くのでしょうかと、いい処へ頭を突っ込んで来た。本当に突っ込んでしまえば、ちょっとさわっただけで爆発する。本当に窮じ果てしまえば、花が教えてくれるよ。馬が教えてくれるよ。

潙山禅師はこの時、壁塗りをしていたということだが、土こね棒を放りだして、あっはっはあ！　と大笑して方丈に帰った。実に鮮やかな説法だ。親切きわまるご指導だ。これで気がつかないところを見ると、疎山の突っ込み方が足らない。窮し方が、まだ不十分であったと見える。

この時疎山は、潙山和尚にからかわれたと誤解した。心中、憤りを発したと見える。多分、潙山のあとを追って、方丈に上り、口をとがらせて文句を言ったであろう。私は四千里（六十一里）を遠しとせず、寝道具まで売って、旅費を作って、わざわざ参ったのでございます。あなたなんで、人をからかいなさるのか。

潙山はさぞおかしかったろう。おい、侍者！　この坊さんに旅費を返してやってくれと。これはからかいだ。それから、潙山が言葉をあらためて、疎山に言うた。お前さんは将来、片目の和尚から、眼を開かせて貰うであろうと、予言を与えた。これは直覚的に、潙山の口を突いて出た予言であろうけれども、その通り的中した。

羅山道閑禅師の弟子の、明招徳謙禅師は機鋒峻烈の人で、左の眼が見えないので、独眼竜と号したというが、疎山がこの人に遇うて、前の潙山禅師のご指導ぶりを申し上げた。すると、明招云く「潙山謂いつべし、頭正尾正と。ただこれ知音に遇わず」。頭正、尾正とは、初めも完全な説法、終わりも完全な説法ということだ。言うべきことを完全に言った。それが頭正だ。言うてならないことは、決して言わぬ。それが尾正だ。潙山の説法、あっはっはあ！　完全無欠だ。ただお前さんが、めくらで見えなかったのだ。つんぼで聞こえなかったのだ。

そこで疎山が改めて、同じ問いを明招に呈した。「招云く。さらに潙山をして、笑い、うたた新たならしめん」。おれとても、別に説きようはない。もう一度潙山に、ウワッハッハと、笑ってもらうかなあ！　疎山、言下に悟った。そして、次のように言った。潙山和尚の笑いの中には、殺人刀も、活人剣も、立派にはたらいておりましたわいと。

疎山曽問労潙山　　疎山かつて問うて、潙山を労す。

路費空消覓返還
大笑呵呵人似玉
而今相見旧時顔

路費空しく消して、返還をもとむ。
大笑呵呵、人、玉に似たり。
にこん相見す、旧時のかんばせ。

第一五八則　雲門塵塵

雲門因僧問。如何是塵塵三昧。師云。鉢裏飯。桶裏水。

雲門ちなみに僧問う。如何なるか是れ、塵塵三昧。師云く。鉢裏飯《はつりはん》。桶裏水《つうりすい》。

雲門大師に僧が問うた。この僧は、雲門座下の久参底と見える。雲門と太刀打ちの出来る力量を備えているらしい。するると、この僧の問いは、問処の道得とみなければならない。「如何なるか是れ、塵塵三昧」とは、如何なるか是れ塵々三昧にあらざるものぞ、との底意を呈露している。

さて「塵塵」とは何のことか。一塵一塵ということだ。一塵一塵とは何のことか。顕微鏡を持ち出すには及ばない。嬉しい、悲しい、憎い、可愛いがそれだ。感情だけではない。分かるも、分からんも、飲みたいも、食いたいもそれだ。いや、山川草木も、塵埃糞尿もそれだ。だから、塵塵とは、一つ一つということだ。

『華厳経』には、「一毛端頭、正定に入り。一微塵中に定より出ず。一微塵中に正定に入り、一切塵中、定より出ず」とある。事々無礙三昧だ。一塵一塵が三昧王三昧だ。それが塵々三昧だ。黄金の如来だ。自家の坐床だ。本来の面目だ。真の自己だ。されば、山川草木を向こうに眺めて、それがそのまま仏だと、言っている無眼子の無事禅者流に分かることではない。

門云く「鉢裏飯。桶裏水」。これを「鉢裏には飯、桶裏には水」と直訳すると、理窟の入る余地が出て面白くない。「鉢裏の飯、桶裏の水」と読んだ方がまだ良い。一番よいのは、「鉢裏飯、桶裏水」だ。おはち、水桶、ご飯、お水ということだ。塵々三昧じゃないか。どこに講釈をつける余地があるかい。嬉しい、悲しい、憎い、可愛いだ。本来の自己の丸出しじゃないか。

だが、凡夫は嬉しい、悲しい、憎い、可愛いを煩悩妄想として使っている。だから六塵というわい。色声香味触法だ。仏はこれを仏光明と受用している。それが、自受用三昧、他受用三昧だ。仏も凡夫も、知っても知らなくても、本来ことごとく塵々三昧だ。六塵、憎まざれば、正覚に同じと『証道歌』にもある。憎んではいかん、慕うてはなおいかん。いとうことなく、ねごうことなき、これを仏と名づくだ。なるほどと、理窟がわかっただけではまだだめだ。

それはなぜか。順逆の境に翻弄されるからだめだ。一度あぶら汗を流して、ウムと深くうなずく時節がなくてはだめだ。うなずいたら、更に百錬千鍛して、いかなる逆境も悉く塵々三昧、すなわち自己の光明と受用如意でなくてはだめだ。永嘉大師は「頓に無生を悟了してより、もろもろの栄辱において、なんぞ憂喜せん」と歌っている。そんなことに一喜一憂するようで、何が塵々三昧か。

「たとい鋒刀におうとも常に坦々、たとい毒薬もまた閒々」とあるではないか。踏まれても、蹴られても、青痰引っかけられても、有難い、忝いと、信受奉行出来るようにならねば、鉢裏飯、桶裏水ではない。うそと思うなら、水に青痰を引っかけてごらん。水が怒るかい。雲門の一句。容易の看をなす勿れだ。

塵塵三昧浄無塵　　塵塵三昧、浄うして塵なし。
鉢裏花開桶裏春　　鉢裏花開く、桶裏の春。
飲水黄鵝求純味　　飲水の黄鵝、純味を求む。
午時喫飯是何人　　午時、飯を喫す、是れなんぴとぞ。

第一五九則　大証十身

西京大証国師。因粛宗問。如何是十身調御。師乃起立云。還会。帝曰。不会。師云。与老僧過浄瓶来。

西京《せいきょう》の大証国師、ちなみに粛宗問う。如何なるか是れ十身調御《じっしんちょうご》。師すなわち起立して云く。かえって会すや。帝曰く。不会。師云く。老僧がために浄瓶をすごし来たれ。

大証国師のことは、前に出ていたから再説しない。粛宗は大証国師に参じて、この時はすでに相当な力量を、具えて居られたと思われる。十身調御とは、仏ということであるが、その要点を簡単に言うと、十身とは仏の十身であって、『華厳経』に正覚仏、願仏、業報仏、住持仏、化仏、法界仏、心仏、三昧仏、性仏、如意仏とある。これが、仏の十身といわれている。

調御とは調御丈夫の略であって、これは仏の十号の一つである。仏の十号とは、如来、応供、正徧智、妙行足、善逝、世間解、無上士、調御丈夫、天人師、仏世尊のことである。その中の調御丈夫とは、仏が一切衆生を済度なさることを、調御師が馬を調御するのに譬えたのである。それで十身調御とは、仏のことだということになる。

さて、仏には法身仏と、報身仏と、応身仏の区別があるということは、これも前に出ているから説明しないが、法身仏を目標として、如何なるか是れ十身調御という一問を発したものであると、此処では取り扱わねばならない。すなわち、阿弥陀様のような報身仏や、お釈迦様のような応身仏を問うたのではなくて、清浄法身毘盧遮那仏を問うたのだ。

毘盧遮那は梵語であって、遍一切処と漢訳されている。宇宙いっぱいの仏さまだ。いや、宇宙全部が毘盧遮那仏だ。その毘盧遮那仏とは、真の自己のことだ。真の自己とは、宇宙一ぱいの毘盧遮那仏だ。宗門で和尚の葬式には、「シンジンパシンビルーシャーノーフー」と唱えて三匝するが、あれはビルシャナ仏が、ビルシャナ仏を送るところの儀式だからである。

師、すなわち起立して云く。かえって会すや、国師が起立して、全身をお示しなされた。十身調御の仏さまを丸出しにして、お見せなされたのだ。そして「ごらんになりましたか」と念を押した。「帝曰く。不会」とあるが、この不会は、チンプン、カンプンで、全くわかりませんと、いう不会ではあるまい。さりとて、徹底不会という立派な不会でもないらしい。どうもハッキリ致しませんと、いう不会に見える。

そこで国師が、もう一度お示しになる。わしにその水差しを持って来て下されましと。ここには。これだけしか書いていないが、帝は国師に言われた通り、水差しを持って来たであろう。そこでまた「かえって会すや」と機発を促したかも知れない。

国師の接化については、外にもこれに類した場面がある。『従容録』の第四十二則に出ている。僧が大証国師に「如何なるか是れ本身盧舎那」と問うたら、国師が「そこの水差しを持って来い」と仰せになった。僧が水差しを持って行ったら、「また元の処へおいて来い」と仰せになった。僧がそのとおりにして、それから再び、本身の盧舎那をおたずねしたら、国師が「古仏、退去すること久し」。仏さまはとうにお帰りなされた。先刻お出ましの時に、なぜ拝まなかったのかと、言わんばかりのご指導であった。

調御何須問十身　　調御なんぞもちいん、十身を問うことを。
南陽起立露全真　　南陽起立して、全真をあらわす。
君王不会当些子　　君王の不会、些子にあたる。

瓶水将来用得親

瓶水もち来たって、用い得て親し。

第一六〇則　投子拄杖

投子和尚。因僧問。那吒太子。拆骨還父。拆肉還母。如何是那吒本来身。師放下手中拄杖子。

投子和尚、ちなみに僧問う。那吒《なた》太子、骨を拆《さ》いて父にかえし、肉を拆《さ》いて母にかえす。如何なるか是れ那吒本来の身。師、手中の拄杖子を放下す。

那吒太子については、次のような伝説がある。那吒太子の父王が隣国の王に攻められ、戦いに敗れて、他国に亡命するとき、王と后妃と太子と三人だけになってしまった。そのとき糧食が無くなって、父母が歩けなくなった。那吒太子は自分の肉をさいて、父母に食べてもらって、父母と共に脱出したという。一説には、北方多聞天王の五子の中の長子で、三頭八臂《さんとうはっぴ》、大力を有する鬼神であるとも言われている。

『五灯会元』第二、西天東土応化聖賢の章、祖庭事苑第六に「那吒太子、肉を拆いて母にかえし、骨を拆いて父にかえし、然る後、本身を現じ、大神力をめぐらして、父母のために説法す」とある。僧の問いは、ここから出たものと思われる。

僧問う「那吒太子、骨を拆いて父にかえし、肉を拆いて母にかえす。如何なるか是れ那吒本来の身」。右に述べた不思議な物語りは序曲であって「如何なるか是れ那吒本来の身」という一句が本番だ。前の物語りに眩惑され、那吒という限られた人物に引っかかると、本来身が見えにくい。

本来の身とは、言うまでもなく、本身の毘盧遮那仏だと、すぐに見てとらねばならない。本来の面目であり、真の自己であり、無字であり、隻手であり、麻三斤である。すぐ前の公案にあった「十身調御」だ。それなら、水差しでも、拄杖でも、あり合わせのもので示すことが出来る筈である。だが、単に型をおぼえて猿まねをしたのでは、全くのニセ物だ。「これはこれ、諸方において学得する底なり。なんじ分上そもさん」と、突っ込まれて、自由自在に応対が出来るようでなくてはだめだ。だめとは、無駄目のことだ。目があるようでも、それは欠け目で、役に立たない。これは、碁の話だ。

「師、手中の拄杖子を放下す」。子は助字で意味はない。持っていた拄杖を放り出したことだ。放り出して!!!も、突きつけても、画一画しても、それは、その時その時の横拈倒用だ。必ずしも、放下するに限るものではない。

この拄杖は、凡夫の目で見た拄杖では間に合わない。もちろん、それと別な物でもないけれども、凡夫は拄杖の表面だけ見ていて、拄杖の中味が見えない。中も外も実はないのだが、凡夫の目には、五尺か六尺の拄杖しか見えない。尽十方世界一箇の拄杖と見えなくてはだめだ。道元禅師は、「多年住山の烏拄杖、竜となって一旦、風雷を起こす」といわれた。烏は黒いということで、カラスではない。だが、カラスが竜になるほど不思議な働きをするわい。この拄杖が手に入ると、凡夫という烏が、一挙にして仏という竜になる。それもまだきたないなあ! 放り出してしまえ。

骨肉還親孝不全　　骨肉親にかえすも、孝全からず。
空身遮那制機先　　空身の遮那、機先を制す。
抛来杖子何消息　　杖子をなげうち来る、何の消息ぞ。
月在澄潭水在天　　月は澄潭にあり、水は天に在り。

第一六一則　石室拄杖

挙。石室行者（嗣長髭）。見僧来。拈拄杖云。過去諸仏也恁麼。現在諸仏也恁麼。未来諸仏也恁麼。

挙す。石室行者（長髭に嗣ぐ）、僧の来るを見て、拄杖を拈じて云く。過去の諸仏もまた恁麼。現在の諸仏もまた恁麼。未来の諸仏もまた恁麼。

『正法眼蔵供養諸仏』の巻に、「あきらかにしるべし、三世にかならず諸仏ましますなり。しばらく過去の諸仏におきて、そのはじめありということなかれ。そのはじめなしということなかれ。もし始終の有無を邪計せば、さらに仏法の習学にあらず」とあるとおり、過去、現在、未来の三世に、かならず、諸仏が実在するということを確信するのが、仏弟子の正しい態度である。

だれも知っているとおり、正伝の仏法においては、曹洞宗でも臨済宗でも、回向の終わりに、必ず「十方三世一切諸仏、諸尊菩薩摩訶薩、摩訶般若波羅蜜」と唱える。それから、お授戒の加行の一つとして、称名礼拝があるが、一般の戒弟に「南無三世諸仏」と唱えさせて、礼拝をさせるのが曹洞宗の作法であり、臨済宗では「南無三世三千諸仏」と唱えさせるそうである。

それから『三千仏名経』には、過去の千仏、現在の千仏、未来の千仏の名号が列記されてある。これらを実在の仏と信受出来るようでなくては、仏法を正しく信じたとは言われない。浅薄な仏教学者のように、これらを単に理想上の仏として、実在の仏ではないと主張するのは、不参学のいたすところだ。そんな頭では『正法眼蔵供養諸仏』の巻などを、真面目に拝覧することが、出来るものではない。『正法眼蔵』は九十五巻とも、その内容価値において軽重はない。

さて、三世十方に、無量無辺の諸仏が実在ましまして、説法教化にいそしまれるが、その説法の内容は、「十方仏土中、ただ一乗の法のみあって、二もなく、また三もなし」と、『法華経』にあるとおり、仏法に二種三種はない。然らばそのいわゆる、一仏乗の法門とは、どのようなものであるのか。それを、この公案で参究するのだ。

石室行者、僧の来るを見て、拄杖を拈じて云く「過去の諸仏もまた恁麼。現在の諸仏もまた恁麼。未来の諸仏もまた恁麼」と、これで仏法を完全に説きおわっている。簡単明瞭だが、わからん人には簡単だけで、明瞭でないかも知れない。それで例によって、蛇足を加えておく。

恁麼は支那の俗語で、このとおりということだとは、禅書を読んだ人なら、みな心得ている。このとおりには、講釈は要るまいと思うけれども、仕方がない、お約束だ。禅門には、このとおりの実例が沢山出されてある。それを並べたらきりがない。

「甘きものは甘く、苦きものは苦し」などという言葉がある。「這竿は得恁麼長。那竿は得恁麼短」。これは七十一則に出ていた。こっちの竹は長いよ。あっちの竹は短いよということだ。長いものは長い、短いものは短い。なるほど、そのとおりだ、このとおりだ。「蔵頭白。海頭黒」は、第百八則に出ていた。しらが頭は白いよ。黒い頭は黒いよ。「天、晴れて日頭出で、雨くだって地上湿う」と、無門関の頌に出ていた。「雨の降る日は天気が悪い。兄きゃわしより年上だ」。仏法には少しもウソはない。無理は無い。不合理なことは言うてない。如是の法だ。有りのままだ。

ありのままはひとつしかない。だから「十方仏土中。唯有一乗法。無二亦無三」だ。これを白隠禅師は「無二無三の道なおし」と歌っている。石室が拄杖を拈じたのは、このとおりの代表に出したのだ。言葉で「恁麼」といっただけでは、抽象的で実感がでないから、それで拄杖を拈じたのだ。拄杖でなくても、払子でも、げんこつでも何でもよいのだ。ただ「このとおり」と、しっかり受け取れば、それでよいのだ。

拈来拄杖示来僧
石室綿綿継祖灯
三世十方無上士
恁麼開演幾層層

拄杖を拈じ来たりて、来僧に示す。
石室綿綿として、祖灯をつぐ。
三世十方の無上士。
恁麼開演す、幾層層。

第一六二則　雲門百草

雲門示衆云。百草頭上。道将一句来。衆無対。自代云。倶。

雲門、衆に示して云く。百草頭上に一句を道いもち来たれ。衆、対なし。みずから代わって云く。倶《ぐ》。

雲門大師の接化ぶりは、いつもずば抜けている。「百草頭上に一句を道いもち来たれ」は、釣語だ。釣り出すと共に、機発をうながしている。百草はたとえだ。事々物々にたとえたのだ。日常生活の事々物々だ。頭は助字だ。一句とは、宗旨を道破するところの一句だ。将も助字だ。日常生活の実際問題の上で、宗旨宗乗を一と口に言うて見よということだ。

「衆、対なし」。雲門宗の開祖と仰がれる程の、雲門大師の道場であるから、門下にも相当な人物が沢山居たであろう。それで、「対なし」の中味も、色々あったであろう。そんなことは、言うだけ口が汚れると、だまりこくっていた者もあったかも知れない。ここで黙っていたら、和尚、なんと言いなさるかと、わざと黙っていた者もあろうし、言いたくも言えなくて、それでだまっていた者もあろう。

そこで「みずから代わって云く。倶」。これはまた珍しい一句だ。珍しいばかりが良いとは、決まっていないが、陳腐ではよろしくない。仏祖門下では斬新を貴び、新鮮を貴ぶ。魯祖の面壁や、禾山《かさん》の解打鼓《かいたく》のように、いつも同じ筆法で、しかも常に斬新な接化をなさる人もあるが、それはきわめて少ない。多くの祖師方は、常に新鮮な説法を心がけてござる。

「倶」の一字を、藪から棒に、出し抜けに突き出されては、初めて出会った者は、びっくりする。われわれ日本人には、支那語の語感というものが、なかなか味わいかねる。それで、なおさらびっくりする。

雲門大師がどういう気持ちで「倶」と言われたのか、その機微のところは計りがたいが、倶は「みな」ということであり、「ともに」「すべて」「あまねし」等の訓読みがある。一々が自他法界、倶会一処といったようなことではあるまいか。どの一つも、一切と倶にあるので、一つ一つがお互いに、一切を呑んでいるということではあるまいか。それなら、立つも坐るも、宇宙大の生活となる。泣くも笑うも、遍一切処の生活、すなわち、ビルシャナブツの生活となる。「倶」の一字、審細に参究することを要する。

百草春来一句無　　百草、春来るも、一句なし。
雲門自代但言倶　　雲門みずから代って、ただ倶と言う。
乾坤独歩亡随伴　　乾坤に独歩して、随伴なし。
早鶯白梅相互呼　　早鶯白梅、あい互いに呼ぶ。

第一六三則　玄沙造塔

玄沙因侍雪峯遊山次。峯云。欲将此一片地。作長生地。師云。看此一片地。好造箇無縫塔。峯乃作量勢。師云。是則是。某甲不与麼。峯云。汝作麼生。師云。造塔。峯云。好好。

玄沙ちなみに雪峯に侍して、遊山する次いで、峯云く。この一片の地をもって、長生《ちょうしょう》の地を作さんと欲す。師云く。この一片の地を看るに、箇の無縫塔を作るに好し。峯、すなわち量る勢をなす。師云く。是なることはすなわち是なるも、それがしは不与麼。峯云く。なんじそもさん。師云く。造塔。峯云く。好好。

玄沙が雪峯のお供をして、山路を歩いていたときと見える。雪峯が「この一片の地をもって、長生の地を作さんと欲す」と、問題を提起した。長生の地といえば、われわれには、老後の保養の地と、いうように聞こえるけれども、そうではない。長生塔、すなわち卵塔を造るに良い場所ということだ。卵塔は坊さんの墓だ。無縫塔ともいう。

そこで玄沙が、お師匠さんに相槌を打って「この一片の地を看るに、箇の無縫塔を作るに好し」と、お答えした。すると雪峯が、無縫塔の大きさをはかるような姿勢をなさった。玄沙云く「是なることはすなわち是なるも、それがしは不与麼」と。今度は同調しない。わるいとは申しませんが、わたくしには別の作略がありますと。

雪峯云く「なんじそもさん」。玄沙云く「造塔」。峯云く「好好」。これから寸法などを量ってお造りなさらなくとも、無縫塔は立派に出来ておりますわい。ウム、好箇の無縫塔、みごと、みごとと、ご証明になった。

さて、どのような無縫塔が、どこに建っているのか。見える人には見えるが、見えない人には何としても見えない。

いや、見えているのだが、気がつかないから仕方がない。なるほど、無縫塔が見えていたのだと、気の付いたことを見性というのだ。

気がついて見ると、宇宙は一箇の無縫塔だ。事々物々も、それぞれ完全円満な無縫塔だ。どこにも縫い目はない。迷悟の縫い目もない。自他の縫い目もない。

ことごとく、大ビルシャナではないか。また、喋りすぎた。咄！

一片長生造塔山　　一片長生、造塔の山。
玄沙雪嶺嶮難攀　　玄沙雪嶺、嶮にしてよじ難し。
誰言好好渾無縫　　誰か言う好好、すべて無縫と。
起伏高低満世間　　起伏、高低、世間に満つ。

第一六四則　済下同学

臨済会下。有二同学相問。離却中下二機。請兄道一句。一僧云。擬問即失。一僧云。与麼則礼拝老兄去。云。這賊。師聞乃陞堂。云。要会臨済賓主句。問取堂中二禅客。

臨済の会下に、二人の同学あって、あい問う。中下の二機を離却して、請う兄、一句を道え。一僧云く。問わんと擬すれば、即ち失す。一僧云く。与麼ならば則ち、老兄を礼拝し去らん。云く。この賊。師、聞いて乃ち陞堂して云く。臨済賓主の句を会せんと要せば、堂中の二禅客に問取せよ。

臨済門下に二人の同学があったというが、二人は特に仲良しであったと見える。そして力量も互いに、相伯仲していた。それで二人はいつも切磋琢磨で、時々、法戦商量をやったものと見える。

あるときの法戦だ。「中下の二機を離却して、請う兄、一句を道え」と、一人の僧が戦端を開いた。二流三流の話は聞きたくない。上根上機とでもいうべき、向上の第一義について、老兄、なんとか一句道いたまえと来た。

すると一人の僧が、ウム、向上の第一義か？　そいつはなあ！　問おうとしたら、すぐどこかへ行ってしまうよ。だからわしにゃ言えんよ。と応戦をした。そこで一僧が「与麼ならば則ち、老兄を礼拝し去らん」と、やった。

こういう言句を直訳したのでは、活きた場面が出て来ない。紙に書くには、こう書くより仕方がないけれども、このまま室内へ持って来たら、死句になってしまう。独参は活きた法戦だから、こういう言句を活句になおして呈するのだ。句というのは、表現することであって、言葉に限るのではない。動作で呈するのも、一句一句だ。

いま「与麼ならば則ち、老兄を礼拝し去らん」という僧の語を活句にすると、「これはこれは、尊答を謝したてまつる」と言って、お拝して引き下がったのだ。そこでこの老賊、この野郎、油断のならんどろぼうめ！　とやった。実にきびきびした法戦だ。

師匠の臨済がこれを聞いて、嬉しかったと見えて、陸堂して、大衆にご披露なされた。済云く「臨済賓主の句を会せんと要せば、堂中の二禅客に問取せよ」。取は助字だ。臨済の仏法を知りたくば、あの仲良しの二禅客に問いなさいと、滅多にほめない臨済が珍しくほめた。あの二人は代稽古ぐらいは出来るぞと、いったようなあんばいだ。

賓主の句とは、臨済に賓主の説法があるのでこういうたのであろうけれども、賓主はもちろん、臨済に限ったことではない。賓主互換の機用というものが、法戦場中の白眉であるは、一般的のことだ。互いに互格の力量を備えて、時に応じて主となり、賓となって、火花を散らして戦うことが肝要だ。

済下同参法戦鮮　　済下の同参、法戦あざやかなり。
倶忘賓主師蛇禅　　ともに賓主を忘る、死蛇の禅。
看機老賊還知賊　　機を看る老賊、また賊を知る。
蟠踞堂中幾十年　　堂中に蟠踞す、幾十年。

第一六五則　世尊不説

世尊臨入涅槃。文殊請再転法輪。世尊咄曰。吾四十九年。不曾説一字。汝請再転法輪。是吾曽転法輪耶。

世尊、入涅槃に臨みたもう。文殊、再び法輪を転ぜんことを請う。世尊、咄《とつ》して曰く。われ四十九年、曽て一字をも説かず。なんじ再び、法輪を転ぜんこと請う。これわれ曽て法輪を転ぜしや。

お釈迦さまがいよいよ、おかくれなさろうとなさる間際に、文殊菩薩が、弟子達のために、もう一度説法をして戴きたいと、お願い申し上げた。すると釈尊が、わしは成道してから今日まで、四十九年の間、いまだ曽て、一字も説いたことはない。然るに、今お前さんは私に、再び説法してくれと言われるが、一体わしがこれまで、説法をしたことがありますかと。公案はこれで終わっている。

さて、お釈迦さまが四十九年の間、千万無量の法門をお説きになったことは、その証拠物件として、今日、一切経が残っている。さすがのお釈迦さまも、まさかこんなことになるとは、思わなかったであろう。と、いうわけは、お釈迦さまは、ご自分のなされた説法を、筆録することは、弟子達に許さなかったものである。だから、証拠が後に残るなどとは、夢にも思わなかったであろう。

然るに世尊の滅後、五百人の大阿羅漢が、ヒッパラ窟に集まって、阿難尊者を中心にして、第一結集を始めた。それが本で、今日『大蔵経』と呼ばれる、厖大な文献が残ることになった。然るに、四十九年、一字も説かずとは、お釈迦さまは、大嘘つきということなってしまう。誰やらの狂歌に、

釈迦阿弥陀　うそつけばこそ　仏なり
　まことをいわば　凡夫なりけり

とあるが、妙味のある狂歌だ。

無門慧開和尚は『無門関』の第三十五則、三座説法を拈弄して、「しばらく道え、これ説法するか。説法せざるか。口を開けば即ち失し、口を閉ずればまた喪す。開かず、閉じざるも十万八千」と言っている。

釈尊一代の説法を詮じつめると、その中味は、説くべき法は、何も無いということを説いたのだ。ただ、砂糖は甘いと説き、塩はしおからいと説いただけのことだ。だから『一大蔵経』は、反古紙同様だ。不浄を拭う故紙だ。だから『一大蔵経』を証拠に出しても、それはあたかも、「一文も借りはありません」という、借用証書を出してきたようなものだ。だまされなさるなよ。

四十余年不説禅　　四十余年、不説の禅。
文殊再転買尤愆　　文殊再転、尤愆《ゆうけん》を買う。
往来老漢何言咄　　往来老漢、なんぞ咄と言う。
誑惑人間幾万年　　人間を誑惑す、幾万年。

第一六六則　雲門生死

雲門因僧問。生死到来。如何廻避。師曰。在什麼処。

雲門ちなみに僧問う。生死去来、如何が廻避せん。師曰。いずれのところにかある。

雲門の説法はいつもながら、寸鉄、人を刺すと、いったようなおもむきだ。生死到来とは、死ぬ時が来たということではない。それも入るけれども、生と死とを代表に出したのだ。何の代表か。言うまでもなく、全てのお対のものの代表だ。

すべてのお対とは何か。能所、自他、利害、得失、称毀、苦楽、迷悟、凡聖、娑婆浄土、等一切のお対だ。それらの生死がいつも、こやみなく、われわれに襲い掛かって来る。生死と言っても、一期の生死だけではない。変易生死といって、時々刻々、生死を繰り返している。大雑把にいっても、一弾指の間に九百の生滅があると言われている。どこへ逃げようも、隠れようもないではないか。

この僧の問いも、或いは呈解問かも知れない。師曰く「いずれのところにかある」。なに？ 生死到来だ？ どこに生死があるかいと、一挙に生死を粉砕してしまった。その粉砕された、木っ端微塵を良く調べてみるがよい。生死だとおもったのは、涅槃であった。娑婆と思ったら、浄土であった。能所、自他、利害、得失、憂喜、苦楽、一切が夢であった。夢幻泡影、如露亦如電の金剛三昧であったと、気がついて、はじめて天下太平になる。

「この生死は、すなわち仏のおんいのちなり。これをいといすてんとすれば、すなわち仏のおんいのちをうしなわんとするなり。これにとどまりて、生死に著すれば、これも仏のおんいのちをうしなうなり。いとうことなく、したうことなき、このとき、はじめて仏のこころにいる」と、道元禅師は『正法眼蔵生死』の巻に、お示しなされてある。著実審細に参究することを要する。

生死元来水上波　　生死元来、水上の波。
雲門不識唱漁歌　　雲門識らず、漁歌を唱う。
風収雨霽天如拭　　風おさまり、雨はれて、天ぬくうが如し。
白月跳瀾逸興多　　白月瀾におどって、逸興多し。

第一六七則　臨済滅却

臨済将示滅。嘱三聖云。吾遷化後。不得滅却吾正法眼蔵。聖云。争敢滅却和尚正法眼蔵。師云。忽有人問汝如何対。聖便喝。師云。誰知吾正法眼蔵。向這瞎驢辺滅却。

臨済まさに滅を示さんとして、三聖に嘱して云く。わが遷化の後、わが正法眼蔵を滅却することを得ざれ。聖云く。いかでか敢えて和尚の正法眼蔵を滅却せん。師云く。たちまち人あって、汝に問わば、如何が対えん。聖すなわち喝す。師云く。誰か知らん、わが正法眼蔵、この瞎驢《かつろ》辺《へん》に向かって滅却することを。

臨済大師が、いよいよおかくれになる時の公案だ。弟子達がみな、臨済大師のおそばに集まっていたであろう。そこで最後の説法だ。「鳥のまさに死なんとするや、その鳴くこと悲し。人のまさに死なんとするや、その言うことよし」とあるとおり、これが今生のお別れだというので、弟子も師匠も、共に切々の思いであったろう。ことに一弟子の三聖に対しては、深くのぞみを嘱していたであろう。そこで、三聖に向かって仰せになった。わしが遷化の後、わが正法眼蔵を滅却せんように頼むぞと。ここらで、「正法眼蔵に滅不滅があるか」などと、見識を振り回すのは適当でない。

臨済には、臨済の宗風というものがある。接化の特長というものがある。それを長く護持して、高揚せよという思し召しだと受け取らねばならない。そこで三聖が「いかでか敢えて和尚の正法眼蔵を滅却せん」とお対え申した。和尚の、という一語に注意しなくてはならない。滅却の却はもちろん助字だ。

師云く「たちまち人あって、汝に問わば、如何が対えん」。ここは、人あって、わが宗風を問うたら、ということではなくて、仏祖嫡伝の正法眼蔵を問うたら、と言うことだ。聖すなわち喝すとあるが、一偈を下したことではない。もし三聖がそんなことを、ここでやったら、師匠のものまねだ。ことに、死にかかっている師匠に向かって、一喝を下す馬鹿があるかい。

「ご心配なさるな。ここに三聖がおりますわい」と、自信満々のところを対えたには違いないが、それを臨済独特の喝で表現したについては、よほど語勢に力がこもっていたと、見なければなるまい。このような消息を、なんという言句で呈したら、立派な日本語になるか。それは、室内の参究ものとしておこう。

師云く「誰か知らん、わが正法眼蔵、この瞎驢辺に向かって滅却することを」。誰か知らんとは、皆の者わかったか？　ということだ。ここの正法眼蔵も正伝の仏法だ。人々本具の正法眼蔵と言いたいが、そいつは滅不滅にかかわらないやつだ。やはり、仏祖単伝の正法眼蔵としておこう。

三聖という、このめくら驢馬奴が、正法眼蔵と称する仏法らしいものを、滅茶滅茶に叩き壊してしまったわい。やれやれ、これでサッパリした。わしも安心して、お暇だと、言わんばかりだ。ここらで、言貶意揚《ごんぺんいよう》の講釈はいるまい。

瞎驢滅却忽清風　　瞎驢滅却して、忽ち清風。
臨別憐児老済翁　　別れに臨んで、児を憐れむ、老済翁。
三聖対師何一喝　　三聖、師に対す、何の一喝ぞ。
篆煙馥郁漾堂中　　篆煙馥郁として、堂中にただよう。

第一六八則　大潙妙浄

大潙問仰山。妙浄明心。汝若何会。仰云。山河大地。日月星辰。師云。汝祇明其事。仰云。和尚適来問什麼。師云。妙浄明心。師云。喚作事得麼。師云。如是如是。

大潙、仰山に問う。妙浄明《みょうじょうみょう》の心、なんじいかんが会す。仰云く。山河《せんが》大地《だいち》、日月星辰《にちげつせいしん》。師云く。なんじ、ただ、その事を明きらむ。仰云く。和尚、適来なにをか問いし。師云く。妙浄明の心。仰云く。よんで事となし得てんや。師云く。如是如是。

大潙山大円禅師が、弟子の仰山にお尋ねなされた。妙浄明の心、なんじいかんが会すと。妙浄明の心とは何のことか。言うまでもなく、本心、本性のことであり、仏性のことであるが、どうも無形のものと誤りやすい。「山河をみるは仏性をみるなり。仏性をみるは驢《ろ》腮《さい》馬《ば》觜《し》をみるなり」と、道元禅師は『正法眼蔵仏性』の巻でお示しなされている。

仰山は師匠の潙山に、妙浄明の心を問われて「山河大地、日月星辰」と答えた。当然すぎる程、当然な答である。師云く「なんじ、ただ、その事を明きらむと」。潙山が揺さぶってみたらしい。すると仰山が、和尚、適来なにをか問いしと、逆襲した。潙山云く「ウム、妙浄明の心を問うたのだよ」と、あっさりお答えなされた。そこで仰山が、喚んで事となし得てんや、あなたは、ただその事を明きらむとの仰せでありますが、妙浄明の心を「その事」などと申して、よろしいのですかと食い下がった。潙山が、如是如是と、仰山の答話をうけがった。

妙浄明の心は、有形と言っても当たらない。無形と言っても当たらない。事と言っても当たらない。理と言っても当たらない。有と言っても当たらない、無と言っても当たらない。何と言っても当たらない、黙っていても当たらない。けれども、何とか言わなくては話にならない。言えば、一面観におちる。

達道の人はそれを承知の上で、何とかいうのだから、どう突っ込まれても、揺さぶられても、まごつかないが、未熟の者は、一面観に落ちていて、それにも気がつかなくて、ものをいうから、一つ突かれると、すぐによろめくのだ。要するに一度、妙浄明の心を徹見してからのご相談としておこう。この心を審細に参究するには、前記の『仏性』の巻を拝覧するとよろしい。

妙浄明心問若何　　妙浄明の心、いかんと問う。
山河大地日辰多　　山河大地、日辰多し。
潙山寂子空酬対　　潙山寂子、空しく酬対す。
一鳥高飛一鳥歌　　一鳥高く飛んで、一鳥歌う。

第一六九則　阿難応諾

阿難尊者。問迦葉尊者云。師兄伝仏金襴袈裟。外別伝何物。迦葉召云。阿難。阿難応諾。迦葉云。倒却門前刹竿著。

阿難尊者、迦葉尊者に問うて云く。師兄、仏より金襴の袈裟を伝う。外別に何物をか伝う。迦葉、召して云く。阿難と。阿難応諾す。迦葉云く。門前の刹竿を倒却著せよ。

阿難尊者は、釈尊の侍者をすること二十年、世尊の滅後、迦葉尊者に随侍することまた二十年、前後四十年の修行の結果、ようやく今日の公案となるのだ。阿難尊者は頭脳の明晰なお方であり、特に、記憶力においては群を抜いていた。釈尊の滅後、第一結集の時、一週間の独接心ではじめて見性して、結集の仲間に入れてもらった。そして、仏一代の説法を再説したと言われている。

それから、迦葉尊者に随侍していたが、一応の見性で満足していたと見える。然るに、時到って、疑著が起こって来た。兄の迦葉は、ただ釈尊から伝法のしるしとして、お袈裟を頂いてあるだけのことで、兄と自分と、格別の違うところはないと思っていたが、どうも、何か違うところがあるらしい。以心伝心の法門といったようなものがあって、兄の迦葉はそれを伝えているのではあるまいかと、良いところへ気がついた。それで、次の問いが出たのだ。

「師兄、仏より金襴の袈裟を伝う。外別に何物をか伝う」。金襴はここでは敬語であって、金ピカのお袈裟ではない。青黒色の粗布の僧伽梨衣だ。それが伝法のしるしとして、釈尊から授けられた伝衣だ。この伝衣は、達磨大師によって支那に伝わり、六祖大鑑慧能禅師に至っている。

「外別に何物をか伝う」と、迦葉の鐘をたたいたから、自然に「阿難」と鳴った。阿難と鳴ったから、すぐに「ハイ」と響き返した。この間、余物は微塵もない。以心伝心の正法眼蔵、涅槃妙心の露堂々だが、阿難まだ気がつかない。何が邪魔しているのか。分別が邪魔しているのだ。分別が死にきれないのだ。

そこで「門前の刹竿を倒却著せよ」。まだ分別が残っているのか。そんなものは、ひったおしてしまえ、と言われて、豁然として大悟した。刹竿というのは、刹竿旛のことだ。これは法論をするとき、互いに旛を立てて対論し、負けた方が旛を倒して相手の弟子になるという、印度における当時の風習から来た言葉である。

阿難尊者も、これではじめて迦葉尊者の法を嗣いで、第二祖となったのである。阿難尊者は、聡明博解であらせられたから、それでかえって法を得るのに手間を取られた。上智下愚を論ぜず、早く頭を白紙にすることが、何より肝要である。

護持正伝告児孫　　正法を護持して、児孫に告ぐ。
七仏伝衣称最尊　　七仏の伝衣、最尊と称す。
迦葉一呼風忽起　　迦葉一呼して、風たちまち起こる。
阿難一諾刹旛翻　　阿難一諾して、刹旛ひるがえる。

第一七〇則　外道問仏

有外道問世尊。不問有言。不問無言。世尊拠座。外道讃歎云。世尊大慈大悲。開我迷雲。令我得入。作礼去。阿難尋問仏。外道有何所証称歎去。世尊曰。如世良馬見鞭影行。

外道ありて世尊に問う。有言を問わず。無言を問わず。と。世尊拠座《こざ》したもう。外道、讃歎して云く。世尊大慈大悲、わが迷雲を開いて、われをして得入せしむというて、作礼して去る。阿難、ついで仏に問う。外道なんの所証あって、称歎し去るやと。世尊曰く。世の良馬《りょうめ》の鞭影《びんえい》を見て、行くが如し。

この外道は、自分の学んでいた道において、いよいよ行き詰まって、最後の決着を求めて、釈尊をお尋ね申し上げたものとみえる。「有言を問わず。無言を問わず」という一問は、中々容易ならん問題である。一般の凡夫は、有にとらわれる。これを、有相執着の病という。それで常に、荒々しい貪瞋痴がおこる。

人間の考えが少し進んでくると、今度は無にとらわれる。これを空見外道という。お粗末ながら、現代で言うと、なんでも現体制を否定する奴だ。無政府主義や、破壊思想もこの中に入る。坐禅の修行でいうと、無念無想を愛する病人だ。その最高が無色界の衆生だ。もちろんこれらは途中の活計だ。この外道は、無の思想も全く行き詰まった。

有言無言の言の字に、引っかかりなさるな。単に、有無といったのでは、抽象的になるから、それで有言無言と、具象化した表現を用いたのだ。その時世尊は、なんとも仰せにならないで、ただ、拠座良久なされた。有無にわたらない端的を丸出しにして、お示しなされたのだ。

その端的をすぐに見てとって「世尊大慈大悲、わが迷雲を開いて、われをして得入せしむ」と、お礼の言葉を申し述べて、礼拝して立ち去った。実に伶俐の漢だ。侍者の阿難は、よそから飛び込んで来た鳶に、油揚げをさらって持って行かれたように、ポカンとして、仏にお尋ね申し上げた。「あの外道は、何を悟ったのでございますか」とは情けない。

お釈迦さまでも、それは教えようがない。そこで阿難のつんぼに、聞こえる程度のお示しをなさった。お外道は偉い奴だよ。あたかも名馬が、鞭影を見ただけで、打たれないうちに、さっと走り出すような工合だ。お前は常に、わしの側に居ながら、何をよそ見ばかりしているのかと、言わんばかりだ。

お釈迦さまの説法に、四馬の喩ということがある。第一の馬は、鞭影をみると、すぐに走り出す。第二の馬は、むちの先がチョット毛に触れると、すぐに走り出す。第三の馬は、一むちピシャリとあてられて、走り出す。第四の駑馬は一むちや、二むちでは動かない。傷み骨髄に徹して、やっと、のこのこ歩き出す。われわれ自身は、果たして、どの馬に相当するであろうか。

妙旨無言拠座完　　妙旨無言、拠座まったし。
分明看取傘阿難　　分明に看取して、阿難をおどろかす。
如風問也如風去　　風の如くに問い、風の如くに去る。
外道駑歎仏讃歎　　外道駑歎し、仏讃歎す。

第一七一則 法眼大悟

昇州清涼院。大法眼禅師。以玄機一発。雑務俱捐。結侶擬之湖外。既行値大雨。忽作渓流暴漲。暫寓城西地蔵院。因参老琛和尚。琛問曰。上座何往。師云。邐迤行脚去。琛曰。行脚事作麼生。師云。不知。琛曰。不知是最親切。師豁然大悟。

昇州清涼院の大法眼禅師、玄機一発するによって、雑務ともに捐《す》つ。結侶して湖外にゆかんと擬す。すでに行くとき、大雨に値うて、たちまち渓流暴漲《ぼうちょう》をなす。しばらく城西の地蔵院に遇す。ちなみに老琛《ろうしん》和尚に参ず。琛問うて曰く。上座、いずれへかゆく。師曰く。邐迤《りい》として行脚《あんぎゃ》し去る。琛曰く。行脚の事そもさん。師云く。知らず。琛曰く。不知これ最も親切なり。師、豁然として大悟す。

大法眼禅師とは、法眼宗の開祖と仰がれるようになった法眼文益禅師のことである。この人ははじめ、長慶の慧稜禅師の許で多年修行して、一応の見性はしたと見える。玄機一発とは、悟ったということだ。玄機とは仏道の要機だ。そこで万事を放下して、幾人かの道友を連れ立って、天下の名師宗匠を歴訪して、百錬千鍛しようと、江西や湖南を目指して行脚に出かけた。大雨に出逢うて、大水が出たので、しばらく城西の地蔵院においてもらった。この地蔵院の和尚は、玄沙の法を嗣いだ羅漢桂琛《けいちん》という偉い人であった。

さて、桂琛和尚が法眼に向かって、上座、いずれへか行くと一問を発した。昔から、十年、二十年と修行を続けて居る人を上座と呼び、それ以上の人を尊宿と呼ぶことになっていると、聞いたが、法眼は既に、十年、二十年も修行を続けて、一往、眼を開いてはいるが、人物が大きいから、小成に安ずることが出来ないのだ。地蔵和尚は既に、法眼の人物を見抜いていたらしい。

法眼曰く「邐迤として行脚し去る」。邐迤と言っても、迤邐と言っても同じ事だ。辞典には、斜めにあるくこと、等と書いてあるが、ここでは、どこへ行くと決まっているのではなく、縁にまかせて、あちら、こちらと、行雲流水の旅を致しますと、そこにおのずから、宗旨をひびかせていることは、申すまでもない。

「琛曰く。行脚の事そもさん。師曰く。知らず」。この知らずは本分上の事だ。修証辺から知らずでは、無茶苦茶だ。琛曰く。不知最も親切なり。この言下において、法眼は豁然として大悟した。最後の底が抜けたのだ。親切とは、申すまでもなく、親密切実、ぴったりということだ。

法眼はこのような因縁から、地蔵桂琛の法を嗣ぐことになった。曽て長慶の処で同参であった子昭首座が、この後、法眼の祝国開堂の法筵において、法眼に対して文句をつけて、逆に法眼から滅茶苦茶にやられたことが、『従容録』の第六十四則に出ている。中途悟りに腰掛けていると、子昭首座のように、赤恥をかくことがある。修行は徹底するまでやりたいものだ。

雖通玄旨欠精明　　玄旨に通ずといえども、精明を欠く。
任雨随風邐迤行　　雨に任せ風に随って、りいとして行く。
法眼未全逢地蔵　　法眼いまだ全からず、地蔵に逢う。
不知親切豁然盲　　不知親切、豁然として盲す。

第一七二則 洞山三斤

洞山（嗣雲門。諱守初）。有僧問。如何是仏。山云。麻三斤。僧有悟。便礼拝。

洞山（雲門に嗣ぐ。諱は守初）に、ある僧問う。如何なるか是仏。山云く。麻《ま》三《さ》斤《ぎん》。僧、悟ること有って、便ち礼拝す。

洞山守初禅師は曽て雲門に参じて、「汝に三頓の棒をゆるす」と言われ、さらに「飯袋子、江西湖南、すなわち恁麼にし去るか」といわれて、忽然として大悟した人だ。だがそれまで、どのくらい血の涙で修行したかわからん。忽然として大悟したところだけを見ていてはいけない。

洞山が台所で、麻の目方を計っていた時だから、それで「麻三斤」と答えたなどと、何か尤もらしい理窟をつけないと、気が済まないような講釈をしているのが、明治以来の宗門の講釈師であるが、そのようなことに関係はない。雲門が、如何なるか是れ仏と問われて、乾屎《かんし》橛《けつ》と答えたが、その時雲門がコエビシャクを持っていたわけではない。ただ、他人の口真似をしないで、斬新な説法をなさったのだ。陳腐では効果が少ないからだ。

事々物々が法身の如来だから、何を示しても良いのだと講釈をするが、理窟を教えるならそれでも良いが、そんな理窟を幾ら覚えても、生死解脱には何の役にも立たない。自己本来の仏に相見しなくては、本当の安心は出来ない。この仏は、他人から聞いて、それでつかまえられる仏ではない。自分で発見するより外には仕方がない。ただ、自分で発見するように、刺戟を与えるだけだ。

だから、一棒を与えても、一喝を食わせても、呵々大笑しても、そのとき、その人に適切な刺戟となればそれでよいのだ。だから、麻三斤に講釈をつけるのは馬鹿な話だ。無門はこの公案の頌に、「突出す麻三斤。言《こと》親しくして、意さらに親し。来たって是非を説く者は、すなわちこれ是非の人」と歌っている。

麻三斤には、理窟は何もついていない。然るに、理窟をいう奴が、昔もあったと見えて、理窟はいう奴が、自分でかついでいるのだと、無門が叱っている。マサンギンと読んでは読みにくいから、マサギンと読むことになっている。

この僧は、言下に悟って、礼拝したという。本来の自己に気がついたのだ。洞山の麻三斤の一句が、この僧に的中したのだ。

麻三斤仏絶思量　　麻三斤仏、思量を絶す。
丈六金身忽失光　　丈六の金身も、忽ち光を失う。
要識当山真面目　　洞山、真面目を識らんと要せば、
雲収雨霽月蒼蒼　　雲収まり、雨はれて、月蒼蒼。

第一七三則　文公無対

韓愈文公。因唐憲宗皇帝。迎仏舎利。入大内供養。夜放光明。早朝宣問。群臣皆賀。陛下聖徳聖感。唯文公不賀。上宣問。群臣皆賀。独卿何不賀。文公因奏対。微臣嘗看仏書説。仏光非青黄赤白黒等。此是龍神衛護之光。上宣問。如何是仏光。文公無対。因以罪請出。

韓愈《かんゆ》文公《ぶんこう》、ちなみに唐の憲宗《けんそう》皇帝、仏舎利を迎えて、大内《たいだい》に入れて供養せらるるに、夜、光明を放つ。早朝宣問す。群臣みな賀すらく、陛下の聖徳聖感《せいとくせいかん》なりと。ただ文公のみ賀せず。上《かみ》、宣問す。群臣みな賀す。ひとり卿、なんぞ賀せざる。文公ちなみに奏対す。微臣《びしん》かつて仏書を看るにいわく。仏光は、青黄白赤黒等にあらずと。これは是れ、龍神衛護の光なりと。上、宣問す。如何なるか是れ仏光。文公、対うることなし。因て罪を以て請出す。

韓愈文公のことは、第百二十六則に出ていた。この人は初め排仏家であったが、晩年になって仏教を学ぶようになった。韓愈文公が「仏骨の表」を作って、時の天子に上ったということは有名な話であるが、この公案は、その頃の出来事と見える。

唐の憲宗皇帝が印度から仏舎利を迎えて、宮中に奉安して、ねんごろに供養をした。舎利は梵語であって、仏舎利とは仏骨のことである。米粒に似ている。私も拝んだことがある。印度から初めて米国にお迎えした仏舎利が、ロスアンゼルスの禅堂に奉安してある。

憲宗皇帝が仏舎利をご供養したら、夜間に光を放ったというので、群臣がみな祝賀の言葉を皇帝に上って、陛下の聖徳と仏の聖徳とが、感応したものであると申し上げた。その時、ただ一人、文公だけがお祝いの言葉を申し上げなかった。

そこで皇帝が、なぜお前一人だけ、祝いの言葉をのべないのかと、お尋ねになると、文公が、わたくしかつて仏書を読みました中に、仏光は青黄赤白黒等にあらずと書いてありました。してみると、光明を放ったのは、これは仏法守護の龍神の放った光でござりますと、申し上げた。これは結構なお対えである。

すると皇帝が、如何なるか是れ仏光とおたずねなされた。好箇の一問である。この時文公が、適当な一句を申し上げることが出来たら、実に立派な人だと、後世まで伝わったであろうけれども、文公無対と来てはなさけない。この無対はもちろん、行き詰まっての無対だ。これが原因で、文公は徐州に左遷された。

如何なるか是れ仏光は、今日のわれわれにとって、大切な参究課題である。自己の光明蓋天蓋地と、本当に目が覚めなくては、適当な一句が言えるものではない。古人の言葉を並べれば、いくらでもあるが、口まねでは役に立たない。自己の胸襟からあふれ出た、斬新な一句でなくてはならない。参。

青紅白黒是何光　　青紅白黒、これ何の光ぞ。
仏日煇煇照聖王　　仏日煇煇として、聖王を照らす。
底事文公無奏対　　なにごとぞ、文公、奏対無き。
天辺可惜逸神龍　　天辺惜しむべし、神龍を逸することを。

第一七四則　世尊持鉢

世尊一日勅阿難。食事将至。汝当入城持鉢。阿難応諾。仏言。汝既持鉢。須依過去七仏儀式。阿難便問。如何是過去七仏儀式。仏召阿難。阿難応諾。仏言。持鉢去。

世尊ある日、阿難に勅す。食事まさに至らんとす。なんじ入城持鉢すべし。阿難応諾す。仏のたまわく。なんじすでに持鉢す。すべからく過去七仏の儀式によるべし。阿難すなわち問う。いかなるかこれ、七仏の儀式。仏、阿難と召す。阿難応諾す。仏のたまわく。持鉢し去れ。

お釈迦さまがある日、阿難尊者におおせになった。昼の食事の時が近づいてくるから、お前、応量器をささげて、町へ行って来なさいと。阿難がはい、仰せのとおりに致しますと、お答えして、応量器を以て、出かけようとした。その時世尊が、お前応量器を持って、食物を頂きに行くなら、過去七仏の儀式に依って行乞をするのだよと、ねんごろにお示しなられた。その時阿難が、過去七仏の儀式とは、はじめて承るが、どの様な儀式であるかと、改めてお釈迦さまにお尋ね申し上げた。

いかなるか是れ過去七仏の儀式と。仏が、阿難！　とお喚びになったので、阿難がハイと、お答え申し上げると、そのとおり、過去七仏の儀式に依って行乞せよと、仰せになった。喚べば応ずるところ、これ何物ぞと、大切な参究課題である。

平常誰でもやっていることだ。珍しいことではない。平常是道だ。それが過去七仏の威儀であり、三世十方の一切諸仏の威儀である。十方仏土中、唯有一乗法、無二亦無三の法門とは、平常底のことだ。そんなことなら、誰でも出来ると、思ったら違うよ。なぜか。

凡夫は一人残らず、どこからか、ありもしない自我というものを、拾ってきて、それを持っているからだめだ。その自我を、隠して持っている人が、人格者と言われているにすぎない。だから、返事一つにしても、自分本位である。意識的にも、無意識的にも、自己本位の生活を捨てられないのが凡夫である。

過去七仏をはじめ、三世十方の一切諸仏は、悉く無我であるから、常に白紙の生活をしておられる。それだから、一挙一動がおのずから道に叶うのである。その端的を、阿難にのみ込ませようとして、釈尊も苦心なさるのである。

われは、先ず第一に、無我という真の自己を発見しなくてはならない。無我が見えたら、その無我に叶うような生活になるように、百錬千鍛の修行を続けなければならない。それでやっと、返事一つが満足に出来るようになるものである。大難。大難。

七仏威儀捧鉢行　　七仏の威儀、鉢を捧げて行く。
阿難応諾在皇城　　阿難応諾、皇城に在り。
誰知歩歩非分外　　誰か知る歩歩、分外に非ざるを。
乞食隋縁次第征　　食を乞い、縁に随って、次第に征く。

第一七五則　漸源良久

漸源一日。在紙帳内坐。有僧至撥開帳子云。不審。源以目視之。良久云。会麼。僧云。不会。源云。七仏已前事。為甚麼不会。

漸源《ぜんげん》一日。紙帳《しちょう》の内に在って坐す。ある僧至って、帳子を撥開して云く。不審。源、目をもって之を視る。良久して云く。会すや。僧云く。不会。源云く、七仏已前の事、なんとしてか会せざる。

漸源は曽て道吾に参じて、生死問題が気になって、居ても立っても、おられなくなり、死人の棺を打って、生か死かと道吾に問うて、どうしても釈然としないので、泣きの涙で、とうとう師匠を打ったほどの人物だ。後に道吾の法を嗣いで、潭州の漸源に住して、仲興禅師といわれた。

漸源和尚が、紙帳の中で坐禅をしていたと見える。紙帳は、防寒用に使ったものではあるまいかと思う。一人の僧がその紙帳をあけて、ご機嫌いかがでございますかと、挨拶をした。もちろん法戦である。その時漸源がその僧を、じっとご覧になり、良久して、会すやと、お尋ねなされた。僧が不会と答えた。この不会は、どんな不会であるか、参究ものだ。

漸源云く「七仏已前の事、なんとしてか会せざる」。七仏以前などと言われると、天地開闢以前のことかと思って、講釈する人もあるが、七仏以前の事とは、本来具有底の事ということだ。後天的の知識や経験を必要としない。いや、それが却って邪魔をして、本来具有底の事が見えないのだ。

それなら、いまさら、会するの、会せないのという問題ではあるまい。本質的のものなら、なんぴとも、常に使っているにきまっている。寒くなれば、紙帳の中に入る。暑くなれば着物をぬぐ。飢えては食を求め、渇しては水を求める。七仏以前の事だ。なんとしてか会せざるだ。会せるも、会せざるも無いじゃないか。またしゃべり過ぎた。

端座安禅紙帳中　端座安禅す、紙帳の中。
斯僧問訊撈師翁　この僧問訊して、師翁を撈す。
漸良久是何消息　漸、良久、これ何の消息ぞ。
七仏元来道自通　七仏元来、道おのずから通ず。

第一七六則　雪峯饑渇

雪峯云。飯籮裏坐地。餓死人多。海水辺坐地。渇死人多。玄沙云。飯籮裏没頭。餓死人多。海水裏没頭。渇死人多。雲門云。通身是飯。通身是水。

雪峯云く。飯籮裏《はんらり》に坐地して、餓死する人多し。海水辺に坐地して、渇死する人多し。玄沙云く。飯籮裏に頭を没して、餓死する人多し。海水裏に頭を没して、渇死する人多し。雲門云く。通身これ飯。通身これ水。

雪峯、玄沙、雲門の三大老が、おのおの一隻手を出して、宗乗を挙揚している。玄沙と雲門は雪峯門下の錚々たる人物だ。同格の力量で法戦をする場合には、先に手を出した方がわりまけだ。後になる程、割がいい。いつも先の人の、上を上をと、行くからだ。

さて、雪峯があるとき、次のようなことを言い出した。「飯籮裏に坐地して、餓死する人多し。海水辺に坐地して、渇死する人多し」。飯籮とは竹で作ったおひつだ。一般に夏の間使うものだ。坐地の地は助字だ。おひつの側に坐っていて、それで餓えて死ぬ人が多い。水のほとりに坐っていて、それで渇死する人が多いとさ。

「言を承けては須く宗を会すべし」とあるとおり、言葉の表す精神をつかむことが大切だ。言葉というものは、不完全なものだから、言葉尻にとらわれないで、その精神を察知することが大切だ。然るに今日の国会を見ると、言葉尻ばかり取って問題にしている。いかに議員諸公の頭が低級であるか。失言だから取り消すというのに、取り消させない等と言うに至っては、まるで子供の喧嘩だ。

さて、飯籮というだけで、中にご飯があったか無いか分からない等と言う奴があったら、今の議員のお仲間だ。海水では、塩辛くて飲まれないなどと、理窟を言う奴も、ご同様だ。支那語の海水とは、淡水も海水と言うそうな。されば、ここでいう飯籮には、炊きたてのうまいご飯が、沢山あり、海水とは、水の沢山あることに譬えたのであって、飲料として申し分のない清水が、沢山あるという意味に取ることは言うまでもない。

炊きたてのご飯がそばに沢山あるのに、食うことを知らないで餓死する。うまい水の沢山ある処に居ながら、その水を飲むことを知らないで、渇して死ぬ。こんな馬鹿なことは無いじゃないかと、雪峯が問題を提起した。

すると玄沙が、おひつの側どころの話ではありません。おひつの中へ、頭を突っ込んでいながら、それで餓死する奴が多いのです。水の中へ頭を突っ込んでいながら、それで渇死する人が多いのでござりますと、師匠よりも、一段上を道破した。

すると雲門が、おひつの中だの、水の中だのと、言っているうちは、まだご飯をくわないのだから、まだ水を飲まないのだから、餓えて死ぬのも、渇して死ぬのも、止むを得ないけれども、腹一ぱい食って、全身がご飯であるのに、それで餓死するというのだから、凡夫という奴は、妙な存在だ。腹一ぱい水を飲んで、全身が水であるのに、それで渇して死ぬというのだから、実に不思議な芸当をやる連中でござりますと、更に玄沙の上にでた。

これで三人の法戦は終わったが、それなら、雪峯の申し分が一番まずくて、雲門が一番立派なのかというと、そうでもない。高きに登るには、必ず低きよりするのだ。一階、二階がなくては、三階建ての家は出来ない。「衆生本来仏なり」という三階へ連れて行くには、「衆生近きを知らずして、遠く求むるはかなさよ」という一階から、「さながら水の中にいて、渇をさけぶが如くなり」という二階を経て、それから三階に連れて行くより外に仕方がない。これが、修証辺の大事というものだ。

餓飯堪憐渇水人　　餓飯、憐れむにたえたり、渇水の人。

籮辺没入是全身
誰知鼾睡如雷震
地上成群鼓腹民

籮辺、没入す、これ全身。
誰か知る鼾睡、雷震の如くなることを。
地上、群れを成す、鼓腹の人。

第一七七則　子昭不撥

子昭首座（嗣法眼）。到法眼問。和尚開堂。承嗣何人。眼云。地蔵。師云。太多孤負長慶先師。眼云。某甲不会長慶一則因縁。昭云。何不問。眼云。万象之中独露身。意作麼生。昭竪起払子。眼云。此是長慶処学得底。首座分上作麼生。昭無語。眼云。只如万象之中独露身。是撥万象。不撥万象。昭云。不撥。眼云。両箇。参随左右。皆云。撥万象。眼云。万象之中独露身。聻。

子《し》昭《しょう》首座（法眼に嗣ぐ）、法眼に到って問う。和尚開堂す。なんぴとに承嗣《しょうし》するや。眼云く。地蔵。師云く。はなはだ長慶先師に孤負《こふ》す。眼云く。それがし、長慶一則の因縁を会せず。昭云く。なんぞ問わざる。眼云く。万象之中に独露身と、意そもさん。昭、払子を竪起《じゅき》す。眼云く、これは是れ、長慶の処にで学得する底なり。首座分上そもさん。昭、無語。眼云く。ただ万象之《ばんぞうし》中《ちゅう》独露身というが如き、これ万象を撥うか、万象を撥わざるか。昭云く。撥わず。眼云く。両箇。参随の左右みな云う。万象を撥うと。眼云く。万象之中独露身。聻《にい》。

法眼文益禅師が祝国開堂、すなわち、禅の道場開きをするというので、曽て長慶慧稜禅師の許で同参であった子昭上座に対して、招待状を出したと見える。そこで子昭首座が、門下の雲衲を何人か連れて、老師という格で乗り込んだらしい。

それで法眼も敬意を払って、特別席を設けて、子昭首座をその席に案内したと見える。すると、式典の始まる前に、子昭首座が法眼に対して、抗議を申し出た。あなたは今日、道場開きをなさるというが、一体どなたの法をお嗣ぎなされたのであるかと、顔色をかえての詰問であったらしい。

法眼が静かに、はい、地蔵院の桂琛和尚の法を嗣ぎましたと答えた。すると首座が、それは、はなはだ先師長慶禅師のご恩に、そむくことになりますわい。ここで法眼が、拙僧は長慶和尚の示された第一則の因縁を、会得することが出来ませんでしたと答えた。

それなら、なぜお尋ねなさらんのかと、私に聞きなさいと、言わんばかりの挨拶だ。そこで法眼が、万象之中独露身と長慶が示されたのは、どういう精神でありますかと、尋ねた。すると首座が、ツーッと払子を立てた。法眼云く。これは是れ長慶の処で習い覚えた、物まねでござる。あなた自身の独露身を拝見致しましょうと、たたみかけた。

首座が行き詰まって、挨拶が出来ないので、法眼が改めて問題を提起した。長慶が、万象之中独露身と仰せになったのは、万象を撥いのけて、独露身なのか、それとも、万象をそのままにしておいて、独露身なのかと、引っかけた。

首座がそれに、引っかかって、撥わずと答えた。

法眼曰く。万象を撥わず、そのままにしておいて独露身だと言われるが、万象と独露身と二つになって、独露身ではないと、判決を下した。参随の左右が、これはしまったと、助け船を出したつもりで、万象を撥うと、一斉に言うたが、それならばなお駄目だ。

法眼云く「万象之中独露身。聻」。聻はものを突き付けて示す言葉で、「丸出しだ」といったようなことだ。子昭首座は完全に敗北を喫した。然し偉い者である。「人、誰か過なからん、過っては悔い、悔いては改むるを貴しとなす」と、言われているが、子昭首座は、素直に法眼に頭を下げて、法眼の弟子となり、ついに法眼の法を嗣いだ。

　　万象之中独露身　　万象之中独露身。
　　昭公不撥失天真　　昭公撥わず、天真を失う。
　　如今法眼開堂日　　如今法眼、開堂の日。

万象之中独露身　万象之中独露身。

第一七八則　臨済破夏

臨済半夏。上黄檗問訊。見黄檗看経。乃云。我将謂是箇人。元来掩黒豆老和尚。住数日。乃辞去。檗云。汝破夏来。不終夏去。師云。某甲暫来礼拝和尚。檗遂打趁去。師行数里。疑此事。却回終夏。

臨済、半夏に黄檗に上って問訊す。黄檗の看経するを見て、乃ち云く。われまさにおもえり。是れ箇の人と。元来掩黒豆《えんこくず》老和尚。とどまること数日にして、乃ち辞し去る。檗云く。なんじ夏を破って来たり、夏を終えずして去るや。師云く。それがしは暫く来たりて、和尚を礼拝するのみ。檗ついに打って、趁去《ちんきょ》せしむ。師、行くこと数里にして、此の事を疑う。却《きゃっかい》回して夏を終わる。

これは臨済破夏の因縁といわれる、名高い公案である。臨済大師は初め、黄檗の会中にあって、行業純一、着実綿密であった。けれども、まだ無眼子であった。今日の曹洞宗の飛び切り上等の、無事禅者流と同様だ。この臨済の様子をだまって、三年間見守っていたのが、侍者の陳尊宿睦州だ。

もうよかろうと、時機を見計らって睦州が、臨済に注意を与えて独参させた。すると黄檗も、臨済を見込みのある人物と見たであろう。三回の独参で、続けざまに、六十棒をくらわせた。それから、江南の大愚の処へやった。大愚に、「黄檗はお前のために、そんなに親切であったのか」と言われて、忽然として悟った。

それから大愚の指図に随って、再び黄檗の処へ帰って来て、大変な勢いであった。黄檗に再三食って掛かって、「侍者和尚、この気ちがい坊主を禅堂へ連れて行って坐らせろ」と、黄檗に言われた程であった。この時から臨済は、悟りの見識というものを担ぎ回るような、一種の禅病にかかったものと思われる。悟りが大きければ大きいほど、禅病もまた大きいのが普通らしい。

この公案に出ている破夏の因縁も、右のような禅病の産物ではあるまいかと思われる。破夏とは、夏を破るという言葉であるが、夏とは、四月十五日から七月十五日までの夏安居のことである。この期間は、印度では雨が多くて、外出には不便な時期である。それで釈尊の教団では、この期間を結制安居の期間と定め、日中一食の托鉢以外は外出を禁じ、全員が一ヶ所に集まって接心をしたのである。これが、毎年決まった行事となっていた。

この行事が支那に伝わり、支那の叢林でも、結制中は勝手に往来することは、禁じられていた。この禁制を破って、臨済が制中に黄檗の処へやって来て、黄檗禅師を問訊した。その時、黄檗禅師が看経してござるのを見て、乃ち云く「われまさにおもえり。是れ箇の人と。元来掩黒豆老和尚」と。それから四、五日とどまっていてまた出かけた。

掩黒豆老和尚とは罵倒の言葉だ。看経などして、文字言句にとどこおっている和尚ということだ。おれは黄檗和尚を偉い禅僧と思っていたら、なんだい、黒豆の勘定をするに等しい、教者法師のような和尚かとの言い草だ。これは、禅病がいわせるのだ。

悟らんうちは、経論の言句文字に縛られて動きがとれない。悟ると、一返にそれが取れて、今度は経論を馬鹿にするようになる。それが悟り病だ。その病気が全快すると、再び経論を大切にするが、それは経論を自由に使うのであって、経論に拘泥するのではない。

檗云く。夏を破り来たって、夏を終えずして去るや。臨済云く。それがし、暫く来たって和尚を礼拝するのみと。臨済はそれから、行くこと数里にして、此の事を疑うとあるが、途中で気がついたのだ。自分のやっていたことが、これで良いと、今迄は思っていたが、ハテナ？　と気がついた。これは穏やかでなかったわいと、初めて悟り病が取れて、最後の桶底を脱した。それで、再び黄檗の処へ帰って、夏安居を終わった。

臨済飄飄破夏来
黄師看経颶塵埃
可憐結制安居客
半路翻然復却回

臨済飄飄として、夏を破って来る。
黄師看経して、塵埃をあぐ。
可憐なり、結制安居の客。
半路翻然として、またきゃらいせしこと。

第一七九則　雲蓋礼拝

雲蓋志安和尚（嗣石霜）。在石霜会時。有僧問石霜。万戸倶閉時如何。堂中事作麼生。僧経半年。方始道得。云。無人接得渠。霜云。道也太殺道。祇道得八九成。師聞却礼請石霜。為道。霜不道。師乃抱霜。従方丈後去坐云。和尚若不道。須打和尚去。霜云。得在。師乃礼拝不住。霜云。無人識得渠。師於言下有省。

雲蓋志安和尚《うんがいしあん》（石霜に嗣ぐ）、石霜の会に在りし時、僧有り、石霜に問う。万戸《ばんこ》ともに閉ずるとき如何。堂中の事そもさん。僧、半年を経て、まさにはじめて道得して云く。人のかれを接得するなし。霜云く。道うことははなはだ道う。ただ八九成を道い得たり。師聞いて、かえって石霜に礼請《らいしょう》す。ために道えと。霜いわず。師すなわち、霜を抱いて、方丈より後ろにつれ去って、坐せしめ云く。和尚もし道わずんば、須く和尚を打し去るべし。霜云く。得ること在り。師すなわち礼拝して住まらず。霜云く。人の渠を識得するなし。師、言下において省あり。

雲蓋志安禅師は石霜の法嗣である。曾て石霜の許へ居ったとき、ある僧が石霜に問うた。「万戸ともに閉ずるとき如何」と。もちろん借事問である。ここでいう万戸とは、多くの家ということではなくて、家の戸も窓も全部ということであろうと思う。そう見なければ、次の石霜の語とつじつまが合わない。

それで万戸とは、おおざっぱに言うと、眼耳鼻舌身意の六根門頭だ。こまかく言えば際限がない。われわれの頭に描き得る全ての分別妄想だ。それらを全部棚上げにしてしまった時が、万戸倶に閉ずる時だ。修行の最初としては、いい処まで来たのだ。

「堂中の事そもさん」とあるが、これは石霜云くだ。戸や窓を全部閉めたら、その中に居る人間はどうなんだいと、機発をうながした。眠っていてはだめだぞ。死人禅ではなお駄目だと言わんばかりだ。折角、大死一番したら、大活現成と、万戸をおっぴらいて、躍り出なければ、役に立たんぞ。

それからその僧が半年の間、寸時もさしおかず「堂中の事そもさん」と、参じ来たり、参じ去ったと見える。そこで気がついて、まさに初めて道い得るに到った。云く「人のかれを接得するなし」。接得という語は、師家が学人を指導することに使うのが普通であるが、ここでは識得と言うほどの意にとって良いと思う。

大死底の人が大活してみると、この人ばかりは仏祖と言えども、手のつけようがない。得体のわからん、バケモノみたいになってしまいましたわい。石霜云く「道うことは、はなはだ道う。ただ八九成を道い得たり」。これはいつもお決まりの、点の付け方だ。祖師門下では、どんなに良く出来ても、百点はくれない。八十点か、高々九十点に止めておく。これが親切な教育法だ。

雲蓋がこの出来事を目の前に見て、石霜禅師を礼拝して、ご指導を願った。「ために道え」。わたくしのために、何とかいうて、ご指導下さいませと。道えと言ったって、道いようはない。他人の食ったご馳走の味を説明することが出来るかい。

すると、雲蓋は石霜禅師を抱きかかえて、人の居ない方丈の後ろの方へ連れていって、そこに坐らせて、強制的だ。ほんとに一所懸命になると、前後の見境もつかなくて、こんなことにもなる。もし、何とか言うて下さらなければ、あなたを打ちますよと、詰め寄った。

霜云く「得ること在り」。お前自身がちゃんと持っているではないか。他人から教えて貰う必要がどこにあるかと、言わんばかりだ。師乃ち礼拝してとどまらずとあるが、今度は、拝み倒しに掛かった。もちろん、そんな頭が働いたのではあるまいが、矢もたてもたまらなくなって、自然に礼拝を続けたと見える。

霜云く「人の渠を識得するなし」。人から聞いてわかるかいと言われて、雲蓋、言下に悟った。師匠も弟子も、ともに命がけだ。無始劫来の迷いの絆をぶち切るのだもの、生やさしいことで行けるはずがない。然るに、寂静無為の安楽といったような、達道の人の境地を想像して、それを無眼子の初心者の坐禅に押っつけようとしている、宗門の指導者達は、全く仏道の通塞を知らない者と言わねばならない。

万戸千窓倶閉時　　万戸千窓、ともに閉じる時。
堂中欲綻白梅枝　　堂中、ほころびんと欲す、白梅の枝。
霜師接得無人識　　霜師接得、人の知るなし。
馥郁清香打鼻奇　　馥郁たる清香、鼻を打って奇なり。

第一八〇則　瑞岩本常

瑞岩和尚（嗣岩頭。諱師彦）。問岩頭。如何是本常理。頭云。動也。師云。動時如何。頭云。不見本常理。師佇思。頭云。肯則未脱根塵。不肯永劫沈生死。

瑞岩和尚（岩頭に嗣ぐ。諱は師彦）、岩頭に問う。如何なるか是れ本《ほん》常《じょう》の理。頭云く。動ぜり。師云く。動ずる時如何。頭云く。本常の理を見ず。師、佇《ちょ》思《し》す。頭云く。肯うもすなわち、いまだ根塵を脱せず。肯わずんば、永く生死に沈む。

これは瑞岩が初めて岩頭に参じた時の問答だ。まだお小僧だ。この人は後に、主人公の公案で有名になった師彦禅師だ。如何なるか是れ本常の理とは、いかにもお小僧らしい問いだ。本来常住不変の真理は、どのようなものですかと云ったような、つまらない問題を担ぎ出した。

「頭云く。動ぜり」。これは岩頭に似合わぬ手ぬるい応対だが、相手が小僧だから、それに応じた答話をしたのだ。本常の理を頭に描いたら、本常の理は行方不明だ。だから、「ただ」でなくてはいかん。ただそのもの、それであれ。理窟をつけるな。無字に参じるときは、ただ無字になればよい。

岩云く。動ずるとき如何、本常の理ならば、動じたとて、よそへは行きますまいと、それだけの理解でもあれば、まだよいが、これもなかったらしい。動じたらどうなりますかと問うた。全く無眼子だ。

頭云く、本常の理を見ず、動じたら本常の理はみえんぞ。ここでは、動じたとて、本常の理がどこへいくものかと、仰らないのが却って有難い接化だ。あせってはいかんぞ。それも動じたのだ。怠けてはなおいかん。それこそ天下動乱だ。ただ親切であれ、切実であれ。寝ては夢、起きてはうつつ、一心欲見仏、不自借身命だ。「道を思うこと、君を思うことの半ばに過ぎなば、成道は老釈迦に先だたん」と、東坡も云うている。君とは、恋人のことだ。

岩、佇思す、ボーとしてしまった。今迄の考えを全部奪い取られて、頭がはたらかなくなった。よく死んだ。大切な処だ。枯木岩前、猿多し。油断するとあぶないぞ。そこへ岩頭が、画竜点睛の一着だ。

頭云く。肯うもいまだ根塵を脱せず、肯わずんば、永く生死に沈む。根塵は、六根と六塵だ。生死とは迷いのことだ。ウム、なるほどと、深くみずから肯う。これが見性だ。だが、そいつはまだ分別妄想だ。「悟った！」というのは、まだ妄想だよ。「まだ」というところへ目を付けなさい。それなら、悟るなどということはやめて……どっこい、それでは、迷妄生死の素凡夫だ。永劫沈淪だ。

擬問真成背本常　　問わんと擬すればまことに、本常に背く。
回頭海岳入斜陽　　頭をめぐらせば、海岳、斜陽に入る。
何人動著天真事　　なんぴとか動著す、天真の事。
不肯誰能坐石床　　肯わずんば誰かよく、石床に坐せん。

第一八一則　南泉斬猫

挙。南泉一日。両堂首座。争猫児。師見遂提起云。道得不斬。衆無対。師斬却猫児。為両段。師挙前話。問趙州。州脱草鞋。戴頭上出。

挙す。南泉一日。両堂の首座、猫児を争う。師見てついに提起して云く。道い得れば斬らじ。衆、対なし。師、猫児を斬却して、両段となす。師、前話を挙して趙州に問う。州、草鞋を脱して、頭上に戴いて出ず。

この公案は『碧巌』にも『従容録』にも出ている有名な公案だ。従って、この公案については、色々な人が提唱している。そしてその見方も色々ある。一番奇抜だと思われるのは、猫の所有権を争ったのだと言っている先生がある。なるほど、その人相応な考え方をするものだ。

南泉には有名な語がある。「三世諸仏あることを知らず。狸奴白牯かえってあることを知る」と。狸奴とは猫のことだ。こんなところから、猫騒動がはじまったのではあるまいかと、これは筆者の想像である。兎に角、猫についての法戦であった。

南泉和尚はかげで、しばらくこの法論を聞いて居たであろう。やがて大衆の前にあらわれて、猫をつまみ上げ、「道い得れば斬らじ」と宣言なされた。さあ、おれの前で、はっきりと見所を言うて見よ。適当な一句が道えたら、この猫を放してやるが、道えなかったら、ぶち斬るぞと積め寄せた。

禅の指導というものは、適当な機会をつかまえては、活きた指導をするのであって、奇抜なことをするのでも、何でもない。ここで殺生戒を云々するのは、どうのこうのと言って居る人もあるが、もちろん仏性戒の上から殺不殺を論ずるのと、大乗戒や小乗戒の上から論ずるのでは、取扱方に相違が出てくることは言うまでもないが、殺生戒ということが、仏弟子にとって、最も重要な問題であるということは、この公案の根底に流れていると、いうことを知らねばならない。

猫など殺しても、ニャンとも思わんような坊さんを相手に、「猫を斬るぞ」と言ってみても意味をなさない。われわれがつまらん法論をして、適当な一句が道えないために、あの猫が斬られたら大変だ。申し訳がないと、痛切に感ずる坊さんを相手だから、斬るぞ！　と詰め寄ったのだ。

両堂の首座は特に、ハラハラしていたであろうと思う。そのうちに、エイッ！　と、猫は真っ二つに斬られてしまった。こう書かなくては文章が死んでしまうから、こう書くのであり、その場にいた雲水にも、そう見えたであろう。だが、猫の死骸はそこには無かったに相違ない。何となれば、これだけで大衆の頭の中の分別妄想をぶち切るのに十分であり、猫に用事はないからである。

この公案について、道元禅師と二代さまとの問答がある。猫を斬ったとしたら、不殺生戒を犯すことになりはしませんかとの、二代さまの問いに対して、犯戒になると、道元禅師が仰せになり、わしなら、「大衆道い得ず」と言って、猫を放してやると仰せになっている。南泉も実は、気合と見幕だけであって、猫はいつの間にか居なくなっていたであろう。

南泉は猫一匹を教材として、われわれの、後天的の知識、経験、分別、妄想、仏見、法見、一切を斬り捨てて、清風明月の境界を示されたものであるが、なおこれ半提だ。殺人刀を振っただけであるから、これだけでは公案が円成しない。指導が完了しない。

そこへ趙州がやって来たので「師、前話を挙して趙州に問う」た。恐ろしい試験だ。今日はこういう訳で、猫を斬ってしまったが、お前はどう思うかと、出し抜けに趙州を揺さぶってみた。すると趙州は、何とも言わずに、草鞋を頭上にいただいて、ヒョコヒョコと出て行った。

趙州、この時はまだ六十歳であったろうから、耄碌するには、まだ早いけれども、修行の上では十分に老成し、円熟していたと見える。その円熟ぶりが拝めたか、どうかが大切だ。趙州はだんまりで、踊って見せたであろうけれども、紙に書いた文章では、その時の、活き活きとした気合が味わえない。それで何とか言句をつけて、それをあらわす必要がある。これを活句という。説明では死句になるから駄目だ。ここには書かないことにする。

要するに、南泉は殺人剣をふるって、掃蕩門《そうとうもん》を建立した。そこで趙州は活人剣を用いて、扶起門《ふきもん》を建設した。師弟互いに一隻手を出して、立派に公案を円成せしめている。

斬却猫児活却猫　　猫児を斬却して、猫を活却す。
南泉一断万塵消　　南泉の一断、万塵消す。
草鞋頭戴較些子　　草鞋頭にいただいて、些子にあたる。
老趙州　独弄簫　　老趙州、独り簫を弄す。

第一八二則　百丈野鴨

百丈因侍馬祖行次。見一群野鴨子飛過。祖云。是什麼。師云。野鴨子。祖云。什麼処去。丈云。飛過去。祖遂把百丈鼻頭扭。師負痛失声。叫阿哪阿哪。祖云。何曾飛去。

百丈ちなみに馬祖に侍して行くついで、一群の野鴨子《やおうす》の飛びすぐるを見る。祖云く。これなんぞ。師云く。野鴨子。祖云く。いずれの処にか去る。丈云く。飛び過ぎ去る。祖、ついに百丈の鼻頭をとってひねる。師、負痛失声して、阿哪阿哪と叫ぶ。祖云く。なんぞかつて飛び去らん。

百丈が馬大師のお供をして、どこかへ行く途中で、一群の野鴨子が飛んでいくのを見て、馬祖が「あれは何かいな」と仰せになった。馬祖がまさか、野鴨子を知らなかった訳ではあるまい。してみると、この一語には、言中にひびきがある。それを見て取らねばならない。お前はあれを何と見るかとの拶著であると、受け止めなくてはならない。然るに百丈はうっかりと、普通の語に聞いてしまった。それで「鴨でござります」と、わかりきったことを答えた。この時は百丈もまだ、無眼子であったから、これも止むを得ない。明眼の漢であってもまた、「鴨でござります」と答えて、わざと鋒先をあらわさないという手もあるが、ここでは未だそんな作略はない。

馬祖が「どこへ行くのだろう」と、第二の箭を放ったが、やはり手応えがない。「飛んで行ってしまいました」とは、情けない。正直に答えたには違いないが、馬鹿正直だ。そんな答でよいものならば、問う必要はない。百丈は未だ、よそ見をしている。

馬祖がじれったくなったと見えて、とうとう、百丈の鼻づらをひねり上げた。百丈思わず大声をあげて、あ痛たたッ！　と叫んだ。その途端に、馬祖が「どこへ飛んで行くものかい！」と機発をうながした。この一語によって、百丈、はじめて、本来の自己に気がついた。

自己とは山河大地なり。自己とは日月星辰なりとあるが、自己とは野鴨子なりと、目が覚めて、初めて語話の分ありだ。百丈はその翌日、馬大師から、「なんじ深く今日の事を知る」という、証明の言葉を与えられたと言う。

鴨子飛来是什麼　　鴨子飛び来る、これなんぞ。
天辺曷識未曽過　　天辺なんぞ識らん、未だ曽て過ぎざることを。
鼻頭負痛誰号哭　　鼻頭負痛、誰か号哭す。
馬祖提撕徹悃多　　馬祖提撕、徹悃多し。

第一八三則　雪峯剃髪

雪峯山畔。有一僧卓庵。多年不剃頭。自作一柄木杓。去谿辺舀水喫。因有僧問。如何是祖師西来意。庵主云。谿深杓柄長。僧帰挙似雪峯。峯云。也甚奇怪。雖然如是。須是老僧勘過始得。峯一日同侍者。将剃刀去訪他。纔相見便問。道得則不剃汝頭。庵主即洗頭。踞峯前。峯便剃髪。

雪峯山畔に一僧ありて卓庵す。多年剃髪せず。みずから一柄《いっぺい》の木杓《ぼくしゃく》を作り、谿辺に去り、水をくみて喫す。ちなみにある僧問う。如何なるか是れ祖師西来意。庵主云く。谿深うして杓柄《しゃくへい》長し。僧、帰りて雪峯に挙似す。峯云く。また甚だ奇怪なり。しかもかくの如くなりと雖も、すべからくこれ老僧、勘過してはじめて得ん。峯、一日侍者と同じく、剃刀《ていとう》をもって、去って他を訪う。わずかに相見して便ち問う。道い得ば則ち汝が頭を剃らじ。庵主すなわち頭を洗うて、峯の前に踞坐す。峯すなわち剃髪す。

雪峯山のかたわらに一人の僧が庵を結んで、只管に打坐していたとみえる。多年、剃頭せずとあるが、滅多に頭を剃らなかったとみえる。それでいつも、いが栗頭でいたらしい。文字通り多年剃らなかったら、婦人の髪の毛のようになって、始末に困るであろう。

なぜ頭を剃らなかったか、それは書いていないから分からないが、滅多に剃ってもらう機会が無かったのかも知れない。仏弟子は、自分で剃ってはいけないと言うことになっている。たとえ遠方でも、仏弟子仲間を訪ねて、お互いに剃ってあげたり、剃って貰ったりするのが、仏弟子の法となっている。

この庵主は手製の杓で、谿川の水をくんで飲んでいた。ある僧が庵主をたずねて、如何なるか是れ祖師西来意と問うた。その問意は前に度々書いたから、説明しない。そのとき庵主が「谿深うして杓柄長し」と答えた。僧がこのことを雪峯禅師に申し上げると、禅師が、それは甚だ珍しい人物だ。だが、老僧がよく調べてみると、仰せになった。それから雪峯がある日、侍者を同伴して、剃刀を持って、庵主を訪問した。相見するとすぐに「道い得ば則ち汝が頭を剃らじ」と、雪峯が云うたら、庵主は何とも云わずに、頭を濡らし来て、雪峯の前にうずくまって、お辞儀をした。すると、雪峯はすぐに頭を剃ってやった。実際は、侍者に命じて剃らせたのかも知れないが、そんなことは枝葉末節で、話の本筋に影響がないから、書かないのだ。

これで立派に法の第一義をやり取りしているが、あまりに鮮やかだから、初心の者にはかえって見えにくい。名人と名人との仕合を、ヘボが見ているようなもので、互格の勝負がなかなか見えない。これに注釈を施すと、折角の名人の仕合を却って汚してしまうから、遠慮する。

雪嶺谿深杓柄長　　雪嶺谿深うして、杓柄長し。
秋天不剃在禅床　　秋天剃せず、禅床に在り。
峯師一日持刀到　　峯師一日、刀を持して到る。
踞坐低頭似菊香　　踞坐低頭、菊の香ばしきに似たり。

第一八四則　潙山問獅

潙山問雲岩。承。長老在薬山。弄師子是非。岩云。是。山曰。長弄麼還有置時也無。岩曰。要弄即弄。要置即置。山曰。置時師子在什麼処。岩曰。置也置也。

潙山、雲岩に問う。承すらくは長老、薬山に在りしに、師子を弄すと、是なりや否や。岩曰く。是なり。山曰く。つねに弄すや、また置くときありや否や。岩曰く。弄せんとおもえば即ち弄す。置かんとおもえば即ち置く。山曰く。置くとき師子、いずれのところにか在る。岩曰く。置や。置や。

潙山禅師と雲岩さまは、曾て百丈の許において同参であった。雲岩さまは修行に大変手間取ったお方だ。大器晩成といった型の人だ。人物が大きいのだ。前後四十年という、不屈不撓《ふとう》のご修行だ。薬山の許で法成就して、薬山の法を嗣いだ。道吾や船子徳誠と兄弟だ。

潙山、雲岩に問う。これは雲岩さまが、法成就なされてからの問答と思われる。長老とは、法成就の人を称する言葉である。今日の長老は、ただ、嗣法する資格が出来たという形式的、手続き上のことに成り下がってしまったが、昔の長老は住持人に代わって、大法を挙揚する力量を備えた人物だ。

「承すらくは長老、薬山に在りしに、師子を弄すと、是なりや否や」。師は獅の略字だ。承すらくはという読み方も、道元禅師のご指示に従ったのだ。獅子とは言うまでもなく、大法を具象化しての表現だ。獅子は直にこれ、正法眼蔵涅槃妙心だ。本来の自己だ。それなら誰でも、常に弄しているのだが、凡夫は弄し方がまずいから、それで陸沈ばかりしているのだ。

岩云く、是なり、仰るとおり。潙山云く「つねに弄すや、また置くときありや否や」。さて、段々むつかしい問題になって来た。その獅子を、いつもいじくってばかりいるのか、それとも、そっとしておく時もあるか、どうかとの拶著だ。

「岩云く。弄せんとおもえば即ち弄す。置かんとおもえば即ち置く」。ここの「弄せんとおもえば」という読み方も、道元禅師のご指示だ。なるほど「要せば」と読んでは、何となく堅苦しい感じがする。「おもえば」と読むと、日本語としてしっくりする。

行こうと思えば行くし、坐ろうと思えば坐る。誰でも毎日やっていることだ。何とも思わずに、起ったり、坐ったりすることもあるは、言うまでもない。思う存分、泣いてやろうと思って、泣くこともあろうし、泣けて、泣けて、仕方がなくて、ただ泣くこともあろうが、みなこれ獅子の作用だ。本来の自己の活機輪だ。

「山云く。置くとき師子、いずれのところにか在る」。さて、愈々大問題を提起した。その獅子をどうもしないときには、どこにどうなっているのかと、これは自己の事実を確かめていないとまごつくが、事実を確かめている者ならば、なんとでも、適切自在に応答が出来る。

「岩云く。置や。置や」。これを平易な日本語にしたら、何と言ってよいだろうか。大切な参究ものだ。各自の力によって、それぞれ、素晴らしい翻訳が出来る筈だ。「置いたら、置いたままよ」か。「どうもしない時は、どうもならない」か。「そのまま、そのまま」か。それとも、「獅子は全く姿を隠してしまいました」とでも、意訳するかなあ！

弄する時とは偏位だ。置くときとは正位だ。弄するときとは、波の如しだ。置くときとは、水の如しだ。波がおさまった時は、波は行方不明だ。波がおさまっても、水はどこへも行きはしない。また、余計なことを言って、相済みません。噁！

雲岩弄断金獅子
要置何妨置也閑
応酬大潙無人識
一代名声出薬山

雲岩弄断す、金獅子。
置かんと要せば、何ぞ妨げん、置くもまた閑なり。
大潙に応酬して、人の識るなし。
一代の名声、薬山より出ず。

第一八五則　雲際摩尼

（終南山雲際師祖禅師）魯祖問南泉。摩尼珠人不識。如来蔵裏親収得。如何是蔵。泉云。王老師与汝。往来者是。祖云。不往来者如何。泉云。亦是蔵。祖云。如何是珠。泉召云。師祖。祖応諾。泉云。去。汝不会我語。師従此信入。

（終南山雲際始祖禅師）魯祖南泉に問う。摩尼珠、人識らず。如来蔵裏に親しく収得すと。如何なるか是れ蔵。泉云く。王老師なんじと往来するもの是なり。祖云く。不往来の者如何。泉云く。亦是れ蔵。祖云く。如何なるか是れ珠。泉、召して云く。師祖と。祖、応諾す。泉云く。去れ。汝、わがことばを会せず。師これより信入す。

魯祖とあるのは、師祖禅師の誤りだ。魯祖は法を馬祖に嗣いだから、南泉の法兄だ。兄のことを汝と言う筈はない。師祖は南泉の弟子だ。摩尼珠云々は、『証道歌』にある言葉だ。摩尼珠をつかまえようとして、一所懸命になって、南泉に問うたのだ。摩尼は、如意珠と訳す。竜王の脳中にあると言われている。

泉云く。王老師、なんじと往来するもの是なり、王老師とは南泉自身のことだ。南泉は、王氏の出身だから、人が王老師と称した。南泉もまた、それを自称するようになった。往来とは、問答往来と言って、問いつ、答えつすることだ。なに？　如来蔵か。わしが今、お前さんと問答している。それがそっくり如来蔵だよ。

師祖云く。それなら、問答往来していない者はいかがですか。泉云く。それもやっぱり如来蔵だよ。師祖は、如来蔵の中に、摩尼珠が入っているとでも思っていたと見える。摩尼珠と如来蔵を二つに見て、改めて問うた。

師祖云く。如何なるか是れ珠、そこで南泉が立派な摩尼珠を惜しげもなく、ほうり出して、「師祖！」と呼んだ。師祖が思わず、「ハイ」と返事をした。摩尼珠が光っているわい。師祖はまだ気がつかない。青龍に駕すれども、騎を解せずだ。名馬に乗っていながら、馬を探している。

そこで南泉が叱りつけた。帰れ！　貴様はおれの言うことを、さっぱり理解しない。こういわれて、初めて多少気がついたと見える。「師、これより信入す」と、ここには書いてある。

摩尼珠自問摩尼　　摩尼珠みずから摩尼を問う。
滞累王師使労疲　　王師を滞累して、労疲せむ。
雲際月明無眼目　　雲際、月あきらかなるも、眼目なし。
一呼一諾旧相知　　一呼一諾、もとより相い知る。

第一八六則　禾山打鼓

吉州禾山（嗣洞山。諱無殷）澄源禅師。垂語云。習学謂之聞。絶学謂之鄰。過此二者。謂之真過。有僧出問。如何是真過。師云。禾山解打鼓。僧云。如何是真諦。師云。禾山解打鼓。又問。即心即仏則不問。如何是非心非仏。師云。禾山解打鼓。僧云。如何是向上事。師云。禾山解打鼓。

吉州《きっしゅう》禾山《かさん》（洞山に嗣ぐ。諱は無殷）の澄源《ちょうげん》禅師、垂語して云く。習学之を聞《もん》と謂い、絶学之を鄰《りん》と謂う。この二つを過ぐる者、之を真過《しんか》という。ある僧出でて問う。如何なるか是れ真過。師云く。禾山、打鼓を解す。僧云く。如何なるか是れ真諦。師云く。禾山、打鼓を解す。又問う。即心即仏は問わず、如何なるか是れ非心非仏。師云く。禾山、打鼓を解す。僧云く。如何なるか是れ向上の事。師云く。禾山、打鼓を解す。

これは、禾山の四打鼓、といわれている有名な公案である。禾山は九峯道虔の法嗣で、澄源禅師といわれた人で、青原下七世の法孫である。この垂語は仏教の通則であって、僧肇法師の『宝蔵論』に出ている。これは、仏道修行の階程を示したものである。

第一段階は、先輩の仏祖の教えを聞いて、それを信じて、仏道修行にはげむ。それが聞の位である。次は、修行がますます進んで、見惑、思惑、塵沙、無明等の煩悩を断じて、菩提を証し、大悟徹底して、もはや学ぶべきものが無くなった。それを、絶学の位とも、無学の位ともいう。

だが、まだ羅殻一纏《らかくいってん》の無明といわれるところの、薄絹《うすぎぬ》一重が、仏の境界とへだたっているので、絶学の位を鄰という。それで、習学これを聞といい、絶学のこれを鄰というのである。この二つを透過して、はじめて仏境界となる。それが真であり、真過であり、真諦である。

禾山がこの垂語によって、僧を釣り出した。この僧もただ者ではないらしい。禾山に釣り出されたようなフリをして「如何なるか是れ真過」と、禾山に食い下がって、どこまでも禾山に本音を吐かせようとしている。山云く「禾山、打鼓を解す」。禅書になれない人は、途轍もない挨拶と思い、いわゆる無理会の話だと思うかも知れないが、そうではない。理路整然たる答話である。ただし、思慮分別で受け取ったら、真っ赤なにせものになるから、それで「鉄蒺《てつしつ》藜《れい》」というような著語を先輩が添えて、手が付けられないと、注意したのである。この著語を口実にして、理知の届かない世界だ、などと誤魔化してはならない。こういう師家が、昔も沢山あったと見えて、道元禅師が、南泉鎌子の公案などを、「無理会話」だと称する宋土の杜禅和と叱って居られる。

さて「禾山、打鼓を解す」という語から来る処の、活きたひびきを、どう味わうかが、先ず第一の問題だ。漢文を単に直訳したのでは、活きた精神は、大半逃げてしまうであろう。打鼓を解すという言葉は、単に太鼓を叩くことを知っているということではなくて、おれは、太鼓を上手に叩くぞということだ。文章で書くには、これより外に書きようがないであろう。何と書いても太鼓の音は出てこない。

ある人が、太鼓の音を絵に書いて見せろと云ったら、槍を一本立てた絵を書いた。これがどうして、太鼓の音なのかと言ったら、「天突く。天突く」と答えたというが、こんなことでもするより、仕方があるまい。

それで「禾山、打鼓を解す」という語を、一番真実に近い言い方に直したら、どうなんだい。「ドドンコドン、ドンドン」とでも言うより仕方があるまい。ドドンコドンには、理窟の付けようがない。頭をいくら捻っても、どうにもならない。ドンドンは、ただドンドンだ。分別妄想は何も付いていない。いや、迷悟、凡聖、是非、得失、仏見、法見、一切ついていない。それなら、真実の境界丸出しではないか。明歴々、露堂々だ。

この僧も、それくらいのことは、一昨日ご存じであろうけれども、わざとまた食い下がったらしい。「如何なるか是れ真諦」と、同じ事を、ただ言葉をかえて、ぶつけた。師云く「禾山、打鼓を解す」。僧云く「即心即仏は問わず、如何なるか是れ非心非仏」。師云く「禾山、打鼓を解す」。これではもう、あと問わなくても、禾山が「テンツク、テンツク」の一本槍で、まかなわっしゃるぐらいのことは見え透いている。見え透いているから、わざと駄目を押して、「如何なるか是れ向上の事」とやった。師云く「禾山、打鼓を解す」。この僧は、その答話を待っていましたと、云わんばかりに、尊答を謝したであろう。

打鼓鼕鼕我久疑　　打鼓鼕鼕、われ久しく疑う。
晴天白日怒雷馳　　晴天白日、怒雷わしる。
禾山一語千鈞重　　禾山の一語、千鈞よりも重し。
不識真過会者誰　　しらず真過、会する者は誰そ。

第一八七則　金峯一半

撫州金峯従志禅師（円広又云玄明大師）。一日上堂。喫餬餅次。乃拈一箇。従上板頭。転一迊。大衆見一一合掌。師云。仮饒十分抬起手也。只得一半。至晩間請益。有僧云。今日和尚。行餬餅。見衆僧合掌。却云。仮饒十分抬起手也。只得一半。請和尚全道。師以手作抬起餬餅勢云。会麼。僧云。不会。師云。金峯也始。道得一半。

撫《ぶ》州《しゅう》金峯《きんぽう》の従志《じゅうし》禅師。一日堂に上って、餬餅《こびょう》を喫するついで、乃ち一箇を拈じて、上板頭《じょうはんとう》より、転ずること一迊す。大衆見て、一一に合掌す。師云く。たとい、十分に抬起手《たいきしゅ》すとも、ただ一半を得たりと。晩間に至って請益《しんえき》するに、ある僧云く。今日和尚、餬餅を行《あん》ずるに、衆僧の合掌するを見て、また云う。たとい十分に抬起手すとも、ただ一半を得たりと。請《しん》すらくは和尚、全道したまえ。師、手をもって、餬餅を抬起する勢《せい》を作して云く。会すや。僧云く。不会。師云く。金峯もまた始めて一半を道得せり。

撫州金峯の従志禅師が、ある日、食堂《じきどう》に上って、餬餅を食べたときの接化である。餬餅とあるのは、胡餅のことだ。胡餅とは焼き餅で、もと胡夷《えびす》の人たちが造ったものだ。叢林で餅を食べるのは、何か特別な日であったであろうと思う。お正月かも知れない。

さて、従志禅師が胡餅を一つ持って、食堂の上板頭から始めて、大衆の前を一回りした。その時大衆は一々合掌して、禅師に答礼をした。すると禅師云く。たとい十分に手をもたげ起こしても、それはただ半分出来たにすぎないと。好箇の参究課題を示された。

その晩になって、大衆が禅師に請益した。請益とは、法益を下さるようにお願いをしたのだ。その時、一人の僧がおたずねした。今日は和尚さまが、胡餅を拈じて、食堂をおまわりなされた時に「たとい十分に抬起手すとも、ただ一半を得たり」と仰せになりましたが、どうぞお願いでございますから、和尚様全道をお示し下さいませ。するとと禅師が、手を以て、胡餅を拈起する勢をなして云く「会すや」。僧云く「不会」。この不会はどの程度の不会であるか。これが一つの参究課題だ。単に言葉通りの不会なのか。それとも徹底した不会なのか。はたまた、その中間に属するのかだ。

師云く「金峯もまた始めて一半を道得せり」。これが最後の参究課題だ。「和尚、全道したまえ」と言われて、「一半を道得せり」とのお答えである。ここは、全道と一半とが要点であることは言うまでもない。一半とは、一つ半ではなくて、半分と言うことだ。

「林下の祖師、半身を現じ、水辺の尊宿、頭脚をかくす」という語がある。これは「禁酒」の隠語であるが、現じたらそれは半身だ。全身は現じられない。どんな絵描きの名人でも、半身しか描けない。いや、全身の肖像画もあります。それは有っても、やはり半身だ。前か、後ろか、半身しか描けないじゃないか。写真にとっても同様だ。

これを偏正でいうと、あらわしたらいつも偏位だ。偏位はいつも半身が、ぎりぎりのところだ。偏位は因縁の姿だから、その時その時の瞬間的の存在で、永続性がない。それで、正位が全分となるが、正位はわれわれの頭に描けない。仏法を会するとは、この正位を悟ることだ。だが、悟ったら、それは正位ではなくて、偏位になってしまう。ただ、悟りという、直覚的の体験をとおして、正位に見当がつくのだ。だから会仏法は、まだ本当の仏法ではない。不会仏法に到って、はじめて些か仏法に叶うという筋合いのものである。そこで、会と不会とが大切な問題となる。

金峯拈餅帀堂中　　金峯、餅を拈じて、堂中をめぐる。
大衆低頭瑞気通　　大衆低頭して、瑞気を通ず。

一半全分誰識得
新春日麗酔顔紅

一半全分、誰か識得す。
新春、うららかにして、酔顔紅なり。

第一八八則　帰宗拳頭

帰宗寺智常禅師。李渤刺史問。三乗十二分教即不問。如何是祖師西来意。師乃竪起拳云。会麼。史云。不会。師云。飽学措大。拳頭也不識。史云。某甲実不会。師云。遇人則途中受用。不遇則世諦流布。

帰宗寺《きそうじ》の智常《ちじょう》禅師、ちなみに李渤《りぼつ》刺史《しし》問う。三乗十二分教は即ち問わず。如何なるか是れ祖師西来意。師乃ち拳を竪起して云く。会すや。史云く。不会。師云く。飽学の措大《そだい》。拳頭もまた識らず。史云く。それがし実に不会なり。師云く。遇人のときは途中に受用す。不遇なるときは世諦流布す。

帰宗寺の智常禅師に刺史の李渤が問うた。刺史は官名だ。問いの言葉は前に度々でていたから説明はしない。師、乃ち拳を竪起すも、説明は要るまい。見んと要せば、直下に見よと、いわんばかりの作略だ。拳に何か訳があると、思ったら違うぞ。それなら無意味か。意味も無意味もありわせん。ただ拳だ。

史云く。不会、この不会も参究ものだ。どうも単なる、不会ではなさそうだ。師云く「飽学の措大、拳頭もまた識らず」。よい突っ込み方だ。飽学は、飽くまで参禅学道したことだ。飽参と同じだ。この刺史は、多年参禅していたとみえる。それで飽学措大は褒め殺しの言葉と思われる。あなたは秀才で、しかも多年参学して居りながら、握り拳もご存じないのかとの挨拶だ。

史云く「それがし実に不会なり」。この不会は相当に力のある不会らしい。そこで帰宗が最後の説法だ。遇人の時は途中受用す。不遇のときは世諦流布《せたいるふ》。此の語は一般の人には解説を要する。遇人と不遇が、にらみ合わせであることは言うまでもないが、途中受用と、世諦流布も同じくにらみ合わせで、しかも、夫々、遇と不遇に対応している。

遇人とは達道の人に遇うことだ。単に遇うだけではない。その指導を受けることだ。単に受けるだけではない。大悟徹底することだ。それを遇人というたのだ。不遇はその反対だから、説明を略する。

途中受用とは何のことか。『碧巌』の第八則の垂示に、「会するときは途中受用、龍の水を得るが如く、虎の山によるに似たり。会せざるときは、世諦流布、羝羊《ていよう》まがきにふれ、株を守りて兎を待つ」とあるとおり、途中受用とは、悟った人の日常生活の自由無礙なことを言い、世諦流布とは、悟らん人の不自由さを示すと、見るのが普通の見方である。

それで大悟徹底すれば、自由自在の身となるけれども、さもないと、世間の色々なことに引っかかって、動きがとれませんぞということになる。まことにご尤もな説法ではあるが、それではどうも切れ味が悪いように感じられる。

悟らねば無論駄目だが、悟ったというのは、まだまだ途中の活計だ。悟っては悟りを捨て、悟っては悟りを捨てて、悟るものものもなくなり、捨てるものも無くなって、はじめて語話の分ありと、こんな風に味わってみたいものである。

欲見拳　却失頭　　こぶし見んと欲して、却って頭を失す。
帰宗賊意幾時休　　帰宗の賊意、いくばく時か休せん。
参来刺史何無会　　参来の刺史、なんぞ無会ならん。
受用途中志未酬　　受用途中、志いまだ酬いず。

第一八九則　清豁尽底

漳州清豁禅師。因僧問。家貧遭劫時如何。師云。不能尽底去。僧云。為什麼不能尽底去。師云。賊是家親。僧云。既是家親。為甚麼翻成家賊。師云。内既無応。外不能為。僧云。忽然捉敗。功帰何処。師云。賞亦未曽聞。僧云。恁麼即労而無功。師云。功即不無。成而不処。僧云。既是成功。為甚麼不処。師云。不見道。太平本是将軍致。不使将軍見太平。

漳州《しょうしゅう》の清豁《せいかく》禅師、ちなみに僧問う。家貧うして劫に遭うとき如何。師云く。底をつくすこと能わず。僧云く。なんとしてか不能尽底去なる。師云く。賊はこれ家親《かしん》なり。僧云く。すでに是れ家親、なんとしてか、かえって家賊《かぞく》となる。師云く。内すでに応ずるもの無くば、外なすこと能わず。僧云く。忽然《こつねん》として捉敗《そくはい》せば、功いずれの処にか帰す。師云く。賞もまた未だ曽て聞かず。僧云く。いんもならば即ち労して功無からん。師云く。功は即ち無きにあらず、成りておらざるなり。僧云く。すでに是れ成功、なんとしてか不処なる。師云く。道うことを見ずや。太平は本これ将軍の致せども、将軍をして太平を見せしめず。

これは本分上の事を拈弄しながら、修証辺の心得を綿密に示された着実な公案である。問話の僧もなかなか質問上手で、巧みに清豁禅師の答話を引き出している。大衆の代表質問に起こったようなおもむきがある。

「家貧うして劫に遭うとき如何」は勿論、借事問である。劫は劫賊、すなわち盗賊のことである。貧乏人がどろぼうに入られたというのだが、何のことだろうか。まず、貧乏人とは、どのような貧乏人のことであるか、それが最初の参究課題だ。

『証道歌』には、「身貧にして道貧ならず」とある。道元禅師は、「貧なるが道に親しきなり」と仰せになっている。濁富は坊さんにふさわしくない。清貧が貴い。だが単に物質的に清貧であっても、心に色々な財産を持っていては、真実の仏法には値い難い。

心の財産とは何か。あの思想、この思想、東洋哲学、西洋哲学、仏教哲学、知見解会、認識信仰、仏見法見、みな心の財産だ。こんな財産を担いでいては、とても仏道の門に入ることは出来ない。これらを全部かなぐり捨てたのが、本当の清貧だ。

さて、こんな貧乏人の家にどろぼうが入ったというが、どんなどろぼうか。どろぼうとは仏祖のことだ。仏祖は人天の大賊だ。凡夫が大事本尊に握っている心の財産を、根こそぎ奪い取るのが仏祖の仕事だ。下手などろぼうは強盗までやるけれども、上手な先生になると、こちらの気がつかない内に、持って行ってしまう。まるでスリの名人だ。

学人が本当にはだかになって法を求めると、仏祖がはだかにしてくれる。われわれは、はだかになったつもりでも、どこかに隠して財産を持っている。潜在意識（第七識）の中に持っている、自我という観念の財産は、捨てた積りでも、安易には捨てきれない。仏祖はこれを取って下さるのだから、実にどろぼう様々だ。

師云く「底をつくすこと能わず」。去は助字で意味はない。貧乏になった積もりであり、その上、更にどろぼうに持って行かれた積もりであっても、実はまだ、残りの財産が相当にある。身代限りには容易にはならない。それはなぜか。「なんとしてか不能尽底去なる」だ。

師云く「賊はこれ家親なり」。前のところでは、賊を仏祖にたとえたが、今度は賊の譬えがかわって家親となった。家親とは、家の中の親族だ。身内の者がどろぼうになっているのだから、全部持って行くのかと思ったら、やっぱり親族だけのことがあって、可愛想で、全部持って行けない。つい人情が動いて、財産をかくさせる。

僧云く。身内の者がなぜどろぼうになるのですか。師云く。いや、家の中のどろぼうが、外から来るどろぼうと、内外あい呼応するから、それでどろぼうが入るのだ。家の中の守りが堅ければ、外からそう易々と、どろぼうしに入れるものではない。

これは何を譬えたのか。何事でも内外呼応すると、たやすく成功する。自分の心の中に怠け根性があると、それに呼応して、外から色々修行の妨げとなる問題が出てくる。自分の心の中に求道心が燃え出すと、意外な所から、正師が応現して下さるものである。全て内外あい応ずる時、何事でも速やかに成功する。

僧云く「忽然として捉敗せば、功いずれの処にか帰す」。師云く「賞もまた未だ曽て聞かず」。その賊を活捉して成敗してみたところで、何も格別ほめた話でもない。むしろ、当然のことだと、云わんばかりの答話だ。

僧云く「いんもならば即ち労して功無からん」。師云く「功は即ち無きにあらず、成りておらざるなり」。骨折り損のくたびれもうけと言う訳でもないが、功成り、名遂げても、その功名の処には、引っ付いていないのだ。

僧云く「なんとしてか不処なる」。師云く「道うことを見ずや。太平は本これ将軍の致せども、将軍をして太平を見せしめず」。動乱を平定するのは、将軍の役目ではあるが、天下が太平となったからというて、将軍がその太平になれて、油断したら大変なことになるから、将軍をして太平を見せしめず。治にいて、常に乱を忘れない心掛けが肝要である。

仏道修行も又々その通りで、悟ったの、法成就したのといって、少しでも油断したら、たちまち悪魔に乗ぜられる。修行が進めば進むほど、益々熱心に、益々綿密に、益々謙遜に、最深の注意を払って、修行を続けなければならない。

家貧遭劫作麼生　　家貧にして劫に遭うとき、そもさん。
尽底初知屋漏清　　底を尽くして初めて知る、屋漏の清きことを。
親人是賊君休問　　親人これ賊、君問うことをやめよ。
不許将軍看太平　　許さず、将軍の太平を看ることを。

第一九〇則　馬祖劈掌

僧問馬祖。如何是祖師西来意。祖云。近前来。向汝道。僧近前。祖擗耳便掌云。六耳不同謀。

僧、馬祖に問う。如何なるか是れ祖師西来意。祖云く。近前来。汝に向かって道わん。僧近前す。祖、耳にあてて便ち掌して云く。六耳、謀りごとを同うせず。

馬祖道一禅師に、僧が祖師西来意を問うた。馬祖云く「近前来。汝に向かって道わん」。ここで僧が尊答を謝すと、礼拝して引き下がったら、打たれなくてもよかった。おめおめと、馬祖の言葉尻に引っ付いて、側まで行ったものだから、馬祖に一掌を煩わしたのだ。

なぜか。近前来の一句で、西来意を完全に説き尽くしている。「近うよれ」「下がれ」、この外に別にかわった仏法があるかい。汝がために道わんとは、言葉の裏を読むと、すでに汝がために、道い尽くしているぞということだ。そこで馬祖が一掌したのは、わざわざ叩いて貰うために、顔を持って来たのかと、言わんばかりだ。だから、黙って一掌を与えても良いのだが、「六耳、謀りごとを同うせず」は、馬祖の慈悲落草だ。

「擗耳」は一本には「劈耳」となっているが、大差はないようだ。劈耳または擗耳という熟語は見つからない。劈面という語はある。劈耳も劈面と同じような意味であろう。「擗耳掌」とは、横びんたを張り飛ばしたことであるように思われるが、『大漢和辞典』に「六耳不同謀」は次の通りに出ている（訓点省略）。

原義は、六つの耳、即ち三人では秘密を保つて計略をなしとげることのむづかしいことをいふ。転じて、禅家において、彼の馬祖が洪州の泐潭法会禅師の未だ道を悟らぬのを喝し、特に耳をひっぱつて、耳の学問の役に立たぬことを教へた語。〔五灯会元〕洪州泐潭法会禅師、問如何是祖師西来意、馬祖曰、低声、近前来、向汝道、師便近前、打一摑曰、六耳不同謀、且去、来日来。
馬祖の接化の、いかに懇切鄭寧であるかが察せられる。

西来祖意有来由　　西来祖意、来由あり。
密要低声法王猷　　密に低声を要す、法王のはかりごと。
馬大師唯偏曳耳　　馬大師ただ、ひとえに耳をひく。
君看六耳不同謀　　君看よ、六耳、謀を同うせず。

第一九一則　天皇転処

石頭和尚。因道悟問。如何是仏法大意。石頭云。不得不知。道吾曰。向上更有転処也無。石頭云。長空不礙白雲飛。

石頭和尚、ちなみに道吾問う。如何なるか是れ仏法の大意。石頭云く。得ず、知らず。道吾曰く。向上さらに転処《てんじょ》ありやまた無しや。石頭曰く。長空、白雲の飛ぶを礙《さ》えず。

天皇道悟は石頭の法嗣である。如何なるか是れ仏法の大意という問いに対しては、古人はいろいろに示しておられる。それは、仏法の大意がいろいろあるわけではないが、言葉にあらわせば、仏法の一面しか出ない。一と口に仏法と言っても、いろいろな面から答えられる。大意とは、前にもあったとおり、大精神ということであって、大体の意味などということではない。今は、仏法の大精神を「不得不知」とお示しになった。

『略般若経』には、「諸法皆是因縁生。因縁生故無自性。無自性故無去来。無去来故無所得。無所得故畢竟空。畢竟空故。是名般若波羅蜜」とある。二祖慧可大師は「心を求むるに、ついに不可得」と言っておられる。無所得も不可得も、結局同じ事である。不可得の事を不得ともいう。

「不知最親切」の一句によって、法眼が最後の桶底を脱して、地蔵桂琛禅師の法嗣になったことが、第百七十一則に出ていた。これらの参究によって、「不得不知」の活消息はつかめるであろうと思うから、説明を省略する。

道悟曰く。向上さらに転処ありやいなや。不得不知で、なるほど仏法の精神は、受け取れるでありましょうけれども、それは死仏法ではありませんかと、言わんばかりのおもむきで、さらに向上の転処を問うた。石頭曰く「長空、白雲の飛ぶを礙えず」。雲が無心で長空を飛んでいる。風のまにまに、早くも飛べば、遅くも飛ぶ。早いとて、急ぐのでもなく、遅いとて、怠けるのでもない。無得不知の活三昧とでもいうのかなあ！ 雲に問うてごらん。知らんとも、知っているとも、何とも言うまい。そこらで、仏向上の事に見当を付けるより外はあるまい。

天皇石老互開扉　天皇石老、互いに扉を開く。
仏法拈来弄妙機　仏法拈じ来たって、妙機を弄す。
向上玄談誰識得　向上の玄談、誰か識得す。
長空不礙白雲飛　長空は礙えず、白雲の飛ぶことを。

第一九二則　長慶船子

長慶問保福。見色便見心。還見船子麼。福曰見。慶云。船子且致。作麼生是心。福却指船子。

長慶、保福に問う。見色《けんしき》は便ち見心《けんしん》。また船子を見るや。福曰く。見る。慶云く。船子はしばらくおく。そもならんか是れ心。福また船子を指さす。

長慶と保福は、同じ雪峯の弟子だから、法の兄弟だ。常に互いに切磋琢磨している。長慶、保福に問う「見色は便ち見心。また船子を見るや」。船子の子は助字で意味はない。船のことだ。見色見心は、禅家通常の談であって、見色明心と同じことだ。見色明心、聞声悟道と、対句に用いることが多い。

見色明心には、霊雲の桃花を見て、心を悟ったという実例があげられ、聞声悟道には、香厳の撃竹を聞いて、道を得たという実例があげられる。今は、見色だけを取っての法戦だ。見色は便ち見心で、今までは境と見ていたが、悟って見たら、それが全部自己であった。それなら、船が向こうに有ると見るかどうかと、長慶が保福に対して戦端を開いた。

福曰く、見る。悟ったとて、別にめくらになるわけではないよ。船は船と、はっきり見えるよ。との応戦だ。そこで長慶が、船のことはまあおくとして、心とはなんだい、自己とはなんだいと、側面から攻撃を掛けて、保福の陣営を揺さぶってみた。すると、福また船を指さす。うむ、心とは船だよ。自己とは船だよ、との応戦だ。これでは長慶も、鋒先を収めるより仕方がない。天下太平。海晏河清だ。

見色看心本是空
晴天白日莫朦朧
看心見色何論議
水上孤舟独孕風

色を見れば、心を看る、本これ空なり。
晴天白日、朦朧なることなかれ。
心を看れば色を見る、何の論議ぞ。
水上の孤舟、ひとり風をはらむ。

第一九三則　石霜有省

石霜参道吾問。如何是触目菩提。道吾喚沙弥。沙弥応諾。道吾曰。添浄瓶水著。道吾却問師。汝適来問什麼。師乃挙す前問。道吾便起去。師従是有省。

石霜、道吾に参じて問う。如何なるか是れ触目の菩提。道吾、沙弥を喚ぶ。沙弥応諾す。道吾云く。浄瓶の水を添えよ。道吾さらに師に問う。汝、適来なにをか問うぞ。師乃ち前問を挙ぐ。道吾便ち起って去る。師これより省すること有り。

これは石霜がまだ沙弥であった時のことである。沙弥は梵語であって、勤策男《ごんさくなん》と訳されている。出家して、ただ十善戒を受けただけの男子の称である。そして三つに分類されている。七歳から十三歳迄を駆烏《くう》沙弥と称し、十四歳から十九歳迄を応法沙弥と名付け、二十歳以上を名字沙弥という。

石霜が道吾に参じて問う、如何なるか是れ触目の菩提と。これは分からないからお尋ねしたのだ。言葉の意味は、目に触れるもの全部が、阿耨多羅三藐三菩提だと言うことであるが、そのような言葉の意味を問うたものでない事は勿論だ。活きている菩提、そのものが何であるか、それを捕まえようとしての問いである。

そこで道吾が、その沙弥をおよびになった。沙弥が「はい」と返事をすると、道吾がその水差しに水を入れなさいと命じた。著は助字で意味はない。石霜沙弥は道吾の仰る通り、水差しに水を入れたが、触目の菩提に気がつかない。青龍に駕すれども、騎を解せずだ。

仕方がないから道吾が注意を与えて、お前は先程から、何を問うているのかと、仰せになった。沙弥が正直に、如何なるか是れ触目の菩提と再問した。すると道吾は、すっと起って行ってしまった。これも触目の菩提だが、先刻、触目の菩提を示したではないかと、云わんばかりの消息がある。石霜はこれによって、省悟した。

触目菩提問者誰　触目菩提、問う者は誰ぞ。
石霜芳菊委霜遅　石霜の芳菊、霜に委すること遅し。
天来落雁将飛去　天来の落雁、まさに飛び去らんとす。
添水瓶中独自知　水を瓶中に添えて、独りみずから知る。

第一九四則　曹山絶気

僧問曹山。承教有言。大海不宿死屍。如何是海。師曰。包含万有。僧曰。為什麼。不宿死屍。師曰。絶気者不著。僧曰。既是包含万有。為什麼。絶気者不著。師曰。万有非其功。絶気者有功。

僧、曹山に問う。承《しん》すらくは教に言えること有り。大海は死屍《しし》をとどめずと。如何なるか是れ海。師曰く。万有を包含す。僧曰く。なにとしてか、死屍をとどめざる。師曰く。絶気《ぜっき》する者は不著《ふじゃく》なり。僧曰く。すでに是れ万有を包含す。なにとしてか絶気せる者、不著なる。師曰く。万有はその功に非ず。絶気せる者は功あり。

「大海は死屍をとどめず」という語は、『華厳経』にあるそうだ。もちろん、大海は譬えであって、毘盧性海だ。仏性海のことだ。仏性はいつも活きてピチピチしている。死屍などは一つもない。その仏性海を、「如何なるか是れ海」と問うた。

師曰く、万有を包含す、一切万有をことごとく包含している。僧曰く「なにとしてか、死屍をとどめざる」。一切万有をことごとく包含していると言うなら、死屍をも包含して、その中に、とどめておきそうなものではありませんかと。こう問うたとすれば、曹山の言葉尻について、理窟を言い出したことになる。これを問処の道得と見れば、曹山と同道唱和することになって、面白いやり取りとなる。

師曰く「絶気する者は不著なり」。死人は入れないよと、言葉の表面はそう見えるけれども、徹底気絶で大死一番している奴には、手の付けようがないとも響く。僧曰く「すでに是れ万有を包含す。なにとしてか絶気せる者、不著なる」と。どこまでも食い下がって、曹山の腹を全部言わせようとしている趣きがある。

師曰く「万有はその功に非ず。絶気せる者は功あり」。万有はその功に非ずは、客語であって、絶気せる者は功ありが主語だ。この一語が仏性海の要領だ。ここでいう絶気は、大死一番と言った様な、修証辺の問題ではなくて、毘盧性海の活消息を、道破する語と見る。絶気とは、気息を絶すると言うことだ。気息を絶するとは、迷悟、凡聖、是非、得失、仏見、法見、一切の臭いもしなくなったことだ。それが仏法清浄の大海だ。大衆とは、仏法清浄の大海衆と言うことだ。頭に何か、毛すじほどでもあったら、仏の死骸だ。清浄の大海衆ではない。

世間で言う大衆《たいしゅう》は凡夫の集団だ。生けるしかばねの様な集まりだ。碌なことは出来ないし、碌な事はしない。仏法の大海には、そんな腐った死屍はとどめないよ。絶気せる清浄無垢の大衆《だいしゅ》ばかりだ。有難いことだ。それだから大和合が出来るのだ。全宇宙は、仏と法との和合僧だ。それを、一体三宝の僧宝というのだ。「仏法清浄の大海衆、それ凡、それ聖、たれか測度するものあらんや」と道元禅師が仰せになっているのは、こういう筋のものである。

大海元来不宿屍　　大海元来、屍をとどめず。
万有包含少人知　　万有を包含すれども、人の知ることまれなり。
君看死活在何処　　君看よ、死活、いずれの処にかある。
一絶千功絶気奇　　一絶千功、絶気奇なり。

第一九五則　南泉便打

南泉示衆云。道非物外。物外非道。趙州出問。如何是物外道。泉便打。州云。和尚莫打某甲。向後錯打人去在。泉云。龍蛇易弁。衲子難瞞。

南泉、衆に示して云く。道は物外に非ず。物外は道に非ずと。趙州出でて問う。如何なるか是物外の道。泉、すなわち打つ。州云く。和尚それがしを打つことなかれ。のちに錯って人を打つこと在らん。泉云く。龍蛇は弁じ易し、衲子《のっす》は瞞じ難し。

南泉、衆に示して云く、道は物外にあらず。物外は道にあらずと。仏法では、物と言っても、心と言っても、同じ場合であることが多い。一心と言っても、一物と言っても、同じことだ。だから、道は物外にあらずと言っても、道は心外にあらずと言っても、同じ事だ。実は内外の論ではないけれども、完全にいう言葉はないから、それで、道は物外にあらず、物外は道にあらずと一応示したのだ。

趙州は南泉の腹をちゃんと見抜いて、如何なるか是れ物外の道と、南泉の言葉の裏を持ち出して、南泉にぶつけた。南泉がそれを、よく持ち出したと言わんばかりに、泉便ち打つ。便ちはよどみのないことだ。すぐさま、ピシャリと来た。

打たれても、まごつくような趙州ではない。和尚様、むやみにお打ちなさるなよ。今後他の人が真似をして、めくら棒を使う様になるといけませんわいと、言わんばかりの挨拶だ。南泉とうとう本音を吐いた。「龍蛇は弁じ易し、衲子は瞞じ難し」。龍蛇は弁じ易しは客語だ。衲子は瞞じ難しが主だ。お前の様な具眼の衲僧は、馬鹿に出来んわいと、南泉も趙州を肯わざるを得なかった。師弟互いに立派な法戦をやっている。模範仕合だ。

南泉一夜暗投鉤　　南泉一夜、暗に鉤を投ず。
物外誰知物外猷　　物外誰か知る、物外のはかりごと。
屈棒元来人喫在　　屈棒元来、人の喫する在り。
趙州呑餌不呑鉤　　趙州、餌を呑んで、鉤を呑まず。

第一九六則　龍牙空室

僧問龍牙。古人得箇什麼。便休去。師云。如賊入空室。

僧、龍牙に問う。古人このなにを得てか便ちきゅくいする。師云く。賊の空室に入るが如し。

龍牙尊者は、洞山悟本大師の法嗣だ。僧が龍牙に問うた。「古人このなにを得てか便ちきゅくいする」。去は助字だ。休するとは、大休大歇《だいけつ》ともいって、罷参分上の人となったことだ。「このなにを得てか」が問題だ。この僧、よくも龍牙に食い下がった。

なにか得たものが有るといったら、頭上に頭を案ずだ。頭が二つあったらバケモノだ。さりとて、得るものが何もないといったら、頭を截って活を求むだ。もとの素凡夫で、仏の慧命を失ってしまう。得たものが有るといっても落第だ。無いといっても落第だ。この僧、「古人」などと遠回しに言っているが、実は龍牙に向かって、「あなたは」と斬り込んだのである。

師云く「賊の空室に入るが如し」。これは龍牙尊者の斬新な一句であろうと思う。あまり聞いたことのない言葉だ。わしが罷参分上の身分になったのはなあ！　わしが空き家へどろぼうに入って、すっからかんという奴を、スッカリ盗んで来た、そのお陰だよとは、憎らしいほど、素晴らしいご名答だ。

こう言われては、この僧も尊答を謝するより外はない。言うまでもなく、これは仏法の本筋であるから、どの祖師も、これと同じ精神を述べては居られるが、同じ精神を述べるにも、そこに言句の妙というものがあり、他人の口まねをせず、人が聞いて、思わずうなるような一句が貴いのである。

瑩山禅師は『伝光録』の中の頌で、「もと無得のところ、果然として得たり」と示しておられる。得るものは何もなかったということを、はっきりつかまえたと、言っておられる。一度ははっきり、つかまえなくては駄目だ。つかまえたことを、悟りというのだ。そのつかまえた中味は、何も無かったと言うことだが、単に無かったというだけなら、空見外道だ。そうではない。悟りといって、特別なものは何も無かったというのだ。だがそれは、凡夫のままでよいというのではない。凡夫が徹底、破れなければ駄目だ。

「ただ凡情を尽くせ。別に聖解なし」だ。凡夫は自我という、色眼鏡を掛けて物を見ている。その眼鏡の色は十人十色だ。悟るとは、その色眼鏡をたたき割ってしまうことだ。そうすると、すべての物事がありのままに見える。それを「悟り了れば未悟に同じ」というのだ。

賊入空家作什麼　　賊、空家に入って、なにをかなす。
大休大歇唱蛮歌　　大休大歇して、蛮歌《ばんか》を唱う。
唯看宝蔵自開放　　ただ看る宝蔵、おのずから開放。
可識元来受用多　　しるべし、元来、受用すること多きことを。

第一九七則　隠峯睡勢

鄧隠峯到潙山。於上座頭。解放衣鉢。潙山聞師叔到。先具威儀。下堂内。師見来便倒。作睡勢。潙山便帰方丈。師乃発去。少間潙山。問侍者。師叔在否。対云。已去也。潙山云。去時有什麼言語。対云。無言語。潙山云。莫道無言語。其声如雷。

鄧隠峯《とういんぽう》、潙山に到る。上座頭に衣鉢を解放す。潙山、師叔《ししゅく》到ると聞いて、先ず、威儀を具して堂内に下《い》る。師、来るを見て便ち倒れて、睡勢を作す。潙山、便ち方丈に帰る。師乃ち発去す。しばらくして潙山、侍者に問う。師叔在りや否や。対えて云く。すでに去りぬ。潙山云く。去る時、如何なる言語か有りし。対えて云く。言語なし。潙山云く。道うことなかれ、言語なしと。その声、雷の如し。

鄧隠峯は馬祖の法嗣だから、潙山の叔父にあたる。鄧隠峯がある時、潙山の道場へやって来た。上座頭とは、禅堂内の一番の上席のことだ。そこへ荷物をおろした。そのうちに潙山が、法叔《ほうしゅく》の来たことを聞いて、先ず威儀を具して、禅堂へやって来た。

鄧隠峯は、潙山和尚の来るのを見ると、ごろりと、その場に倒れて、睡ったふりをしてしまった。すると潙山は、何とも言わずに、さっと方丈へ帰った。互いに一上一下、見事な法戦をしているが、どの程度それが見えるかなあ！潙山が方丈へ帰ると、鄧隠峯は起き上がって、さっさと行ってしまった。

それから潙山が侍者に問うた。隠峯師叔はまだ居るかどうか。もう、帰って行かれました。そうか。帰るときに、何とか言うたか、言わなかったか。はい、何とも申されませんでした。潙山云く。何ともいわなかったなどと、とんでもないことを言うなよ。師叔の声は雷の如く響き渡っているが、聞こえんのか？

頭正《ず》尾正《しんびしん》というが、始めから終わりまで、一分一厘の隙もないところの、素晴らしい法戦であるということは、具眼の者なら味わえる筈だ。このような古人の行履をば、人情味がないなどと、凡心俗情で計るべきものではない。道人は道の外には何もないのだ。久しぶりだから、ゆっくり会って、よもやまの世間話をして、楽しもうなどという暇はないのだ。況んや、一杯やって旧交を温める？　ふざけるなよ。自行化他に日も亦足らないのだ。それが、道人の道人たる、人情の最も細やかなるところだ。

鄧隠峯も、わざわざ甥の道場まで出かけて来て、道場の空気を一見し、そして立派な活公案を大衆に示して、参究の好資料を与え、それが今日のわれわれにまで、法益を蒙むらせている。それで足の疲れを癒やす暇もなく、用事が済んだから、邪魔にならんようさっと引き上げたのだ。これが、花も実もある人情の極致というものだ。注釈はこれだけに止めておく。

隠峯睡勢賊心明　　隠峯睡勢、賊心明かなり。
黒白難分好弟兄　　黒白分かち難し、好弟兄。
無語潙山帰方丈　　無語、潙山、帰方丈。
雲収雨去遠雷鳴　　雲収まり、雨去って、遠雷鳴る。

第一九八則　神洞度水

潭州神山僧密禅師。与洞山渡水。洞山曰。莫錯下脚。師曰。錯即過水不得也。洞山曰。不錯底事作麼生。師曰。共長老過水。

潭州神山の僧密禅師、洞山と水を渡る。洞山曰く。錯《あやま》りて下脚《あきゃく》することなかれ。師曰く。錯たば水を過《わた》ることを得じ。洞山曰く。不錯底の事そもさん。師曰く。長老と共に過水《こすい》す。

潭州神山の僧密禅師は洞山の法嗣にあたる。あるとき、この二人が一緒に徒歩で河をわたった。その時の法戦商量だ。洞山曰く「錯りて下脚することなかれ」。どうぞお気をつけて下さい。錯って転ばないようになされませ。とでも言ったのであろう。これが、すぐにそのまま法戦だ。

師曰く、錯たば水を渡ること得じ、うむ、錯ってころんだら、渡れんのう。相当に深い川であったかも知れない。洞山曰く「不錯底の事そもさん」。これがこの商量の眼目だ。どう転んでも、絶対に間違いようのない処の、本分の世界を持ち出した。師曰く「長老と共に過水す」。今、お前さんと二人で川を渡っているのう。これが不錯底の事だとは知る人ぞ知るだ。

三光老人も言っているが、浅い川なら、尻まくりして渡るよ。深い川なら、裸になって、着物を頭に縛りつけて泳ぐよ。泳げない奴が、そんなことをすると、溺れて死ぬよ。絶対に間違いない。一つ一つが不錯底の事ではあるまいか。二人の問答商量、これまた一つも錯ってはおらない。

どっち向いて見ても、間違いというものは一つもない。いや、間違って転んだ。なに？　間違いようがあるかい。

間違いなく、転んだのだ。転ぶような条件がそろって、その条件のとおり、力学の法則に従って、一分一厘の間違いもなく、転んだのだ。不錯底の事じゃないか。文句の言いようがあるかい。

渡水神山与洞山　水を渡る神山と洞山と、
錯無看影酒中彎　錯て影を看ることなかれ、酒中の彎《ゆみ》。
蚖蛇在我元空盞　蚖蛇《がんじゃ》、我れに在り、元空盞《もとくうせん》。
二老従来未得閑　二老従来、未だ閑を得ず。

第一九九則　華厳理路

京兆華厳寺。休静禅師。在洞山時問。学人未見理路。未免情識。洞山云。汝還見理路也未。師曰。無理路。洞山云。什麼処得情識来。師曰。学人実問。洞山曰。与麼則。直須向万里無寸草処立。師云。無寸草処。還許立也無。洞山云。直須恁麼去。

京兆《けいちょう》華厳寺《けごんじ》の休静《きゅうじょう》禅師、洞山に在りし時問う。学人いまだ理路《りろ》を見ず。いまだ情識《じょうしき》を免れず。洞山云く。なんじまた理路を見るやいまだしや。師曰く。理路なし。洞山云く。いずれの処よりか情識を得来たる。師曰く。学人実に問う。洞山曰く。与麼ならば則ち直に須く、万里《ばんり》無《む》寸草《すんそう》の処に向かって立すべし。師云く。無寸草の処にまた立するを許すやいなや。洞山云く。直にすべからく恁麼に去るべし。

華厳寺の休静禅師は洞山の法嗣だ。かつて洞山に居った時に、洞山大師に問うた。「学人いまだ理路を見ず。いまだ情識を免れず」と。この公案は、理路と情識とがにらみ合わせになっている。理路とは知見解会のことだ。あの道理、この道理という奴だ。情識とは、心識の作用のことだ。嬉しい、悲しい、わかる、わからんと言うようなことが情識だ。休静、この時は、情識というものを、悪いものだと思っていたらしい。

洞山云く「なんじまた理路を見るやいまだしや」。学人いまだ理路を見ずと、休静が言うているのに、なんじ理路を見るやいまだしやと問うたのは、次の問いを出すための前置きであると共に、重ねてダメを押して、休静の見所を確かめている趣がある。

休静が、理路なしと答えるのを待って、洞山云く「いずれの処よりか情識を得来たる」と、反省をうながした。この語も漢文を和訳しただけでは、ぴったりした味が出てこない。どこから情識などというものを、持って来たのかと言うた様だが、実は情識これ何物ぞと反省を求め、自覚を促している。それでもまだ、気がつかないと見えて「学人実に問う」と、重ねてご指導を仰いだ。そこで洞山云く「与麼ならば則ち直に須く、万里無寸草の処に向かって立すべし」と。お示しになった。立すべしと言っても、去るべしと言っても同じことだ。万里無寸草の処が大切だ。それはどんな処か。分別妄想はいうの及ばず、知見解会、仏見法見、一切手打ち払った処だ。宗門の符牒でいうと正位だ。立つとか去るとかいうのは偏位だ。

休静云く「無寸草の処にまた立するを許すやいなや」とは、実に素晴らしい質問だ。真に意を得ての問いであったかどうか、わからないが、問いそのものは、問所の道得だ。正偏宛転だ。そこで洞山云く「直にすべからく恁麼に去るべし」。そうだ。そのとおりにやっていけよと、お示しになった。

いつも正位の天地にあって、しかも、自由に偏位の往来が、出来るのでなくてはだめだ。いつも、本分の自己を失わずして、その場その場にぴたり、ぴたりと応じて行くことだ。自にも不違なり。他にも不違なりとは、こういうことだ。他をして自に同ぜしめるとは、すべての人をして、本分の自己に合同せしめ、安住せしめることだ。これが先決問題だ。これが基礎工事だ。この基礎の上に立ってこそ、その人をして、他に応同せしめ、他を教化させることが出来る。それを、のちに自をして、他に同ぜしむる道理というのだ。この他をして自に同ぜしめるという、基礎のない同事行は、単なる付和雷同であって、同事行ではない。審細に参究することを要する。

理路全忘未免情　　理路全く忘ずるも、未だ情けを免れず。
春過蜀鳥欲帰鳴　　春過ぎて蜀鳥、帰らんと欲して鳴く。
深山万里雲深処　　深山万里、雲深き処。
寸草難除唧唧声　　寸草除き難し、唧唧の声。

第二〇〇則　瑞巌与麼

台州瑞岩山。師彦禅師。問夾山。与麼即易。不与麼即難。与麼与麼。即惺惺。不与麼不与麼。即居空界。与麼不与麼。請師速道。山云。老僧譾闍梨去也。師喝云。這老和尚。而今是什麼時節。便出去。後有僧。挙似巌頭。頭云。苦哉。将我一枝仏法。与麼流将去。

台州瑞岩山の師彦《しげん》禅師、夾山に問う。与麼は即ち易し。不与麼は即ち難し。与麼与麼は即ち惺惺《せいせい》なり。不与麼不与麼は即ち空界に居す。与麼不与麼、請すらくは師、速やかに道え。山云く。老僧、闍梨を譾ず。師、喝して云く。この老和尚、今これいかなる時節ぞといいて、便ち出で去る。後にある僧、岩頭に挙似す。頭云く。苦なる哉。我が一枝の仏法をもて、与麼に流《る》しもてゆく。

瑞岩師彦禅師は岩頭の弟子だ。夾山は船子徳誠の法を嗣いだ善会禅師だ。作家と作家の法戦だ。瑞岩が夾山に問うた。「与麼は即ち易し。不与麼は即ち難し。与麼与麼は即ち惺惺なり。不与麼不与麼は即ち空界に居す。与麼不与麼、請すらくは師、速やかに道え」。

先ず、問いの精神をよく見なければならない。この問いは、与麼と不与麼とが、にら見合わせになっていることは、申すまでもない。与麼とは何のことか、不与麼とは何のことか。与麼与麼は、そうだそうだと言うことだ。全面肯定だ。不与麼不与麼は、そうでないそうでないということだ。全面否定だ。与麼不与麼は直訳すれば、そうであって、そうでないとなるが、肯定にも、否定にも引っかからない代物《しろもの》だ。化け物のような奴だ。こいつが法戦の眼目だ。

瑞岩はこの化け物について、夾山に何とか言わせて見ようという魂胆だ。単に、そうだそうだと言うだけなら惺惺だ。はっきり、てっきり、わかるか、それは凡見だ。単に、そうでないそうでないと、一切を否定するだけなら、空見外道だ。仏法は、そうだとも、そうでないとも、片付けられない処の、化け物を参究するのが眼目だ。

夾山云く「老僧、闍梨を諼ず」。闍梨はここでは、お前さんと言うことだ。老僧、闍梨を諼ずという言葉には、どのような響きがあるのか。こういう微妙な語感というものは、日本人にはわからない。われわれは今、夾山の言葉の響きを想像して、味わう外には仕方がない。

馬鹿！　と頭から叱った訳ではないようだ。さりとて、瑞岩の質問に引きずられて、まともに答えようとしているのでもないようだ。相手がわざと、難題を持ちかけて来たのだから、それに対して、適当な応対をしなければならない。そこで、「お前さんは、よほど礼儀知らずだのう」とでも、言ったことになるのではあるまいか。

そこで瑞岩が、一喝して云くだ。喝してとあると、われわれは、何でもカーッと怒鳴ることだとばかり思うけれども、それは時と場合によるので、ここなどは、荒々しく次の言葉を述べたということであろう。ここで一喝などを下したら、「それが与麼不与麼かいなあ」と冷やかされるかも知れない。

「この老和尚、今これいかなる時節ぞといいて、便ち出で去る」。語勢は荒かったであろうけれども、この老和尚と敬語を使って、賓主の礼を、ちゃんと守っている。老師は、いまを何時だと思ってござる。ここをどこだと思ってござる。時も処もわからないほど、もうろくなさったのかと、言わんばかりだ。そして、さっさと立ち去った。

その後ある僧が、この法戦の様子を岩頭に報告して批判を仰いだ。岩頭云く「苦なる哉。吾が一枝の仏法をもて、与麼に流しもてゆく」。これはわが子瑞岩に対する批判だ。苦なる哉は、にがにがしい奴だと、結論を出しておいて、それからお小言だ。一枝の仏法とは、釈尊が昔、霊山会上において、一枝の花を拈じて、衆に示したというところから来た。瑞岩めが、わが正法眼蔵をそんな風に、あちらこちらへ流布していたのかと。言うまでもなく、言貶意揚だ。三人とも腹芸をやってござる。

与麼何易枉成功
不与麼難似打空
喝散夾山謾曷免
岩頭賊意顕言中

与麼何ぞ易からん、枉げて功を成す。
不与麼は難し、空を打つに似たり。
夾山を喝散す、謾なんぞ免れん。
岩頭の賊意、言中にあきらかなり。

正法眼蔵三百則　下

第201〜300則

第二〇一則　達磨伝法

挙。菩提達磨尊者（嗣般若多羅。謚円覚大師）。将帰西天。謂門人云。時将至矣。汝等盍言所得乎。門人道副云。如吾所見。不執文字。不離文字。而為道用。師云。汝得吾皮。尼総持云。如吾今所解。慶喜見阿閦仏国。一見不再見。師云。汝得吾肉。道育云。四大本空。五陰非有。而吾見処。無一法可得。師云。汝吾得骨。最後慧可。出礼拝後。依位而立。師云。汝得吾髄。於是伝法付衣。

挙す。菩提達磨尊者（般若多羅に嗣ぐ。円覚大師と謚す）。まさに西天に帰らんとして、門人に謂って云く。時まさに至らんとす。なんだち、なんぞ所得を言わざる。門人道副《どうふく》云く。吾が見る所の如きは、文字を執せず、文字を離れず、しかも道の用をなす。師云く。なんじ吾が皮を得たり。尼総持云く。われいま所解《しょげ》するところの如きは、慶喜《けいき》の阿《あ》閦仏国《しゅくぶっこく》を見るが如く、一見して再見せず。師云く。なんじ吾が肉を得たり。道育《どういく》云く。四大もと空なり。五陰有にあらず。しかも吾が見処、一法の得べきなし。師云く。なんじ吾が骨を得たり。最後に慧可、出でて礼拝してのち、位に依って立つ。師云く。なんじ吾が髄を得たり。ここにおいて伝法付衣す。

これは達磨大師の伝法の消息を伝えた有名な公案である。「まさに西天に帰らんとして」と、ここにはあるけれども、『正法眼蔵葛藤』には、この語がない。そしてこの巻の最後に、「また初祖は西帰するという、これ非なりと参学するなり。宋雲が所見かならずしも実なるべからず。宋雲いかでか祖師の去就をみん。ただ祖師帰寂ののち、熊耳山におさめたてまつりぬとならいしるを、正学とするなり」と示されてある。

さて、達磨大師が御入寂の時が近づいたことを知って、四人の門人にそれぞれ見処を呈せしめた。道副云く「吾が見る所の如きは、文字を執せず、文字を離れず、しかも道の用をなす」。これは説明するには及ぶまい。

次は尼総持だ。この人は梁の武帝の娘だ。諱は明練、総持は道号だ。云く「われいま所解するところの如きは、慶喜の阿閦仏国を見るが如く、一見して再見せず」。これは説明を要すると思う。「所解するところ」と言っているけれども、もちろん知解の分際ではない。大悟徹底しているところの、見処をのべるのだ。慶喜は阿難尊者のことだ。野総持のこの言葉については、次の来由がある。

『維摩経』の第九巻にも出ているというが、『摩訶般若経』三十三に云く「仏、大衆の前において、神足変化を現じて、一切の大衆、みな阿閦仏国には種々の功徳成就するを見る。仏、神足をおさめたもうに、ふたたび見ず。眼と対をなさず。仏、阿難に告げてのたまわく。かくの如く阿難、一切の法は無知、無見、無作、無動なり。捉うるべからず。不可思議なり。幻人の如し。無受、無覚、無真実なり。菩薩、かくの如く行ずるを、般若波羅蜜を行ずとなす」(原漢文)。

これで尼総持の言葉は大体理解できるであろう。見たら見たきり、聞いたら聞いたきりで、前後際断、尾を引かない。あとくされがない。執著がない。あたかも鏡裡の影の如く、水中の月の如しとでも、言った様な消息ではあるまいか。

お次は道育だ。「四大もと空なり。五陰有にならず。しかも吾が見処、一法の得べきなし」。これも説明は要るまい。最後が慧可大師だ。「出でて礼拝してのち、位に依って立つ」。これも読んだとおりだ。そこに、いかなる宗旨を呈しているか、眼ある人には見える筈だ。眼のない者に説明して聞かせても、受け取れないからだめだ。

さていよいよ達磨大師の「皮肉骨髄」の問題になるが、これがこの公案の大事なところだ。道元禅師も『正法眼蔵葛藤』の巻で、この皮肉骨髄について、懇切鄭寧に示されてある。皮肉骨髄というと、いかにもそこに軽重があり、皮肉は浅くて、骨髄は深いとばかり見たがるが、そうではない。皮肉骨髄の四つは同価値であり、同じ重さであると、詳細に説き示しておられる。

悟りというものは、それが本物であるならば（にせ悟りは問題にならない）、釈尊の悟りも、達磨大師の悟りも、道元禅師の悟りも、今日のわれわれの悟りも、その実質においては、全く道一であって、悟りに二種も三種もあるものではない。この立場から、達磨大師の四人の弟子達の悟りの内容を言うとき、皮肉骨髄と仰せになっても、その間に軽重はないと申すのである。

それだから、法衣は、たとえ二祖慧可大師だけに付属なされたけれども、法はひとしく四人の弟子に伝えたのである。ただ、二祖慧可大師の法系だけが今日に伝わっていて、他の三人の法系は断絶したか、不明になってしまったと、いうに過ぎない。

これは特に大切なことであるから、道元禅師も諄々とそのことを、お説きになって居られるのであるが、同質の悟りでも、修行力の多少によって、その悟りに、深浅明暗の差が非常にあるものだと言う一面も、またゆるがせには出来ない問題である。これを、同中異弁の眼という。

これに対して、前のは異中同弁の眼である。この両眼を、完全に具えなければいけないと、言うのが落ち着き処である。

さて、達磨の四神足に対する皮肉骨髄に因んで、今日のわれわれの悟りも、それが本物であるならば、釈迦達磨の悟りと同質だと言ったのは、この公案に便乗して、拡大解釈をしたのでは断じてない。その証拠は、『無門関』の第一則で無門が、「透過する者は、ただ親しく趙州にまみゆるのみにあらず、すなわち歴代祖師と、手を把って共に行き、眉毛あい結んで、同一眼見、道一耳聞すべし。あに慶快ならざらんや」（原漢文）と提唱している。

次に同中異弁の眼については、仏道修行の常識と、言ってもよいほどの一面であるから、論証の必要はあるまいけれども、これも、道元禅師が『葛藤』の巻で、絶讃して居られる趙州古仏に、「台山の婆子、われ汝がために、勘破しおわれり」という公案がある。あれは、同中異弁の眼を調べる公案と、いうことになっている。だが、この達磨伝法の公案では、古来一般に、異中同弁の眼が閑却されているから、それで特に、同弁の方だけを強調されるのである。

少林可惜鳥頻啼　少林おしむべし、鳥しきりに啼く。
面壁九年辛酸凄　面壁九年、辛酸すさまじし。
皮肉得入伝骨髄　皮肉、人を得て、骨髄を伝う。
天山隻履未帰西　天山隻履《せきり》、いまだ西に帰らず。

第二〇二則　黄檗噇酒

黄檗示衆云。汝等諸人。尽是噇酒糟漢。与麼行脚。何処有今日事。知大唐国裏。無禅師麼。時有僧出云。只如諸方。匡徒領衆。又作麼生。師云。不道無禅。但是無師。

黄檗、衆に示して云く。汝等諸人ことごとく是れ噇酒糟の漢。与麼に行脚せば、いずれの処にか今日の事有らん。大唐国裏に禅師なきことを知るや。時にある僧出でて云く。ただ諸方に徒を匡《ただ》し、衆を領ずるが如き、又そもさん。師云く。禅なしとは道わず。ただ是れ師なし。

黄檗は百丈の法嗣で、臨済の師匠だ。禅界の豪傑だ。ある時の示衆に云く「汝等諸人ことごとく是れ噇酒糟の漢。与麼に行脚せば、いずれの処にか今日の事有らん」。噇酒糟の漢とは罵倒の言葉だ。糟ばかり食らっていて、本当の酒は、一滴も飲んだことのない奴ということだ。頭に描いたニセ仏法ばかりかじっていて、活きた本当の仏法は、なめたこともない奴共だ、とのお小言だ。

そんなざまで、あっちへ行っては聞きかじり、糟ばかり食らって歩いて、なんで今日の一大事因縁が手に入るものか。一体この支那四百余州に、禅の師匠などは、一匹も居らんということを知らないのかという、ひどいお叱りだ。

時にある僧出でて問う。「ただ諸法に徒を匡し、衆を領ずるが如き、又そもさん」。あなたは、禅の師匠は一人も居らんと仰せられますが、あちらにも、こちらにも、或いは五百人、或いは千人と修行者を集めて、禅のご指導をなさっている、老師方が居るではありませんかと、この僧、黄檗の言葉尻に引っかかったな。さもなくば、わざとこう言って、黄檗に、本音を吐かせようとの魂胆か。

黄檗云く「禅なしとは道わず。ただ是れ師なし」。禅が人から聞いてわかるかい。このたわけ者！　この一句が特に大切だが、何という日本語に直したら、最も適切であるか。今はその一例を書いたに過ぎない。各自の力で、適当な活句を示して貫いたい。それが室内の参究どころだ。

檗老拈糟宗旨危　　檗老、糟を拈じて、宗旨危うし。
三三五五濫弄馳　　三三五五、みだりに弄馳す。
大唐国裏看今日　　大唐国裏、今日を看よ。
不道無禅未在師　　禅なしとは道わず、未だ師あらず。

第二〇三則　玄沙三種

玄沙示衆云。諸法老宿尽道。接物利生。忽遇三種病人来。作麼生接。患盲者。拈椎竪払。他又不見。患聾者。語言三昧。他又不聞。患唖者。教伊説。他又説不得。且作麼生接。若接此人不得。仏法無霊験。当時地蔵琛和尚在会。出云。某甲有眼耳。和尚若何接。師云。慚愧。便帰方丈。

玄沙、衆に示して云く。諸法の老宿ことごとく道う。接物利生と。忽ち三種病の人来たるに遇わば、そもさんか接せん。患盲《かんもう》の者は、拈椎《ねんつい》竪払《じゅほつ》するも、他また見ず。患聾の者は、語言三昧、他また聞かず。患《かん》唖《あ》の者は、かれをして説かしむるも、他また説くことを得ず。且くそもさんか接せん。もしこの人を接し得ずんば、仏法霊験なし。そのとき地蔵琛《ちん》和尚、会に在り。出でて云く。それがし眼耳《げんに》あり、和尚いかんが接せん。師、慚愧と云って、便ち方丈に帰る。

玄沙師備大師は、雪峯の秘蔵の弟子だ。永平開山が本当に頭を下げておられるのは、六祖大師、洞山大師、玄沙大師くらいのものだ。趙州となると、時々批判をしてござると、大雲老師は言うておられた。これは三種病の公案と言われて有名なものだ。

　諸方の老宿方が皆ことごとく、接物利生、すなわち衆生済度と言われるが、たちまち次のような三種病の人が来たら、どう接化なさるのかと、問題を提起した。それはめくらで、つんぼで、おしという難物だ。

　めくらだから、椎を拈じて見せても、一向に見えない。つんぼだから、何と言って聞かせても、さっぱり聞こえない。おしだから、何とか言わせようとしても、何とも言えないし、また、言わない。さあ、こういう厄介千万な人が来たら、どう接得し、化導したものか。もし、この人を済度することが出来ないならば、仏法も霊験なしだ。

何という素晴らしい示衆であろう。仏法の血滴々を説き尽くして余蘊なしだ。その時に、地蔵桂琛《けいちん》和尚が会中にあって、この示衆を聞いて、法戦一番と立ち上がった。「それがし眼耳あり、和尚いかんが接せん」。こういうからには、おしでないことは言うまでもない。あなたは、めくらでつんぼで、おしという難物を接化なさるとの仰せだが、それがしはめくらでも、つんぼでも、おしでもない。この私を、どう済度なさいますか、お腕前を拝見致しましょうと、いった調子だ。

「師、慚愧と云って、便ち方丈に帰る」。すると、玄沙が、いやはや慚愧千万、といって、穴でもあったら、入りますわいと、いわんばかりに、さっと方丈へ引き上げた。実に鮮やかなものだ。さすがの地蔵も、背負い投げを食った恰好だ。折角、一太刀浴びせたら、戦わずして、さっと旛を巻いてしまった。あなたのような偉いお方には、とてもかないませんと、おだて上げたようにも見える。

さて、話の筋はこれだけだが、めくら、つんぼ、おしという処に、どの様な宗旨があるのか、それが参究の眼目だ。凡夫は、目が見えているのに、本当の道が見えない。音が聞こえているのに、法の声が聞こえない。べらべら喋っておりながら、仏道を語ることが出来ない。これが、凡夫の三種病だ。

仏は何もかも見えておりながら、何も見えないという、おめくらさんだ。蟻の囁く声まで聞こえておりながら、何も聞こえないという、かなつんぼだ。四弁八音、無礙の妙弁をそなえておりながら、一句も言えないというおしだ。これが仏の三種病人だ。

凡夫の三種病人を救うのは普通の話であって、公案として取り上げる程の価値はない。仏の三種病を救うのが、今日の問題だ。いやいや、そうではない。凡夫の三種病人（凡夫は一人残らず三種病人だ）をつかまえて、仏の三種病人に換骨奪胎するのが仏法の霊験だ。

いやいや正眼に見来たれば、凡夫などは一人も居らない。仏様ばかりだ。元来、見不見、聞不聞、語無語という立派な仏さまばかりだ。それをさらに、仏さまにしようがあるかい。そんな不思議な霊験などは、仏法には毛筋ほどもないよ。玄沙の言う通りだ。この人を接することを得ず、だ。「仏法霊験なし」だ。

地蔵もそれを承知で打ち込んだ。玄沙も余計なことを喋って、かえって赤恥をかいたというものだ。そんなことは、二人共一昨日ご存知だが、ただ児をあわれんで、醜を忘れての垂示であり、法戦である。

盲聾瘖瘂絶機宜　　盲聾瘖瘂、機宜を絶す。
眼耳拈来地蔵危　　眼耳、拈じ来たって、地蔵危うし。
慚愧玄沙帰方丈　　慚愧といって玄沙、方丈に帰る。
病与不病復誰知　　病と不病と、また誰か知る。

第二〇四則　洞山死蛇

後洞山師虔禅師（嗣洞山。号青林）。因僧問。学人径往時若何。師云。死蛇当大路。勧子莫当頭。僧云。当頭時如何。師云。喪子命根。僧云。不当頭時如何。師云。亦無廻避処。僧云。正与麼時如何。師云。失却也。僧云。向什麼処去也。師云。草深無尋処。僧云。和尚也須隄防始得。師撫掌云。一等是箇毒気。

後の洞山の師《し》虔《けん》禅師（洞山に嗣ぐ。青林と号す）。ちなみに僧問う。学人こみちに往く時いかん。師云く。死蛇、大路《たいろ》に当たる。子にすすむ。当頭することなかれ。僧云く。当頭する時いかん。師云く。子が命根を喪す。僧云く。当頭せざる時いかん。師云く。また廻避する処なし。僧云く。正与麼の時如何。師云く。失却せり。僧云く。いずれの処に向ってか去る。師云く。草深うして尋ぬるに処なし。僧云く。和尚もまた須く隄防して、始めて得べし。師、掌を撫して云く。一等に是れ箇の毒気。

この公案に出てくる僧は、青林と太刀打ちの出来る力量を、そなえているらしい。この問答はもちろん、借事問でやり取りしているが、死蛇とは何を譬えたのであるか。一つは青林、みずから死蛇を以て任じているが、もう一つは、本分上の自己を死蛇に譬えている。死蛇とは、死んだ蛇ではない。命取りの毒蛇のことだ。

僧問う「学人こみちに往く時いかん」。こみちとは本読みにすると、細路、裏路、近路と聞こえて、そんな路を往くと、蛇がいるぞと言ったのかと思うが、そうではない。径とは大道だ。都まで直経に通っている大道だ。これも本分の天地にたとえている。学人が堂々と大手をふって、本分の大道を闊歩したらいかがでござると、青林に体当たりで戦端を開いた。

林云く「死蛇、大路に当たる。子にすすむ。当頭することなかれ」。ここに青林という毒蛇がおるぞ。危ないから、さわりなさるなよとの応戦だ。僧云く、当頭する時如何。その毒蛇にぶつかったら、いかがでござる。この通り、ぶつかっておりますわいと、言うことだ。

林云く、きみが命根を喪す。ぶつかったら、命はないぞ。すでにぶつかって来たところ、凡夫根性は、完全に死んどるぞと言わんばかりだ。僧云く、当頭せざる時如何。それなら、ぶつからないようにしたら、いかがでござる。師云く、また廻避する処なし。この毒蛇はどこにでも居るから、逃げようはないぞ。本分の毒蛇だ。逃げようがあるかい。

僧云く「正与麼の時如何」。廻避もせず、当頭もせず。そっくり、そのままにしておいたら、いかがでござる。師云く「失却せり」。毒蛇は行方不明だよ。尽天尽地、一箇の毒蛇だ。目玉が目玉を見る事ができないようなものだ。

僧云く、いずれの処に向かってか去る。毒蛇はどこへ行きましたか。どこへ、どこへ？　師云く、草深うして尋ぬるに処なし。この毒蛇は隠れることの名人で、草むらの奥深く隠れてしまって、とんと見つかりませんわい。尽界一法の見るべきものなしだ。

僧云く、和尚もまた須く隄防して、はじめて得べし。和尚さんもお気をつけなされませ。隄防は、いましめ、そなえることだ。洪水を防ぐに、隄防をつくるようなものだ。互いに、一上一下の法戦で、寸分の隙もない。

そこで青林が掌を撫したのは、快心の表情だ。一等にこれこの毒気と、判決を下した。一等とは、平等互格ということだ。やれやれ、わしが毒蛇だと思ったら、お前さんも、全く同じ毒蛇であったのうと、双方共に、土つかずで法戦円成だ。好箇の模範試合だ。

死蛇横路莫当頭　　死蛇路に横たわる、当頭することなかれ。

回避難難子息愁
尽界草深無討処
青林毒気互相酬

回避難難、きみ愁うことをやめよ。
尽界草深うして、討《たず》ぬるに処なし。
青林の毒気、互いにあい酬ゆ。

第二〇五則　龍牙祖意

潭州龍牙和尚。初参翠微乃問。如何是祖師西来意。微云。与我過禅板来。師過禅板度与微。微接得便打。師云。打則任打。要且無祖師意。師又参臨済進前問。済乞蒲団。師過与。済接打。師有語。皆一如翠微処。師住院後。有僧問。和尚当時見二尊宿因縁。肯二尊宿也無。師云。肯則甚肯。要且無祖師意。

潭州の龍牙《りゅうげ》和尚、はじめ翠微《すいび》に参じて乃ち問う。如何なるか是れ祖師西来意。微云く。われに禅板をすごし来たれ。師、禅板をすごして微に度与す。微、接得して便ち打つ。師云く。打つことはすなわち打つにまかす。要且《ようか》つ祖師意なし。師また臨済に参じて前問を進む。済、蒲団を乞う。師、過与す。済、接して打つ。師、語あり。みな一に翠微の処の如し。師、住院の後、ある僧問う。和尚そのかみ二尊宿にまみえし因縁、二尊宿を肯うやいなや。師云く。肯うことは甚だ肯う。要且つ祖師意なし。

この公案は、龍牙尊者に対する見方について、古来問題のある公案と言われている。すなわち龍牙がこの時は未だ、修行が不徹底であったと見る人と、いや、そうではなくて、かえって、翠微や臨済を手玉に取っているのだ見る人があるのだと、いうことだ。どちらにでも見れば、見られるけれども、この時は龍牙もまだ、不十分であったと見る方が穏健であろうと、大雲室老師は言うておられた。

龍牙がはじめ翠微に参じ、次に臨済に参じているが、二度とも全く同じような法戦をしている。龍牙が承知の上でやっているとも見えるし、二度とも同じ失敗をしたとも見れば、見られる。まず、翠微に向かって「如何なるか是れ祖師西来意」と問うた。

もちろんわからなくて問うたのではない。決まり文句で戦端を開いてみたのだ。こう言ったら翠微がどうなさるか、お手並み拝見と言う処だ。微云く、わがために禅板をすごし来たれ、わしに、その禅板をもって来てくれ、禅板とは、坐禅をしたまま眠る時に、あごに当てるものだ。

龍牙は、ははあ、例によって例の通りにやらっしゃる。禅板を持って行けば、ピシャリとくるくらいのことは、読めていたであろう。さりとて、こちらが先回りをして、打つというような、お小僧のまねはせん。仰るとおり、神妙に持っていった。果たせるかな、ピシャリと来た。

牙云く「打つことはすなわち打つにまかす。要且つ祖師意なし」。お打ちなさることはご自由でありますが、どこに祖師西来意がございますかいとは、言うまでもなく、仏法という特別なものは何もないことを呈している。次に臨済に参じても、同じように問うて、同じような接得を受けた。

龍牙が後に住院して、道場を開いてから、あの僧が龍牙に問うた。和尚はかつて、翠微と臨済の二尊宿にまみえて、祖師西来意について問答なさったと聞いておりますが、あなたは二尊宿を肯うたのでありますか、いかがですか。龍牙云く「肯うことは甚だ肯う。要且つ祖師意なし」。終始一貫して「祖師意なし」と言っておられるが、ここが審細に参究すべき問題である。

「要且つ祖師意なし」を頭正尾正《ずしんびしん》と見れば、龍牙は二尊宿に参じた時から、既に大力量を具えていたと言うことになる。同じく「祖師意なし」と言っても、二尊宿に参じた当時と、住院の後とでは、そこに格段の差があると見れば、あの当時はまだ未熟であったと言わねばならない。

龍牙の「祖師意なし」も、永平の「一毫無仏法」も、その精神においてかわりはない。ただ「西来無意」というものを、担いでいたか、いないかが問題だ。永平がもしも「無仏法」というものを担いでいたら、一場のお笑い草になってしまう。言葉は同じであっても、中味にこのような、違いが出てくる。

龍牙もかつては「西来無意」を振り回して、得意になっていたのではあるまいか。住院の後は、もちろん、そんなものは捨ててしまったであろう。こういう微妙な問題がある。龍牙が洞山悟本大師の法嗣である処から、古来、曹洞宗の人々は多く、龍牙を最初から立派だと主張するし、臨済系の人には、龍牙も最初は未熟であったのだと主張することが多いそうだ。これについて大雲室は、こう言われたことがあった。「相当に立派な道人であっても、情滲漏というものはなかなか取れにくいものと見えて、我が田へ水を引くという傾向が見られる。これも、人情の自然と言えば自然だが、それはやはり凡情と言わねばならない。云々」と。我々もまた、大いに警戒せねばならない。

西来祖意有還無　　西来の祖意、有りやまた無しや。
翠済龍牙互弄珠　　翠済龍牙、互いに珠を弄す。
禅板蹐跳閑築著　　禅板蹐跳して、なおざりに築著す。
蒲団動転作団蒲　　蒲団動転して、団蒲となる。

第二〇六則　石梯本分

石梯和尚（嗣茱萸）。問侍者。何処去。者云。上堂斎去。師云。我豈不知汝上堂斎去。者云。此外別道什麼。師云。我祇問汝本分事。者云。若問本分事。某甲実斎去。師云。汝不謬為吾侍者。

石梯和尚（茱萸《しゅゆ》に嗣ぐ）、侍者に問う。いずれのところにか去る。者云く。堂に上って斎し去る。師云く。われあに汝が堂に上って、斎し去ることを知らざらんや。者云く。この外、別に何をか道わん。師云く。われはただ汝が本分の事を問う。者云く。もし本分の事を問わば、それがし実に斎し去る。師云く。汝わが侍者たるに謬らず。

石梯和尚は茱萸の法嗣で、南泉の孫弟子だ。この侍者も相当なものらしい。石梯、侍者に問う。どこへ行って来たか。ハイ、食堂へ行って昼食をしてまいりました。お前が食堂へ行って、昼食をしてきたことは、おれも知っているよ。侍者云く。このほか、別に申し上げることはござりませんわい。

師云く「われはただ汝が本分の事を問う」。これがうさんくさいぞ。おれは、そんな普通のことを問うたのではない。本分の宗旨を問うているのだと、来た。すると侍者が、もし本分の事をお尋ねなされたと仰せになるならば、わたくし、本当に昼食をして参りました。この外別に本分の宗旨などというものが、どこにありますかと、云わんばかりの挨拶だ。師云く「汝、わが侍者たるに謬らず」。それでこそ、わしの侍者と言えるわいとは、ほめたのか叱ったのか。これがこの公案の参究どころだ。

この侍者、無眼子ではあるまいけれども、何となく切れ味が悪いようだ。火花を散らして、師匠と戦うという消息がない。或いは、一枚悟りかも知れない。それとも、こういう大人しい性格の、侍者であったかも知れない。そこで、石梯和尚の判決を、どう味わったらよいかが問題だ。

貴様はそれで、侍者がつとまらんこともないが、まだまだ不十分だぞとの、底意を含めているのではあるまいか。そう見ればこの語は、半肯定半不肯の語と見なければならない。三光老人は「侍者いまだ児子の乳奥を離れず。成人の体段を許し難し」と拈評している。

石梯千段邈前程　　石梯千段、前程はるかなり。
侍者斎来万慮清　　侍者斎し来たって、万慮清し。
閑問本分無別事　　なおざりに本分を問うも、別事なし。
食堂摶飯不吹羹　　食堂飯をまろめて、羹《あつもの》を吹かず。

第二〇七則　王敬金屑

王敬常侍（嗣潙山）。一日与臨済。至僧堂。乃問。這一堂僧看経也。済云。不看経。侍云。習禅也。済云。不習禅。侍云。不看経。不習禅。畢竟作麼生。済云。総教彼成仏作祖去。侍云。金屑雖貴。落眼成翳如何。済云。我将謂汝是箇俗漢。

王敬常侍《おうけいじょうじ》（潙山に嗣ぐ）。一日臨済と僧堂に至って乃ち問う。この一堂の僧、看経するや。済云く。看経せず。侍云く。習禅すや。済云く。習禅せず。侍云く。看経せず、習禅せず、畢竟なにをかなす。済云く。総てに彼をして成仏作祖し去らしむ。侍云く。金屑《きんせつ》貴しと雖も、眼に落ちては翳《えい》となるをいかんせん。済云く。われまさにおもえり、汝は是れ箇の俗漢。

常侍は官名だ。王敬常侍は潙山の俗弟子だ。この公案を見ると、臨済大師と立派に応酬しておられる。仏道は、身の在家と出家とにかかわらない。修行すれば、誰でも身にそなわるものである。在家の者は、坐禅などしなくても良いの、ただ三宝を尊信して行けば良いのと言うのは、在家人を馬鹿にするというものだ。仏道を体得することは、志の有る無しによって定まるものであって、身の在家と出家とにかかわるものではない。

王敬常侍があるとき、臨済大師と一緒に僧堂へ行って、臨済に問うた。この僧堂にいる雲衲は、看経致しますかと。済云く。いや、看経など致しません。侍云く。それなら坐禅でもいたしますか。済云く。いや、坐禅もいたしません。これらのやり取りに、一々宗旨があるは言うまでもない。

侍云く。看経もせず、坐禅もせず、畢竟なにをしているのですかとは、自然に出て来たよい突っ込みかただ。済云く、総に彼をして、成仏作祖せしめ去らしむ。全部の坊さんを一人残らず、仏祖にしてしまうのですとは、臨済もきたないことを言ったものだ。だが、臨済も相手を、相当な人物と見たので、棒喝などは、軽々しく用いなかったのであろう。

臨済がわざと一と手ゆるめて、隙を見せて、相手に打ち込ませて、常侍に花を持たせるという手段に出たものと思われる。侍云く「金屑貴しと雖も、眼に落ちては翳となるをいかんせん」と、予定の通り打ち込んで来た。翳は眼痛だ。済云く「われまさにおもえり、汝は是れ箇の俗漢」と。わしはあんたを、ただの俗物と思っていたら（とはウソだ）。立派に成仏作祖をしてござるのうと。証明の言葉と見ておく。

看経無勤不習禅　　看経勤むるなく、禅を習わず。
堂中雲衲悉安眠　　堂中の雲衲、悉く安眠。
誰瞞俗漢皆成仏　　誰か俗漢を瞞ず、皆成仏と。
水在瓶兮月在天　　水は瓶に在り、月は展天に在り。

第二〇八則　雲門飯銭

雲門。因僧問。秋初夏末。前程或有人問。対也道什麼。師云。大衆退後。僧云。過在甚麼処。師云。還我九十日飯銭来。

雲門ちなみに僧問う。秋初夏末。前程あるいは人有りて問わば、他に対してなんとかいわん。師云く。大衆退後。僧云く。とがいずれの処にかある。師云く。われに九十日の飯銭をかえし来たれ。

秋初夏末とは、夏の三ヶ月の接心安居が終わって、一会の大衆が分散する時だ。その時、僧が雲門に問うた。「前程あるいは人有りて問わば、他に対してなんとかいわん」と。この問いの言葉の精神も、われわれ日本人には、何となく解しにくい。問いの内容は、仏道の血滴々を問うたのであろうけれども、質問の言葉通りに直訳すると、どうもおかしい。人から仏法を問われた時の答を、雲門に教えて貰っておこう、というようになるが、まさか、そのようなことではあるまいと思う。

そうすると「前程あるいは人有りて」と、遠回しに言うてはいるけれども、実は、秋初夏末の仏法如何と、切り込んだのではあるまいか。そう見れば、雲門の答話も見当がつくけれども、僧の問いを、日本語読みの直訳通りにみると、雲門の答話がまた、わかりにくくなる。

師云く「大衆退後」。退後の二字が、問いの前程と、おのずから照応しているようでもあるが、それはもちろん、枝葉末節の問題である。退後は、後えに退くで、送行とか、分散とかいうのと同じことであろう。如何なるか是れ秋初夏末の仏法。曰く。大衆送行。これなら簡単明瞭である。僧云く「とがいずれの処にかある」と。この僧は雲門の答話を、どう受け取ったのであるか。雲門に叱られたと思ったらしい。さもなくば、どこが悪うございましたかと問う筈がない。この僧、みずから罪を白状するところを見ると、胸中未穏在にちがいない。そこで雲門に油をしぼられる。

師云く「われに九十日の飯銭を還し来たれ」。この穀潰し奴！　九十日の間、何をしていたのか。雲門山には、そんないらない米は無いぞ。三ヶ月の米代をおいて行け！　とは、きついお小言だ。人ごとではない。われわれも叢林をうろつき回って、無駄飯を食っていては、相済まない。その上、住職資格まで付けて貰ったのでは、閻魔の庁を無事には通れないであろう。

問著前程不問今　　前程を問著して、今を問わず。
被言退後却沈吟　　退後と言われて、却って沈吟す。
雲門乍発還銭令　　雲門乍《たちま》ち発す、還銭の令。
飯袋茫然当万金　　飯袋茫然、万金にあたる。

第二〇九則　大潙牯牛

大潙示衆云。老僧百年後。向山下檀越家。作一頭水牯牛。左脇下書五字云。潙山僧某甲。此時若喚作潙山僧。又是水牯牛。喚作水牯牛。又是潙山僧某甲。且道。喚作什麼即得。時仰山。出衆礼拝去。

大潙、衆に示して云く。老僧百年の後、山下の檀越の家に向って、一頭の水牯牛と作らん。左脇下に五字を書して云く。潙山僧某甲と。このとき喚んで潙山僧となさば、またこれ水牯牛なり。喚んで水牯牛となさば、またこれ潙山僧某甲なり。しばらくいえ、喚んでなにとなすことを得るや。時に仰山、衆を出でて礼拝す。

これは面白い公案である。小僧の時に、この公案の話を聞いて、潙山禅師は次の世に、牛に生まれかわることが、わかっていたのかと思ったことがあったが、もちろん、譬喩的の垂示であって、その様なことは問題ではない。

百年の後とは、遷化の後ということだとは、学んではじめてわかる。これも支那人の言葉であって、本来の日本語ではあるまい。水牯牛の、牯は雌牛のことだ。水牯牛とは、水色の雌牛だともいうが、水牛のことらしい。水牛は、その色が青蒼だという。支那には沢山居るそうだ。山下の檀家に、水牛が飼ってあったか、無かったか、そのような詮索も要らない。もともと譬喩だ。

おれが死ぬと、雌の水牛になって、山下の檀家に生まれるが、その時、左の脇の下に「潙山僧某甲」という五字が書いてあるぞ。このとき、水牯牛だといえば、潙山僧某甲と書いてある。それなら、潙山僧かといえば、明らかに水牯牛である。さあ、大衆、何と言ったらよいか。これがこの公案の参究どころだ。

これを宗門の符牒でいうと、潙山僧は正位をあらわし、水牯牛は偏位をあらわしている。仏教教理にあてると、潙山僧は性空であり、仏性平等である。水牯牛は因縁であり、因果差別である。一体三宝にあてると、潙山僧は仏宝であり、水牯牛は法宝である。仏宝と法宝にわけるのは、ただ説明のためであって、法仏不二一体の僧宝あるのみだ。この僧宝が見えたか、どうかが問題の焦点である。見えたら、それを何と表現するか、と言うのが撈所である。

時に仰山が衆を出でて礼拝した。去るという字は助字と見る。仰山が大衆の中から出て来て、潙山禅師に礼拝した。仰山にはもちろん、僧宝が見えていたであろうが、この礼拝という呈し方がよいか、悪いか。よいとしても、十分か、不十分か。潙山が何とも仰せにならないから、参究課題として、われわれに残されたことになる。

大小潙山作牯牛　　大小の潙山、牯牛となる。
哮風臥月独悠悠　　風にほえ、月に臥して、独り悠悠。
無名怪物還難喚　　無名の怪物、また喚ぶこと難し。
礼拝三回便応酬　　礼拝三回、すなわち応酬す。

第二一〇則　南陽古仏

南陽国師。因僧問。如何是本身盧舎那。師云。為吾過浄瓶来。僧将浄瓶到。師云。却安旧処。僧亦進前問。師云。古仏過去久矣。

南陽国師、因みに僧問う。如何なるか是れ本身の盧舎那。師云く。吾がために浄瓶を過ごし来たれ。僧、浄瓶をもって到る。師云く。かえって旧処に安ぜよ。僧また前問を進む。師云く。古仏過去すること久し。

南陽の慧忠国師に僧が問うた。「如何なるか是れ本身の盧舎那」と。盧舎那は毘盧遮那の略だ。毘盧遮那は法身の如来であり、盧舎那は報身の如来であるから、毘盧遮那を盧舎那と略するのは無理だと、梵語学者は言うかも知れないが、禅門ではあまりそんなことには、こだわらない。その時に意味が正しく通じれば、それでよいとしている。

この僧は、清浄法身毘盧遮那仏を問うている。全宇宙は、ただこれ一箇の毘盧遮那仏だ。従って、事々物々、一挙一動、ことごとく法身の如来に非ざるは無しだ。この僧も、それくらいの道理は、分かっていたであろうけれども、それは頭に書いた絵であって、活きた法身仏ではない。そこで何とかして、活きた法身仏を拝もうというので、忠国師に参問したのだ。

師云く、吾がために浄瓶を過ごし来たれ、わしのところへ、その水差しを持って来ておくれ。僧が国師の仰せのとおりに、水差しを持って行くと、師云く、かえって旧処に安ぜよ、やっぱり、元のところへおいてきておくれ。このとおり、本身の盧舎仏を丸出しにお示しになっているのに、この僧は気がつかない。

そこで再び前問を進めた。ご用は仰せのとおりにいたしました。さて、私のお尋ね申し上げているところの、本身の盧舎仏を、どうぞお示し下さいませ、とは情けない。さながら水の中に居て、渇を叫ぶが如くなりだ。長者の家の子となりて、貧里に迷うに異ならずだ。

国師云く「古仏過去すること久し」。矣の字は強い断定の意をあらわしている。本身の毘盧遮那仏は、とうにお帰りなされたよ。先程、お出ましになったとき、なぜ拝まなかったのか。こんなに鮮やかなご指導を受けて、それで気がつかなくては仕方がない。驢馬の歳の来るのをまつのかなあ！

頂礼大毘盧遮那　　頂礼したてまつる大毘盧遮那。
浄瓶往復仏通過　　浄瓶往復して、仏通過したもう。
再問愚人晴後雨　　再問す愚人、晴後の雨。
遠山一碧白雲多　　遠山一碧、白雲多し。

第二一一則　曹山刀斧

挙。曹山因僧問。子帰就父。為什麼父全不顧。師云。理合如斯。僧云。父子恩何在。師云。始成父子之恩。僧云。如何是父子恩。師云。刀斧斫不開。

挙す。曹山ちなみに僧問う。子は帰して父に就く。なんとしてか父全く顧みざる。師云く。理《り》としてまさにかくの如くなるべし。僧云く。父子の恩いずくにかある。師云く。始めより父子の恩を成ず。僧云く。如何なるか是れ父子の恩。師云く。刀斧《とうふ》きれども開けず。

これも言うまでもなく、借事の問答だ。父子とは何を譬えたのか。これも言うまでもなく、一心と万法だ。自己と境遇だ。中心と円だ。性空と因縁だ。正位と偏位だ。仏法はその外にはない。いつも同じことを参究しているのだ。唯有一乗法だ。無二亦無三だ。

父子にたとえてもよし、君臣にたとえてもよし、夫婦にたとえてもよし、売り手と買い手に譬えても良しだ。いや、たとえと言っても、譬喩のことだけではない。実例だ。主観と客観も仏法の実例だ。師匠と弟子も仏法の実例だ。鳥と空も仏法の実例だ。魚と水も仏法の実例だ。すべての存在は、ことごとく仏法の実例だ。そのつもりで、この公案を味わうのだ。

「子は帰して父に就く。なんとしてか父全く顧みざる」。子はおのれを全部、父にささげて、一心不乱に孝養を尽くす。父は全く知らん顔の半兵衛だ。こういう素晴らしい社会になれば、極楽浄土だがなあ！　妻君は真心をこめて夫に尽くす。夫は当たり前とも何とも思わないで、天下太平だ。それが理として、まさに当然だと曹山も言っている。

理としてとは、事理共に正当だということだ。「臣は君に奉し、子は父に順ず。順ぜざれば孝にあらず、奉せざれば輔にあらず」と『宝鏡三昧』にもある。これが宇宙の鉄則だ。

さて、こういう仏法の血滴々を示すと、顛倒妄想の凡夫どもは、真っ向から反対する。それは封建的の間違った道徳観念だ。家長万能、亭主関白で、父や夫はそれで天下太平かも知れないが、子や妻はみじめな存在となる。人間平等の真理に反すると。いくらでも名論卓説が出るであろう。現代人は偉い者だよ。

その偉い現代人の社会は、今日どうなんだい。子が親を殺したり、親が子を殺したりして、保険金を狙ったり、夫が妻を殺したり、妻が夫を殺したりして、自分の思う通りを押し通したり、赤の他人をつかまえて人質にして、自分の要求を通そうとする赤い人などが、余りにも多すぎるのではないか。

昭和四十七年九月八日の読売新聞五版の「気流」欄に次の一文が出ていた。「先生、きびしくしかって——生徒はこわれものではありません　高校生・(匿名希望)16」と題してあった。

都立高校生というと四無主義(無気力、無関心、無責任、無感動)のカタマリで、いまどきの若いもんはと嘆かれ、ヤリ玉にあげられる一群です。

全部が全部とは決していいませんが、私が高校に入学した時は、何か大きなことをしてやろうという希望に燃えていました。でも、入学一日目でなんとなくやる気をなくしてしまったのです。何年か前の学園紛争のしこりがまだおうおうにして残っている学校の先生、ヘビににらまれたカエルみたいなのです。「あなた方の意見を尊重します。私はよい教師です。何でも話し合いが大切です」—びっくりしてしまいました。これでは先生ではありません。かりにも私たちに勉強を教えてくれる方が、私たちをこわれもののように扱うのです。生徒にバカにされて精神的にまいって入院した先生もいます。これが紛争までしてえた自由の学園なのでしょうか?

こんなことを思うのは私だけかもしれませんが、いくら社会の原動力といっても、私たちは十六、七の〝ガキ〟に違いありません。おとなである先生のビシッとした力で、頭を押えて正しい方向へ導いてくれなければ、世界中がおかしくなります。現に赤軍派などが出たのも、その始まりではないでしょうか？先生、お願いします。もとのあの往復ビンタを平気で生徒にくらわせるぐらいのコワーイ、しっかりした先生にもどって下さい。そしてこれは、お父さん、お母さんにもいえることではないでしょうか？（東京都板橋区）

これこそ現代を救う名論卓説ではあるまいか。親が子にきがねをしたり、夫が妻に遠慮したりするような、そんな水臭いことでどうするつもりか。頭が常に手足に感謝して、頭を下げていないと、手足がストを起こすなどというような人間があったら、正気の沙汰ではあるまい。現代の病弊はここにある。

僧が父子の恩を問うたのに対して、曹山は「始めより父子の恩を成ず」と答えている。もちろん父子を、全ての代表に出しての答話である。この世界は、恩の結晶であると、説くのが真実の仏法である。それを略説したのが四恩の説法であるが、要するに、全ての恩を蒙らなければ、一物も存在しない。

一切がすべての恩を蒙って、はじめて存在しているのだから、自分をすべてに捧げて、はじめて償いが出来る。だからなんぴとも、自分の全生活をすべての為に、捧げるのが当然であって、それに対する返礼や答礼を、受くべきものでないのが理の当然である。これが、宇宙の鉄則に非ずして何ぞ。

最後に、僧が父子の恩の血滴々を問うたのに対して、曹山が「刀斧きれども開けず」と答えている。恩と恩とが互いに結晶して、全く一箇の恩のみの世界だから、父と子だの、夫と妻だの、君と臣だのと、分けてみようがない。頭は常に手足のために、手足は常に頭のために、全力を捧げているが、それでたがいに恩を意識しない。これを「棄恩入無為。真実報恩者」ともいう。こういう世界の実現を期し、その達成に努力するのが、われわれ仏弟子の進むべき本当の道ではあるまいか。

父子親兮斫不開　　父子親うして、きれども開けず。
師長不顧後生陪　　師長は顧みず、後生のはんべることを。

鴻恩豈但充天地
尽界慈雲帯雨来

鴻恩あにただ、天地にみつるのみならんや。
尽界の慈雲、雨を帯び来たる。

第二一二則　地蔵種田

地蔵和尚。因僧問。近離何処。僧云。南方。師云。南方仏法如何。僧云。商量浩浩地。師云。争似此間種田摶飯喫。僧云。奈三界何。師云。喚什麼作三界。其僧有省。

地蔵和尚ちなみに僧問う。近離いずれの処ぞ。僧云く。南方。師云く。南方の仏法いかん。僧云く。商量浩浩地。師云く。いかでかしかん、すかんに田をうえ、飯をまろめて喫せんに。僧云く。三界をいかんせん。師云く。なにをよんでか三界となす。その僧、省あり。

これは地蔵和尚の鮮やかな接化ぶりを見る公案だ。和尚僧に問う。どこから来たか。はい、南方から参りました。南方の仏法はどんな風だい。はい、問答商量が実に盛んでございます。「浩浩」は、盛大のかたちで、地は助字だ。地蔵云く「いかでかしかん、すかんに田をうえ、飯をまろめて喫せんに」。これが奪命の神符だが、日本人には少しわかりにくい言葉だから、言い直して見る。「なに？　問答商量がさかんだあ？」こういう響きがすでにかくされている。それからだ。「おれのところではなあ！　皆で田んぼを作って、米をとって、飯をたいて、握り飯をこしらえて、毎日パクパクやっているよ。この方がよっぽどましだわい」と、この僧にたたきつけた。

これまで、南方に居て、標本の仏法、模型の仏法を、有りがたいものと思っていたこの僧が、本物の仏法を叩きつけられて、びっくり仰天した。神薬の効能てきめんだ。そこで、口をとがらせ、手を震わせて、地蔵に喰ってかかったであろう。

「和尚！」あなたはそんな呑気の事を言って居られるが、いまこの三界の迷苦をどうなさるのですかと。地蔵云く。

なに？　三界？　なにが三界だ？　おれの処には、そんなケチなものは無いわいと、言わんばかりの接得だ。果たせる哉、その僧省ありと、凡見凡情の皮が一皮むけて、やれやれ、それで安心が出来たと、はるばる南方から参問に来た甲斐があった。

宏智禅師はこの公案の頌において、「参じ飽いて、明らかに知る所求なくことを」と歌い、「これ飽参の人にあらずんば知らず」とも歌っている。標本の仏法、模型の仏法にあきあきするほど、参じ尽くして、はじめて活きた仏法が手に入るのだ。公案を参究し、只管に打坐して、凡見凡情が破れて、はじめて、飯をまろめて喫する底の生活が出来るようになるものである。

曹洞禅の現代版は、農民は農民らしく、商人は商人らしく、官吏は官吏らしく、その道その道にはげんで行けば、それが活きた仏法だと、凡見凡情のままで、そのまま仏法の安売りをしている。それで坊さんも無眼子のままで、「威儀即仏法。作法是宗旨」と、にせ物をほん物とあやまり伝えている。起死回生の大手術を断行しなくては、宗門は回復しないであろう。

種田摶飯鼻駒駒　　田をうえ、飯をまろめて、鼻駒駒。
地蔵安眠万境幽　　地蔵安眠して、万境しずかなり。
三界出離何囈語　　三界出離、なんの囈語ぞ。
今年凶作亦風流　　今年の凶作も亦風流。

第二一三則　道吾不知

道吾因僧問。無神通菩薩。何故蹤跡難尋。師云。同道者方知。僧云。和尚却知麼。師云。不知。僧云。為什麼不知。師云。去。汝不会吾意。

道吾ちなみに僧問う。無神通の菩薩何が故ぞ蹤跡たずねがたし。師云く。同道の者まさに知る。僧云く。和尚かえって知るや。師云く。知らず。僧云く。なんとしてか知らざる。師云く。去れ。なんじ吾が意を会せず。

この公案は神通の有無が、問題の要点になっているが、神通とはなんであるか。一般で言う処の神通と、仏祖門下の神通とはそこに格段の差があることを知らねばならない。まず、一般に言われる神通には、外道の五神通がある。すなわち、天眼通、天耳通、他心通、宿命通、神境通だ。阿羅漢もこれらの神通は、そなえているから、これが外道の通力とばかり限る訳にはいかないことは、言うまでもない。

さて、現代人は、物質科学万能病にかかっていて、精神作用の神秘というものを余り知らないから、神通力などということが、本当にあるだろうかと、疑う人が少なくないと思うが、筆者は、不思議な通力という物のあることを疑わない。けれども、強いてそれを得たいとも思わない。何故と言うに、労多くして、功が少ないからである。功が少ないとは、五神通は生死解脱に役立たないからである。

小乗の行者とよばれる阿羅漢は、五つの神通に、もう一つ漏尽通を加えたところの、六神通をそなえて、生死を出離するが、大乗の菩薩には、六神通をそなえたお方もあり、神通は一つも具えていない者もある。それはなぜかというと、菩薩と言われる修行者の範囲は、非常に広いからである。文殊、普賢とよばれるような上位の大菩薩から、下は今日、菩提心を起こして受戒したばかりの、出家、在家に至るまで、衆生済度を念願として、仏道を求めるならば、その人は最初から、立派な菩薩であると、取り扱うからである。それで、無神通の菩薩は沢山ある。

然しながら、仏祖門下で貴ぶところの神通は、右に上げた、神変不可思議を演ずるようなものとは全く別である。いわゆる「神通ならびに妙用、水をはこび、また柴をはこぶ」とあるとおり、朝から晩まで、すべきことが、さっさと出来、すべきことが、ちゃんちゃんと出来るなら、それが本当の神通妙用だと、取り扱うのが正伝の仏法である。

こういう立場から、この公案を見るのである。道吾山の宗智禅師に僧が問うた。「無神通の菩薩何が故ぞ蹤跡たずねがたし」と。この僧の問意は、神変不思議の通力を持たない禅僧が、どうして没蹤跡、断消息と言われて、その人のすべての行動が、人に見えないのですかと、言っているように思われる。禅僧の行履を、隠身術と考え違いをしているのではあるまいか。

師云く、同道の者、まさに知る。蛇の道はへびでなあ！　同じ禅僧仲間には、その精神がちゃんとわかるよ。そんなら、和尚さんにはおわかりですか。師云く、知らず。禅僧の行履は、他人のうかがい知るところではないと、言っているではないか。通身無影像だ。知りようがあるかい。

僧云く、なんとしてか知らざる。これが問処の道得ならば、面白い法戦となるのだが、投げられたこともわからないで、ふんどしにぶら下がっているのでは仕方がない。「かえれ！　かえれ！　この分からず屋！」というより外にあるまい。

さて、禅門の教育はこのとおり、本来われに具わっている処の、神通妙用を百パーセント発揮し、活用することを教えるのであるが、現代の世界中の教育は、その逆をやっている。なるべく神通を使わないよう、使わせないよう、使えなくなるようにばかり向けている。物質文明、科学文明が、さらにそれに拍車をかける。これでは人間が益々バカになって、退化し、滅亡するに至るであろう。

すなわち、なるべく働かないで、なまけて、神通を使わないで、金を沢山取って、享楽生活にふけって、本来具有の通力を益々委《い》靡《ぴ》沈滞せしめる。例えば、手のかわり、足のかわりを機械がやってくれるので、手も足も、次第に通力を失って、弱くなり、バカになる。計算や面倒な仕事まで、機械がやってくれるので、頭まで変になって、ノイローゼが多くなる。

頭が一般に変になって来た証拠に、儲ける、すなわち、横着をして金を沢山取るためには、何をしても構わないという考え方が普通になって来た。食品に毒物を入れ、害物を入れて、平気で販売するし、農薬を無制限に造らせ、無制限に使わせる。それを、喜んで使う農民は、すでに大半、通力を失って、横着者になってしまった。

これらの害毒が表面化して、近年、公害と呼ぶようになったが、いくら叫んでもどうにもなるまい。これこそ原点にかえって、機械だの薬品だのというものに、よりかかり過ぎる所の、横着心を自制して、人間が本来そなえているところの、自己身心の神通妙用を、次第に取り戻すように努める外はあるまい。小言はいくらでもあるが、やめておく。

不貴孤高解脱林　　孤高、解脱の林を貴ばず。
没蹤跡処莫追尋　　没蹤跡の処、追尋することなかれ。
神通妙用何閑具　　神通妙用、何の閑具ぞ。
著眼度生菩薩岑　　眼を度生菩薩のみねにつけよ。

第二一四則　風穴一塵

風穴和尚。示衆云。若立一塵。家国興盛。野老顰蹙。不立一塵。家国喪亡。野老安貼。於是明得。老僧即是闍梨。若也不明。闍梨不分。全是老僧。老僧与闍梨。亦能悟得人。亦能迷得人。要識老僧麼。左辺拍一拍云。祇這是。要識闍梨麼。右辺拍一拍云。祇這是。

風穴《ふけつ》和尚。衆に示して云く。もし一塵を立すれば家国興盛《こうじょう》し、野老顰蹙《ひんしゅく》す。一塵を立せざれば家国喪亡し、野老安貼《あんちょう》す。ここにおいて明らめ得ば、老僧すなわち是れ闍梨。もしまた明らめずんば、闍梨分なく、全く是れ老僧。老僧と闍梨と、亦よく人を悟得し、亦よく人を迷得す。老僧を識らんと要すや。左辺に拍一拍して云く。ただこれこれ。闍梨を識らんと要すや。右辺に拍一拍して云く。ただこれこれ。

風穴は臨済下四世の法孫で、延沼禅師と云われたお方だ。この示衆もまた、素晴らしい示衆である。『従容録』の第三十四則にも出ているが、省略されて、要点だけしか出ていない。ここには全部出ている。こういう示衆をよく味わうと、ホッと気がつくものだ。そのための示衆だ。

一塵とは何のことか。塵に用はない。一を具体化して一塵といったので、一が大切だ。家国とは何のことか。国家といっても同じ事だ。どんな国家か。能所、自他、是非、得失、迷悟、凡聖、仏見、法見だ。坐禅という一つ、隻手という一つ、一念という一つ、その一つから一切が興盛もすれば、喪亡もするわい。

チラリと妄我の一念が起こると、天地万物、一切の対立が起こってくる。一念三千だ。天台では、怨妄の一念が三千の法界になるという。華厳では、清浄の一念に法界が建立するという。一塵を立するといっても、一塵を立せず、すなわち倒すといっても、別の事ではない。一拄杖の横拈倒用だ。

一塵を立するは扶起門だ。活人剣だ。花あり、月あり、楼台ありだ。瓦礫も、ウジ虫も大光明を放つわい。一塵を立せずは推倒門だ。殺人剣だ。本来無一物だ。仏の一字も心田の汚れだ。仏に逢うては仏を殺し、祖に逢うては祖を殺す。この殺活の宝剣が、自由に使えるようでなくては、衲僧とはいわれない。教育もその通りだ。褒めたり、叱ったりが、適切自在に出来なくては駄目だ。褒めっぱなしが何になる。毒になるばかりだ。叱ることの出来ない様な者は、人の師となる資格がない。

さて「一塵を立すれば家国興盛し、野老顰蹙す」。野老とは、真箇の道人だ。顰蹙とは眉をひそめることだ。シカメッ面をすることだ。家国が興盛して、シカメッ面をするとはなぜだろう。天真の道に背くことになるからだ。家国興盛にも、ピンからキリまである。

立派な堂塔伽藍をはじめ、金ピカの袈裟、コロモをつけた坊さん、金襴表紙の有難そうな経典、これらは、家国興盛の最も低級な奴だ。こんなのが興盛するのは、末期的症状で、仏法の滅亡近きにありだ。もっと上等のところをいうと、そら坐禅だ、そら接心だ、やれ見性したの、大悟したのと、商量浩々地という奴だ。いかでかしかん、我が這裏田を植え、飯をまろめて喫せんにはだ。だから、真箇の道人が顰蹙するのだ。

「一塵を立せざれば家国喪亡し、野老安貼す」。安貼はやすらかで、おだやかに、落ち着いたさまだ。なぜ野老が安貼するのか。はじめて天下太平だからよ。もう、説明の必要はあるまい。これは大活現成だ。大活現成は必ず、大死一番を透過しなくては、絶対に得られない。

大死一番を抜きにして、始めから大活現成を語るのが、無事暗証の盲目禅といわれる、曹洞宗の現代版だ。それが本証妙修だげな。道元禅師の新発明だと宣伝する。そんなものは、仏法でもヘチマでもない。凡夫迷妄の甚だしきものだ。ここにおいて、何としても箇の事を明らめ得なければ駄目だ。明らめ得ると、次のような自由が得られる。

「ここにおいて明らめ得ば、老僧すなわち是れ闍梨。もしまた明らめずんば、闍梨分なく、全く是れ老僧」。これまでの示衆の精神がよく見えていないと、これから以下の拈弄も肯《うな》ずけない。老僧とは何のことか、闍梨とは何のことか、明め得るとは何のことか、明らめずんばとは何のことか。普通のレベルで、これらの語を見たら、見当違いをする。明らめ得るは一塵を立する方だ。明らめずんばは、一塵を立せざる方だ。それから、老僧を正位、闍梨を偏位と見たら見当がつくだろう。老僧すなわち是れ闍梨は回互の消息だ。正偏宛転だ。闍梨分なく、全く是れ老僧は不回互だ。老僧の外に闍梨はない。闍梨の外に老僧はない。

このような老僧なら接化自在だ。その接化ぶりを次に示される。「亦よく人を悟得し、亦よく人を迷得す」。人を悟得すは、悟らせることだ。家国興盛せしめることだ。迷得すは、迷わせるということではない。悟り病を、さらに引き抜いてやることだ。家国喪亡せしめることだ。

この老僧と、この闍梨はいつでも相棒になって、人を悟得したり、迷得したりする。どんな工合に？　老僧の顔を見せてやろうか。左を向いて、拍手一声。パン！　ただこれこれだ。今度は闍梨の顔か。右を向いて拍手一声。パン！　ただこれこれだ。

一塵纔立国家興　　一塵わずかに立すれば、国家興る。
不立衰亡野老矜　　立せざれば衰亡して、野老ほこる。
大悟却迷同拍手　　大悟却迷、同じく拍手。
謳歌顰蹙幾層層　　謳歌顰蹙、幾層層。

第二一五則　天童一屙

天童咸啓和尚（嗣洞山价）。因僧問。学人卓卓上来。請師的的。師云。我這裏一屙便了。説什麼卓卓的的。僧云。和尚与麼答話。更買草鞋行脚好。師云。近前来。僧近前。師云。老僧答。有什麼過。僧無対。師便打。

天童の咸啓《かんけい》和尚（洞山价に嗣ぐ）、ちなみに僧問う。学人卓卓として上来す。請う師的的。師云く。わが這裏一屙《あ》して便ち了ず。何の卓卓的的とか説かん。僧云く。和尚、与麼の答話、さらに草鞋を買うて行脚せば好し。師云く。近前来。僧近前す。師云く。老僧の答え、なんの過ある。僧、対なし。師便ち打つ。

天童の咸啓和尚は、洞山良价禅師の法嗣だというから、たしかなお方に違いない。この僧はなま悟りをかついで、意気揚々として、やって来たらしい。問いの言葉がすでに穏やかでない。鼻息の荒いところが見える。

「学人卓卓として上来す。請う師的的」と。「卓卓」は、元気の良い形容だ。独立独歩、堂々と遣って参りましたと、いったような口上だ。「請う師的的」は、テッキリ、ハッキリお示し下さいと注文をつけた。この天狗坊主と、天童は僧の五臓六腑を見抜いたであろう。

師云く「わが這裏一屙して便ち了ず。何の卓卓的的とか説かん」。的々分明、この僧に対して、うってつけのご明答だ。何？「卓卓的的」だと。おれの所ではなあ、東司へ行って、大便たれて、腹の中が空っぽになると、それで万事ＯＫだ。貴様も、糞でも垂れて来い。この糞坊主。

お薬が見事にきいたと見えて、この僧たちまち亢奮した。僧云く。そんな答話をなさるようでは、草鞋でも買って来て、再行脚をなされたら宜しかろうと来た。師云く。近前来。僧近前す。そこで咸啓和尚、わざと下手に出た。

「老僧の答え、なんの過ある」と。

　ここで和尚より、一段も二段も、すぐれた応対が出来てこそ卓々だが、対なしと来ては、みじめなものだ。師、便ち打つは当然すぎるほど当然だ。五、六十もぶんなぐって、たたき出してしまったらよかろうと思うが、それはこの僧に対しては、あまり上等過ぎるかも知れない。一棒でも与えて下さったのは、まだ有難いことだ。

卓卓来参満腹僧　　卓卓として来参す、満腹の僧。
天童一屙加膺懲　　天童一屙して、膺懲を加う。
草鞋行脚何言句　　草鞋行脚、何の言句ぞ。
的的分明六七藤　　的的分明なり、六七藤。

第二一六則　臨済黄米

臨済問院主。何処来。主云。州中糶黄米来。師云。糶得尽麼。主云。糶得尽。師以拄杖一画云。糶得尽者箇。主便喝。師便打。次典座至。師挙前話。座云。院主不会和尚意。師云。汝作麼生。座礼拝。師亦打。

臨済、院主に問う。いずれの処よりか来たる。主云く。州中に黄米《おうまい》を糶《う》り来たる。師云く。糶得《ちょうとく》しつくすや。主云く。糶得しつくす。師、拄杖をもって一画して云く。者箇を糶得しつくすや。主便ち喝す。師便ち打つ。ついで典座至る。師、前話を挙す。座云く。院主、和尚の意を会せず。師云く。汝そもさん。座、礼拝す。師また打つ。

この公案は、臨済大師の宗風を如実に示している。公案に院主が出てくると、多くは無眼子であるが、この院主は眼を具して、臨済と立派に太刀打ちをしている。黄米とはモチアワ・キビのことだ。糶という字は、穀物を売るという字だ。院主は寺の事務長だ。支那の叢林は自給自足で、全員が共同作業で田を作り、畑を耕して生活をしていた。それで作物が余ると、それを売却することもあったと見える。

さて、臨済大師が院主に問うた。どこへ行って来たか。はい、町へ黄米を売りに行って参りました。それがすぐに法戦だ。全部売り尽くしてきたか。まだ何か残り物がありやしないかとは、何のことだろう。

院主云く。はい、全部売り尽くして参りました。済、拄杖をもって一画して云く。まだこんなものが残って居りゃせんかい。何のことだろう。言わんでもわかるだろう。主便ち喝す。ここは大喝一声、喝！　とやったのであろう。これは臨済大師が、よく用いられる接化の手段である。済下では、一喝の調べというものが重要視されているそうだ。

オウ、汚らわしい。そんなものが残っておりますかいと。天地いっぱいの院主をお目にかけたのかしらん。済便ち打つ。ピシャリ！　まだいかん。

次に典座至る。師、前話を挙す。座云く。あの院主は、老師のご精神が受け取れていないのですと、実は院主に用はない。どうぞ私をお調べ下さいと、言わんばかりだ。師云く。汝そもさん。そのとき典座は、だまってお拝をした。尊答を拝謝し奉るというつもりかしら。師、また打つ。

昔から、臨済の喝、徳山の棒と並び称されているが、臨済も徳山も共に、棒喝をよく用いられた。これは殺人刀だ。もちろん、そう決まってはいないが、そう用いる場合の方が多い。どこまでも殺していくのが、臨済正宗の風格だ。点がからいぞ。硬教育だ。だから臨済の法系が、今日に伝わっているのだ。これに比べると、潙仰宗はどうも点が甘い。善哉善哉と、直にお汁粉を食わせるものだから、その法が早く絶えたと、大雲室も言うておられた。心すべきことだ。

糶来黄米喝師翁　　黄米をうり来たって、師翁を喝す。
拄杖誰知一画功　　拄杖誰か知る、一画の功。
典座出頭閑礼拝　　典座出頭して、しずかに礼拝す。
婆心痛棒冷秋風　　婆心痛棒、秋風よりもひややかなり。

第二一七則　灌渓不飢

灌渓志閑和尚（嗣臨済）。来参臨済。済見擒住。師云。領也。済托開云。且放汝一頓。師住院後。示衆云。我見臨済。無言語。直至而今。飽不飢

灌渓《かんけい》の志閑《しかん》和尚（臨済に嗣ぐ）、臨済に来参す。済、見て擒住《きんじゅう》す。師云く。領ぜり。済、托開《たっかい》して云く。しばらく汝に一頓《いっとん》をゆるす。師住院の後、衆に示して云く。われ臨済にまみえて言語なし。直に今に至るまで、飽いて飢えず。

公案というものは大抵、要点眼目だけを出してあるもので、前後のいきさつなどは、全部省略されてあるから、その積もりで見なくてはならない。この公案なども、ここだけ見ると、なんの造作もなく、いとも簡単に、臨済の法嗣になったように誤解するかも知れないが、なんぴとも大法成就に至るまでには、容易ならぬ苦労をかさねているということを見逃してはならない。

志閑和尚がある時、臨済大師のところに来参した。すると、臨済がいきなり擒住した。擒住とは取っ捕まえることだ。さあ道え、さあ道え、と言わんばかりの取り扱いだ。その時志閑が「領ぜり」と道った。わかっておりますよと、道ったのだ。すると臨済が、突っ放して云く「しばらく汝に一頓をゆるす」。一頓は二十棒だ。まあ、二、三十ぶんなぐるのだが、やめておくわいと。これは何のことだろう。棒にも色々ある。賞棒もあれば、罰棒もある。機発を促すための一棒もある。

いま臨済が「汝に一頓をゆるす」と言われたのは、どんな一頓か。眼のある者には見分けがつくだろう。説明して

しまっては、参究にならない。志閑和尚はその後、住院して道場を開いて、衆に示して云く「われ臨済にまみえて言語なし。直に今に至るまで、飽いて飢えず」と、この時のことを、ご披露なされている。

あの時臨済大師と、言葉のやり取りは無かったけれども、以心伝心、法の授受があったと、いわんばかりの消息だ。それは「直に今に至るまで、飽いて飢えず」の一語で明瞭だ。爾来今日までとは、未来永劫だ。永久に腹のへらないご馳走を、腹一杯食べたとのご披露だ。これからみんなに、そのご馳走を分けてやるという積もりらしい。

あなたの食べ残しなどは頂きませんわい。ご馳走はもう、真っ平ご免を蒙りますと、道い得る者は誰か。空腹高心ではだめだ。満腹でもだめだ。食べた物がすっかり消化して、血となり肉となって、行方不明になってしまわなくてはだめだ。容易の看をなすなかれだ。

灌渓擒住領収何　　灌渓擒住せられて、何をか領ず。
済老分明做罪過　　済老分明、罪過をなす。
一頓唯当令喫棒　　一頓ただまさに、棒を喫せしむべし。
群生斉唱不飢歌　　群生斉しく唱う、不飢の歌。

第二一八則　雪峯成道

雪峯。岩頭。欽山。三人結友。遍訪宗師。後到澧州。欽山住院。二人同行。至鰲山阻雪。岩頭毎日祇是打睡。雪峯一向坐禅。一日喚云。師兄且起。頭云。作什麼。師云。我今生不著便。共文邃行脚。到処被他滞累。今与師兄到此。則祇管打睡。頭喝云。噇眠去。毎日牀上坐。恰似深村裏土地。他時後日。魔魅人家男女去有。峯点胸云。這裏実未穏在。不敢自瞞。頭云。我将謂汝他後。向孤峰頂上。盤結草庵。播揚大教。猶作這語話。師云。某甲実不穏。頭云。若実如此。拠汝見処。一一通来。是処為汝証明。不是処為汝剗却。師云。我初到塩官。見上堂挙色空義。得箇入処。頭云。此去三十年。切忌挙著。師云。又見洞山過水偈云。切忌随

雪峯、岩頭、欽山《きんざん》の三人、友を結んであまねく宗師を訪《と》う。のち澧《れい》州《しゅう》に至る。欽山は住院す。二人同行して鰲山《ごうざん》に至り、雪に阻《はば》まる。岩頭は毎日ただこれ打睡す。雪峯は一向に坐禅す。一日よんで云く。師兄しばらく起きよ。頭云く。なにをかなす。師云く。我れ今生、便りをつけず。文邃《ぶんすい》と共に行脚して、到る処、他に滞累《たいるい》せらる。いま師兄とここに到れば則ち祇管に打睡す。頭、喝して云く。噇眠《とうみん》し去れ。毎日牀上に坐して、あたかも深村裡《しんそんり》の土地に似たり。他時後日、人家の男女を魔魅し去ることあらん。峯、胸を点じて云く。這裏実に未穏在。あえてみずから瞞ぜず。頭云く。我れは将におもえり。なんじ他後、孤峰頂上に向かって、草庵を盤結《ばんけつ》し、大教を播揚《はんよう》せんと。なおこの語話をなすか。師云く。それがし実に、いまだ穏やかならず。頭云く。もし実にかくの如くならば、汝が見処によって、一一通じ来たれ。是処は汝がために証明し、不是処は汝がために剗却《せんきゃく》せん。師云く。われ初め塩官に到る。上堂に色空の義を挙するをきいて、箇の入処を得たり。頭云く。ここを去ること三十年、切に忌む、挙著するこ

他覓。超超与我踈。頭云。若只恁麼。自救他不徹。師云。後到徳山。便問。従上宗乗中事。学人還有分也無。徳山打一棒云。道什麼。此時如桶底脱相似。頭喝云。豈不見道。従門入者。不是家珍。若欲播揚大教。一一従自己胸襟流出将来。与我蓋天蓋地。師於言下大悟。便礼拝起来。連声叫云。師兄今日始是鰲山成道。今日始是鰲山成道。

とを。師云く。又洞山過水の偈を見るに云く。切に忌む。他に随って覓むることを。超超として我と踈なり。頭云く。もしただ恁麼ならば、自救もまた徹せず。師云く。のち徳山に到り手便ち問う。従上宗乗中の事、学人また分ありや、また無しや。徳山打つこと一棒して云く。なんと道うぞ。この時桶底の脱するがごとくに相似たり。頭、喝して云く。あに道うことを見ずや、門より入るものはそれ家珍にあらず。もし大教を播揚せんと欲せば、一一自己の胸襟より流《る》出《すい》し持ち来たって、われと共に蓋天蓋地なるべし。師、言下に大悟し、すなわち作礼し、たち来たって、連声に叫んで云く。師兄、今日はじめてこれ鰲山成道。今日はじめてこれ鰲山成道。

この公案は雪峯禅師が、いかに修行に苦辛なされたかということが、ありありと出ている公案である。雪峯禅師は初関を透過してから、最後の桶底を脱するまで、約三十年という長年月を要したが、もちろん怠けて手間をとったのではない。第一最初からの心掛けが、普通の人とは違っていた。

悟りの目を明らかにすることの大切であることはいうまでもないが、それよりも、もっと大切なのは、徳を積むことであると、雪峯は考えていた。それで一般の修行者が嫌がる台所の役を、いつも自分から買って出た。しかも能率が上がるようにと、包丁などは使い慣れた自分の物を、持って歩いたということだ。

悟りの点でいくら偉くなっても、徳が足らないと人が集まらないし、人がついて来ない。それでは教化が十分に行われない。それで若い時から、徳を積むように、常に心掛けたのだから人物が大きい。こういう人であったから、法成就の後、雪峯山に道場を開いたら、化導が盛大になって、常に一千五百人からの修行者が集まったという。

雪峯と欽山と岩頭の三人は、特に仲の良い道友であった。三人は互いに連れ立って、天下の名師宗匠を歴訪した。のちに澧州に行った時、欽山は住院して道場を開いた。それで雪峯は、岩頭と二人で鰲山に至った。大雪に阻まれて、幾日かここに逗留した。

岩頭は毎日、大いびきで睡ってばかりいた。雪峯をイライラさせる為に、わざとタヌキ寝入りをしていたのかも知れない。一日も早く、雪峯をものにしてやろうとの、親切心で燃えていたのだ。道友というのは、実に有難いものだ。雪峯は、夜もろくろく寝ずに、一所懸命坐禅ばかりしていた。ある日のこと、雪峯がたまらなくなって、岩頭を喚び起こした。

オイ兄貴！　まあ、少し起きてくれよ。岩頭がむっくと起きて、「何をしているんだ?」という。雪峯が「我れ今生、便りをつけず。文邃と共に行脚して、到る処、彼に滞累せらる。いま師兄とここに到れば則ち祇管に打睡す」。滞累とは、まきぞえを喰うことだ。わしは今生で、まだらちがあかんのだ。欽山と行脚しては、到る処で彼にまきぞえを喰わされるし、いま尊公と一緒にここへ来れば、尊公は毎日寝てばかりいる。おれは、どうしたらいいんだと、言わんばかりだ。

すると岩頭が叱りつけて、寝ろ！　寝ろ！　毎日坐りこくって、丁度田舎村の土地神のようなまねをしやがって、そんな殊勝らしいことをして、ここらの在家の善男善女をたぶらかす積もりだろうと、わざと毒舌を吐いた。すると雪峯が自分の胸をなでて、兄貴！　嘘もかくしもない。本当にここがまだ穏やかでないのだよ！

その時岩頭が「なんだと、貴様はそのうちに、何ぴとも寄せ付けないような、孤峰頂上の、気高い境地に立って、草庵を結んで、大法を伝播し、挙揚するであろうと思っていたのに、まだそんな泣き言を、言っているのか」と、岩頭は雪峯のことを百も承知で、わざと刺戟を強く与えた。雪峯は正直だ。それがし実に未穏と、かさねて言った。

そこで岩頭が開き直って、そんならこれから、おれが調べてやる。貴様の見処を一々言うてみよ。是処は証明してやるし、不是処はぶち切ってやるぞと、言い放った。その時雪峯が「われ初め塩官に到る。上堂に色空の義を挙するをきいて、箇の入処を得たり」というと、岩頭が「今から三十年も前の昔話か。そんな古くさいことを持ち出すことは大禁物だ」と奪ってしまった。

雪峯云く。また洞山の過水の偈に、「切に忌む。他に随って覓むることを。超超として我と疎なり」とあった。頭云く、もし恁麼ならば自救もまた徹せず。そんなことを言っているようでは、とても、自己の安心解脱は得られないぞ。雪峯云く。その後、徳山の処へ行って問うた。従上宗乗中の事、学人また分ありや、またなしやと。徳山、打つこと一棒して云く。何と言うぞと。この時、桶底の脱するが如くに相い似たりと、二度も、三度も、ハッと思った体験を述べた。

すると岩頭がまた叱りつけて言った。「門より入るものは家珍に非ずというではないか。そんな六根門頭から入った奴は、ことごとく、よそからの借り物だ。そんな物が役に立つかい。もし大法を挙揚せんと欲するならば、一々自己の胸襟から流れ出て、それが天に一ぱい、地に一ぱいとなって来なくては、絶対にだめだぞ！」と言われて、雪峯は言下に大悟した。

そこで雪峯、うやうやしく岩頭に三拝して、起って、つづけざまに叫んだ。師兄、今日はじめて是れ鰲山成道！今日はじめて是れ鰲山成道！と。雪峯も岩頭も、どんなに嬉しかったろう。二十年も、三十年も、血の涙で苦辛して、はじめて大法成就するに至ったのだ。古人がすでにこのとおりだ。今日、われわれが生易しい修行でいける境地と思ったら、とんでもない錯りだ。

産我悲母益我朋　われを産むのは悲母、我を益するは朋。
鰲山雪冷夢俄驚　鰲山雪冷《ひや》やかにして、夢ににわかに驚く。
岩頭一喝乾坤砕　岩頭の一喝に、乾坤砕けぬ。
今日初知道本成　今日初めて知る、道もと成ずることを。

第二一九則　仰山撲破

仰山住東平時。潙山付書竝鏡一面至。師陞堂。受書。乃提起鏡子。示衆云。大衆。潙山将鏡来。而今且道。是潙山鏡。東平鏡。若道是東平鏡。又是潙山寄来。若是潙山鏡。又是在東平手裏。道得則存取。道不得則打破去也。如是三挙。衆皆無対。師乃撲破。

仰山、東平に住する時、潙山、書ならびに鏡一面を付し至る。師、陞堂して書を受け、乃ち鏡子を提起して、衆に示して云く。大衆、潙山、鏡を将ち来たる。いま且く道え、是れ潙山の鏡子か、東平の鏡か。もしこれ東平の鏡と道わば、またこれ潙山寄せ来たる。もし潙山の鏡と道わば、またこれ東平が手裏に在り。道い得ば則ち存取せん。道え得ずんば打破し去らん。かくの如く三たび挙す。衆みな対なし。師乃ち撲破す。

仰山慧寂禅師が、東平寺に住していた時のことだという。師匠の潙山禅師から、一通の手紙と鏡一枚が送られて来た。そこで仰山が陞堂し、手紙を受け取り、鏡を取り上げて、大衆に示して云く。大衆よ、潙山老師がこの鏡を送ってくれた。そこで皆に参究問題を出す。

さあ、この鏡は潙山の鏡としたものか、それとも、東平の鏡としたものか。もしこれを、東平の鏡かと道えば、潙山が贈ってよこした物であるし、もしこれを、潙山の鏡かと道えば、このとおり、東平の手中にある。これについて、適当な答が道えたら、この鏡を保存しておくが、道えなかったら、ぶちわってしまうぞと、三返繰り返して催促したが、衆みな対なしだ。そこで仰山が、ぶちわってしまったという。

もちろん、鏡について理窟を言っているのではない。借事の商量だ。鏡をば、何にたとえたのか。第一、それが見えなくては問題にならない。これに似たような問答が、『伝光録』にも出ているから、参究の資料として挙げてみる。

「第七祖バシュミッタ尊者、酒器（さかずき）をミシャカ尊者の前におき、作礼して立つ。尊者問うて曰く。是れ我が器とせんや、是れ汝の器とせんや。師、思惟す。尊者曰く。是れ我が器とせんか、汝が本有の性なり。もしまた汝の器ならば、我が法、汝まさに受くべし。師、聞いて、大いに無生の本性を悟る」とある。してみると、このさかずきは、無生の本性をあらわしている。

さて、今は鏡の問題だが、これまた、自己本来の面目をあらわしているのではあるまいか。この本来の面目を見破るのが、仏道修行の第一歩だ。見破ったら、本来の自己にかえることが第二歩だ。かえったらさらに、本来の自己を忘れてしまうことが第三歩だ。仏道はかくの如く、百千万歩、進んで止まないものだ。

さて、自己本来の面目なら、師匠から分けて貰うという筋はない筈だ。本来具有底だ。それなら師匠は要らないものかというに、仏法は必ず正伝の師匠について、学ぶものだ。そして、その師匠の証明がなくては断じて仏法とは言われない。従って、単なる無師独悟では、それを仏法と許すことは出来ない。釈尊は無仏世界に出現して、無師独悟の形をとって居られるけれども、すでに過去世において、無量の諸仏に奉事《ぶじ》し、過去迦葉仏のお弟子として、七仏の法を伝えておられるのである。これを仏々の相承という。

仏道は、仏々相承、祖々単伝し来たった法である。この単伝を、不伝の伝ともいう。仏道と称して、何かやり取りするものが、特別にあれば複伝だが、やりとりするものがないから、毛筋ほどもないという事実を徹底突き詰めて、元来何の申し分もない、天地がひっくり返っても、微動だにしないところの、大安心を得てなくてはだめだ。そしてそれが、間違っているかいないかを師匠から調べてもらって、師匠の印可証明を得ることが、これまた、絶対条件である。これを仏祖単伝というのである。

されば、仏法というものは、弟子のものとも言えなければ、師匠のものとも言えない。弟子と師匠の合作とも言えない。この妙所が手に入って、しかも手に入ったと言う臭味も取れた処が、鏡を打破したところではあるまいか。

潙山寄鏡仰山拈　潙山鏡を寄せて、仰山拈ず。
大衆無言撲破瓕　大衆無言、撲滅しつくす。
黒漆円光知甚処　黒漆の円光、知んぬ、いずれの処ぞ。
清風白月入珠簾　清風白月、珠簾に入る。

第二二〇則　北岩開粥

鄂州北岩明哲和尚（嗣薬山）。因洞山与密師伯到。師問。二禅衲甚処来。山云。湖南。師云。観察使姓什麼。山云。不得姓。師云。名什麼。山云。不得名。師云。還理事不。山云。自有廊幕在。師云。還出入麼。山云。不出入。師云。豈不出入。山払袖出去。師明日侵晨入堂。召二上座近前云。昨日問二上座話。不愜老僧意。一夜不安。今請上座。別一転語。若愜老僧意。便開粥相伴過夏。山云。請和尚問。師云。豈不出入。山云。大尊貴生。師乃開粥過夏。

鄂州《がくしゅう》北岩明哲《みょうてつ》和尚（薬山に嗣ぐ）、ちなみに洞山と密師伯と到る。師問う。二禅衲いずれの処よりか来たれる。山云く。湖南。師云く。観察使、姓はなんぞ。山云く。姓を得ず。師云く。名はなんぞ。山云く。名を得ず。師云く。また事をおさむるやいなや。山云く。おのずから廊幕の在る有り。師云く。また出入すや。山云く。出入せず。師云く。あに出入せざらんや。山、払袖して出で去る。師、明日、晨を侵して堂に入り、二上座を近前せよと召して云く。昨日二上座に問いし話、老僧の意にあきたらず。一夜安からず。今請う上座、別に一転語せよ。もし老僧が意にあきたりなば、粥を開き、相い伴って夏を過ごさん。山云く。請う和尚問え。師云く。あに出入せざらんや。山云く。大尊貴生。師乃ち粥を開きて夏を過ごす。

公案というものは、いつも法の第一義を応酬するものだ。きっかけは、世間普通の話であっても、それがすぐに、第一義の応酬となる。鄂州北岩の明哲禅師は薬山の法嗣であって、道場を開いていたと見える。そこへ洞山と密師伯の二人がやって来た。明哲と洞山は法の兄弟だ。そこで明哲禅師が二人に問うた。

お二人はどこからお出でなされたか。はい、湖南から参りました。これは普通の話としておく。師云く。観察使、姓はなんぞ。ここからはもう法戦だ。観察使は官名だ。政治の善し悪しを観察する役人だ。観察使を借りてきて、本来の自己のせんさくだ。

洞山云く、姓を得ず。その観察使の姓は、どうもつかまりませんわい。師云く、名はなんぞ。名もやはり、つかまりませんわい。その観察使は、政治上の事務を処理なさるかな。いや、それには部下の役人が当たりますわい。それなら、その観察使は公私、色々な処へ出入なさるかな。いや、どこへも出入いたしません。師云く。出入しないということがありますかい。洞山、この時払袖して出で去った。

明哲和尚は、翌朝早く僧堂へ入って来て、二上座を側によんで云く。昨日、二上座に問うた時の答話が、老僧の意にあきたらなくて、一晩どうも、心おだやかならずだ。いま上座、別に一転語せよ。もし老僧が意にあきたるならば、同じ釜の粥を食べて、一緒に夏の結制安居をやろうと。老僧とは、どんな老僧だろうか。

洞山云く「請う和尚問え。師云く。あに出入せざらんや。山云く。大尊貴生。師乃ち粥を開きて夏を過ごす。生は助字だ。大尊貴とは、観察使のことではあるまいか。明哲和尚が老僧といったのも、この観察使のことらしい。出入するのが、やはり観察使だとさ。

これだけの応酬で、分かる人にはわかる筈だが、例によって、お小僧さん達のために蛇足を描く。この時の洞山の応答は、どれもみな正位一辺倒といったような趣がある。それで、明哲和尚うけがわずして「あに出入せざらんや」と、洞山に反省を促したのではあるまいか。洞山も翌朝になって、明哲和尚の再勘弁に逢うて、観察使の這辺那辺、出入自在を、大尊貴生と道破した。それで、正偏に落ちないところの、本分の自己に、いささか叶うというものではあるまいか。

お経には、「寂滅道場を起たずして、もろもろの威儀を現ず」とある。禅門では、「途中にあって、家舎をはなれず」ともいうわい。

北岩尋付自湖南
察使無名豈得諳
払袖洞山何作略
夏中開粥瞎驢三

北岩尋付、湖南よりす。
察使無名、あにそらんずることを得んや。
払袖洞山、何の作略ぞ。
夏中開粥す、瞎驢三。

第二二一則　九峯伝語

挙。九峯和尚（嗣石霜。諱道虔）。因僧問。承聞和尚有言。諸聖間出。尽是伝語之人。是也不。師云。是。僧云。祇如釈迦出来指天指地。道天上天下。唯我独尊。為甚麼。道伝語人。師云。祇為他指天指地。所以作伝語人。

挙す。九峯和尚（石霜に嗣ぐ。諱は道虔）。因みに僧問う。承り聞く、和尚言えることあり。諸聖のまま出ずるは、尽くこれ伝語の人なりと。是なりやいなや。師云く。是。僧云く。ただ釈迦出で来たって、天を指し、地を指し、天上天下、唯我独尊と道うがごとき、なんとしてか伝語の人となる。師云く。ただ他の天を指し、地を指すがために、ゆえに伝語の人となす。

九峯道虔は、石霜慶諸禅師の法嗣である。ちなみに僧問うて云く。承るところによりますと、三世諸仏や歴代祖師が、まま、この世にお出ましなさるのは、尽くこれ仏法の取次人に過ぎないと、和尚が仰せになったとのことでありますが、本当でございますか。いかがですか。

師云く。そのとおり！　僧云く。然らば、釈尊が出世なされて、天を指し、地を指して、天上天下、唯我独尊と道われた。それをどうして、仏法の取次人と申すのでありますか。師云く。それはなあ！　釈尊が天を指したり、地を指したりするものだから、それで取次人だと言われるのだよ。

これからは例によって蛇足だ。東京の芝区に三、四十年前、鶴岡金兵衛という人があって、息子を連れて鎌倉へ静養に行った帰りに、建長寺へ立ち寄って、教本を一冊貰ってきた。ある日ふと、その教本を開いて見たら、『父母恩重経』であった。読んでみて、仏教というものは、こんな大切な教えが説いてあるのかと、びっくりして、それから熱心な仏教信者になった。

その頃、キリスト教の牧師が鶴岡さんの家に来て、しきりに入信をすすめた。鶴岡さんは、生かじりの仏教で応酬した。すると、牧師が、仏教などはつまらん教えですよ。第一、釈迦という人が傲慢不遜だ。人間は謙虚でなければならないのに、釈迦は天上天下、唯我独尊などと傲語している。こんな傲慢な人間の、説いた教えはだめですよと言われて、鶴岡さんもタジタジであったという。

さて、天上天下、唯我独尊を、釈尊の一人よがりと見るようでは、全く仏法を知らない人だ。この僧も、なんだか変だぜ。天上天下、唯我独尊を、釈尊自身のことだと見てはいないか。釈尊自身もさることながら、一切衆生、一人残らず、天上天下、唯我独尊だということを知らせるための、取次ぎとして、仰せになったのではあるまいか。審細に参究すべしだ。

諸聖千言悉失真　　諸聖の千言、悉く真を失す。
驢年出世塵中塵　　驢年に出世するも、塵中の塵。
指天指地無知耻　　天を指し、地を指して、耻を知るなし。
祖仏従来伝語人　　祖仏従来、伝語の人。

第二二二則　龍山泥牛

潭州龍山和尚（嗣馬祖）。洞山与神山行脚。見谿流菜葉。山云。此中必有修行人。遂往尋見庵主。師問。此山無路。二禅客。従甚麼処来。山云。無路且置。和尚従何而入。師云。我不嘗雲水来。山云。和尚住此山多少時耶。師云。春秋不渉。山云。和尚先住。此山先住。師云。不知。山云。為甚麼不知。師云。我不為人天来。又問。和尚得何道理住此山。師云。我見両箇泥牛闘入海。直至如今無消息。

潭州の龍山和尚（馬祖に嗣ぐ）。洞山と神山と行脚して、谿流の菜葉《さいよう》を見る。山云く。この中、必ず修行の人あらんと。ついに往いて尋ね庵主を見る。師問う。この山には路なし。二禅客、いずれの処よりか来たれる。山云く。路なきことは且くおく。和尚はいずれよりして入るや。師云く。われ嘗て雲水より来たらず。山云く。和尚、この山に住する多少の時ぞや。師云く。春秋にわたらず。山云く。和尚先ず住するか、この山先ず住するか。師云く。知らず。山云く。なんとしてか知らざる。師云く。我は人天のために来たらず。又問う。和尚なんの道理を得てかこの山に住する。師云く。我は見る。両箇の泥牛、たたかって海に入り、直に今に至るまで消息なし。

潭州の龍山和尚は馬祖の法嗣だというから、立派な道人であったと見える。大悟徹底の後、山の中にかくれて、只管に打坐して、悟後の修行を百錬千鍛していた時のことである。洞山と神山と二人づれで、行脚している時、菜の葉が谿川を流れるのをみて、この山中に必ず修行者が居るであろうといって、二人で尋ねていって庵主を見つけた。それが龍山和尚であった。

初相見の時から法戦だ。庵主問う、この山には路がないのに、お二人はどこから来られたか。仏法という山には路がない。なぜか。出入りする余地が無いからよ。それはまたなぜか。全部が仏法という山で、余物は微塵もないからよ。そんなことは当たり前のことだ。

そこで山云く「路なきことは且くおく」。そんなことは当然だから、まあ片付けておいてと、云った調子だ。「和尚はいずれよりして入るや」と、逆襲してみた。師云く「われは嘗て雲水より来たらず」。「我不嘗雲水来」こういう支那語は、支那人でないと、本当の味はわからない。日本読みに直訳して、日本人の頭で、その語感を想像することは困難である。筆者は支那語を学んでいないから、法の精神を本にして推量するより外には仕方がない。

衆生本来仏なりという仏法の山は、無始劫来、そして尽未来際、出ようもなく、入りようもない。だから普通の人たちが、山に入るのとは訳が違うと、いうのではあるまいか。お経には「従来するところもなく、また去るところもなし。ゆえに如来と名づく」とある。

山云く「和尚、この山に住する多少の時ぞや」。師云く「春秋にわたらず」。仏法の山には、春夏秋冬はありませんわい。十世古今、当処一念といったような挨拶だ。山云く、和尚まず住するか。この山まず住するか。今度は、和尚さんと、この山と、どちらが先かと、引っかけてみた。一方を正位とすれば、一方は偏位だ。それならどちらが先かと問う方が、かえっておかしいことになる。

師云く「知らず」は、むしろ穏やかな応対ぶりだ。山云く、なんとしてか知らざると、遠慮なく追及してみた。師云く、われは人天のために来たらず。わしは、人天を接化するために、この山に来ているのでないから、一切存じませんと突っぱねた。

又問う。そこで問端をあらためた。「和尚なんの道理を得てかこの山に住する」と、いよいよ、急所を突いてみた。師云く「我は見る。両箇の泥牛、たたかって海に入り、直に今に至るまで消息なし」。これはまた素晴らしい一句を吐いたものだ。

本来の自己の活作用とでもいうのかしら。分別妄想の、少しも付いていないのが泥牛だ。しかもその泥牛は、ピンピンしている。闘志旺盛だ。常に法戦をやるわい。しかもそれがまた、没蹤跡、断消息だとさ。あとくされが少しもない。流れ川で尻を洗ったように、さっぱりしているとよ。チンとも、カンとも便りがないとさ。

龍山路嶮白雲奇　　龍山、路嶮にして、白雲奇なり。
不渉春秋独自炊　　春秋に渉らず、独りみずから炊く。
両箇泥牛争入海　　両箇の泥牛、争うて海に入る。
杳無消息又誰知　　杳として消息なし、又たれか知る。

第二二三則　南岳作麼

南岳大慧和尚。聞馬祖闡化於江西。師問衆云。道一為衆説法不。衆云。已説法。師乃遣一僧去云。待伊上堂時。但問作麼生。伊道底言語。記将来。僧去一如師旨。回謂師云。馬祖云。自従胡乱後三十年。未嘗欠塩醬。師然之。後径山杲拈云。雲門不然。夜夢不詳。門書大吉。

南岳の大慧和尚、馬祖、化を江西《こうぜい》にひらくを聞いて、師、衆に問うて云く。道一、衆のために説法するやいなや。衆云く。すでに説法す。師すなわち一僧をつかわし、去らしめて云く。かれが上堂の時を待って、ただそもさんと問え。かれが道う底の言語を記しもち来たれと。僧去って、一に師の旨の如くす。回って師に謂って云く。馬祖云く。胡乱《うろん》してより後三十年。いまだかつて塩醤を欠かず。師、然之す。のち径山《きんさん》の杲《こう》、拈じて云く。雲門は然らず。夜夢不詳なれば、門に大吉と書す。

師匠というものは有難いものだ。弟子が一人前になっても、まだかげで心配してくれる。馬祖は南岳の弟子だ。法成就の後、化を江西にひらいた。南岳が、座下の大衆に問うて云く。道一が大衆のために説法するかどうかと。衆に云く。すでに説法して居られます。

そこで南岳が、座下の僧を一人馬祖の処へやって、馬祖が上堂した時に、ただ「そもさん」と問えと命じた。そしてその時、馬祖がなんと言うか、馬祖の言葉を記憶して、それを報告せよと。僧が南岳の命令どおりやって、帰って来て、その報告に云く「馬祖云く。胡乱してより後三十年。いまだかつて塩醤を欠かず」。南岳は馬祖のこの言葉を聞いて、確かなものだと肯がった。胡乱はうろんと読む。疑わしいこと、確かでないこと、合点のいかぬことなどと言われているが、わざとこういう言葉で表現して、「悟ってから」という汚い言葉を使わないのだ。塩醤を欠かさずは、味噌醤油にも不自由しないというのだが、もちろん、接化の手段にも不自由しないし、自受用三昧にも事欠かぬと言うことらしい。

その後、径山の杲和尚が拈じて云く「雲門は然らず。夜夢不詳なれば、門に大吉と書す」と。これは世俗の間に行われている、支那人の風習と思われる。それを持って来て、法の第一義を拈弄している。「そもさん」と藪から棒に問われた時、雲門なら、夜夢不詳なれば云々と、答えるであろうということらしい。

南師勘馬作麽生　　南師、馬を勘す、そもさん。
醬足塩豊不欠虀　　醬足り塩豊かにして、虀を欠かず。
夜夢吉祥何大凶　　夜夢吉祥なればとて、何ぞ大凶ならん。
雲門一語太無情　　雲門の一語、はなはだ情なし。

第二二四則　塩官竪払

塩官安国師（嗣馬祖）。問一座主。蘊何経論。主云。華厳経。師云。経中説幾種法界。主云。略言之有四種。広説則重重無尽。師竪起払子云。此是第幾種法界収。主良久。師云。思而知。慮而解。是鬼窟裡活計。日下孤灯。果然失照。下去。

塩官の安国師（馬祖に嗣ぐ）。一座主に問う。何の経論をか蘊するや。主云く。華厳経。師云く。経中、幾種の法界をか説く。主云く。略して之を言えば四種あり。広く説けば重重無尽なり。師、払子を竪起して云く。これは是れ第幾種の法界に収むるや。主、良久す。師云く。思うて知り、慮って解するは是れ鬼窟裡の活計、日下の孤灯、果然として照を失す。下り去れ。

塩官県の斉安国師は馬祖の法嗣である。あるとき一座主に問う。あなたは何の経論を蘊するやと。蘊は蘊学の意で、蘊奥《うんのう》をきわめることだ。座主云く、『華厳経』をしらべております。

師云く、『華厳経』には、幾種の法界が説いてありますか。略して言えば、四法界が説いてありますが、広く説けば重々無尽であります。そこで国師が、払子を竪起して云く。これは是れ第幾種の法界に収めますかい。主良久す。この良久は、ハテナと考え込んでの良久だ。

そこで国師云く。頭で考えてわかったというのは、鬼窟裡の活計だ。鬼の住むような、真っ暗な穴の中で、ああか、こうかと、探しているようなものだ。それで分かった積もりでいるのは、真っ昼間、カンテラを持ち出すようなものだ。果然として照を失すだ。『華厳経』は全然分かって居らぬ。帰れ！　帰れ！

さて、国師が払子を竪起して「これは是れ第幾種の法界に収むるや」と問うた時、衲僧家なら、何と応対したものか。それが参究課題だ。ものまねではだめだ。一々自己の胸襟より流出して、須く是れ蓋天蓋地なるべしだ。

塩官竪払界何収　塩官、払を竪つ、界何ぞ収まらん。
重重華厳水上漚　重重の華厳も、水上のあわ。
理解元来同鬼窟　理解元来、鬼窟に同じ。
孤灯日下好慚羞　孤灯日下、好く慚羞するに。

第一二五則　洞山寒暑

洞山因僧問。寒暑到来。如何廻避。師云。何不向無寒暑処去。僧云。如何是無寒暑処。師云。寒時寒殺闍梨。熱時熱殺闍梨。

洞山ちなみに僧問う。寒暑到来いかんが廻避《えひ》せん。師云く。なんぞ無寒暑の処へ向かって去らざる。僧云く。如何なるか是れ無寒暑の処。寒時は闍梨を寒殺し、熱時は闍梨を熱殺す。

この公案は『碧巌録』にも出ている。そしてこの公案を、『碧巌録』の中で一番平易な公案だとして、そう講釈している本もあるが、筆者はそうは思わない。容易ならん公案であると見ている。

この僧は、洞山門下の久参底ではあるまいか。洞山と太刀打ち出来る、力量をそなえているように思われる。もちろん借事問であって、寒暑のことを問うているのではない。然るにこの公案を、安上がりの避暑法や避寒術のように心得て、講釈しているのを、しばしば見聞するが、話堕すること千万里だ。

寒暑は迷悟、凡聖、是非、得失の代表だ。偏位だ。廻避した処は正位だ。尽界一法の見るべきものなしだ。寒暑到来と、寒暑廻避と、是れ同か、是れ別か。いかん、いかんだ。師云く「なんぞ無寒暑の処へ向かって去らざる」。無寒暑は正位だ。向かって去るは偏位だ。無寒暑の処に向かって去るは、正中偏、偏中正か。

僧云く「如何なるか是れ無寒暑の処」と。いよいよ洞山に、本音を吐かせようという魂胆らしい。師云く「寒時は闍梨を寒殺し、熱時は闍梨を熱殺す」。闍梨とは修行者のことだ。熱殺、寒殺の殺の字には、コロスという意味もなく、ソグという意味もない。愁殺、悩殺、笑殺などという時と同じ助字だ。サイと読まなければならないというものではない。

洞山のこの語を修証辺におとして、一文入らずの避暑避寒の方法にしてしまっては、公案が泣くよ。それは応用的に、処世の心得として、お小僧さん達に、聞かせる教訓にすぎない。洞山大師の示された、血滴々はどうなんだい。しばらく五位にあてたら、正中来か、偏中至か、兼中到か。

寒の時は通天徹地、ただ是れ寒だ。闍梨も和尚も居りはせん。熱の時は尽天尽地、ただ是れ熱だ。熱鉄上寸塵も立せずだ。三世諸仏の出頭も許さん。おお寒い。おお暑い。そのほかに何があるかい。いや、「私が居ります」と言う奴が残っていたら、万劫たっても、寒熱の地獄から出ることは出来ないよ。

寒暑到来廻避誰　　寒暑到来、廻避する者は誰そ。
蓋天蓋地暑寒時　　蓋天蓋地、暑寒の時。
何人熱殺還寒殺　　何人か熱殺し、また寒殺す。
熱気寒風四面吹　　熱気寒風、四面より吹く。

第二二六則　棗樹敲牀

棗樹和尚（嗣黄龍機）因僧辞。師云。若到諸方。有人問爾老僧此間法道。如何祇対。僧云。待問即道。師云。何処有無口底仏。僧云。祇是也還難。竪起払子云。還見麼。僧云。何処有無眼底仏。師云。祇是也還難。僧遶禅牀一帀出。師云。善祇対。僧便喝。師云。老僧不識爾。僧云。要識作什麼。師敲牀三下。

棗樹《そうじゅ》和尚（黄龍の機に嗣ぐ）ちなみに僧辞す。師云く。もし諸方に到り、人あり、なんじに、老僧すかんの法道を問わば、如何が祇対せん。僧云く。問わんを待って、即ち道わん。師云く。いずれの処にか口なき底の仏ある。僧云く。ただ是れまた還って難し。払子を竪起して云く。還って見るや。僧云く。いずれの処にか眼なき底の仏ある。師云く。ただ是れまたかえって難し。僧、禅牀を遶ること一帀して出ず。師云く。善く祇対す。僧便ち喝す。師云く。老僧なんじを識らず。僧云く。識ることを要してなにをかなす。師、牀をたたくこと三下す。

この公案なども、漢文直訳では意味が通じにくい。当時の支那語を勉強しなくては、よくわからない。止むを得ず、例によって、内容から言葉の意味を推測して、参究することにする。

ここに出てくる僧は、棗樹和尚と、立派に太刀打ち出来る力量を具えていると見える。僧が棗樹の処を辞去するにあたって、棗樹云く。お前さん、これから諸方を行脚なさるであろうが、もし人がお前さんに、老僧のこのあたりの仏法を問うたら、どう対応なさるかと、戦端を開いた。「此間」という処に含みがある。僧もさる者だ。こう対えますなどと、ヘマなことは言わない。はい、向こうさんの問うのを待って、その問いに相応した挨拶を致しますわいと、いったような応戦ぶりだ。

師云く「いずれの処にか口なき底の仏ある」。底は助字で、もちろん意味はない。どこに口の無い仏がありますかいとは、なんのことだろうか。お前さんの口など借用しなくても、向こうさんにも口があって、ちゃんと仏法を説いておりますわいと、いうことかしらん。

僧云く「ただ是れまた還って難し」。これもどういう意味であろうか。還の字は、カエッテと読んでいるけれども、マタという意味ではあるまいか。口はあっても、仏法を説くことは、極めて困難だということかも知れない。

そこで棗樹和尚が、払子を竪起して云く「還って見るや」。これも、マタ見るやということではあるまいか。僧云く「どこに眼のない仏がおりますかい」と、棗樹の言葉をそのまま、和尚にぶつけ返した。師云く、ただ是れまた難しと、棗樹もまた、僧の言葉をそのまま僧にぶつけ返した。こういうやり取りを、互換の作用とでもいうのかなあ！　おあいこだ。

そこで僧が、禅牀をめぐること一帀して出て行った。師云く、善き祗対なり。結構な挨拶ぶりでございますわいと、わざとほめた。「僧便ち喝す」。間に髪を入れず、一喝を下した。ええ、汚らわしい。あんたにほめられて、迷惑千万だと言わんばかりだ。

師云く「老僧なんじを識らず」。これも何のことだろう。お前さんを、そんなに偉い人とは知りませなんだと、またやったのではあるまいか。僧云く、識ることを要してなにかせん、あなたはあなた、わたしはわたしだ。知ったとて、なにになりますかいと来た。師、牀をたたくこと三下。これは、説明の限りにあらずだが、法戦円成とでもしておくか。円成でも面白くないなあ！　これまでの法戦、全部帳消しとでもしておこう。

口眼全無仏放光　　口眼全く無うして、仏、光を放つ。
衲僧閑起遶禅床　　衲僧しずかに起って、禅床をめぐる。

善哉一喝師三下
賓主機機舌短長

よいかな一喝、師三下す。
賓主機機、舌、短長。

第二二七則　廬山只管

廬山棲賢和尚（嗣金陵。諱法安）。有官人問。某甲収金陵。布陣殺人無数。還有罪也不。師云。老僧只管看。

廬《ろ》山《ざん》の棲賢《せいけん》和尚（金陵に嗣ぐ。諱は法安）。ある官人問う。それがし金陵《きんりょう》を収め、陣を布き、人を殺すこと無数なり。また罪ありやいなや。師云く。老僧只管に看る。

この官人も棲賢和尚に参じていた人であろう。禅僧のところへ、戦争の話など持ち込む筈はない。これも、借事問と見なければなるまい。金陵はもちろん地名であるが、金陵を掌中に収めたとは何のことか。

本来の面目を活捉したと、いうことではあるまいか。それには並々ならぬ、悪戦苦闘を重ねたといっている。その戦いにおいて、無数の敵を殺したとは何のことか。言うまでもなく、分別妄想といわれるところの、頭の中の敵であり、八万四千の魔軍であり、雑兵どもである。

参禅学道の要は、これらの敵を殺すことにある。「安居は須く殺すべし。殺し尽くしてはじめて安居」と言われている。「ただ凡情を尽くせ。別に聖解なし」とも言う。これが殺人刀であり、第一摂律儀戒である。殺し尽くせば、必ず復活する。殺し方が足りないと復活しない。いわゆる大死一番、大活現成だ。

師云く「老僧只管に看る」。さて、この一句が日本人には解しにくい。どういう精神を道うているのか。どういう響きをもっているのか。好箇の参究ものだ。老僧とは、一応は棲賢和尚自身のことであろうけれども、これにも容易ならぬ響きがあるようだ。

老僧とは、人々本具の老僧ではあるまいか。この老僧はいつも只管に見、只管に聞き、只管に坐し、只管に行く。いつも只管の生活だ。お前さんも、殺す時には只管に殺すのみだ。罪もヘチマも有るかい。一剣天の倚って寒しだ。仏に逢うては仏を殺し、祖に逢うては祖を殺すのみだということかしらん。

活人剣是殺人剣　　活人剣、是れ殺人剣。
収得金陵未作豪　　金陵を収得するも、未だ豪となさず。
罪過弥天唯驀直　　罪過弥天、ただ驀直。
山僧只管坐成労　　山僧只管、坐して労をなす。

第二二八則　洞山供真

洞山問雲岩。和尚百年後。忽有人問還邈得師真。如何祇対。岩云。但向伊道。只這是。師良久。岩云。价闍梨。承当。這箇事。大須審細。師無語。岩便打。後師供養雲岩真次。有僧問。先師云。只這是。意旨若何。師云。当時幾錯会先師意。僧云。未審。先師知有不。師云。若不知有。争解恁麼道。若知有。争肯恁麼道。

洞山、雲岩に問う。和尚百年の後、たちまち人あって、また師の真を邈得《ばくとく》すやと問わば、如何が祇対せん。岩云く。ただかれに向かって道え、ただ這れ是れと。師、良久す。岩云く。价闍梨、這箇の事に承当せんには、大いにすべからく審細にすべし。師、無語。岩すなわち打つ。後に師、雲岩の真を供養するついで、ある僧問う。先師ただ這れ是れという意旨いかん。師云く。当時ほとんど先師の意を錯会せり。僧云く。いぶかし先師、有ることを知るやいなや。師云く。もし有ることを知らずんば、いかでか恁麼に道うことを解せん。もし有ることを知らば、いかでかあえて恁麼に道わん。

洞山がご本師の雲岩さまに問う。「和尚百年の後、たちまち人あって、また師の真を邈得すやと問わば、如何が祇対せん」。百年の後とは、よわい百歳に達した後、と言うのが言葉の表面であって、真意はご遷化の後ということだ。師の真とは、お写真ということだが、これもその真意は、雲岩さまの仏法ということだ。邈得とは、写して持っているかということだが、これも先師の仏法を、どう受け取っているかということだ。

岩云く「ただかれに向かって道え、ただ這れ是れと。師、良久す」。この良久はなんであるか。ただ這れ是れが、はっきり受け取れなくて、やや久しく、考え込んだのではあるまいか。岩云く。良价よ、這箇の一大事因縁に承当せんがためには、大いにすべからく審細に参究すべしだ。いい加減な修行で、いけることではないぞと、懇々と垂誡を賜った。「師、無語。岩すなわち打つ」。この一棒を何とみるか。証明と見る人もあるようだが、筆者は勦絶《そうぜつ》のために、機発を促したものと見ておく。

後日洞山さまが、雲岩禅師をご供養なされた時に、ある僧が問うて云く、先師、ただ這れ是れという意旨いかんと。この僧もただ者ではないらしい。洞山大師の足許を探りに出て来た。師云く「当時ほとんど先師の意を錯会せり」。わしもあの時は、まだ十分に先師の意を受け取ることが出来なかった。もちろん、全く分からなかった訳ではないが、何となく、すっきりしなかったとは、今は、はっきりしているということだ。そこで僧が、いぶかし先師、有ることを知るやいなやと、洞山大師に対して跨門の問いを呈した。両天秤にかけて、洞山を揺さぶって見たのだ。

師云く「もし有ることを知らずんば、いかでか恁麼に道うことを解せん。もし有ることを知らば、いかでかあえて恁麼に道わん」。有ることとは、言うまでもなく、この一大事因縁あることだ。一大事因縁とはこれ亦、仏知見のことであることは、『法華経』の方便品に出ているとおりだ。

さて、ここに容易ならん入り組みがある。これももちろん、お小僧さんのためにいうのだが、「もし有ることを知った」と言えば、悟りを担いでいることになるから、首が飛ぶ。「もし有ることを知らない」と言ったら、それは素凡夫だから首が飛ぶ。どっちを言っても落第だ。両方一返には言えないから、それで二度にいうのだ。

雲岩さまがもし、この事あることをご存じでなかったら、どうして「ただ這れ是れ」と道えるものか。さりとて、雲岩さまがもし、悟りを担いでおられたら、なんで、「ただ這れ是れ」と、垢抜けした一句が道えるものかと、水も洩らさぬご明答だ。

献供真前古梵宮　　供を真前に献ず、古梵宮。

洞山孝満礼師翁
天来一棒将何報
只這如今尽匪躬

洞山孝満、師翁を礼す。
天来の一棒、何をもってか報いん。
ただこれ如今、匪躬をつくす。

第二二九則　羅漢竪払

羅漢琛和尚。見僧来。乃竪起払子示之。僧礼拝。師云。汝見什麼作礼。僧云。謝和尚指示。師打云。見我竪払。道謝和尚指示。見我毎日掃地掃床。為什麼不道謝。

羅漢の琛和尚、僧の来るを見て、すなわち払子を竪起して之を示す。僧礼拝す。師云く。なんじなにを見てか礼をなす。僧云く。和尚の指示を謝す。師、打って云く。わが払を竪つるを見て、和尚の指示を謝すという。われ毎日、地を掃き、床を掃くに、なんとしてか謝すと道わざる。

羅漢寺の桂琛和尚が来参の僧を見て、だまって払子をたてて之を示した。すると、その僧もだまって礼拝した。こいつ、本物か偽物か。これだけでは分からない。そこで、師云く「なんじなにを見てか礼をなす」と、突いてみた。僧云く。ご指導まことに有難う存じますと。これまた、問答往来になれての物まねかも知れない。

そこで桂琛禅師が、更に一段と深く追及する。師、打って云く。だしぬけに、ぴしゃりと一棒を与えて、お前はわしが払子を竪てたのを見て、和尚の指示を謝すというが、毎日わしが庭を掃いたり、座敷を掃いたりするのを見て、なぜご指導有難うと道わないのか。わしは年がら年中、説法三昧だぞと、言わんばかりだ。

公案はこれで打ち切りになっているが、そこが参究ものだ。この僧は、この時なんと応対したか、それとも黙っていたか、それは書いていないが、私ならこう応酬を致しますと、いう見所が大切だ。その例を幾つか書いてみたら、とも思ったが、それはかえって、物まね芝居の材料を提供することになるから、止めておく。各自に実参実究し、正師の室に参じて、百錬千鍛することが肝要である。

驚天動地是平常　天を驚かし、地を動ず、是れ平常。
走奔東西却老方　東西に走奔す、却老*の方。
竪払示僧僧礼拝　払をたてて僧に示せば、僧礼拝す。
大悲一棒出愁腸　大悲の一棒、愁腸より出ず。

＊若返りの方法。

第二三〇則　潙山点頭

大潙一日在法堂坐。庫頭撃木魚。火頭擲却火抄。拊掌大笑。師云。衆中有恁麼人。喚来問若何。火頭云。某甲不喫粥肚飢。所以歓喜。師乃点頭。

大潙一日、法堂に在って坐す。庫頭《くじゅう》、木魚をうつ。火頭、火《か》抄《しょう》擲《てき》却《きゃく》し、掌を拊して大笑す。師云く。衆中に恁麼人ありと。喚び来たっていかんと問う。火頭云く。それがし喫粥せず、はら飢えたり。ゆえに歓喜す。師すなわち点頭す。

大潙山の大円禅師がある日、法堂に坐っておられた時、庫頭が木魚を打った。木魚とは、梆《ほう》のことであろう。「板鳴れば法堂、梆響けば斎堂」と言って、食事のはじまる相図には梆を打つ。庫裡の方で、昼食のはじまる梆が鳴った。するとその時、法堂にいた火頭という役の坊さんが、持っていた火箸を投げ出して、手をたたいて、ハッハッハーと大笑いした。火頭というのは、五侍者の行者だという。これを見て潙山禅師云く。皆の中に、いま大笑いした雲水がいる。喚べと仰せになり、お前はいま、なんで笑ったのかとお尋ねになった。すると火頭云く、今朝、お粥を食べなかったので、腹がペコペコでありました。そこへ梆の音がしたので、嬉しくて、つい手をたたいて笑いましたと。潙山が之を聞いて、うなずいた。

ただこれだけの話としても、無邪気で面白いが、ただそれだけではないらしい。この僧も、借事で答えたのではあるまいか。腹がペコペコとは、まだいかん、まだいかんと、多年の間、求め、求めていたと言うことではあるまいか。梆の音を聞いて、ハッと気がついて、飯熟することすでに多時と、眼があいたのかも知れない。潙山がこの僧の眼の色、態度、語勢等を見て、こいつやったなと、それでうなずいたのではあるまいか。

木魚報食了天真　木魚、食を報ずじて、天真を了ず。
大笑呵呵感涙新　大笑呵呵、感涙新たなり。
一飽無飢千万劫　一飽うゆるなし、千万劫。
元来皆是恁麼人　元来みなこれ恁麼の人。

第二三二則　雲門葛藤

挙。雲門示衆云。汝若実未得入処。三世諸仏。在汝脚跟下。一代蔵経。在汝舌頭上。且向葛藤処会取。

挙す。雲門、衆に示して云く。なんじもし実にいまだ入処を得ずんば、三世諸仏、汝が脚跟下に在り。一代蔵経、汝が舌頭上に在り。しばらく葛藤の処に向って会取せよ。

これは雲門大師婆心徹悃の示衆である。いまだ入処を得ざる者のために、直下承当せしめんとしての、慈悲落草だ。なんじらもし、いまだ入処を得ずんば、次の通りに功夫せよ。元来、三世諸仏は、なんじの脚跟下にあるぞ。いや、汝の足が三世諸仏だ。一代蔵経はなんじの舌頭上にあるぞ。いや、汝の舌頭が、朝から晩まで、とやみなく、一代蔵経を説いているではないか。何を、ケロケロ探しているのか。まあまあ、毎日毎夜、七転八倒をやっているところの、葛藤場裡に向かって、如何如何と参究せよ。思わず手を打って、呵々大笑する時節があるであろうと。あとはただ、勇猛の一気あるのみだ。

道元禅師は、『学道用心集』の中で、次の通りに示しておられる。「仏道を修行する者は、先ず須く仏道を信ずべし。仏道を信ずる者は、須く自己もと道中に在りて、迷惑せず、妄想せず、顚倒せず、増減なく（仏祖と毫末の増減もない）、誤謬なき（鼻から水をのまない）ことを信ずべし。かくの如きの信を生じ、かくの如きの道を明らめ、依って之を行ず、乃ち学道の本基なり。（中略）その後、身心を脱落し、迷悟を放下す、第二の様子なり。（中略）人こころみに意根を坐断せよ。十が八九は忽然として見道を得ん」（原漢文）とある。着実な仏道修行の順序次第が、この通り、明確に、懇切に示されてある。

人人脚下空王仏　人人脚下の空王仏。
瞬目揚眉説法鮮　瞬目揚眉、説法鮮やかなり。
八万四千無昼夜　八万四千、昼夜なし。
親親密密又綿綿　親親密密、また綿綿。

第二三二則　石頭針劄

石頭和尚示衆云。言語動用没交渉。薬山云。非言語動用亦没交渉。師云。我這裏針劄不入。山云。我這裏如石上栽花。

石頭和尚、衆に示して云く。言語動用没交渉。薬山云く。言語動用にあらざるも亦没交渉。師云く。わが這裏、針劄不入。山云く。わが這裏、石上に花をうゆるが如し。

石頭無際大師と薬山惟儼禅師とは、師弟の間柄である。たがいに一隻手を出して、宗乗を挙揚しておられる。先ず、石頭の示衆から参究する。「言語動用没交渉」。言語動用とは、言葉と動作だ。没交渉とは、無関係ということだ。箇の一大事因縁は、われわれの言葉や動作とは無関係だとさ。

薬山云く。この示衆を承って、薬山云くだ。「言語動用にあらざるも亦没交渉」と。だまっていても、何もしなくても、箇の事とは、やはり没交渉だとよ。師匠の言い残しておいた半分を、弟子が補足したようなあんばいだ。

石頭云く「わが這裏、針劄不入」と。わが這裏とは、諱をおかさない言い方だ。仏法のことだ。針劄不入とは、針で突くほどの隙間もないということだ。全部が仏法のみで、手のつけようがない。どうも、こうもならんということだ。これも法の半面だ。

あとの半面を薬山云くだ。「わが這裏、石上に花をうゆるが如し」と。これも譬喩的表現だ。衲僧家の神通妙用だ。応無所住、而生其心だ。根も葉もなくて花が開き、春夏秋冬に支配されないと、でも言うのかなあ！

石頭の垂示は殺人刀だ。第一摂律儀戒だ。薬山の説法は活人剣だ。第二摂律儀戒だ。この二つを自由に使ってこそ、殺活自在となって、第三の摂衆生戒を全うすることが出来ると、いう筋のものではあるまいか。余り喋べり過ぎると眉鬚堕落する。オー、こわい。

千言一動没交渉　　千言一動、没交渉。
石上栽花劫外春　　石上に花をうゆ、劫外の春。
師勝資強無限意　　師勝資強、限りなき意。
薬山元是老成人　　薬山もとこれ、老成の人。

第二三三則　趙州喫茶

趙州僧有到。師問。曽到此間不。僧云。曽到。師云。喫茶去。又問僧。曽到此間不。僧云。不曽到。師云。喫茶去。院主問。曽到且従。不曽到。如何喫茶去。師乃召院主。院主応諾。師云。喫茶去。

趙州にある僧到る。師問う。曽てすかんに到るやいなや。僧云く。曽て到る。師云く。喫茶去。又、僧に問う。曽て此間に到るやいなや。僧云く。曽て到らず。師云く。喫茶去。院主問う。曽て到るはしばらくおく。曽て到らざるに、いかんぞ喫茶去というや。師乃ち院主を召す。主、応諾す。師云く。喫茶去。

さすがに老趙州である。口唇皮上に光明を放つと言われるほどで、言葉をもって、すらすらと法の第一義を説くことの名人だ。趙州の公案はいずれもそうであるが、特にこの公案などは垢抜けがしている。簡単明瞭で、作為が少しもなくて、しかも淡泊で、ユーモアたっぷりとでも言いたい。

原文にあまりこだわらずに、日本語として、無理のないように翻訳して見たいと思う。趙州和尚の処へ二人の僧がやって来た。一人の僧に、「お前さんはここへ初めて来たのか、それとも前に来たことがあったかい」。「はい、前に一度うかがったことがございます」。「そうかい。お茶でもお上がり」。

それから趙州がもう一人の僧に問うた。「お前さんは初めてか、それとも、前に来たことがあったかなあ」。「はい、私は初めてでございます」。「そうかい。お茶でもお上がり」。そこに居た院主が、老趙州のこの応対ぶりを見て、一問を発した。「老師は初めて来たという坊さんにも、お茶でもお上がり、と言い、二度目だというお坊さんにも同じく、お茶でもお上がり、と仰せになりましたが、それはどういう訳ですか」と。
するとと趙州が「院主さん」とお呼びになった。院主が「はい」と答えると、「まあ、お茶でもお上がり」と仰せになった。実に素晴らしい。何とも言えない妙味を感じる。仏法のくさみもなければ、禅のくさみもない。もちろん、凡人のくさみもなければ、聖人のくさみもない。しかも、仏法の第一義を説き尽くして、余蘊なしだ。釈尊一代の説法も、千七百則の公案も、「喫茶去」の三字に収まってしまった。去はもちろん、助字で意味はない。意味は全く無いのだけれども、去の一字が、千鈞の重みを示しているように、筆者には感じられる。

趙州唱出喫茶去　　趙州唱え出す、喫茶去。
一服醒醒眼豁開　　一服すれば醒醒、眼豁開す。
院主両僧如識有　　院主両僧、もし有ることを識らば、
清香馥郁洗塵胎　　清香馥郁、塵胎を洗わん。

第二三四則　長沙黙然

長沙岑大虫。因三聖在会。教秀上座問。南泉遷化。向什麼処去。師云。石頭為沙弥時参六祖。秀云。不問石頭参六祖。南泉遷化。向甚麼処去。師云。教伊尋思去。秀云。和尚雖有千尺寒松。且無抽條石筍。師黙然。秀云。謝師答話。師亦黙然。秀挙似三聖。聖云。若実与麼。猶勝臨済七歩。雖然如是。待我明日更験過。聖自上方丈云。和尚昨日答話。可謂光前絶後。師不答。聖云。我従来疑著這漢。

長沙の岑大虫《しんだいちゅう》、ちなみに三聖、会に在り。秀上座をして問わしむ。南泉遷化して、いずれの処に向って去るや。師云く。石頭沙弥たりし時、六祖に参ず。秀云く。石頭の六祖に参ずることを問わず。南泉遷化して、いずれの処に向って去るや。師云く。かれをして尋思《じんし》し去らしむ。秀云く。和尚千尺の寒松にあると雖も、しばらく、條を抽《ぬき》んずる石筍《せきじゅん》なし。師黙然たり。秀云く。師の答話を謝す。師また黙然たり。秀、三聖に挙似す。聖云く。もし実に与麼ならば、なお臨済にまさること七歩。しかもかくの如くなりと雖も、われの明日更に験過《けんか》するを待て。聖みずから方丈に上って云く。和尚昨日の答話。光前絶後と謂いつべし。師答えず。聖云く。われ従来這の漢を疑著す。

これもなかなか面白い公案だ。あまりに垢抜けがしているので、読んで思わず、吹き出したくなる。法がハッキリ手に入っていると、こんなに自由に、しかも適切に、示すことが出来るものなのかなと、感嘆せずには居られない。

長沙の景岑禅師は、第十六則にも出ていたが、学人が恐れて、岑大虫と呼んでいたという。大虫とは虎のことだ。その虎和尚の会中に、三聖が来ていたと見える。三聖は臨済の秘蔵の弟子だ。あるとき三聖が、教秀上座にいいつけて、次のことを長沙に問わせた。

「南泉遷化して、いずれの処に向って去るや」と。すると長沙が「石頭沙弥たりし時、六祖に参ず」と、言い出した。そこで秀上座が「石頭の六祖参ずることを問わず。南泉遷化して、いずれの処に向って去るや」と、かさねて問うた。すると長沙が「かれをして尋思し去らしむ」と、前の続きを答えた。

さすがに上座と言われるだけあって、教秀も、長沙の答話が分からなかったのではないようだ。秀云く、和尚、千尺の寒松ありと雖も、且く條をぬきんずる石笋なし、とぶつけて、長沙の応対ぶりを見ようとした。すると、長沙はだまりこくってしまった。そこで、師の答話を謝すと、やって見た。長沙は、再びだまりこくった。

ここでお小僧さん達のために、少々蛇足を加えておく。さて「南泉遷化して、いずれの処に向って去るや」は大問題だ、南泉だけのことではない。死んだらどうなるのか。この問題が、正しく解決していなくては、この公案は見えない。白隠禅師は、

死んだとて　よそへは行かぬ　ここにいる
　呼んでくれるな　ものはいわぬぞ

と言ったというが、本当かどうかは知らない。

『従容録』第八十一則に、玄沙到県という公案が出ている。玄沙が蒲田《ほでん》県に行ったら、小塘《しょうとう》長老が歓迎会を開いてくれて、馬鹿騒ぎをやった。その翌日、二人の間に、一問一答の素晴らしい法戦があった。まず、玄沙が、「昨日は随分騒いだが、あの大騒ぎは、どこへいってしまったのかいなあ」と、戦端を開いた。すると、小塘長老が袈裟角を提起した。「どこへ行くもんか、ちゃんとここにあるわい」と、口では言わぬがだんまりで応戦した。そのとき玄沙が「顚挑没交渉」。とんでもない、それは大間違いだと奪った。これで法戦円成だ。小塘長老が、「ご苦労様、よく奪ってらした」というところだが、それは言わんでも、お互いにわかっているから、何も言わないのだ。

どこへ行くものかいと言っても、事実の半分だ。どこかへ行ってしまったと言っても、事実の半分だ。事実の全部を一度に言い表すことは、人間の言葉では不可能だ。多くの人々は、死ねばそれっきりで、あとには何も残らないと思っている。仏法ではこれを、断見の外道という。悟りそこなった師家は、大抵断見に落ちて、それで生死問題解決と思っている。

ところが素朴な迷信家は、肉体が死んでも、霊魂は永遠不滅だと思っている。仏道ではこれを、常見の凡夫という。これも誤りであって、因縁性空という無我の事実に背く。本当に大悟徹底しないと、正見は成り立たない。正見とは、断常の二見に落ちないことだ。こういう大問題のやり取りだから、それで容易ならん公案だというのだ。

さて、公案の本筋に戻って、長沙の答話を検討する。「石頭沙弥たりし時、六祖に参ず」。これは歴史上の事実だ。この事実は現在あるのか、ないのか。歴史に書かれてある事実は、時間の経過と共に、無くなってしまうものか、それとも何か、残っているのか。

もっと手近に持って来て、一瞬当前の生活は、一瞬当後には、全部無くなっているのか。それとも何か残っているのか。昨日の生活は、今日は全部無くなっているのか。それとも何か残っているのか。去年の生活は、若い時の生活は、赤ん坊の時の生活は、前の世の生活は、一体全体どうなんだい。全部無くなったように見えて、全部現存しているのだよ。だから、ごまかしは通らないのだ。食い逃げは、絶対許されないのだ。

こういう筋をよくわきまえて、公案をみるのだ。そうすれば、南泉遷化の後も、石頭の沙弥たりし時も、同じことではないか。南泉遷化の後を再問されて、長沙が、石頭沙弥たりし時の続きを語るのも、至極当然ではないか。これをトンチンカンの答などとは、教秀上座も、ゆめゆめ思わなかったであろう。

秀云く「和尚千尺の寒松にあると雖も、しばらく、條を抽んずる石筍なし」とは何のことか。千尺の寒松は、向上の第一義と見ておきなさい。すると、條をぬきんずる石筍とは、向下自在の接化ぶりかなと、見当がつくであろう。石筍とは、石に圧迫されている竹の子が、石の間から頭を次第に出してくることだ。ここで、長沙が二度とも、黙りこくったのはなぜであるか。参究課題として残しておこう。

教秀上座が右の次第を、三聖に報告すると、三聖云く。ほんとにそうなら、長沙は臨済の接化に数段まさっているわい。だがわしが明日、もう一返調べて見るまで待ちなさい。軽率に判断してはならないと。

それから翌日、三聖が方丈に上って云く。あなたの昨日の答話は、実に光前絶後と申すべきでございましたと、長沙を揺さぶって見た。ひどくおだて上げて見た物だ。光前とは前代に輝き、前代を輝かすことだ。絶後とは今後再び、このような立派な答話をする人は出ないであろうということだ。それを空前絶後とも言えば、絶後光前ともいう。師答えず、長沙はこれを黙殺した。三聖云く、われ従来、この漢を疑著す。おれは前からこの男をうさんくさい奴だと、睨んでいたが、果たせる哉、すみにおけない代物だわいと。さすがの三聖も、尊答を謝した。

絶後光前岑大虫　　絶後光前の岑大虫。
黙然不答意融融　　黙然答えず、意融融。
寒松百尺抽條笋　　寒松百尺、抽條の笋。
寒松従来疑景翁　　三聖従来、景翁を疑う。

第二三五則　鄭娘叉手

鄭十三娘（嗣大安）年十三時。随師姑到大潙。纔礼拝起。大潙問。這箇師姑。什麼処住。姑云。南台江辺住。潙山便喝出。又問。背後老婆。何処住。十三娘放身近前。叉手立。山再問。娘云。早是呈和尚了也。山云。去。纔下到法堂。師姑云。十三娘尋常道。我会禅。口捷利。今日被大師一問。総無語。娘云。苦哉作是語。也道我行脚。脱衲衣。与吾娘。娘後挙似羅山云。祇如娘見潙山。如此祇対。得平穏不。山云。也不会無過。娘云。過在何処。山叱之。娘云。錦上舗華。

鄭十三娘《ていじゅうさんじょう》（大安に嗣ぐ）年十三の時、師姑《しこ》に随って大潙に到る。わずかに礼拝して起つ。大潙問う。この師姑いずれの処に住するや。姑云く。南台江辺に住す。潙山すなわち喝出す。又問う。背後の老婆、いずれの処にか住す。十三娘、身を放って近前し、叉手して立つ。山再問す。娘云く。早くこれ和尚に呈し了れり。山云く。去れ。わずかに下って法堂に到る。師姑云く。十三娘よのつね道う。われ禅を会すと。口捷《こうしょう》利なり。今日大師に一問せられて、すべて無語。娘云く。苦なるかな是の語をなす。またわれ行脚すと道えば、衲衣を脱して、わが娘に与えんと。娘のちに羅山に挙似して云く。ただ娘が潙山にまみえて、かくの如く祇対するが如き、平穏を得るやいなや。山云く。またとが無きを得ず。娘云く。とがいずれの処にかある。山これを叱す。娘云く。錦上に花を舗《し》く。

道元禅師も『学道用心集』の中で、「鄭娘は十三歳にて久学す。よく又叢林の抜華なり」（原漢文）と示されてある。生々世々の因縁関係もあり、今生における努力精進もあって、年齢によって、修証の程度をはかることは出来ない。

さて鄭氏の十三番目の娘は大安に嗣法したというが、年十三の時（十二という説もある）師姑に随って、大潙山大円禅師の処へ行った。姑は「しうとめ」という字だが、婦人の総称にも使う。師姑とつづけると、尼僧のことを言う。二人が一緒に潙山禅師を礼拝して立った。

潙山問う。尼僧さん、どこにお住まいかと。探竿影像《たんかんようぞう》だ。はい、南台江のほとりに住んでおりますと答えると、潙山すぐに一喝を与えた。喝出の出は助字と見ておく。また問う。あとについているその婆さん（娘）は、どこに住んでいるかいな。すると娘が、ヌーと前に出て、叉手して立った。ここに住んでおりますわいと、言わんばかりだ。潙山、そんなことは一昨日ご存知で、わざと再問した。すると娘が、「とうに和尚さまに申し上げました」と、言い放った。山云く「去れ」。それでよいから下がれと、いうことであろう。

それから二人で法堂へ行った。師姑云く。娘よ、いつもお前は禅を会しているの、悟っているのと、口ばかり達者なのに、今日のあの有様は何だい。潙山禅師に一問せられて、何とも言えなかったではないかと、たしなめると、娘云く。何という苦々しいことを仰しゃる。そして私が行脚に出るなら、袈裟ころもを私にくれるなどと、どこに行脚する必要がありますかいと。自信満々だ。

その後、羅山道閑禅師（岩頭の法嗣）に右の因縁を挙似して云く。私が潙山禅師に相見して、あのように応対致しましたのは、あれでよろしいか、いかがですかと、また羅山を揺さぶって見た。山云く。やっぱりまだ無きずとは言えんのうと。娘云く。どこがいけませんのですかと、反問した。すると羅山が叱りつけた。何といって叱ったか、それは書いていないが、「ばか！」と云って叱ったのかも知れない。すると娘云く「錦上に花を鋪く」。そんなにほめて下さらんでも結構です。師の証明を謝すと云わんばかりだ。

鄭娘叉手近前立　　鄭娘叉手、近前して立つ。
錦上鋪花得処明　　錦上に花をしいて、得処明らかなり。

大潙一言唯道去
師姑不識水雲情

大潙一言、ただ去れと道う。
師姑はしらず、水雲の情。

第二三六則　章敬便打

韶州章敬和尚（嗣雲門）。示衆云。進一歩即迷理。退一歩即失事。饒爾一向兀然而立。又同無情。時有僧問。如何得不同無情。師云。動転施為。僧云。如何得不迷理失事。師云。進一歩退一歩。僧即作礼。師云。向上有人与麼会。老僧不肯伊。僧云。請和尚直指。師便打出。

韶州《しょうしゅう》の章敬《しょうけい》和尚（雲門に嗣ぐ）、衆に示して云く。進一歩すれば即ち理に迷い、退一歩すれば即ち事を失す。たといなんじ一向に兀然《ごつねん》として立つも、また無情に同じ。時にある僧問う。如何が無情に同じからざるを得ん。師云く。動転施為《せい》。僧云く。如何が理に迷い、事を失せざるを得ん。師云く。進一歩退一歩。僧即ち作礼す。師云く。向上に人あって与麼に会するも、老僧はかれを肯わず。僧云く。請う和尚、直指せよ。師便ち打出す。

章敬の示衆も素晴らしいが、問話の僧も凡僧ではない。進一歩、退一歩という簡単な語であらわしてあるが、この語はお小僧さん達のために説明を要する。「事を執するも元これ迷。理に契うも亦悟りにあらず」と『参同契』にあるとおり、事を執するのはもとより凡見であり、理にかなうというのも、本当の悟りではない。このことを腹において、章敬の示衆をよく味わうのだ。

進一歩とは一歩に限ったことではないが、たとえ一歩でも、仏道修行などという方向に進むことは、すでに本然の理に迷うのだと。なぜか。衆生本来ほとけじゃないか。進む余地がどこにある。それならこのままで……。どっこい、それは駄目だ。退一歩だ。一足でも凡夫に後戻りしたら、事を失するぞ。万事失敗だ。いわんや三歩五歩、百千万歩、凡見凡情の泥沼へはまり込んでどうする。これが、無事禅者流の、「そのまま仏」というニセ仏だ。

さあこれで、進んでもだめ、退いてもだめという処へ、章敬がわれわれを追い込んだ。それでは仕方がないから、じっと立っていたら？　馬鹿！　それでは石ころや、枯れぼっくりと同じになって、何の役にも立たないぞ。「たといなんじ一向に兀然として立つも、また無情に同じ」だ。

そこである僧が一問を発した。如何が理に迷い、事を失せざることを得んと。それならば、どちらにも落ちないようにするには、どうしたらよろしいかと。どうしても、こう問わざるを得ないことになった。師云く。進一歩、退一歩。僧即ち作礼す。尊答を謝したてまつると。この僧は、初めからこの旨を了じていたらしい。

師云く。向上に人あって、与麼に会するも、老僧はかれを肯わず。向上に人あってとは誰のことか。この僧をあてこすっているのではあるまいか。老僧とは単に、章敬のことだけではあるまい。人々本具の老僧か。この老僧はなかなか、そんなことでは許さんとさ。僧云く。請う和尚、直指せよ。師すなわち打出す。僧の注文どおりに直指なされた。打出の出も助字と見ておく。「拈出す、映出す」という時の「出」と同じではあるまいか。

進前退後共成迷　　進前退後、ともに迷をなす。
兀立無為木石斉　　木石無為なるは、木石に斉し。
向上人有吾不肯　　向上に人あるも、吾うけがわず。
天然痛棒惨還凄　　天然の痛棒、惨また凄。

第二三七則　青原階級

青源問能大師。当何所務。不堕階級。祖云。汝嘗作什麼来。師云。聖諦亦不為。祖云。落何階級。師云。聖諦尚不作。何階級之有。祖云。如是如是。汝善護持。

青源、能大師に問う。まさに何の所務か階級に堕ちざる。祖云く。なんじ嘗てなにをか作し来る。師云く。聖諦もまたなさず。祖云く。何の階級にか落ちん。師云く。聖諦すらなお作さず。何の階級か之れあらん。祖云く。如是如是。なんじよく護持せよ。

青原の行思禅師は南岳と相並んで、六祖門下の二大神足である。青原が六祖大鑑慧能大師に問う。まさに何の所務か階級に堕ちざるべき。これは呈解問と見える。自己の見所を呈して、師の批判を仰ぐのである。表面は、問いの形になっているけれども、「階級に堕ちるものが、どこにござりますか」と、いわんばかりの消息だ。寝る、起きる、立つ、坐る、凡夫か、仏か、三賢か、十聖か。

「祖云く。なんじ嘗てなにをか作し来る。師云く。聖諦もまたなさず」。仏法臭いことも致しません。況んや、凡夫臭いことは、なおさら致しませんと、いうことだ。祖云く、何の階級にか落ちん、それなら階級に落ちる余地はあるまい。師云く「聖諦すらなお作さず。何の階級か之れあらん」。祖云く「如是如是。なんじよく護持せよ」。そのとおり、そのとおりだ。階級におちない境界をよく護持して、どこまでも長養せよとの、ご証明である。ただし、一足とびは駄目だよ。容易の看をなすことなかれだ。

聖諦不為階級多
平凡生色水成波
真空妙有唯如是
六祖青原唱哩囉

聖諦不為、階級多し。
平凡色を生じ、水、波をなす。
真空妙有、ただ是の如し。
六祖青原、哩囉を唱う。

第二三八則　智門遊山

智門師寛和尚（嗣雲門）。遊山回。首座与大衆出私行接。首座云。和尚遊山。巇嶮不易。師拈拄杖云。全得這箇力。首座乃進前。奪拄杖抛向一辺。師放身倒。大衆進前扶起。師拈拄杖。一時趁散。回顧侍者。向道全得這箇力。

智門師《し》寛《かん》和尚（雲門に嗣ぐ）。遊山してかえる。首座大衆と出でて私《し》行《こう》して接す。首座云く。和尚遊山せらる。巇《き》嶮《けん》やすらかざりしならん。師、拄杖を拈じて云く。這箇の力を全うし得たり。首座乃ち進前して、拄杖を奪って一辺に抛向《ほうこう》す。師、放身して倒る。大衆進前して扶起す。師、拄杖を拈じて一時に趁散《ちんさん》す。侍者を回顧して、向って道う。這箇の力を全うし得たり。

智門師寛和尚は雲門の法嗣と、ここには注がしてあるけれども、雲門―香林―智門と続くので、雲門の嫡孫で、諱を光祚といった。あるとき遊山して帰って来た。すると、首座が大衆と共に出て、私行して接したという。私行とは、内密の行いとか、一個人としての行いということだから、公式の出迎えではなかった。

首座云く「和尚遊山せらる。巇嶮やすらかざりしならん」と、普通の挨拶のようではあるが、そこに賊意がある。巇嶮とは、けわしくて、危ないことだ。人生の行路も危険ではあるが、仏道修行もまたまた嶮難が多くて、容易ならんとの響きがあるようだ。

師、拄杖を拈じて云く、這箇の力を全うし得たり、うむ、この拄杖のお陰で、助かったよと、言ったようだが、実は人々本具の拄杖さえ自由に使い得れば、何の危険もない。そこで首座が進前して、和尚の拄杖を奪い取って、放り出した。おお、汚らわしいとでも言った様な消息か。

師、放身して倒る。拄杖をふんだくられたので、ころんでしまった。これはなんの消息か。一々説明するにも及ぶまい。和尚がころんだから、大衆が進前して扶起した。これも自然であり、当然である。和尚は立ち上がるやいなや、拄杖をビューッと振り回して、大衆を追い散らした。趁は音がチンで追うことだ。それから侍者をかえりみて、侍者に向って道う。これで拄杖の力を、十分に発揮したわいと。これ亦何のことだろう。参究課題として残しておく。

遊山巇嶮易乎難　　遊山巇嶮と、易か難か。
拄杖随身上下安　　拄杖身に随う、上下安し。
首座拋来師倒転　　首座なげうち来たって、師倒転す。
公開私接恨千端　　公開、私接、うらみ千端。

第二三九則　趙州上下

趙州和尚示衆云。兄弟。若自南方来者。与下載。若自北方来者。与上載。所以。近上人問道。則失道。近下人問道。則得道。兄弟。正人説邪法。邪法亦随正。邪人説正法。正法亦随邪。諸方難見易成。我這裏易見難成。

趙州和尚、衆に示して云く。兄弟、もし南方より来る者には、下載を与えん。もし北方より来る者には、上載を与えん。ゆえに、上人に近づいて道を問えば、すなわち道を失す。下人に近づいて道を問えば、すなわち道を得。兄弟、正人、邪法を説けば、邪法もまた随って正し。邪人、正法を説けば、正法もまた随って邪なり。諸方は見がたくして成りやすし。わが這裏は見やすくして成りがたし。

趙州和尚、例によって舌頭無骨の説法をなさる。大衆に兄弟と呼びかけて、皆の衆よ「もし南方より来る者には、下載を与えん。もし北方より来る者には、上載を与えん」と。なんのことか。例のとおり支那語だから、言葉の意味は、先輩に教えて貰うか、調べてみるより外はないが、宗旨は、各自の法眼と道力で見るのだ。

上載下載については『大漢和辞典』の『太平御覧』の説明に次のとおり出ている。「書名。一千巻。宋の太平興国二年、李昉等奉勅撰。太宗が一日に三巻づつ読み、一年間を以て閲了したから名づく」と。この『太平御覧』の中に出ている故事で、河舟が荷物を載せて、河上へのぼるのを上載といい、その荷物を全部おろして、空舟になって、河下へくだって来るのを下載と言うのだそうだ。それで、『碧巌』の第四十五則、趙州帰一の公案の頌に、「下載の清風、誰にか付与せん」と、雪竇禅師も歌っておられる。

さて、公案に戻って、北方を河上と見、南方を河下と見る。そうすると、河下から来た者には下載を与え、河上から来た者には、上載を与えるということになる。言葉の意味はこれでわかったとして、宗旨はどうなのか。これが肝要だ。河下といい、下載というのは、向下門ではあるまいか。上載といい、河上というのは、向上門ではあるまいか。そう見ると、趙州は「向上の機には、向上の法門を与え、向下の機には、向下の法門を与える」ということになる。

次に上載の荷物とは何か。分別妄想という下等品から、大悟、小悟、仏見、法見と言った様な、上等品まで全部入るのではあるまいか。本当に空舟になるまでは、これ等が全部荷厄介になっているけれども、本当に空舟になってみると、これらが全部、衆生済度の善巧方便として、必要品になるのではあるまいか。

それで空舟になって北方から得意になって、下って来る者には、荷物を積めよ、法財をたくわえよと教える。それと反対に、荷物を沢山積んで、南方から上って来る者には、荷物をおろせ、一切を捨てよと、下載を与える。人を指導するのに、紋切型はないということだ。相手次第で、捨てさせる事もあれば、たくわえさせることもある。これが趙州の活きた説法だ。

そこでまた、次のことをご注意になる。「ゆえに、上人に近づいて道を問えば、すなわち道を失す。下人に近づいて道を問えば、すなわち道を得」。これも間違えて逆を言ったのではない。飛び切り上等の指導者に親近して道を問えば、禅道仏法、仏見法見、一切取り上げられて、生まれたままのはだかにしてもらえる。二流三流の指導者について道を問えば、やれ見性だの、やれ悟道だのという、有難そうなものをつかまされる。

されば、兄弟よ。法には、正邪というような固定したものはない。ただ、正人が説けば正法となり、邪人が説けば邪法となるだけのことだ。同じ水でも、牝牛がのめば乳となり、毒蛇がのめば猛毒となる。師の正邪によって、得道の真偽が分かれる。だから正師を得ずんば、学ばざるにしかずというのだ。

いまや天下の諸方に、門戸を開いて、禅道仏法を指導している知識が沢山居られて、一見、あたかも嶮峻で近寄り難いようだが、行ってみると、存外安売りをしている所があるよ。わが這裏、趙州の道場では、誰でも、やすやすと、入門は出来るけれども、法成就に至るのは容易ではない。それは、中途半端の修行では絶対に許さんからだと。かんでふくめてくれるような親切なご垂示だ。

親近上人時失財　上人に親近すれば、時時に財を失う。
下人親近日増才　下人に親近すれば、日日に才を増す。
安危正邪君須見　安危正邪、君すべからく見るべし。
空手誰知宝蔵開　空手誰か知る、宝蔵の開くことを。

第二四〇則㈠　趙州明珠

趙州又示衆云。此事如明珠在掌。胡来胡現。漢来漢現。老僧把一枝艸。作丈六金身用。把丈六金身。作一枝艸用。

趙州又衆に示して云く。此の事は明珠の掌に在るが如く、胡来たれば胡現じ、漢来たれば漢現ず。老僧は一枝艸をとって、丈六の金身となして用い、丈六の金身をとって、一枝艸となして用ゆ。

趙州古仏また衆に示して云く。この一大事因縁は、元来人々の分上にゆたかにそなわっている。それはあたかも、一顆の明珠が、掌中にあるようなものだ。実は掌中どころの話ではない。玄沙のいうとおり、尽十方世界はただこれ一顆の明珠だ。明珠のみだ。どこに文句のつけようがあるかい。胡来たれば胡現じ、漢来たれば漢現ずるは、当たり前のことだ。何が不足で、うろうろと探しているのか。

このことを、もう一度別な言葉で言うと、老僧はなあ！　と、どんな老僧か。これも人々本具の老僧ではあるまいか。趙州がいま、その老僧の代表にまかり出た。老僧はなあ！　毎日毎夜、一枝艸をもって来て、とはどんな一枝艸か。立つ、坐る、泣く、笑う、食う、垂れる。こんな一枝艸ではあるまいか。それを丈六の金身として、使っているとさ。丈六の金身とは、お釈迦様のことだ。使うも使わないもない。全部がお釈迦様なのだ。それなら、お釈迦様が、寝たり、起きたり、すべったり、転んだりしていることに間違いない。

このことにハッと気のついたことを、見釈迦牟尼仏というのだ。この理窟のわかったことを、分別妄想というのだ。見性とは、見釈迦牟尼仏のことだ。宗門に見性を嫌う坊さんが大分いるが、そんな坊さんは、お釈迦様にお目に掛かるのが嫌だという坊さんだ。折角仏弟子となって、仏様を嫌うというのだから、よほど障道の悪因縁が深い人々と見える。気の毒なことだ。「願わくはわれたとえ過去の悪業多くかさなりて、障道の因縁ありとも……」と、永平高祖が発願文に示されてあるとおり、ひたすら業障懺悔なさい。そして折角、仏弟子となったのだから、せめて見性ぐらいはしないではおかないという、菩提心を起こしなさい。祖録や公案が本当にわかり始めるのは、見性してからのことだよ。学者が分別妄想で、禅書をこねくりかえしているのは、あれは観念遊戯であって、ただ宗門を毒するのみだ。大法の命脈を危うくするのみだ。この公案なども、無眼子に取り扱わせると、そうなる。恐ろしいことだ。

一艸何曽丈六身　　一艸何ぞかつて、丈六身ならんや。
明珠偏界浄無塵　　明珠偏界、浄うして塵なし。
趙州古仏休閑話　　趙州古仏、閑話することをやめよ。
万語千言不得真　　万語千言も真を得ず。

第二四〇則㈡　金峰一掌

挙。金峰志禅師。因僧問訊。師乃把住云。不輒得向上人道。我有一則因縁。挙似爾。僧作聴勢。師与一掌。僧云。為什麼。打某甲。師云。我要此話行。

挙す。金峰《きんぼう》志禅師、ちなみに僧問訊す。師すなわち把住《はじゅう》して云く。たやすく向上人の道を得ず。我に一則因縁あり。なんじに挙似せん。僧、聴く勢をなす。師、一掌を与う。僧云く。なんとしてか、それがしを打す。師云く。われこの話の行われんことを要す。

金峰志禅師のこの接化ぶりも、またずば抜けている。ある時僧が参問に来た。すなわち把住して云く。把住は糸を引き締めることだ。これと対になっている、放行《ほうぎょう》は、糸を緩めることだ。普通は糸を緩めて、何とか問わせておいて、それからそろそろ、糸を引き締めるという手段に出るのであるが、金峰は初めから口を開かせない。それが、把住して云くだ。

「たやすく向上人の道を得ず」とは何のことか。道は、言うということだ。説法することだ。向上人の説法は、やすやすと聞くことは出来ないぞ、と言っておいて、それから、我に一則の因縁がある。それを今、なんじに示すぞ、と仰せになった。そこで僧が、その因縁を承る姿勢になると、ぴしゃりと、一掌を与えた。これが容易に承ることの出来ない、向上人の説法だとさ。

僧云く「なんとしてか、それがしを打す」。これはまんざら分からなくて、問うたのではあるまい。金峰和尚に泥を吐かせようとの魂胆ではあるまいか。師云く「われこの話の行われんことを要す」。

貴様が問訊する。わしが一掌を与える。こんな立派な仏法のやりとりがどこにあるかいと、云わんばかりの消息ではあるまいか。四の五のと言うのは二流三流の説法だ。ゴミの少しもつかない、金無垢の説法とはこんなものかしら。だが、これでは、ツヤ消しにはなっていないようだ。

金峰一掌輒分僧　　金峰一掌、たやすく僧に分《あた》う。
藕断糸中弄快鷹　　藕断《ぐうだん》糸中、快鷹《かいよう》を弄す。
打著何曽干箇事　　打著何ぞ嘗て、箇の事にあずからん。
作家元是気稜稜　　作家もと是れ、気稜稜。

第二四一則　玄沙燕子

玄沙因参次。聞燕子声。乃云。深談実相。善説法要。下座。有僧請益云。某甲不会。師云。去。無人信汝。

玄沙ちなみに参のついで、燕子《えんす》の声を聞いて乃ち云く。深く実相を談じ、よく法要を説くと。下座す。ある僧、請益《しんえき》して云く。それがし不会。師云く。去れ。人の汝を信ずるなし。

これは短い公案であるが、容易ならん公案だ。道元禅師は『正法眼蔵諸法実相』の巻の最後に、この公案を拈弄して、一巻の結びとしておられる。

玄沙大師が法座にのぼって、大衆の参問を受けておられた時のことと思われる。大師が燕の声をお聞きになって、「燕子が深く実相を談じ、善く法要をとくわい」と仰せになって、下座なされた。それから方丈へ還られたのであろう。

時に一人の僧が、後ろから方丈へ付いて行って、請益した。そして云く「それがし不会」と。只今、燕子が深く実相を談じ、善く法要を説くと、お示し下さいましたけれども、私にはどうもハッキリ致しませんと言うたらしい。まさか、何にも分からない程の素人でもあるまいが、さりとて、深くうなずくことも出来なかったからであろう。

道元禅師は前記『正法眼蔵諸法実相』の巻で、この僧を評して「会せるを不会と請益するゆえに、去無人信汝といふにはならざるなり」と仰せになっている。師云く「去れ。人の汝を信ずるなし」とは、どういう事であろうか。

玄沙もこの僧の不会を、会して居りながら不会と云ったとは、見なかったであろう。さりとて、全然不会だとも見なかったであろう。一応はわかったようだが、どうもすっきりせんと言う処だと、睨んだのではあるまいか。そう見ると、「去れ。人の汝を信ずるなし」は、どういうことになるのか。人とは玄沙自身のことではあるまいか。何ッ？ 不会だァ？ この嘘つき坊主め！ 燕の声が聞こえんという筈があるかい。還れ！ と、機発を促したのではあるまいか。それが宗師家学為人の語というものだ。一棒一掌を与えるのと同じことだ。

燕子声声談実相　　燕子声声、実相を談ず。
百千妙法転鮮新　　百千の妙法、うたた鮮新。
玄沙一語明如月　　玄沙の一語、明、月の如し。
出去狐疑不信人　　出で去れ、狐疑不信の人。

第二四二則　大陽無相

大陽明安和尚（嗣梁山、諱警玄）。因問梁山。如何是無相道場。山指壁間云。此是呉処士画。師擬進語。山急索云。此是有相底。何是無相底。師於言下領悟。却依本位立。山云。何不道一句。師云。道則不辞。恐上紙筆。

大陽明安《みようあん》和尚（梁山に嗣ぐ。諱は警玄）。ちなみに梁山に問う。如何なるか是れ無相道場。山、壁間を指して問うて云く。これは是れ呉処《ごしよ》士《し》の画。師、進語せんと擬す。山、急にもとめて云く。これは是れ有相底。何か是れ無相底。師、言下において領悟し、かえって本位に依りて立つ。山云く。なんぞ一句を道わざる。師云く。道うことは則ち辞せず。おそらくは紙筆にのぼらん。

大陽警玄禅師が、師匠の梁山縁観和尚に問うた。「如何なるか是れ無相道場」と。昔から坐禅堂のことを無相道場とも選仏道場ともいうそうだが、もちろん今はそんなことを問うたのではない。無相を問うたのだ。無相とは実相のことだ。釈尊が「われに正法眼蔵、涅槃妙心、実相無相、微妙の法門あり」と仰せになったというが、実相無相とは正法眼蔵のことであり、無上菩提のことであり、天地万物のことである。

凡夫の目には、事物の表面しか見えない。それだから、有相にばかり執著して苦しんでいるが、道人は内面の無相を看破するので、有相執著の病気が取れて、衆苦を解脱することが出来、自由無礙の生活が出来る。

山、壁間を指さして云く。これはなあ！　有名な画家の呉処士が描いた、観音さまだよと、仰せになった。その時大陽が、何とか言おうとしたのを、山、急にもとめて云く「これは是れ有相底。何か是れ無相底」と、機発をうながした。

師、言下において領悟して、かえって本位に依って立った。これはもちろん、無相底を領悟した処の見処を呈したのだ。山云く、何ぞ一句を道わざる、何故、何とか一言いわないのかと、大陽の見処を確かめて見たのだ。師云く「道うことは則ち辞せず。おそらくは紙筆にのぼらん」。道えと仰せになるなら、申し上げても宜しいが、何とか申しましたら、それだけ無相道場を汚してしまいますわいと。たしかなものだ。だがなんとか、無相を汚さないような、言い方がありそうなものだ。それは、参究課題としておく。

観音薩埵大慈悲　　観音薩埵、大慈悲。
呉子毫端写得奇　　呉子の毫端、写し得て奇なり。
実相底兮無相底　　有相底兮、無相底。
尊厳微妙絶容姿　　尊厳微妙、容姿を絶す。

第二四三則　香厳上樹

香厳示衆云。如人在懸崖上樹。口啣樹枝。手無所攀。脚無所蹈。忽有人。問西来意。若対喪身失命。若不対違他所問。当是時。為什麼。時有虎頭上座。出云。上樹則不問。未上樹請和尚道。師呵呵大笑。

香厳、衆に示して云く。人の懸崖に在って、樹にのぼるが如し。口に樹枝をふくみ、手によずる所なく、あしふむところなし。たちまち人ありて、西来意を問わんに、もし対えなば喪身失命す。もし対えずんば他の所問に違う。この時に当たって、なんとかなさん。時に虎頭上座あり。出でて云く。上樹は則ち問わず。未上樹、請う和尚道わんことを。師呵呵大笑す。

この公案は『無門関』にも出ているけれども、虎頭上座の問話は書いていない。香厳智閑禅師は、素晴らしい仏教学者であった。はじめ潙山禅師に参じて、父母未生以前の一句を問われて、行き詰まり、聡明伝解は仏道修行の役に立たないことを、しみじみと思い知ったので、法成就の後、後学を指導なさるのに、はじめから理窟を言わせないよう、理窟を奪い取るよう、常につとめられた。その一例がこの公案である。

初めの方は読めばわかるから、説明は要るまい。ただ、どう答えたらよいかというのが要点であるが、それは実参実究すべき問題で、「公案解答集」のように書くべきものではない。書いたら、どんなご明答でも、その答の生命は無くなってしまう。なんとなれば、その答を読むと、それは単なる知識となり、死骸となって、却って精神的の荷物が多くなり、迷いの種が増えるだけだから、百害あって、一利もない。

次いでに「公案解答集」について一言するが、あれは破有法王と称する匿名で発表された、『現代相似禅批判論』とかいうのがタネ本と思われる。あの本は、現代の臨済宗の師家の中に、あのような杜撰極まる、公案のいじくり方をしている、めくら宗匠も居るということを、臨済宗の誰かが、すっぱ抜いたものであろう。

その憤激の余勢が、白隠禅師に迄及んでいるが、余程、憤慨してのことであろうと思われる。従って、曹洞宗の人々があいう本を読んで、臨済の公案禅はこんなものかと思ったら、とんでもない間違いとなる。正しい公案禅に参じた者が、あの『相似禅批判』や「公案解答集」などを見ると、全く噴飯ものである。

あのようなひどい室内は、少ないであろうけれども、あれに一歩近い、いや、二歩も三歩も五歩も近いような室内が、相当にあるのではあるまいか。確かな室内と言われていても、実はピンからキリまである。それは、その師家の道力と、精進、不精進と、菩提心の強弱によって分かれるので止むを得ない。だから、師位についたなどと言って、油断したら、その日から退転だ。道を知る者は畏るだ。

さて、虎頭上座の一問であるが、これも呈解問だ。「上樹は則ち問わず。未上樹、請う和尚道わんことを」と、香厳に食い下がった。人の樹に上るなどと、そのような事はお尋ねいたしません。懸崖も、上樹も、西来意も何にも知らない赤ん坊はどうなのですか。さあ、何とか、道うて頂きましょうと、父母未生以前の、本来の面目を持ちだしたようだ。師、思わず、呵々大笑したと見える。

この上座め、おれが皆に、何か言わせようと思ったことを、あべこべに、おれに道えとは、すみにおけない奴だわい。賊、賊を知るとでもいうのかなあ。香厳もさぞ、快心の笑いであったろう。

攀樹香厳誑欺人　　樹をよずる香厳、人を誑欺ず。
西来祖意鏡中塵　　西来の祖意は、鏡中の塵。
虎頭上座能参問　　虎頭上座、よく参問す。

大笑呵呵亦背真

大笑呵呵も、また真に背く。

第二四四則　麻谷手眼

麻谷問臨済。大悲千手眼。那箇是正眼。済云。大悲千手眼。那箇是正眼。速道速道。師拽済下禅牀。却坐。済起云。不審。師擬議。済便拽師下禅牀。却坐。師便出去。

麻谷、臨済に問う。大悲千手眼。那箇か是れ正眼。済云く。大悲千手眼。那箇是れ正眼。速やかに道え。速やかに道え。師、済を拽いて、禅牀を下って、却って坐す。済、起って云く。不審。師、擬議す。済すなわち、師を拽いて、禅牀を下り、却って坐す。師便ち出で去る。

麻谷は馬祖の法嗣であり、臨済は馬祖の孫弟子の黄檗の法嗣であるから、麻谷は臨済の大先輩であったと思われる。この公案は、麻谷と臨済との法戦であるが、いかにも麻谷の円熟ぶりがしのばれる。先ず麻谷が臨済に向って、「大悲千手眼。那箇か是れ正眼」と臨済の見所を勘検した。

すると臨済が「大悲千手眼。那箇是れ正眼。速やかに道え。速やかに道え」と、矛を逆にして、麻谷に反撃を加えた。賊馬に乗って、賊を逐うという戦法だ。いかにも臨済らしい。この言葉の説明は不必要であろう。逆襲を受けた麻谷は、しずかに臨済の手を拽いて、禅牀を下りた。それからまた、しずかに坐った。これは何か。言うまでもなく、千手千眼観世音菩薩の働きを、だまってやって、お見せになったのだ。

「済、起って云く。不審」と。不審という言葉は、挨拶する意味にも使うということが、第百六則に出ていたが、ここで臨済が不審と言ったのは、わざと、「わかりません」と、麻谷にぶつけてみたものと思われる。すると麻谷が、擬議して見せた。はてな、わからんはずはあるまいがなと、云ったような態度を示したものと思われる。お互いに毒気の吹っかけあいだ。
するとこ今度は、臨済が麻谷の手を拽いて、禅牀を下りて、それからまた坐った。前に麻谷のやったとおりにやって、見事にご返礼をしたようだ。これで法戦円成だ。其れで麻谷は方丈へ還られたと見える。一々が大悲菩薩の千手千眼だ。名人同士の模範試合だ。

観音手眼大慈悲　　観音の手眼、大慈悲。
応現百千微妙姿　　応現百千、微妙の姿。
互下禅牀同却坐　　互いに禅牀を下り、同じく却って坐す。
両竜来往弄珠時　　両竜来往して、珠を弄する時。

第二四五則　倶胝一指

倶胝和尚（嗣天竜）。凡有所問。唯竪一指。有童子。因外人問。和尚説何法要。童子竪起一指。師聞之。以刃断其指。童子負痛号哭而去。師復召之。童子回首。師却竪指。童子忽然領悟。師将順世。謂衆云。吾得天竜一指頭禅。一生受用不尽。要会麼。竪一指而逝。

倶胝和尚（天竜に嗣ぐ）。およそ所問あれば、ただ一指を竪《た》つ。童子あり。ちなみに外人《げにん》問う。和尚なんの法要をか説くと。童子、一指を竪起す。師これを聞き、刃をもってその指を断つ。童子負痛、号哭して去る。師また之を召す。童子こうべをめぐらす。師かえって指をたつ。童子忽然として領悟す。師まさに順世《じゅんせ》せんとして、衆に謂って云く。われ天竜一指頭の禅を得て、一生受用不尽。かえって会すやと。一指を竪てて逝く。

これも亦有名な公案である。『無門関』にも出ているし、『碧巌』にも出ている。倶胝とよばれたこの人は、全く名利を捨てた道人であったと見える。本名も伝記も詳らかでない。小さな庵室の中で、毎日「倶胝仏母神呪」を読み、只管に打坐していた。そして、この一生において、見性悟道するなどということは、自分には不可能だと、自分で自分を過小評価していた。

ある日実際という尼さんに来られて、三たび法戦を挑まれて、一句も対えられなかった。その尼さんの帰ったあとで、つくづく考えた。あの尼さんは、眼を具していると見える。あのように、法戦行脚をして歩かれる、女ですら出来るものを、男子として生まれた自分に、出来ないということはあるまいと、ここで初めて自信をおこした。自分にやれるという自信を起こせば、しめたものだ。

それから再行脚を志して、旅装を整えた。夜の明けるのを待つ間、暫く坐っていると、夢うつつか、護法神があらわれて、「お前さんは行脚に出かけるというが、もう暫く待ちなさい。近いうちに、肉身の大菩薩がここへお出でになるから、そのお方に法要を問いなさい」と言うてくれた。

それで倶胝は出発を見合わせて、今日はお出でになるか、あすはお出でになるかと、一日千秋の思いで、大菩薩のお出ましを待っていた。そこへ天竜和尚がお出でになった。天竜は、大梅の法常禅師の法嗣であり、馬祖の孫弟子にあたる。なるほど、肉身の大菩薩だ。

倶胝は全身全霊を傾けて、天竜和尚のご指導を仰いだ。天竜はただ黙って、一指を立てて示された。倶胝が忽然として領悟した。多年の間の独接心の力がここで花を開き、実を結んだのだ。何事も因果必然だ。倶胝はそれから以後、遷化に至るまで、指一本で一生涯、説法教化に不自由しなかったと言う。

これだけの物語で、この公案の筋は、改めて説明しなくても、わかるであろう。ただ、この一指頭が、容易なことでは歯がたたない。この一指頭は、悟道の眼を開くより外に、見届けようはない。講釈を聞いてわかったのは、一指頭の写真であって実物ではない。その写真を実物と思い誤まらせるように、講釈をして来たのが、明治以来の宗門の師家である。

その講釈仏法、駄法螺宗乗に反旗を翻したのが、故駒沢大学長忽滑谷快天氏である。その快天氏の新説珍説と、明治以来の駄法螺宗乗をこねまぜて、それに現代の新しい知識を振りかけたのが、今日の駒沢大学の宗乗である。その代表的な講説の、一つ二つを捉えて批判したのが、拙著『正しい仏法の宗意安心論』と『禅に対する偏向を排撃する』と題した小冊子である。

右様の次第であるから、一指頭の講釈を書くことは、百害あって、一利もないことになるのでやめておく。志ある人は、正師の室に参じて、実地に修行なさるようお勧めする。

底事俱胝一指禅
等閑斬断恨綿綿
頑童負痛唯号哭
老漢従容赴九泉

なにごとぞ俱胝、一指の禅。
なおざりに斬断せられて、恨み綿綿。
頑童負痛、ただ号哭す。
老漢従容として、九泉に赴く。

第二四六則　仰山哭声

仰山為沙弥時。一日念経声高。乳源和尚云。寂子。汝念経恰似哭声。師云。某甲只如是。未審。和尚如何。源乃顧視。師云。若如是。与哭声何別。源休去。

仰山、沙弥たりし時、一日、念経の声高し。乳源和尚云く。寂子、なんじの念経、あたかも哭声に似たりと。師云く。それがしは只かくの如し。いぶかし。和尚いかん。源、すなわち顧視す。師云く。もしかくの如くならば、哭声と何の別あらん。源、休し去る。

沙弥は梵語であって、勤策と漢訳されている。大僧のために、勤めて策励せらるればなりと、『仏教大辞典』にはある。普通、お小僧さんのことだというが、必ずしも年齢で言うのではない。出家して、沙弥の十戒を受けただけで、まだ大僧となるための、比丘の二百五十戒を受けない時を沙弥という。これは、上代からの仏教の通則であるが、宗門では、出家して、沙弥の十戒を受けた後、仏祖正伝の十六条の仏戒を受けると、それで一人前の出家という、資格が具わることになっている。

さて、仰山慧寂禅師が、まだ沙弥の位であった時、ある日お経を読んでいた。その声がだいぶ大きかったと見えて、乳源和尚が、「寂子よ、お前の読経の声は、人が大声で哭いているようだ」と仰せになった。

すると、仰山云く「それがしは只かくの如し。いぶかし。和尚いかん」と、逆流の波を起こした。これは、和尚の腹をちゃんと読んでの応戦らしい。そこで乳源和尚が、だまって、あたりを見回してなされた。これは何だろう。仰山は、また和尚の腹を読み取って云くだ。それならば、私の読経と何もかわりはござりますまい、とやった。

「源、休し去る」とある通り、この時乳源和尚は、よいとも、悪いとも、何とも道わずに休し去った。俊発伶俐の仰山であるから、この休し去るを十分にかみしめて味わったであろう。仰山は暫くおく。我々は乳源和尚の休し去ったのを、どう見るかが参究ものだ。指月禅師は「源、休し去るは龍の角なきが如し」と評している。角なきが如しと言っているが、乳源は角を隠したのではあるまいか。

念経声高人似哭　　念経、声高うして、人の哭するに似たり。
源師顧視別無真　　源師顧視す、別に真なし。
提撕寂子閑休去　　寂子を提撕して、しずかに休し去る。
可惜童龍弄玉新　　惜しむべし童龍、玉を弄して新たなることを。

第二四七則　瑞巌主人

瑞岩和尚。居常在丈室。自喚主人公。自応云諾。又云。惺惺著。莫受他瞞。自云。諾諾。

瑞岩和尚、よのつね丈室に在って、みずから主人公とよび、みずからこたえて諾という。また云く。惺惺著。他の瞞を受くることなかれと。みずから云う、諾、諾と。

瑞岩師彦禅師は岩頭の法嗣だ。悟らん前も主人公三昧であったが、悟ってから後も、一生、主人公三昧でとおした人だ。悟らん前と、悟った後とが二つになったら、仏因仏果ではない。妙因妙果とは言われない。悟らん前も、無ウだ。悟った後も、無ウだ。悟らん前は師の教えに随って、盲目的にただ、無ウだ。悟ると無字が見える。見えたらなおさら、一所懸命ただ、無ウだ。ただ主人公三昧だ。それは何故か。主人公が見える。

無字が見えても、主人公が見えても、無始劫来の悪習性が邪魔をして、なかなか無字になれない。主人公が、奴隷根性を捨てない。それで牧牛三昧だ。悟る前は、ただ白紙になって、無ウだ。本当に白紙になれば、誰でも悟れる。悟りとは、白紙に気がつく事だ。仏境界とは、白紙の生活のことだ。本当は白い色もついていない。無色透明とでもいうのかいなあ。

これでもう、公案の説明は要るまい。諾はつつしんで答えることだ。「惺惺著」の著は助字だ。ハッキリしておれということだ。ぼんやりしていては、いかんということだ。「惺惺著」の一句は、只管打坐の要領だ。居眠り半分の坐禅が、なんで只管といえるかい。只管は、ひたすらだ。命がけになってやることだ。参禅は須く身心脱落なるべしとは、坐禅は命がけだということだ。

只管打坐で本当に命がけになれる人には、公案禅などは無用の長物だ。公案でいじめられてすら、なかなか命がけになれないような鈍物に、只管打坐をやらせたら、それこそ安楽の法門と、誰も皆、居眠りをする時間にしてしまうのが自然だ。それを警策でたたいて、居眠りをさせまいとするのは、無理な話だ。

警策を罰棒に使うのは最下等だ。警策は主として賞棒に用い、策励に用ゆべきものだ。機発を促すところの、一触即発という時に、用いるのが上々だ。だから、当番制で無眼子に警策を持たせるような、宗門現代のやり方は改むべきものだ。

「他の瞞を受くることなかれ」とは何のことか。人に馬鹿にされるなということだ。どんな人に、というのか。そこらの分からず屋に馬鹿にされるのは、むしろ光栄だ。釈迦、弥陀にも馬鹿にされるなということだ。道元禅師が「ただ眼横鼻直なることを認得して、人に瞞ぜられず」と仰せになったのは、瑞岩のこの語から来ているということだ。

現代の禅僧の多くは、世間のヘッポコ学者に馬鹿にされているではないか。いや、相手にされない禅僧が多い。「禅僧というのは偉いものだ。さっぱり訳の分からんことを、二時間も三時間も喋り続けている」と、寒心されるような迷僧も居るじゃないか。惺々著！

喚奴莫作主人公　奴をよんで主人公となすことなかれ。

認著惺惺似不同　認著すれば、惺惺も似て同じからず。

無量劫来生死本　無量劫来、生死の本。

高流歇覓識神中　高流もとむることをやめよ、識神の中に。

第二四八則　石鞏虚空

石鞏和尚（嗣馬祖。諱慧蔵）。問西堂。汝解捉虚空不。西堂云。解捉空。師云。奈何捉。堂以手捉虚空。師云。汝不解捉空。堂云。師兄如何。師捉西堂鼻孔拽。堂作痛声云。太殺拽人鼻孔。直得脱去。師云。直如此捉得。

石鞏《しゃっきょう》和尚（馬祖に嗣ぐ。諱は慧蔵）、西堂に問う。なんじ虚空を捉うることを解するやいなや。西堂云く。空を捉うることを解す。師云く。いかんが捉えん。堂、手をもって虚空を捉う。師云く。なんじ空を捉うることを解せず。堂云く。師兄いかん。師、西堂の鼻孔《びくう》を捉えてひく。堂、痛声をなして云く。はなはだ人の鼻孔をひく。直に得たり、脱去す。師云く。直にかくのごとく捉得《そくとく》す。

この公案は、『正法眼蔵虚空』の巻において、道元禅師が縦横に拈弄しておられるから、深い精神を味わうには、虚空の巻を参究なさるとよろしい。石鞏はもと猟師であったが、大法を成就して、馬祖の法嗣となった。そして、この通り、大法を立派に挙揚しておられる。

ある時石鞏和尚が西堂に問うた。なんじ虚空を捉うることを解すやいなやと。この二人の言葉遣いをみると、石鞏が先輩で、西堂は後輩と見える。お前、虚空をつかまえることが出来るかということだ。虚空とはもちろん、空気のことではなくて、真空のことだ。

西堂云く。虚空を捕まえるぐらいのことはできますとも。それなら、どんな風に捕まえるか、やってみなされ、と、石鞏が言った。すると西堂が手を伸ばして、虚空をつかんだ。どうもこれは、立派な捕まえかたではないようだ。なんだか子供じみている。

石鞏が承知しないのは無理もない。それではお前、まだ空をつかまえることは、出来ないのうと、奪った。そこで西堂が、それがしはかくの如し、師兄いかんと、反問したのは良いが、甚だあぶないぞ。果たせる哉、石鞏が西堂の鼻っぱしを、ギュッとつかんで、グイと引っ張った。西堂が「あいたた。ひどく人の鼻を引っ張って、お陰で鼻がぬけてしまいましたわい」と、言った。すると石鞏が「直にかくのごとく捉得す」。虚空はこのように捕まえるのだと。実に鮮やかな法戦だ。

公案の取り扱いはこれで済んだが、例によって少々、蛇足を描くことにする。仏道は虚空の教えだと、言ってもよいほど大切なのが空の一字だ。空は大乗の初門だというが、もちろんそういう筋もある。けれども初門というよりは、寧ろ基礎だといった方がしっくりする。仏教には種も仕掛けも何もない。これが他の一切の宗教と違う所だ。他の宗教にはゴッドだとか、エホバだとか、梵天だとか言うタネがある。従って信仰の対象物としての絶対者がある。仏教にはその様なものは何もない。

お釈迦様が悟りを開いたというのは、空を悟ったことだ。性空を悟ったのだ。性空だから、全ての現象は因縁の姿にすぎない。恩師大雲室はこのことを「虚空のかるわざ」と表現した。天地万物は虚空の軽業だ。軽業ではあるが、デタラメは秋毫も許されない。悉く因果必然だ。ただ因果のみあって人なしだ。これを真空妙有ともいう。だから真空を捕まえるには、妙有を捕まえるより外はない。これは空の講釈だ。さて、活きた空は鼻でもひねって、あ痛たと捕まえるのだ。

石鞏元来意気雄　　石鞏元来、意気雄なり。
西堂不識捉虚空　　西堂は識らず、虚空をとらうることを。
果然脱去禅僧鼻　　果然として脱去す、禅僧の鼻。

忍痛声高梵刹中

忍痛、声高し、梵刹の中。

第二四九則　百丈説了

百丈涅槃和尚。問南泉。従上諸聖。却有不為人説底法麼。泉云。有。丈云。如何是不為人説底法。泉云。不是心。不是仏。不是物。師云。説了也。泉云。某甲只如此。和尚又奈何。師云。我不是善知識。争知有説不説。泉云。某甲不会。師云。吾太殺為汝説了也。

百丈の涅槃和尚、南泉に問う。従上の諸聖、かえって人の為に説かざる底の法ありや。泉云く。不是心。不是仏。不是物。師云く。説き了れり。泉云く。それがしはただかくの如し。和尚またいかん。師云く。われはこれ善知識にあらず。いかでか説不説あることを知らん。泉云く。それがし不会。師云く。われはなはだ汝がために説き了れり。

これも有名な公案で、『無門関』にも『碧巌』にも出ている。ここに涅槃和尚とあるのは、馬祖の法嗣であって、曽て百丈山に住した惟政《いせい》禅師のことだ。だから南泉とは、兄弟の間柄である。ある時、南泉が百丈惟政を勘検にやって来た。百丈は早くもその機を見て、先制攻撃に出た。

百丈、南泉に問う。「従上の諸聖、かえって人の為に説かざる底の法ありや」と。仏祖が未だ曽て説いたことのない、とっておきの法が有るかとも響くし、仏祖といえども、説くことの出来ない法が有るかとも響く。今呑んだお茶の味を、説くことが出来るか、どうか。とっておきでない法がどこにあるか。

泉云く。有るとも有るとも、大有りだと、わざとしらばくれて、応戦したように、『無門関』や『碧巌』には書いてあるが、ここにはそれが省略されて、いきなり「不是心。不是仏。不是物」と出ている。この僧は師匠の馬祖の言葉に縁があるようだ。馬祖は、即心即仏と示したり、非心非仏と示したり、不是物と示したりなされた。

南泉の言葉を平たく言うと、「それはなあ、心でもないよ。仏でもないよ。物質でもないよ」と言ったようなことになる。それとは何か。是れとは何か。何でもこれだ。何でもそれとさすことが出来る。一切が是れだ。一切のものごとは、心でもないし、物でもない。仏でもないし、凡夫でもない。善でもないし、悪でもない。何と言ってもあたらないとさ。これは説いたのか、説かないのか。

師云く、説き了れり、そら説いたぞと、突っ込んでみた。南泉は平気の平左で「それがしはただかくの如し。和尚またいかん」と、矛を逆にして、百丈に食って掛かった。百丈もまた平気なもので「われはこれ善知識にあらず。いかでか説不説あることを知らん」と、肩すかしをくれた。

泉云く、それがし不会、あんたの言うことはさっぱりわかりませんわいと、やった。チンプンカンプンということか。それとも、分かるべきものが、どこにあるかという底意かしら。師云く、われはなはだ汝がために説き了れり。わしも大変に説き過ぎましたわいと。双方無キズで法戦円成だ。

等閑百丈問南泉　　なおざりに百丈、南泉に問う。
甚麼為人不説禅　　いずれの処か為人、不説の禅。
来往揚塵無勝敗　　来往揚塵、勝敗なし。
雲収雨霽月光鮮　　雲収まり雨はれて、月光あざやかなり。

第二五〇則　曹山眉目

挙。曹山因僧問。眉与目相識也無。師云。不相識。僧云。為什麼不相識。師云。為同在一処。僧云。恁麼則不相分也。師云。眉且不是目。僧云。如何是目。師云。端的去。僧云。如何是眉。師云。曹山却疑。僧云。和尚為什麼却疑。師云。吾若不疑。即端的去。

挙す。曹山ちなみに僧問う。眉と目と相識るやいなや。師云く。相しらず。僧云く。なんとしてか相しらざる。師云く。同じく一処に在るがためなり。僧云く。恁麼ならばすなわち相分たざるや。師云く。眉はしばらく是れ目にあらず。僧云く。如何なるか是れ目。師云く。端的にし去る。僧云く。如何なるか是れ眉。師云く。曹山かえって疑う。僧云く。和尚なんとしてか却って疑う。師云く。われもし疑わずんば、即ち端的にし去らん。

この僧は曹山門下の久参ではあるまいか。「僧問う。眉と目と相識るやいなや」と、妙なことを言い出したものだ。もちろん借事問には違いないが、何をたとえたのであろうか。正位と偏位にたとえたのではあるまいか。正位は何もせん奴だ。偏位は何でもする奴だ。眉毛は目の上に坐っていて、何もしないようだ。目は年がら年中忙しく働いて、目ばたきする暇もないくらいだ。だから目は疲れる。眉毛はいつも、のほほんとして天下太平だ。この二人は互いに相い識っているかどうかと、引っかけて来た。

眉毛は何もしないようだけれども、大切な役割をしているよ。喜ぶときは共に喜び、憂うるときは共に憂うる。「ただみては　なんの苦もなき水鳥の　足にひまなき　わがおもいかな」と言ったような、おもむきがある。これが正位君の平常底ではあるまいか。さて、この正位君たる眉と、偏位君たる目と、お互いに知っているかどうかとは、そこに交渉があるかどうか、交流があるかどうかだ。

師云く、相い知らず、お互いにご存じないとさ。変だぜ。となり同士で知らない筈はあるまい。曹山はウソを云ったのかなあ。そこで僧が「なんとしてか相しらざる」と突っ込んだ。曹山云く「同じく一処に在るがためなり」。一処に居るから、それでお互いに知らんのだと。それ、普通に「知らない」というのとは、訳が違う。知りすぎて知らないのだ。同じ物だから、お互いに知らないのだ。目が目を見ることが出来ないようなものだ。正位と偏位は一つのものだから、相い知らない。

僧云く「恁麼ならばすなわち相分たざるや」。それなら正位と偏位と、区別はないのですか。師云く「眉はしばらく是れ目にあらず」。しばらくとはマアと言った様なことだ。眉はマア、目ではないなあ。眉と目の区別がないとは言わないが、さりとて別だと、はっきりも言い切らない。そこに含みがある。

僧云く、如何なるか是れ目、それなら、先に目から伺いましょうと、詰め寄った。師云く、端的に去る。端的とは図星ということだ。去るは助字だ。図星とは何のことだろう。全部言ってしまっては参究にならないから、ここらで遠慮しておこう。次の眉とねらみあわせて参究すれば、見当がつく筈だ。

僧云く、如何なるか是れ眉、今度は眉をお尋ねします。どうぞ簡単明瞭にと、言わんばかりのひびきがありはしないか。師云く、曹山かえって疑う、うむ、おれもその眉と言う奴を疑問に思っているのだよ。どうも、うさんくさい奴だと、にらんでいるよ。どうだい。「正位とは本来空界、無物の当体」などと、説明はしてあるけれども、正位は、われわれの頭に描けない代物だ。さすがに曹山だ。「曹山かえって疑う」とはご明答だ。

ところがこの僧は、どこまでも曹山に食い下がって行く。なかなかの豪の者だ。「和尚なんとしてか却って疑う」と。師云く「われもし疑わずんば、即ち端的にし去らん」。そーら、前の端的が出て来た。二つ共に好箇の参究課題だから、残しておく。

眼上眉毛八字開
同居一処別途来
曹山不識正還偏
端的分明喜与哀

眼上の眉毛、八字に開く。
一処に同居して、途を別ち来る。
曹山識らず、正また偏。
端的分明なり、喜と哀と。

第二五一則　道吾相見

道吾見雲岩不安。謂云。離此殻漏子。何処相見。岩云。不生不滅処相見。師云。何不道非不生不滅処不求相見。

道吾、雲岩の不安を見て、謂て云く。この殻漏子《かくろす》を離れて、いずれの処にか相見せん。岩云く。不生不滅の処に相見せん。師云く。なんぞ不生不滅にあらざる処にも、相見を求めずと道わざる。

道吾は雲岩と共に薬山の法嗣だから、兄弟の間柄だ。雲岩様がご病気になったので、道吾が病気見舞いに行ったものと思われる。病気見舞いに行っても、やはり法戦だ。法に親しいものだ。「殻漏子」については、『大漢和辞典』に次のとおり出ている。

　人の身体をいふ。又、可漏子に作る。殻は卵のから、漏は汙物を漏泄する義、子は助詞。〔伝灯録〕洞山良价和尚まさに円寂せんとして、衆に謂うて云く、この殻漏子を離れて、いずれの処に向って相見せん。衆対なし。師、儼然として坐化《ざけ》す（原漢文）。

道吾云く「この殻漏子を離れて、いずれの処にか相見せん」。この肉体にかかわりなく、本来の面目に相見はいかがでござると、戦端を開いた。岩云く「不生不滅の処に相見せん」。本来の面目か。そいつは肉体の生滅とは無関係だよと、いったような調子だ。すると道吾云く「なんぞ不生不滅にあらざる処にも、相見を求めずと道わざる」。

　どうもややこしい言い方だ。雲岩が、不生不滅の処に相見せんといったので、それを奪って、不生不滅にあらざる処に相見と言えば分かりよいけれども、それにもう一つ綾を掛けて、不生不滅にあらざる処にも、相見を求めずと、なぜ道わないのかと、一転、更に再転したというおもむきだ。転処自在とでもいうのかしら。

著執何憐殼漏皮　著執して何ぞ、殼漏皮をあわれまん。
無生滅処少人知　無生滅の処、人の知ることまれなり。
雲岩看取道吾意　雲岩看取す、道吾の意。
一見相倶憶旧時　一見相倶に、旧時を憶う。

第二五二則　慧超問仏

慧超問法眼。云。如何是仏。法眼云。汝是慧超。

慧超、法眼に問う。云く。如何なるか是れ仏。法眼云く。汝は是れ慧超。

法眼文益禅師のご指導ぶりは、啐啄同時の宗風といわれて、特に名高い。啐はひよこが卵の殻から出ようとして、中からつつくことだ。啄は、親がその時機を知って、外から殻をつついてやることだ。そのタイミングがピタリと合うことが必要だ。時機を十分に察知して、適切な時機に、適切な指導をすることだ。だからどの宗師家にも、そのおもむきはあるけれども、法眼禅師は特に、それが鮮やかであったという。この公案なども、その一例である。

『碧巌録』には「慧超、和尚にもうす。如何なるか是れ仏」と書いてある。私は慧超でござります。いかなるか是れ仏と、血眼になって、法眼にぶつかって来たものと見える。法眼が間髪を入れず、お前は慧超じゃないかと、問をそのまま、ぶつけ返した。何が不足で、おれに聞きに来たのかと、言わんばかりだ。

これに講釈をつけたら、折角の気合がぬけてしまう。禅の指導は、言うまでもなく、思想のやり取りではない。機発をうながすのだ。自覚を起こさせる為に、刺戟を与えるのだ。だから一棒を与えたり、一喝を食わせたり、擒住托開というような手段を用いることもあるのだ。それに講釈をつけて、何になるかい。師家の方でも、理窟を考えてやっているのではない。理窟なしに自然に飛び出す作用だ。だから、講釈する余地はないというのだ。

仏問仏兮超問超
追尋万里水雲遥
人人脚下黄金地
自己光明照己昭

仏、仏を問い、超、超を問う。
追尋すれば万里、水雲はるかなり。
人人脚下、黄金の地。
自己の光明、己を照らしてあきらかなり。

第二五三則　世尊拈華

世尊一日。百万衆前。拈華示衆。大迦葉一人。視之微笑。世尊言。仏仏正法付属大迦葉。

世尊一日、百万衆前、華を拈じて衆に示す。大迦葉一人、之をみて微笑す。世尊のたまわく。仏仏の正法眼蔵、大迦葉に付属す。

これは仏法が今日に伝わって来るところの、根本となる公案だという意味において、特に大切な公案である。『無門関』にも出ている。その因縁は、『大梵天王問仏決疑経』に出ている。このお経についても、いろいろ議論があるそうだが、そんなことは学者の詮索に任せておけばよい。拈華微笑の事実、もしくは、これに似たような事実が先にあって、お経があとから出来たのかも知れない。

釈尊がある日、霊山会上、百万衆前で華を拈じて衆に示した。霊山とは霊鷲山のことで、釈尊が『法華経』などを説かれた処だ。百万衆前は大袈裟な表現だというかも知れないが、もちろん概数には違いないけれども、人間の目に見える聴衆が、聴衆の全部だと言う訳のものではない。われわれの五官では知ることの出来ない生物が、どれほど居るか分からない。人間の目に見える生物は、人間と畜生界の一部に過ぎない。十界のうち、他の八界の生物は、われわれには見えない。だから百万衆前を、単に大袈裟な表現だと思うのは、管見者流の狭量の然らしむるところだ。

次いでに言っておくが、人間の目で見て、誰も居ないと思っても、神様や、仏様が見てござるかも知れない。霊界の衆生で縁のある者が、どこからわれわれの一挙一動を見ているか分からない。だから宇宙はガラス張りだ。全部筒抜けだ。隠されるものではない。その覚悟で一挙一動をやっていくのが、道人の生活ぶりだ。誰にもわかるまいと思っているのは、頭隠して、尻隠さずという、そのような考えだ。

さて「大迦葉一人、之をみて微笑す」とあるが、なぜ微笑したのか、これが問題だ。微笑とあるから、ただニッコリと笑ったのだ。だが、快い笑いと見える。いうまでもなく、釈尊の意中を知って、思わずニッコリ笑ったのだ。どう知ったのか。これも参究課題としておこう。

世尊のたまわく「仏仏の正法眼蔵、大迦葉に付属す」。この言葉も色々に表現されているが、ここには簡潔に出ている。簡潔ではあるが、重要な言句がある。それは「仏仏」の二字だ。この二字は「仏仏の相伝」という、宇宙的な仏道の相承があるということを示している。これも、普通の頭の仏教学者には、信じられないであろうけれども、過去七仏といい、当来下生弥勒尊仏というのは、この「仏仏の相伝」を具体的に示したものである。

「正法眼蔵」の一字一句についての説明も省略する（拙著『正法眼蔵参究 現成公案』一一ページ参照）。これは、仏々相承し来たった処の仏法とか、仏道とかいうことだと思えばよい。それを大迦葉に付属すとは、いま、ニッコリ笑った摩訶迦葉に、全部引き渡したと、百万の大衆にご披露なされたのだ。

釈尊が迦葉尊者に大法を、相続したことについて、『伝光録』には、それぞれ三回あったと書いてある。第一回は、釈尊が多子塔前において、初めて迦葉尊者にお会いなされた時に、「迦葉、よう来てくれた。待っていたよ」と仰せになった時、既に迦葉が釈尊の後継者と決まったのだ。もちろん、過去世からの因縁があって、それが熟したのだ。第二回が霊山会上のご披露だ。これは公開的だ。第三回は、釈尊が涅槃に入られた時、迦葉尊者が遠方から駆け付けて来た。すると釈尊が再び蘇って、迦葉尊者に「あとを頼むぞ」と仰せになった。こういうことも近視眼的な、仏教学者には信じられないであろう。現代の薄っぺらな唯物科学に目がくらんでいるから、大宇宙の神秘などは、とても歯み合わないのも止むを得ない。

霊山会上漫拈華
迦葉破顔何足誇
百万衆前厳付法
白圭生玷只長嗟

霊山会上、みだりに華を拈ず。
迦葉破顔、なんぞ誇るに足らん。
百万衆前、おごそかに法を付す。
白圭きずを生じて、ただなげくのみ。

第二五四則　法眼無住

法眼因僧問。承教有言。従無住本。立一切法。如何是無住本。師云。形従未質生。名起未名。

法眼ちなみに僧問う。承る、教に言えることあり、無住本《むじゅうもと》より一切法を立すと。如何なるか是れ無住本。師云く。形は未質より生じ、名は未名より起こる。

この公案は、仏法を理知に訴えても味わい得るという、一例と視てもよい。理知そのものが悪いというものでもない。無眼子が理知を振り回すから、それで分別妄想となるのだ。この僧は、仏教学者らしい問い方をしている。「無住本より一切法を立すと。如何なるか是れ無住本」。無住本だよ。無住も本と読むと、無住と本とが二つになるから、読み方も注意しなくてはならない。ここに「教」とあるのは、『維摩経』だ。観衆生品に、文殊が維摩に問う。身はいずれをか本と為す。維摩答えて、貪欲を本と為す。文殊問う。貪欲は？　維摩答う。虚妄分別。虚妄分別の本は？　顛倒想！　顛倒想の本は？　無住！　無住の本は？　無住は本なし！　文殊曰く。無住本より一切の法を立す。と、こんな風に書いてある。

文殊と維摩は知己同志だ。互いに問いつ、答えつして、百錬千鍛するし、衆生済度もする。忽然念起の無明も、無住本から出てくる。清浄本然もそうだ。十界ことごとく無住本から出たものだ。水から起こった波ならば、一切の波が全部水だ。黄金で作った仏なら、鬼なら、頭も足も全部黄金だ。無住本から出た一切法なら、一切法が無住本だ。それが無字だ。隻手だ。柏樹子だ。これを思想的には、因縁所生というのだ。

法眼云く「形は未質より生じ、名は未名より起こる」。『宝蔵論』の広照空有品に「形は未質より興り、名は未名より起こる。形名すでに兆せば、游気、清を乱る」とある。形名が頭の中にピッとでも動けば、その曇りが、本具の大円鏡をけがす。そこで目がくらむのだ。

例えば、柱というものは、木という物質から出来たのではない。段々と分解して見よ。最後には何も無くなってしまうぞ。無いもない。そこから出てくるよ。因縁因果とは、人間の頭に描かせるためにいうのだが、カチーン（見台一打）、この通り出てくるじゃないか。理窟もヘチマもあるかい。

法眼の答も、僧の問いも、結局同じ事をいうている。それなら答えないと同じだ。問わないと同じだ。それで、「聞きたくば、一昨日聞きに来い」と、言わねばならないことになる。名も同じ道理だ。名はあとからつけたものだ。元来、名は無い。便宜上、仮につけたのだ。その名にとらわれて、動きがとれないとは、さてもさても、馬鹿げた話だ。

禅門では、「一に多種あり、二に両般なし」とも言うわい。一は無住本だ。多種は一切法だ。二とは因縁だ。一切法だ。両般なしは性空だ。無住本だ。いい加減な法螺を吹くなよ。はっきりと頭に入れておけ。

形質名分住本無　　形質名分、住本なし。
由何諸法自区区　　なんによってか諸法、自ずから区区たる。
松吹達磨不伝曲　　松は吹く、達磨不伝の曲。
柳染観音微妙図　　柳は染む、観音微妙の図。

第二五五則　臨済竪払

臨済見僧来。乃竪起払子。僧便礼拝。師便打。

臨済、僧の来るを見て、すなわち払子をたつ。僧、便ち礼拝す。師、便ち打つ。

これはまた臨済らしい、キビキビとした公案だ。語を著ける余地もないくらいだ。臨済が僧の来たるを見て、すなわち払子をたてた。これは何か。看んと要せば、直下に看よとでも言うことかしら。臨済の正法眼蔵を、丸出しに示しているのではあるまいか。

「僧、便ち礼拝す」は何だろう。尊答を謝したには違いないが、ただそれだけではあるまい。これはこれは、みごとな接化ぶり、まことに有難うございますとでも、やったのかなあ。この僧もただ者ではないらしい。叢林だこが、相当にあたっているようだ。

「師、便ち打つ」はなぜか。賞棒か、罰棒か、はたまた証明か。易々と許さないのが、臨済の宗風だ。どこまでも殺していくのだ。それが本当の親切だ。師家は学人から、恨まれるようでなくてはいけない。猫のようになめて、可愛がってばかりいては、碌な弟子は出来ない。

臨済疾風還迅雷　　臨済疾風、また迅雷。

者僧礼拝応機来　　この僧礼拝、機に応じ来る。

等閑一棒君知否
白日晴天又快哉

なおざりの一棒、君知るや否や。
白日晴天、また快なる哉。

第二五六則　長沙成仏

長沙因僧問。本来人還成仏不。師云。汝道。大唐天子。刈茆刈稲不。僧云。成仏是何人。師云。是汝成仏。知不知。

長沙ちなみに僧問う。本来人また成仏するやいなや。師云く。なんじ道え、大唐の天子、茆《ぼう》を刈り、稲を刈るやいなや。僧云く、成仏するは是れなんぴとぞ。師云く。これなんじ成仏す。知るや知らずや。

長沙の岑大虫に僧が問うて云く「本来人また成仏するやいなや」と。衆生本来ほとけだというが、その仏がさらに、成仏するのでありますか、いかがですかと。これは千古の疑問だ。同時に即今の重大問題だ。道元禅師も、これが最初の疑問で、天台から禅門に転じたのだ。

現代の宗門人はどうか。衆生本来仏だから、悟る必要はないと片付けて、安楽の居眠り禅を楽しむのが上々だ。ところが、坐る必要もないのだと主張して、他国の塵境にばかり狂奔しているのが一般だ。それが現代禅だ。前の上々が大本山禅だ。この通り現代は、道元禅師の最初の疑問にすら、未だ手の届かない人達が、大学者であり、禅師様である。この原稿が出版になる頃までには、いくらか狂瀾を已倒にかえしてもらいたい。

師云く「なんじ道え、大唐の天子、茆を刈り、稲を刈るやいなや」。何？　天子様が茆刈《かや》りや、稲刈りをなさるか、なさらんか道うてごらん。もちろん、天子様にことよせての説法だ。天子は草刈りなどなさらないのと同じく、本来人は絶対神聖にして、犯すべからずだ。無礼なことを言うと、首が飛ぶぞといわんばかりだ。

僧云く、成仏するは是れなんぴとぞ、それなら誰が成仏するのですかと、正直に問うた。分からなければ、正直に素直に聞くがよい。わかりもせんのに、分かった振りをしているから駄目だ。ことに偉そうな肩書きがつくと、面子にこだわって、聞くことも出来なくなる。不自由なものだ。気の毒なことだ。

師云く、是れなんじ成仏す。知るや、知らずや、お前さんが成仏するのだよ。わかったか、どうだ。言い換えると、お前さんは、改めて成仏しなくては、絶対に駄目だということだ。ここでお前さんというのは、全ての凡夫を代表した言葉だ。

そこで、大本山の禅師さまをはじめ、大学総長も、教授も、一般人も、大悟徹底しない限り、本当の安心は得られない。本当の安心を得なくては、人に正しく法を説くことはできない。もし説いたら、人を誤らせる。本来の仏が、凡夫の夢を見ているのだから、その夢を覚まさなくては、どうしても本来の仏にかえることが出来ない。これは、抜き差しのならない事実だから仕方がない。

天然自性本来人　　天然自性、本来人。
失首狂奔演若身　　首を失して狂奔す、演若の身。
越聖超凡知甚麼　　聖をこえ凡をこゆ、知んぬいずれの処ぞ。
大唐天子忽蒙塵　　大唐天子、忽ち蒙塵。

第二五七則　雲門餬餅

雲門示衆云。聞声悟道。見色明心。作麼生是。聞声悟道。見色明心。挙手云。観世音。将銭来買餬餅。放下手。元来是饅頭。

雲門、衆に示して云く。聞声悟道、見色明心と。そもさんか是れ聞声悟道、見色明心と。手を挙して云く。観世音、銭をもち来たって餬《こ》餅《びょう》を買う。手を放下すれば、元来是れ饅頭。

雲門大師のこの示衆もなかなか面白い。聞声悟道とあるけれども、声の外に道はない。聞の外に道はない。見色明心といっても、色の外に心はない。見の外に心はない。聞声悟道は観音さまだ。見色明心は文殊さまだ。聞声悟道の一例は、香厳和尚だ。見色明心の一例は、霊雲和尚だ。

「手を挙して云く」は雲門が手を出してだ。いや、自己の活観音が手を出して、おくんなさいと、餬餅を買うところだ。銭を出さねば駄目だよ。いくら観音さまでも、ただでは売らない。しかも銭をありったけ、出さなくては売らないよ。財布の底を叩いてしまえば、すぐに売ってくれる。一度に全部売ってくれる。

銭とは何か。凡夫の財産だ。分別妄想だ。そいつが少しでも残っているうちは、お悟りという餬餅は売ってくれない。思い切って身代限りをすると、一返に買える。悟りたい、悟りたいというのが、餬餅を買いたがる奴だ。それが、無ー！　無ー！　無ー！　と手を出すのだ。

だが、折角買った悟りという奴は餬餅だよ。田舎餅だ。甘くないぞ。そんなまずい田舎餅は、捨ててしまえ。捨てると、すぐそれが、風月堂の飛び切り上等の饅頭にかわる。手品じゃないよ。これが仏道の通則だ。いつまでも餬餅を握って、放さない奴のことを、百尺竿頭に坐する底の人というのだ。未だ真となさずだ。百尺竿頭さらに、一歩も百歩も前進して、十方世界これ全身となったのが饅頭だ。こうなると、三千界に浄光明を放つわい。

餬餅饅頭異歟同　餬餅と饅頭と、異か同か。
一回放下識窮通　一回放下すれば、窮通を識る。
聞声悟道偏無耳　聞声悟道、ひとえに耳なし。
見色明心満目紅　見色明心、満目紅なり。

第二五八則　南泉文殊

南泉示衆云。文殊普賢。昨夜起仏見法見。毎人与二十棒。貶向二鉄囲山去也。趙州出衆云。和尚棒。教誰喫。師云。王老師。過有什麼処。州礼拝。師下座。

南泉、衆に示して云く。文殊、普賢、昨夜、仏見法見を起こす。人ごとに二十棒を与えて、二鉄囲山に貶向《へんこう》しされりと。趙州、衆を出でて云く。和尚の棒、誰をしてか喫せしめん。師云く。王老師、とがいずれの処にかある。州、礼拝す。師、下座す。

この公案は、南泉と趙州と、師弟互いに一隻手を出して、宗乗を挙揚なさる処の消息だ。南泉、衆に示して云く「文殊、普賢、昨夜、仏見法見を起こす。人ごとに二十棒を与えて、二鉄囲山に貶向しされり」と。何のことだろう。文殊と普賢は、お釈迦様の両脇立となっている処の、上位の大菩薩だ。そして文殊は、釈尊の智慧を象徴して、獅子に乗っており、普賢は、釈尊の慈悲の象徴として、象に乗っていると言われているが、それはその通りだ。けれども、祖師門下では、いつも自己の活文殊、自己の活普賢を、更に一層大切にするのだ。

南泉山の本堂に安置されていた文殊、普賢が、昨夜三更、夜中のことだから誰も知るまいと思って、油断したのか、チョイと頭に仏だの、法だのということを思い出したとさ。それを南泉和尚が嗅ぎ付けて、文殊も普賢も、不都合千万なりと、二人にそれぞれ二十棒を与えて、二鉄囲山に追放してしまったとよ。二鉄囲山は、須弥山説に基づくものであるが、国外と思えばよい。されりは助詞であるが、国外へ追放してしまっ、た、という響きがあるようだ。

そこで趙州が大衆の中から、やおら起ち上がって、南泉和尚の前に進み出て云くだ。「和尚の棒、誰をしてか喫せしめん」。老師は文殊、普賢をぶんなぐったとの仰せでありますが、文殊、普賢はしばらくおいて、あなたに叩かれるような罪人が、どこに居りますか。みんな無キズの人ばかりではござりませんかと、南泉に食い下がった。

師云く「王老師、とがいずれの処にかある」。王老師とは南泉のことだ。わしにやり損ないが有ったかいなあ！と、南泉は百も承知で、しらばくれてござる。「州、礼拝す」はどんな消息か、ご存じなら結構でござります、ご免下さいませ、とでも言う気持ちではあるまいか。これで公案円成した、説法が完結したから、南泉が下座なされた。

元来なんぴとも、清浄無垢の活如来だ。文殊、普賢どころではない。頭に何も描きさえしなければだ。白紙の状態でおればだよ。三世諸仏と雖も、これに対して文句のつけようはない。この一面を趙州が持ちだして、われわれに注意を与えたのだ。

ところが一念、仏見でも法見でも、頭に描くと、本来の自己を汚してしまうから、南泉和尚にどやされることになる。況んや、貪瞋痴漫疑、我見人見などを起こしたら、誰に追放されなくても、自分で奈落の底に落ちていくこと、間違いなしだ。この一面を南泉がわれわれに示されたのだ。また喋り過ぎた。ごめん下されの。

文殊起見普賢同　　文殊、見を起こして、普賢に同ず。
昨夜三更棒発風　　昨夜三更、棒、風を発す。
鉄囲山辺倶貶向　　鉄囲山辺、ともに貶向せらる。
王師趙老気如虹　　王師趙老、気、虹の如し。

第二五九則　芭蕉問答

郢州芭蕉和尚(嗣石霜)。因僧問。不落所縁。請師直示。師云。有問有答。

郢州《えいしゅう》の芭蕉《ばしょう》和尚(石霜に嗣ぐ)、ちなみに僧問う。所縁に落ちず、請う師、直示せよ。師云く。問いあれば、答あり。

郢州の芭蕉和尚は、石霜慶諸禅師の法嗣である。この僧は、所縁に落ちないところの、仏法の血滴々を、承りたいという積もりらしい。所縁とは、衆縁ともいうて、万境のことだ。客観界のことだ。凡夫は、主観界と客観界と二つあって、客観界が自分の思うようにならないと誤解し、苦しんでいる病人だ。仏法という薬を飲むと、その病気が治って、大安楽の生活が出来るようになる。

二十七祖般若多羅尊者が、「貧道は出息衆縁にわたらず、入息蘊界に居せず、つねに如是経を転ずること百千万億巻」と、仰せになったことは有名な話である。道人は、主観と客観の、対立の世界までついていない。それが活きた読経三昧だ。随息観三昧だ。正念三昧だ。

師云く「問いあれば、答あり」。わざとこう和訳してみたが、本当は「問い有り、答え有り」と訳したいところだ。この方が理窟のゴミが付かなくてよいと思う。問えば答うる山彦の声だ。「誰さん?・」「はい!」どうだい、主観も客観も、相対も絶対も、ヘチマも蜂のあたまも有りはしまい。何をウロウロ探しているのかい。あまり、簡単明瞭な答話だから、こんなことでも言わないと、見当が付くまい。

法界何人落諸縁
一呼一諾是全円
芭蕉葉上清風色
主客忘機意浩然

法界なんぴとか、諸縁に落つ。
一呼一諾、これ全円。
芭蕉葉上、清風の色。
主客機を忘れて、意浩然たり。

第二六〇則　曹山廻避

挙。曹山問僧。時節恁麼熱。向什麼処廻避。僧云。鑊頭爐炭裏廻避。師云。彼中若何廻避。僧云。衆苦不能到。師黙置。

挙す。曹山、僧に問う。時節恁麼に熱す。いずれの処に向って廻避せん。僧云く。鑊頭爐炭裏に廻避せん。師云く。彼の中にいかんが廻避せん。僧云く。衆苦も到ること能わず。師、黙置す。

この僧も雲門下の旧参らしい。曹山がある時、「この頃はばかにあついのう。どこへ逃げたらよいかなあ?」と、引っかけて見た。すると僧が、「はい。避暑旅行ですか。それは、鑊頭爐炭が一番宜しゅうござりますわい」。鑊とは釜や鍋のことだ。頭は助詞だ。爐は火を焚くところだ。「鑊頭爐炭裏に廻避せん」を意訳すると、焦熱地獄の釜の底が、避暑には一番宜しいと、言ったようなことだ。この僧なかなかオツなことを言うわい。

そこで曹山が、そんな処へ行って、どうして避暑になるというのかいと、再勘弁をしてみた。すると僧が、「衆苦も到ること能わず」。はい、地獄のどん底に居れば、それ以上は、どんな苦しみも寄りつきませんわいと。「師、黙置す」。曹山だまって、そのままおいた。褒めもせず、叱りもしなかったと見える。むしろ、当然ということかしら。

さて、普通の人間生活においても、これと相通じるものが幾らもある。濡れるのが嫌なら、水の中へ入ってしまえと、いうのも一つの方法だ。借金を返すのに困っているのなら、全財産を投げ出してしまえ。身代限りをしてしまえば、借金取りはもう来ないよ。来ても御結構だ。コケコッコーだ。借金取りも、うぐいすの声と、新規まき直しの生活をすることが出来るようになる。

钁頭爐炭熱焦禅
廻避何須八月天
一段清風来火裏
閑伸両脚枕書眠

熱焦爐炭、熱焦の禅。
廻避なんぞもちいん、八月の天。
一段の清風、火裏より来る。
しずかに両脚をのべて、書を枕にして眠る。

第二六一則　雲門一問

雲門因僧問。十二時中。如何即得不空過。師云。向何処著此一問。僧云。学人不会。請師挙。師乃作一頌与之。挙不顧。却差互。擬思量。何劫悟。

雲門、ちなみに僧問う。十二時中、いかんせば即ち空しく過ごさざることを得るや。師云く。いずれの処に向って、この一問をつくるや。僧云く。学人不会。請う師、挙せよ。師すなわち一頌《いちじゅ》を作って之を与う。挙するも顧みざれば、却って差互《さご》す。思量せんと擬せば、何れの劫にか悟らんや。

僧、雲門に問う「十二時中、いかんせば即ち空しく過ごさざることを得るや」。こう和読してしまうと、意味が限定されて面白くない。漢文棒読みの方がよい。この僧は眼を具しているか、それとも無眼子か。眼を具しているとすれば、「十二時中、どうすべっても、ころんでも、空しく過ごしようがござりますかい」と、切り込んだことになる。こう見れば、本分上の問題で、呈解問となる。

しかしこの僧は無眼子らしい。無眼子とすれば、「十二時中、どうしたら、一刻も無駄のないような修行ができますか」と、尋ねたことになる。こう見れば、修証辺の問題となり、修行上の心得を問うたことになる。漢文棒読みにすると、どちらにも取れる。

師云く「いずれの処に向って、この一問をつくるや」。お前さん、どういう積もりで、そのような問いを持ち出したのか。修行の心得を尋ねるのか、それとも、本分上の見所を呈したのかと、言わんばかりだ。この拶著が、この僧には受け取れなかったと見える。

僧云く。私にはわかりません。どうぞお示し下されませと、正直に素直に頭を下げた。そこで雲門が一頌を作って、それをこの僧に与えた。曰く「挙するも顧みざれば、却って差互す。思量せんと擬せば、何れの劫にか悟らんや」と。五言四句の偈だ。

師家が折角、大切な心得を示してやっても、それを顧慮せず、念頭におかないようでは、仏法と自分が、行き違いになってしまう。さりとて、師家の言葉尻について、ああかしらん、こうかしらんと、当て推量をしていたら、万劫たっても悟れるものではない。これが修行の要訣だ。それならば、どうしたらよいか。師家の指図どおり、白紙になって、ただ一心に三昧を打するのみだ。

二六時中是什麼　　二六時中、これなんぞ。
著衣喫飯不空過　　著衣喫飯、空しく過ごさざれ。
雲門対答誰能解　　雲門の対答、誰かよく解す。
不顧思量錯者多　　不顧、思量、錯る者多し。

第二六二則　曹山阿嘟

曹山一日。聞鐘声云。阿嘟阿嘟。僧云。和尚如何。師云。打著我心。

曹山ある日、鐘声を聞いて、阿嘟阿嘟という。僧云く。和尚いかん。師云く。わが心《むね》を打著す。

曹山本寂禅師がある日、鐘の声を聞いて、阿嘟阿嘟と言った。阿嘟は病んで発するうごめきの声だ。苦しそうな声で、ウンウンとうなったのだ。それで僧が「和尚さま、どうなさいましたか」と、お尋ねすると、「わしの胸を、撞木がガーンと打ったよ！」と仰せになった。打著の著は助詞だ。

なるほど、曹山和尚は偉いものだ。これが実感だ。喚鐘を割れるような叩き方をすると、聞いていて、胸が痛むのが本当だ。お茶碗のふちを欠いても、自分の歯が欠いたように、痛く感じるのが道人の生活だ。一切が自分だという道理はわかっても、本当にそう思えるようになるのは容易ではないよと、高源室毒湛老師に言われたよと、恩師大雲室から承った時、ぞっとした。

人の喜びは我が喜び、人の悲しみは我が悲しみと思えるぐらいには、早くなりたいものだ。道元禅師は『典座教訓』の中で、「常住物を護惜《ごしゃく》すること、自己の眼睛の如くせよ」と示されてある。常住物とは寺の備品だ。また「水を看、穀を看るに、子を養うの慈悲を存すべきものか」と示して、典座の心掛けを教えておられる。

然るに、本当の道というものを、全くわきまえないところの、一般の人々はどうであるか。これは役所のものだ、これは会社のものだ、これは学校のものだ、けちけちするな、と言った様なやり方が、普通とされているが、これは、各自が各自の福徳を、自分で浪費しているのだ。こういう人々には、不幸と多病と短命とが、知らぬ間に忍び寄って来ている。何事も因果必然だ。恐ろしいことだ。

消費は美徳だなどと、大資本家の大量生産の消化を手伝っていると、因果はてきめん、廃品と公害の総攻撃を受けて、人類は滅亡するかも知れない。ここらで目を覚まして、消費も生産も適当に押さえて、大自然の恩恵に背かないように、自粛自戒することを提案する。こういう正しい筋道を教えることも、教育の大事な一箇条ではあるまいか。

ああ！　胸が痛む。

殷殷鐘声打我心　殷殷たる鐘声、わがむねを打つ。
阿唧忍痛疥痕深　阿唧忍痛、疥痕深し。
人稀境寂空山裡　人稀に境しずかなり、空山のうち。
殷殷鐘声打我心　殷殷たる鐘声、わがむねを打つ。

第二六三則　王常擲筆

王常侍一日治事次。京兆米和尚至。常侍乃挙筆示之。米云。却判得虚空麼。常侍乃擲下筆入宅。更不腹請。米和尚致疑。明日憑華厳置茶筵次。設問。昨日米和尚。有何言句。不得復見。常侍云。師子齩人。韓獹逐塊。米纔聞遽出。朗声笑云。我会也我会也。常云。会則不無。試道看。米云。請常侍挙。常侍竪起一隻筋。米云。這野狐精。常侍云。這漢徹也。

王常侍《おうじょうじ》一日、事を治むる次いで、京兆《けいちょう》の米和尚にいたる。常侍乃ち筆を挙して之を示す。米云く。却って虚空を判得すや。常侍乃ち筆を擲下《てきげ》して宅に入り、更にまた請せず。米和尚、疑を致す。明日、華厳によって、茶筵を置く次いで、問いを設く。昨日米和尚、なんの言句あってか、ふたたび見る事を得ざる。常侍云く。師子、人を齩《か》む。韓《かん》獹《ろ》、塊を逐う。米、わずかに聞いて、にわかに出でて、朗声に笑って云く。われ会せり、われ会せり。常云く。会することは則ち無きにあらず。試みに道え看ん。米云く。請う、常侍挙せよ。常侍、一隻筋を竪起す。米云く。この野狐精。常侍云く。この漢、徹せり。

王常侍のことは第二〇七則に出ていた。具眼の人だ。王常侍がある日、政治上のことを処理していた時と、いうのだから、多分役所であったろう。そこへ京兆の、米胡和尚がやって来た。常侍が持っていた筆を高くあげて、米和尚に示した。出会い頭にもう法戦だ。米云く。あなたは今、事務を処理して居られますようだが、どうですな、虚空を判定し、処理することが出来ますかとやった。すると常侍はその筆を擲下して、自宅へ帰ってしまって、米和尚に、お出で下さいとも何とも言わなかった。米和尚はこの常侍の取り扱いを、解せなかったと見える。

その次の日、華厳によって茶筵を置く次いでとあるから、お茶の会があった時だ。華厳というのは、寺の名であるかどうか知らないが、茶会の席上で問を設けた。誰が問を設けたのか、それも書いていないから分からない。昨日、米和尚がどんなことを言ったので、二度とお会いなさらなかったのですかと。

常侍云く「師子、人を齩む。韓獹、塊を逐う」。師子は獅子のことだ。韓獹は悧巧な犬だというが、今は馬鹿な犬になって出ている。「狂狗塊を逐う」と言われるとおり、馬鹿な犬に土塊を投げつけると、投げた手許へ食いつきに来ないで、土塊を逐うて走り回る。これと対照的に、獅子は猛獣で、すぐに人をかむ。

さて、王常侍のこの僧は、何を意味するのであろうか。米胡和尚を批判した語には違いないが、褒めたのか、くさしたのか。米胡を師子と見たのか、韓獹と見たのか。師子は人をかみ、韓獹は塊を逐うと、含みのある言い方をしているように思われる。

米胡はこの語を聞くやいなや、にわかに出て来て、大きな声で笑って、わかった！ わかった！ とやった。すると常侍が、わかったら、なんとか道ってごらんなされと来た。米云く。いや、王常侍、あなたがやってごらんなされと、ぶつけた。すると、常侍が一本の筋を立てて示した。米胡がこの野狐精！ このふる狐め！ 人を馬鹿すなよと、やった。すると常侍が、この漢、徹せり、この和尚、悟ってござるわいと、これまた、褒めたのか、くさしたのか。どっちも、どっちで、なかなか一筋縄では、縛ることの出来ない連中だ。

王常擲筆判虚空　　王常、筆をなげうって、虚空を判ず。
米老逢茶一路通　　米老茶に逢うて、一路通ず。
大笑呵呵何会得　　大笑呵呵、なにをか会得す。
全程多在半途中　　全程は多く、半途の中に在り。

第二六四則　宝応趁出

汝州宝応和尚（嗣興化。諱慧顒）。因僧問。赤肉団上。壁立千仞。豈不是和尚道麼。師云是。僧便掀倒禅牀。師云。爾看。這瞎漢乱做。僧擬議。師打趁出院。

汝州《じょしゅう》の宝応《ほうおう》和尚（興化《こうけ》に嗣ぐ。諱は慧《え》顒《ぎょう》）、ちなみに僧問う。赤肉《しゃくにく》団上《だんじょう》、壁立《へきりゅう》千仞《せんじん》と、あにこれ和尚の道にあらずや。師云く。是。僧すなわち禅牀を掀倒《きんとう》す。師云く。なんじ看よ。この瞎漢《かつかん》の乱做《らんさ》することを。僧、擬議す。師、打って、院を趁出《ちんすい》す。

汝州の宝応慧顒和尚は興化存奨《ぞんしょう》の法嗣で、臨済の孫に当たる。「ちなみに僧問う。赤肉団上、壁立千仞と、あにこれ和尚の道にあらずや」と。赤肉団とは肉体のことだ。肉体と言えば、精神も一緒であることは言うまでもない。死人のことではないからなあ。壁立千仞とは、絶対権威とか、絶対神聖とか言った様なことだ。道とは、「みち」ということではなくて、仏道の話をするということだ。

和尚さんあなたは、この肉体も、この肉体の作用も、絶対神聖なものであり、絶対権威のものだと、仰せになったことでありますが、左様でございますかと、腹に一物あっての問いらしい。そこで和尚が、うん、そうだよとお答えになった。すると、僧がいきなり、禅牀を掀倒した。掀倒とは、高く上げて投げ出すことだというが、ひっくり返して、放り出したのであろう。この僧は、仏法の半可通だ。一を知って、二を知らないという馬鹿野郎だ。

師云く。お前よく見よ。このめくら坊主の、乱暴きわまる仕草を。そう言われて、ハテナとまごついた。そこで和尚が、その僧をぶん殴って、寺から趁出した。チンスイとは、追い出すことだ。「出」の字は、出すという時はスイと読む。「出師の表」をスイシの表と読むようなものだ。

仏法は、われわれの肉体も精神も、本来完全無欠なものであって、罪もけがれも、何も付いていないと教える。言い換えると、われわれの生理作用も、心理作用も、そのまま神聖なものであり、完全なものであると、肯定するのが本当の仏法である。罪悪深重などと説くのは、一時の方便である。

これを聞き損なうと、この僧のように、それだから、どんな乱暴なことをしても差し支えないと誤解する。どんな乱暴でも、当人がすることはもちろん自由だ。神も仏も止めはしない。けれども、その責任は全部当人が負うべきものであり、その結果は自分が受けねばならない。基本的人権を振り回す人間も、この僧と同じあやまりに堕ちている。

仏法と世間法と別々のなものではない。いや、仏法は世法に対して、万古不磨の指導原理を与えるものである。

基本的人権というのは、その人権が単に、基本であるに過ぎないということだ。それを誤解して、基本だから全ての行動に、優先すべきものだと思っている馬鹿が、日本にも数は少ないけれども、そこらにウヨウヨしている。

基本という意味は、ここでは根本原理という意味だ。根本原理とは、単に理論の基礎となると言うに過ぎない。理論の基礎とは、環境とか、条件とか、立場とかいうような、具体的の事実が、未だ出て来ないときの原理ということだ。そのようなことは、事実には有り得ない。人生の事実には、必ず条件が伴う。

だから基本的人権を、完全に行使すると言うことは、実際には有り得ない。それを有るかのように誤解するのだから、よほど脳味噌が足らない。その実例を少し挙げてみると、国民となったからには、国の法律法規に順うという範囲内においてのみ、基本的人権が行使される。すなわち、思想、言論、行動等の基本的人権の自由は、国家の安寧秩序を乱さないという範囲においてのみ、許されるべきものである。だから、警察隊の制止に抵抗してまで、基本的人権を振り回すのは、この公案に出て来た僧と同じことである。そのような半可通の分からず屋は、ぶん殴って追放するのが当然であると、仏道では判定する。

壁立千仞赤肉団
禅牀掀倒起波瀾
堪憐瞎漢徒思議
宝老慈悲徹骨寒

壁立千仞の赤肉団。
禅牀を掀倒して、波瀾を起こす。
憐むにたえたり瞎漢、徒らに思議す。
宝老の慈悲、骨に徹して寒し。

第二六五則　水潦契悟

水潦和尚（嗣馬祖）。問馬祖。如何是西来的的意。祖乃当胸踏倒。師忽然契悟。起来拊掌大笑云。也太奇。也太奇。百千三昧。無量妙義。只向一毛頭上。一時識得根源。作礼。

水潦《すいりょう》和尚（馬祖に嗣ぐ）、馬祖に問う。いかなるか是れ西来的的の意。祖乃ち胸に当って踏倒す。師、忽然として契悟《かいご》す。起ち来たって掌を拊して大笑して云く。也太奇。也太奇。百千の三昧、無量の妙義、ただ一毛頭上に向って、一時に根源を識得すと。作礼す。

この問いは、幾つかの公案に出ているところの、ありふれた問いだ。だが、馬祖の接化ぶりはずば抜けている。而もそれが見事に的中して、忽然として契悟したというのだから、機を見るところの馬祖の眼は素晴らしいものだ。

胸に当たって踏倒すとあるから、水潦の胸のあたりを蹴り倒したとみえる。その途端に気がついた。悟りというものは、本来の自己に気がついただけのことだ。本来の自己がどの様なものであるかということが、思想としては、よく分かっていても、事実として、どうしても受け取れない。受け取るとは、その事実に気がつく事だ。そこで、適切な時に、適切なヒントを与えることが肝要だ。そこに師家の苦心があり、手腕を要するのだ。

拊掌の拊は、手をなでることでもあり、手をかるくうつことでもある。ここでは手を打って、呵々大笑したのであろう。そして云くだ。「也太奇」は、またはなはだ奇なりと訳読するが、「あら、不思議や」といったようなことだ。驚きのあまり、自然に発する言葉だ。

「也太奇。也太奇。百千の三昧、無量の妙義、ただ一毛頭上に向って、一時に根源を識得す」と、えらいことを言い出した。自信満々だ。百千の三昧とは何か。有難そうに言えば、仏境界の百千万だ。あからさまに言うと、寝たり、起きたり、泣いたり、笑ったり、食ったり、垂れたりだ。一々が仏境界の三昧に非ずして何ぞだ。但し、聞き覚えの駄法螺では駄目だ。悟ってはじめて、それがハッキリするものだ。

無量の妙義とは、仏道の妙義だ。八万四千の法門と言われるような、無量無辺の、しかも甚深微妙の真実義だ。これも、立ったり、坐ったり、すべったり、転んだりすることだとは、悟ってからのお話だ。それを、一毛頭上に向って、一時に根源を識得したというのだから、たいしたものだ。

一毛頭上は譬喩的の表現だ。毛のことではない。見るとか、聞くとか、触れるとかいう一挙一動のことだ。ここには根源とあるけれども、それは言葉のアヤだ。根源も枝葉もありはしない。まるまるだ。こういう自覚が起こり、確信が得られたのだから、さぞ嬉しかったろう。大歓喜がわくのも無理はない。そこで、ご指導を拝謝したてまつると、恭しく礼拝した。

的的西来問馬師　　的的西来、馬師に問う。
当胸踏倒竟難支　　当胸踏倒、ついに支えがたし。
忽然識得無量義　　忽然として識得す、無量の義。
也太奇兮也太奇　　也太奇、也太奇。

第二六六則　大潙喚問

大潙一日喚院主。院主来。師云。我喚院主。汝来何為。院主無対。又遣侍者。喚第一座。第一座来。師云。我喚第一座。汝来何為。座亦無対。

大潙一日。院主をよぶ。院主来る。師云く。われ院主をよぶ。汝来たって、なにかせん。院主、対なし。また、侍者を遣わして第一座をよぶ。第一座来る。師云く。われ第一座をよぶ。なんじ来たってなにかせん。座もまた対なし。

これも面白い公案だ。よくも手をかえ、品をかえて、色々な指導をなさるものだ。しかもその内容は、いつも同じ仏法だ。潙山禅師がある日院主を喚んだ。院主は、寺の事務長だ。よばれたから院主がやって来た。すると潙山が、「わしは院主を喚んだのだ。お前さんが来たところで何になるかい」と。なぜこんなことを言ったのであろうか。

ここに法の第一義を示して、相手の反応を見ているところの、潙山のお手の中を見てとらねばならない。決まった宗門の符牒で取り扱えば、いとも簡単だが、実際問題になると、なかなか容易なことではない。院主は正位だ。当人は偏位だ。さあ、正位と偏位は、離すことが出来ない。さりとて、同一だとも言われない。その入り組を、どうさばくかが問題だ。それをわかりやすく、くだいていうと、正位は内容だ。偏位は外観だ。内容と外観とは、一致の存在でなくてはならない。けれども、内容は外観ではないし、外観は内容ではない。ことに凡夫の世界では、内容と外観とが一致しないことが多い。ごまかしをやる奴が多いからよ。

内容を出して見せよ。外観をもって来ても、役に立たないぞというのが、この公案の要点だ。このような厄介な注文に向って、どう対処したらよいかが、これまた、この公案の要点だ。院主は対なしと出た。対なしには、大体四通りある。行き詰まっての対なしと、用事相済みという対なしと、もう一つは、ここで無対と出たら、相手はどうなさるかという、気味の悪い対無しだ。さらにもう一つある。それは無対という対え方だ。この院主の答は、果たしてどれであるか、参究ものだ。

次の第一座に対しても同じご指導ぶりだ。そして第一座の応対ぶりも、院主と同様だから、説明は省略する。さて、悲しいというものを出して見せろ。泣きっ面だけ持って来ても駄目だ。泣きっ面だけなら、真似でも出来る。真似の上手な奴は、涙まで流して、泣き真似をするからよ。支那には昔、お葬式に頼まれて、泣くのを商売にしていた者があったということだ。

けれども、悲しいというものを、出して見せるのには、本当に泣くより外に仕方がない。それで駄目だと言われたら、どうぞ、ご勝手にあそばせというより外はあるまい。院主と、第一座の対なしは、どうも「ご勝手に」と言ったようにも見える。それは他人の話だ。私ならこの場合、こう対応するという手が、色々あって然るべきだ。そこがこの公案の参究どころだ。

潙山喚主対答無　　潙山、主を喚ぶ、対答無し。
首座来参亦合符　　首座来参、また符を合す。
両箇瞎驢何見月　　両箇の瞎驢、何ぞ月を見ん。
雲深夜寂只模糊　　雲深く夜寂にして、ただ模糊。

第二六七則　百丈家活

百丈和尚。因雲岩問。和尚毎日。区区為阿誰。師云。有一人要。岩云。因什麼不教伊自作。師云。他無家活。

百丈和尚、ちなみに雲岩問う。和尚毎日区区《くく》として誰がためにするや。師云く。一人の要するあり。岩云く。なんによってか、かれをして、みずから作さしめざる。師云く。他、家活《かかつ》なし。

雲岩さまは百丈和尚の許にあって、弁道精進すること二十年というから、随分大根機のお方である。それでも因縁あいかなわず、最後の桶底を脱するに至らなかった。後に、薬山惟儼禅師に参じて大悟して、薬山の法を嗣いだ。だから、この公案に出ている処の、百丈和尚との問答は、未徹在の時であった。だが、今日言う処の、初関を透っていたぐらいのことは、言うまでもあるまい。

雲岩が百丈和尚に問うた。「和尚毎日区区として誰がためにするや」。「区区」とは一所懸命、骨折ることだ。阿誰《あすい》の阿は助詞だ。和尚さんは一体誰の為に、「毎日区区として」弁道精進なさるのでありますかとは、何を問うたのであるか。誰の為と言ったところで、誰という、人間が居るわけではあるまい。してみると、誰のためとは、なんのためということを、具象的に表現したのではあるまいか。

師云く、一人の要ありと。百丈もまた具象的に一人といった。ある一人のために、何としても、怠けてはいられないのだと。一人とは何のことであろうか。本来人のことではあるまいか。本来人をして、本来人たらしむるように、毎日毎日一所懸命だよということではあるまいか。

岩云く、なんによってか、かれをして、みずから作さしめざる。それならば、なぜ、本来人に、自分で努力させないのでありますか。師云く「他、家活なし」。うむ、あの本来人はなあ、自分で活計を立てることが出来ない奴だから、おれが面倒を見てやらんことには、どうも、こうも、ならんのだよ。

さて、二人の間の応酬はこれで終わっているが、一体何の話をしているのか。本来人の話には違いないが、活計が立たないとか、面倒を見てやるとかいうのは、何のことであるか。この問答を通して、法の入り組をよく参究するのだ。

われわれの大先天性たる本来人は、何もしないかと思うと、何でもする。何でもするかと思うと、何もしないという、バケモノのような奴だ。馬大師は薬山に対して、本来人を次のように示されたことがある。「われ有る時は、かれをして揚眉瞬目せしむ。有る時は、かれをして揚眉瞬目せしめず。有る時は揚眉瞬目するもの是。有る時は揚眉瞬目するもの不是」と。

何でもするものは偏位だ。何もしないのは正位だ。そこで正偏回互の宗旨、すなわち、活きた仏法というものをよく味わうのだ。あまり喋ると眉鬚堕落するから、やめておく。

区区百丈為阿誰　　区区として百丈、誰がためにするや。
可惜雲居総不知　　惜しむべし雲居、すべて知らざることを。
活計雖無須自作　　活計なしと雖も、須く自らなすべし。
搬柴運水好風姿　　柴をはこび、水をはこぶ、好風姿。

第二六八則　百丈展手

百丈和尚（嗣懐海。諱惟政）。一日謂衆云。大衆為我開田了。我為汝説大義。僧開田了云。請和尚説大義。師展開両手。

百丈和尚（懐海に嗣ぐ。諱は惟政）、一日、衆に謂って云く。大衆、わがために田を開き了らば、われ汝がために大義を説かん。僧、田を開き了って云く。請う和尚、大義を説け。師、両手を展開す。

百丈山の惟政禅師は、有名な百丈懐海禅師の法嗣である。懐海和尚は「一日作さざれば、一日食らわず」と仰せになり、叢林における労働作業を、特に重視なされたお方だ。惟政はその跡継ぎだ。ある日大衆に謂うて云く「わがために田を開き了らば、われ汝がために大義を説かん」と。田を開くとは何のことか。言葉の表面は、荒れ地を開墾して、水田を造ることだ。事実、そうであったのかも知れない。支那の叢林は自ら耕し、自ら食うという、自給自足の態勢をとっていたものだ。

だが、それと同時に、それは単なる労働作業ではない。それがそのまま仏道の修行だ。自己の心田を開拓することになる。大義とは何か。法の第一義ということではあるまいか。心田を熱心に耕している者でなければ、法の第一義を説いても、受け取れないから駄目だ。心田の用意が出来ただけ、それだけ、法の種子を蒔いてやることが出来る。

ときに一人の僧が出て来て云くだ。田んぼの開墾作業が了りました。どうぞ、大義をお説き下さいませと。「師、両手を展開す」。これが法の第一義だとは、知る人ぞ知るだ。惜しげもなく両手をひろげて、看んと要せば直下に看よと、いわんばかりに丸出しにして示した。これは説明のつけようがない。丸出しだもの説明のしようがあるかい。

東京銀座のど真ん中で、東京の人をつかまえて、ここが東京の銀座でございます、などと云ったら、この馬鹿野郎、ふざけるなと、怒りつけられる。休めだ、休めだ。

為我開田我為君　わが為に田を開け、われ君が為にせん。
不違前約請師分　前約に違せず、請う師、あたえよ。
従容百丈展双手　従容として百丈、双手を展ぶ。
歴歴明明絶片雲　歴歴明明として、片雲《へんぬん》を絶す。

第二六九則　首山竹篦

首山和尚（嗣風穴。諱省念）。拈竹篦示衆云。喚作竹篦即触。不喚作竹篦即背。汝諸人喚作什麼。時葉県省和尚。在会。聞此語大悟。乃近前掣竹篦。拗折作両截。擲于階下。却云。是甚麼。師云。瞎。県便作礼。

首山和尚（風穴に嗣ぐ、諱は省念）、竹篦を拈じて衆に示して云く。汝喚んで竹篦となさば即ち触る。喚んで竹篦となさざれば即ち背く。汝諸人、喚んでなんとかなさん。時に葉県《しょうけん》の省和尚、会に在り、この語を聞いて大悟す。乃ち近前して、竹篦を掣《ひ》いて、拗折《ようせつ》して、両截《りょうせつ》となし、階下《かいげ》になげうって、却って云う、これなんぞと。師云く。瞎。県、便ち作礼す。

この公案は『無門関』にも出ているけれども、省和尚の大悟のことは書いていない。背触の公案といわれて、有名な公案の一つだ。この公案を提唱なされた時に、大雲室が、次の話をされたことがある。

明治初年の頃は宗門にもまだ、禅や悟りを振り回すような病的な和尚も、たまには居たものだ。この頃はどうだい。法の話でもすると、坊さん仲間に嫌われる。金儲けの話でもするか、露骨な性の話でもすると、あの和尚は話せる男だなどと、却って評判がいい。

わしの師匠から聞いたことだが、あるとき寺院の会合があって、大勢の坊さんが集まった。その席上で一人の和尚が、扇子を振り上げて、皆さん、これを扇子だと云ったら触れますぞ。扇子でないと云ったら背きますぞ。さあ皆さん、何と云いますかと、鼻高々と、皆を見回した。その時師匠が「何とでも勝手に云いなさい」と、大きな声で言ってやったら、だまって引っ込んだということだ。

触れても、背いてもいけないということは、仏法でも、世法でも同じ事だ。今の話の扇子を振り回した和尚は、自分が完全に触れている。みっともない話だ。現代の坊さんはどうだ、完全に背いている。尚更、みっともないじゃないか。

吾が輩は忠臣である。吾が輩は孝子である。親切である、正直である。そら、触れたぞ。みっともない。「真忠は忠を忘る、念々これ忠。大孝は孝を忘る、念々これ孝」と言うわい。だが、背いたらもっと駄目なことは、言うまでもない。

葉県から来ていた省和尚が、首山の示衆を聞いて、たちまち大悟した。そこで近前して、竹篦を掣いて、拗折して両截となし、階下になげうって云く。これなんぞと。竹篦とは竹で作った二尺五寸ぐらいの棒で、師家が接化に使うものだ。掣くとは、引ったくることだ。拗折はねじおることだ。わかってみれば、竹篦などは無用の長物だ。

師云く。瞎！　このどめくらめ！　めくらに色々あることは、すでに説明済みだから省略する。「県、便ち作礼す」。

葉県から来ていた省和尚が、「師の証明を謝し奉る」と言わんばかりに、恭しく礼拝した。

拈起竹篦看背触　竹篦を拈起して、背触を看る。
若喚称名背天真　もしよんで名を称せば、天真に背く。
拗折省公投陏下　拗折して省公、陏《しゅん》下に投ず。
首山叫瞎更相親　首山、瞎と叫んで、さらに相親し。

第二七〇則　長沙指牀

挙。長沙因有僧問。如何是陀羅尼。師指禅牀左辺云。此師僧誦得。僧云。別有人誦得不。師指禅牀右辺云。是師僧亦誦得。僧云。某甲因何不聞。師云。大徳豈不見道。真誦無響。真聴無聞。僧云。与麼音声不入法界性也。師云。離色求観。非正見。離声求聴。是邪聞。

挙す。長沙ちなみに有る僧問う。如何なるか是れ陀羅尼。師、禅牀の左辺を指さして云く。この師僧誦得す。僧云く。別に人有って誦得するやいなや。師、禅牀の右辺を指さして云く。この師僧もまた誦得す。僧云く。それがし何によってか聞かざる。師云く。大徳あに道うことを見ずや。真誦はひびきなく、真聴は聞なしと。僧云く。与麼ならば、音声は法界の性に入らざるや。師云く。色を離れて観《かん》を求むるは正見にあらず。声を離れて聴を求むるはこれ邪聞なり。

長沙の岑禅師に有る僧が、如何なるか是れ陀羅尼と問うた。陀羅尼は梵語であって、総持と翻訳されている。陀羅尼に四種あると辞典には出ている。その中の「呪陀羅尼」というのが、親真言家でいう陀羅尼のことだ。これに二つの方面がある。一つは、仏菩薩の定力がよく神呪の功徳を総持する。これは人についていう。二つには、神呪の言句は無量の妙義と功徳とを総持している。これは法についていうのである。それで多くの人人が陀羅尼を誦するのである。誦するとは、そらでよむことだ。

僧が、如何なるか是れ陀羅尼と問うたのは、右に書いたような陀羅尼を問うたのではあるまい。ピチピチと活きた陀羅尼を問うたのだ。そこで長沙が禅牀の左辺を指さして、この坊さんが陀羅尼をいつも誦しているよと、お答えなされた。すると僧が、その外にも陀羅尼を誦している人が居りますかと、再問した。すると今度は禅牀の右辺を指して、この坊さんもまた陀羅尼をよんでいるよと、仰せになった。

僧云く「それがし何によってか聞かざる」。これはわからなくて問うたのか。それとも呈解問か。或いは、こう問うたら何とお示しなさるかと、長沙の説法を引き出そうという魂胆か。眼を具して、その現場を見ていなくては、僧の腹の中は読み取れない。

師云く、大徳、あに道うことを見ずや。真誦無響。真聴無聞。長沙が大徳とよんでいる処を見ると、この僧はまんざらのお小僧ではないらしい。長沙と同道唱和の出来る僧かも知れない。長沙の語は之を説明するには及ぶまい。僧云く「与麼ならば、音声は法界の性に入らざるや」と。これは何のことか。

ここで音声とあるのは、陀羅尼の音声に違いない。それは長沙が、無響無聞と示された音声であろう。法界の性とは何か。簡単に性と言っているけれども、性だけではなくて、性、相、体、力、作、等等をみな含めてのことではあるまいか。陀羅尼の音声は、総ての存在の、一般的の規範には入らないというのでありますかと、食い下がったらしい。

師云く「色を離れて観を求むるは正見にあらず。声を離れて聴を求むるはこれ邪聞なり」。色や形は目で見るのだとさ。音や声は耳できくのだとさ。「父母所生の耳口、遂に異用なし」と、三光老人は拈弄している。長沙はど偉い説法をしたものだ。なるほど有難いご真言だ。間違いのない真実義だ。

総持妙響豈無聞　総持の妙響、あに聞くこと無からんや。
左右禅牀誦得殷　左右の禅牀、誦し得てさかんなり。
大徳離声如欲聴　大徳、声を離れて、もし聴かんと欲せば、
晴天白日雨紛紛　晴天白日、雨紛紛。

第二七一則　黄檗掩耳

黄檗在百丈日。丈云。運闍梨。開田不易。師云。随衆作務。丈云。有労道用。師云。争敢辞労。丈云。開多少田也。師将鋤築地三下。丈便喝。師掩耳而走。

黄檗、百丈に在りし日、丈云く。運闍梨、田を開くことは易からず。師云く。衆に随って作務す。丈云く。道用を労すること有らん。師云く。いかでか敢えて労を辞せん。丈云く。多少の田を開くや。師、鋤をもって地をつくこと三下す。丈便ち喝す。師、耳を掩うて走る。

黄檗希運禅師が、百丈山で修行していたとき、百丈云く。運闍梨よ、田地を開墾するのは容易でないのう。師云く。はい、大衆と一緒に作務を致しますから、どうにかやっていけますわい。丈云く「道用を労すること有らん」と。この語はどういうことであるか、筆者にはまだよくわからない。仏道修行は、骨が折れるのう、とでもいうことかしら。師云く「いかでか敢えて労を辞せん」は、誰にもわかる。

丈云く、多少の田を開くや。どのくらい開墾したのかいと言われて、師、地をうつこと三下した。いよいよあからさまに出て来た。普通の田んぼの話ではない。自己の心田心地の開拓だ。この田地なら、いくら開拓しても限りがない。だが開拓しただけ、必ず収穫が増える。因果必然だ。仏祖はこの心田の開拓に、生々世々をかけている。この心田は自利利他、具足円満だ。心地無相の仏戒三昧のことだ。こういう開墾だから、地をうつこと三下しても、一下しても、通じる人には通じる。我他彼此根性の、分からず屋には、百千万言を費やしても、通じ難い。

丈、便ち喝すはどういう訳か。ここは大喝一声だ。地をうつこと三下した。その跡のお掃除には違いないと、いうぐらいの見当はつくだろう。師、耳を掩うて走るは何だろう。みんな言ってしまっては味がなくなる。

開睥不易敢辞労　睥を開くことは易からずも、敢えて労を辞せんや。
八識田中下一刀　八識田中、一刀を下す。
築地三下還遇喝　地をうつこと三下して、また喝に遇う。
臨機掩耳意強豪　機に臨んで耳を掩う、意、強豪。

第二七二則　金峰竪払

金峰和尚。因僧侍立。師云。挙一則因縁。汝第一不得乱会。僧云。請和尚挙。師竪起払子。僧良久。師云。誠知汝乱会。僧以目顧視東西。師云。雪上加霜。

金峰《きんぽう》和尚、ちなみに僧、侍立《じりゅう》す。師云く。一則の因縁を挙せん。なんじ第一、乱会することを得ざれ。僧云く。請う和尚、挙せよ。師、払子を竪起す。僧、良久す。師云く。まことに知る汝が乱会することを。僧、目を以って東西を顧視す。師云く。雪上に霜を加う。

金峰和尚のことは一八七則に出ていた。曹山の法嗣だ。あるとき侍僧に云った。わしがこれから一則の因縁をあげて、汝に示す。なんじ第一、いい加減な、間違った受け取り方をしてはならんぞと、最初から、このように注意を与える処を見ると、この僧、上滑りの、形式だけ覚えるという、悪い癖のある人物と見える。

僧云く。どうぞその因縁を挙げて、お示し下さい。そこで和尚が払子を竪起して、お示しなされた。すると僧が良久した。この良久は、どんな良久か参究ものだ。わからなくて、暫く考え込んでいるという良久もある。仏祖は良久をもって、法の血滴々を丸出しにして、お示しになさることがしばしばある。この僧は、それを真似したのではあるまいか。金峰は、こいつにせものと睨んで「まことに知る汝が乱会することを」と、いましめた。

すると僧が目を以って、東西を顧視した。あいかわらず、物まねをやっているようだ。師云く「雪上に霜を加う」。恥の上塗りとは貴様のことだ。かさねがさね、いい加減なことをやるわいと、たしなめた。臨済や徳山なら、とうに棒喝がとぶところだ。

金峰竪払太荒唐
顧視東西雪上霜
乱会衲僧呈小枝
天来一棒又何妨

金峰、払を竪つ、はなはだ荒唐。
東西を顧視す、雪上の霜。
乱会の衲僧、小枝を呈す。
天来の一棒、又何ぞ妨げん。

第二七三則　羅山作礼

羅山和尚（嗣岩頭。諱道閑）。侍岩頭遊山次。喚云和尚。頭云。作麼。師近前作礼問。和尚豈不是。三十年前在洞山。不肯洞山。頭云。是。師云。和尚豈不是。法嗣徳山。亦不肯徳山。頭云。是。師云。不肯徳山則不問。只如洞山。有什麼虧闕。頭良久。云。洞山好仏。祇是無光。師便作礼。

羅山《らざん》和尚（岩頭に嗣ぐ。諱は道閑）。岩頭に侍して遊山するついで、喚んで和尚という。頭云く。そも。師、近前し、作礼して問う。和尚はあにこれ三十年前、洞山に在りて、洞山を肯わざるにあらずや。頭云く。是。師云く。和尚はあにこれ法を徳山に嗣いで、また徳山を肯わざるにあらずや。頭云く。是。師云く。徳山を肯わざることは則ち問わず。ただ洞山の如き、なんの虧闕《きけつ》かある。頭良久す。云く。洞山は好仏《こうぶつ》。ただこれ光りなし。師すなわち作礼す。

この公案には特に重要な参究課題がある。師弟の縁が結ばれて、法嗣となるということは、生々世々の因縁関係がある。その具体的な事実は、宿命通のない者にはわからないけれども、法が明らかになれば、その筋だけはわかる筈だ。そこから気が合う、合わないという問題が自然に出てくる。いわゆる、ソリが合うか、合わないかという問題だ。これだけは理窟ではどうにもならない。

師弟の関係だけではない。親子でも、兄弟でも、夫婦でも、有人でも、主従でも、気の合わないのはどうにもならない。気が合わないからといって、簡単にその関係が切れるものなら、たいした問題にもならないけれども、それが容易に、断ち切れないという場合が少なくない。それで、世の中がむつかしいのだ。

だから新しく関係を結ぶ場合には、色々な条件もあろうけれども、気が合うか合わないかという点を特に考慮し、検討して、慎重にやることを要する。岩頭が法成就の後、容易に嗣法の師を決めなかったのは、岩頭みずから、自分の性格を知っており、更に自分の前世からの業因業果までも、知っていたからであると思われる。

羅山も問題が問題だから、日頃念頭にあったろうけれども、それで岩頭に侍して遊山に出かけた時、二人で景色でも眺めながら、一休みしていた時であったろう。和尚さま、と岩頭に声を掛けた。岩頭が「なんだ」と言った。それから羅山が側まで行って、ていねいにお拝をして、それから尋ねた。あなたは今から三十年も前に、洞山良价禅師の処に居られたが、洞山を肯わなかったと承わっておりますが、左様でございますか。岩頭が、そうだよと答えた。

それからあなたは、徳山宣鑑禅師の法をお嗣ぎなされたが、徳山をもまた肯わなかったと聞いておりますが、左様でございますか。「うん、そうだよ」と答えられた。そこで羅山が、「徳山禅師を、あなたが肯わなかったということに付いては、お尋ねいたしませんが、洞山さまに、どのような欠点があって、肯わなかったのでありますか」と、いよいよ問題の核心にふれた。

すると岩頭が良久した。そして云く「洞山は好仏。ただこれ光りなし」と。この一語には、容易ならぬ響きを蔵しているように思われる。好仏は、立派な仏さまと、一応ほめた言葉であるが、ただこれ光なしが、ほめたのか、くさしたのか。権あり、実ありだ。光なしを表面からみると、くさしたことになるが、その裏を読むと、ツヤ消しになっている。洞山の悟りや人格が、ピカピカ光っていない。愚の如く、魯の如しだと。言貶意揚のおもむきがある。

洞山さまに欠点があったから、それで岩頭が嗣法しなかった、という訳ではないことは、羅山も心得ていると見える。「徳山を肯わざることは則ち問わず」と、言っているのでも、それはわかる。してみると羅山は、岩頭によって、洞山大師の真面目を、拝ませてもらうというのが、本当の狙いであったと思われる。

好仏無光自隠光　　好仏光なし、みずから光をかくす。

岩頭不肯気軒昂
羅山作礼何消息
嫡子連綿大吉祥

岩頭、肯わず、気軒昂。
羅山、礼を作す、何の消息ぞ。
嫡子連綿たり、大吉祥。

第二七四則　金峰枕子

金峰一日。拈起枕子云。一切人。喚作枕子。金峰道不是。僧問。和尚喚作什麼。師拈起枕子。僧云。与麼則依行之。師云。汝喚作什麼。僧云。枕子。師云。落在金峰窠裏。

金峰一日、枕子を拈起して云く。一切の人は喚んで枕子となすも、金峰は不是と道う。僧問う。和尚は喚んでなんとかなす。師、枕子を拈起す。僧云く。与麼ならば則ち依って之を行ぜん。師云く。なんじ喚んでなんとかなす。僧云く。枕子。師云く。金峰が窠裏《かり》に落在す。

この公案は、第二六九則の首山竹篦の話と類則であるから、あっさり取り扱っておく。枕子の子は助詞で、ただ、まくらということだ。金峰がある日、枕を持ち出して、一般の人々はこれを枕というけれども、わしはそう言わないと、平地に波瀾を起こした。

僧問う。それなら和尚さんは、それをなんとお喚びになりますかと、問わねばならんところを、よく問うた。すると金峰和尚は、だまって枕を拈起した。枕などという名をつけると、却って汚れるとでも言う積もりかしら。

僧云く「与麼ならば即ち依って之を行ぜん」とは何のことか。それならば、和尚さんのなさるとおりに致しましょうと、言う積もりではあるまいか。真似されたら、和尚も一つの型を教えたことになって、却って困るからであろう。

そこで和尚が、なんじ喚んでなんとかなすと、僧におっかぶせた。僧は素直に枕子と答えた。金峰和尚も最初つまらんことを言って、藪から蛇をつつき出して、困っていた処を、やれやれ、これでどうやら無事におさまったと、言った様な工合ではあるまいか。

師云く「金峰が窠裏に落在す」。窠は穴だ。裏は助詞だ。そーら、おれの落とし穴に、落っこちたぞと、この僧をたしなめたようだが、落っこちてくれたお陰で、助かったのは金峰ではあるまいか。

拈来枕子起波瀾　　枕子を拈じ来たって、波瀾を起こす。
喚作何妨名不完　　喚作なんぞ妨げん、名の完からざることを。
老老金峰還話堕　　老老たる金峰、かえって話堕せり。
斯僧硬骨太平安　　この僧硬骨、はなはだ平安。

第二七五則　大潙不是

大潙因。陸侍御入僧堂乃問。如許多師僧。為只是喫粥飯僧。為復是参禅僧。師云。亦不是喫飯僧。亦不是参禅僧。侍御云。在此作什麼。師云。侍御自問他。

大潙ちなみに、陸侍御《りくじぎょ》、僧堂に入って乃ち問う。そこばくの師僧の如き、これ喫粥飯僧と為さんや。またこれ参禅僧となさんや。師云く。またこれ喫飯の僧にもあらず。またこれ参禅の僧にもあらず。侍御云く。ここに在ってなにをかなす。師云く。侍御みずから他に問え。

陸侍御とあるが、陸は姓だ。侍御は官名で、侍従職だ。この人は前から、潙山禅師に参じていたと見える。陸侍御があるとき僧堂に入って、潙山禅師に問うた。ここに大勢の坊さんが居なさるが、この人達は喫粥飯僧でありますか、それとも参禅僧でありますかと。無駄飯を食っている坊さんか、それとも参禅している坊さんかと、問うたようであるが、単にそんなことを問うたのではあるまい。

第一、陸侍御が多少か、眼を具していなくては、潙山と話は出来ない。してみると、喫粥飯僧といったからとて、無眼子を指す言葉とは決まって居るまい。参禅僧といったからとて、修行に熱心な坊さんを指すとも限るまい。言葉の裏には、裏があり、底には、底がある。

潙山はもちろん、侍御の腹を十分に見てとって、それで云くだ。「またこれ喫飯の僧にもあらず。またこれ参禅の僧にもあらず」と。これはどういう訳か。さすがに潙山の道場だ。喫飯僧などは一人も居なかったであろう。さりとて、吾が輩は参禅僧でござるなどという、チチ臭い奴も居なかったであろう。それでいて、毎日飯も食えば、坐禅もするという、人物ばかりではあるまいか。

　侍御云く、ここに在ってなにをか作す。いよいよ露骨に出て来た。一体、なにをしているのかと。千古の大問題を提出した。人間は一体、なにをしているのか。天地万物は、全体なにをしているのか。仏祖はなにをしているのか。凡夫はなにをしているのか。雪をにのうて、井をうずむというわい。労して功なしともいうわい。功なきを、大功をなすともいうわい。

　師云く、侍御みずから他に問え、わしに問うても仕方がない。問いたくば、直接僧堂内の師僧に問いなさいとは、言葉の表面だ。侍御みずから、本来の自己に問いなされということではあるまいか。人から聞いてわかることではない。みずからうなずいて、初めて、自分が何をしているかがはっきりする。これがはっきりしない人間を酔生夢死《すいせいむし》というのだ。

参禅喫飯両僧無　　参禅と喫飯と、両僧ない。
侍御堂中見鳳雛　　侍御堂中に、鳳雛《ほうすう》を見る。
大潙不言令自問　　大潙は言わず、みずから問わしむ。
梧桐葉上互相呼　　梧桐葉上、たがいに相いよぶ。

第二七六則　洞山深浅

洞山与雲居度水。師問。水深浅。居云。不湿。師云。粗人。居云。請師道。師云。不乾。

洞山、雲居と水を度る。師問う。水深きか浅きか。居云く。湿《うるお》わず。師云く。粗人。居云く。請う師道わんことを。師云く。乾かず。

洞山大師が法嗣の、雲居禅師と共に水をわたるとあるが、橋も、渡し舟もない小さな川を、徒歩でわたる時であったろうと思われる。洞山さまが「水深きか、浅きか」と仰せになった。もちろん水をかりての法戦だ。だから雲居が「湿わず」と答えたのだ。こういう問答の内容を知らない素人が、言葉の表面だけを見て、禅問答は、トンチンカンなことを言うものだと誤解する。それで落語に出てくる「こんにゃく問答」などという、お笑い草も飛び出すのだ。

この「湿わず」の一語には、容易ならぬ宗旨がある。雑則の中に次の歌がある。

伊勢の海　ちひろの底の　石一つ
手をぬらさずに　とるよしもがな

この公案で骨を折ったおぼえのある人は、すぐに肯く。この一つ石のしらべは、なかなかむつかしい。この石には、第一に作者の氏名が刻んである。まず、それを読み取るのだ。次にその氏名の側に「湿わず。乾かず」という二つの著語がほりつけてある。湿わずとはどういう精神か、乾かずとはどういう精神か。それをここへ書いてしまうと、室内参究の資料を、奪ってしまうことになるから遠慮する。それであまり妨げにならないようなヒントを、一つだけ書いておく。湿わずは文殊さまだ。乾かずは普賢さまだ。両方揃ってはじめて、お釈迦さまだ。

水をとらえ来たって、仏性の性能を吟味するのだから、それで雲居が「湿わず」と答えたのであるが、なおこれ半提だから、それで洞山さまが「粗人」、粗忽者と奪ったのだ。雲居も、粗忽者を承知の上で答えたのであろう。そこで、請う師道わんことをと、雲居が後の半分を師匠に言わせて、師匠に花を持たせて、それで法戦円成というところだ。

師云く「乾かず」。この水は年がら年中、ぬれどうしだとさ。普通の水なら、このことはわかりきっていると、誰も憶うであろうけれども、水がぬれどうしとは、どういうことかと、深く考えはじめると、わからなくなってしまう。いわんや「湿わず」という水は、凡眼では絶対に見えない。重ねて言うが、水の話ではない。仏性の話だ。法性水とでも言ったら見当外れだけは、のがれるかも知れない。

洞老雲居同度水　　洞老、雲居、同じく水をわたる。
不乾不湿浅還深　　乾かず湿わず、浅また深。
随流去者常如是　　流れに随って去る者は、常に是の如し。
細語粗言本一心　　細語粗言、もと一心。

第二七七則　厳揚一物

厳陽尊者（嗣趙州）問趙州。一物不将来時如何。州云。放下著。厳云。一物既不将来。放下箇什麼。州云。恁麼則担取去。

厳陽《げんよう》尊者（趙州に嗣ぐ）趙州に問う。一物不将来の時いかん。州云く。放下著。厳云く。一物すでに不将来、箇のなにをか放下せん。州云く。恁麼ならばすなわち担取し去れ。

この公案は入り組みがなくて、簡単明瞭だ。だが、一物不将来まで行くことは容易ではない。凡夫は頭の中に、余計な荷物を沢山背負っていて、なかなかそれを放さない病人だから、それで骨が折れるのだ。殊に学者はその業が重い。仏道修行は、裸体になることが先決問題だ。生まれたばかりの赤ちゃんになることが肝要だ。

ある婦人が独参に行くたびごとに、それを言われて追い返された。公案に参じて夢中になると、馬鹿みたいになって、常識が働かなくなることがある。その婦人がわれを忘れて、師家の前で、素っ裸になり、仰向けにひっくり返って、両足をばたばたさせながら、オギャーオギャーとやった。すると師家が「そんな処に毛の生えている赤ちゃんがあるかい」。チリンチリンと、また追い返されたという。

赤ちゃんとは頭の中の問題だ。からだ恰好の問題ではない。生まれたままの白紙に戻ればしめたものだ。あとはただ、その白紙に気がつくだけのことだ。厳陽尊者は、相当に白紙になったと見えて、その白紙を引っ担いで、趙州に独参した。そこで趙州が「放下著」と、好箇の一拶を与えた。著は助詞だ。捨ててしまえと、ヒントを与えた。

すると「一物すでに不将来、箇のなにをか放下せん」と、まだ理窟を担いでいた。趙州が、担取しされ、そんなに一物不将来が大事なら、かついで行かっしゃれ！　と言われて、ほっと気がついた。白紙のわれに気がついたのだ。父母未生以前の本来の面目に相見したのだ。

一物不将担取来　　一物不将、担取し来る。
厳陽放下百花開　　厳陽放下して、百花開く。
作家老趙還知否　　作家の老趙、また知るや否や。
万里同風転蕩駘　　万里同風、うたた蕩駘。

第二七八則　大梅即心

明州大梅和尚（嗣馬祖。諱法常）。問馬祖。如何是仏。祖云。即心即仏。

明州の大梅和尚（馬祖に嗣ぐ。諱は法常）。馬祖に問う。如何なるか是れ仏。祖云く。即心即仏。

この公案も簡単ではあるが、なかなかの難則だ。即心即仏の一句、容易の看をなすなかれだ。心といっても、心だけのことではない。身心は不二だ。即身即仏といっても同じ事だ。衆生本来仏なりということだ。このことは、正しい師家から説明を聞けば、その道理だけは誰にもわかる。道理がいくらわかっても、相変わらず凡夫だから、どうにもならない。豁然として大悟するに非ずんば、即心即仏にはお目にかかれない。

道元禅師は『正法眼蔵即心是仏』の巻において、「いわゆる即心の話をききて、痴人おもわくは、衆生の慮知念覚の未発菩提心なるを、すなわち仏とすとおもえり。これはかつて正師にあわざるによってなり。（中略）即心是仏とは、発心、修行、菩提、涅槃の諸仏なり。いまだ発心修行菩提涅槃せざるは、即心是仏にあらず」と示されてある。

明州大梅の法常禅師は、如何なるかこれ仏と馬祖に問い、即心即仏の言下に大悟した。それから大梅山の絶頂にのぼって、只管に打坐して、悟後の修行を百錬千鍛すること三十余年とある。それ見よ。嬉しい、悲しい、憎い、可愛いがそのまま仏法だという理窟を聞いて、それを即心即仏だと思っている奴は、真っ赤なニセモノだ。

あるとき馬祖が僧を使わして、問わしめた。「和尚、そのかみ馬祖を参見せしに、なんの道理を得てかこの山に住する」。師云く「馬祖われにむかいていう、即心是仏。すなわちこの山に住す」。僧いわく「近日仏法また別なり」。

師云く「そもさんか別なる」。僧云く「馬祖いわく。非心非仏とあり」。師云く「この老漢、ひとを惑乱すること了期あるべからず。さもあらばあれ非心非仏。われは祇管に即心是仏」。この言葉を馬祖に報告すると、馬祖が、「梅子熟せり」と仰せになった。

本当に即心即仏になるには、少なくとも二、三十年、火の玉のようになって坐ることだ。安物に碌なものはない。易安心が好きなら、そちらへ行きなさい。代価を払ったものしか買えないのは、当たり前のことだ。安くて良い物を買おうとしても、問屋がそうは卸さない。不生禅でも、無精禅でも、ただの居眠り禅でも、安物は天下に沢山ある。正真正銘の禅は難行難解だ。われと思わん者はその覚悟でやれ！

即心即仏没商量　　即心即仏、没商量。
独入深山坐石牀　　ひとり深山に入りて、石牀に坐す。
葉落花開知幾度　　葉おち、花ひらきく、知んぬ幾度ぞ。
儂家梅子熟来芳　　わが家の梅子、熟し来って、芳ばし。

第二七九則　大潙機用

大潙示衆云。今時人。只得大機。不得大用。仰山挙似塔主。主踏倒橙子。師聞之。呵呵大笑。

大潙、衆に示して云く。今時の人、ただ大機を得て、大用を得ず。仰山、塔主《たっす》に挙似す。主、橙子《とうす》を踏倒す。師、之を聞いて呵呵大笑す。

この公案は、潙山と仰山と塔主の三人で、互いに一隻手を出して、大法を拈弄している消息がしのばれる。塔主とあるのは、どういう人物であるかは知らないが、多分、潙山の弟子であったろう。塔主とは卵塔を守っている坊さんのことだ。卵塔とは、無縫塔のことで、祖師のお墓のことだ。

潙山があるとき衆に示して云く「今時の人、ただ大機を得て、大用を得ず」と。今時の人とは、いまどきの坊さんは、と言うことだが、それは言葉の表面であって、お前達はと、大衆をさした言葉と見る。大機と大用は同じ事で、大機大用と、続けて使う場合が多い。機も用も共に、はたらきということだ。

そうすると「大機を得て、大用を得ず」とは、どういうことか。お前達は、大機大用は得ていても、その機用がまだまだ、不十分だということではあるまいか。不十分と言ったら、どこまで行っても不十分だ。これで十分ということは無い筈だ。何となれば、仏道修行に、ここがおしまいという処はない。

仰山が潙山のこの大説法を、塔主に挙示して、参究の資料を提供した。すると塔主が、そこに有り合わせの橙子を踏倒した。橙子とはだいだいの実だ。踏倒とは、踏み倒すことだが、踏みつぶしたのであろうけれども、だいだいを踏みつぶして、それが大機大用などと、子供みたような事を演じた訳ではあるまい。橙子はもちろん借事である。それならば、何の代わりに、有り合わせの橙子を使ったのであるか。

迷悟、凡聖、仏見、法見、一切を橙子であらわしたのではあるまいか。仏に逢うては仏を殺し、祖に逢うては、祖を殺すといったような、精神をあらわしたのではあるまいか。そう見ると、なるほど大機大用と、一応は道い得るかも知れないが、なおこれ十分とは言われない。潙山これを聞いて呵々大笑したと言うが、この大笑は、潙山がこの僧に対して、なんと判定を下したのであるか。この小僧め、いくらか大きくなったわいとでも、言う積もりであったかも知れない。

道元禅師は『坐禅箴』と題する頌を作り、その冒頭において、「仏々の要機、祖々の機要、不思量にして現じ、不回互にして成ず」と歌い、最後の結びにおいて、「水清うして地に徹す。魚行いて魚に似たり、空濶うして天に透る。鳥飛んで鳥の如し」と詠じておられる。塔主が橙子を踏倒したのと、道元禅師が歌われた仏祖の要機とは、だいぶん段の違うところが味わえるであろう。

潙山老漢太荒唐　　潙山老漢、はなはだ荒唐。
塔主拈橙世界香　　塔主橙を拈じて、世界香ばし。
大機大用何文句　　大機大用、なんの文句ぞ。
月白風清秋色涼　　月白く風清うして、秋色涼し。

第二八〇則　雲門三頓

洞山到雲門。門問。近離什麼処。師云。査渡。門云。夏在何処。師云。湖南報慈。門云。幾時離彼中。師云。八月二十五。門云。放汝三頓棒。次日。師上方丈問云。昨日蒙和尚放某甲三頓棒。未審。過在什麼処。門云。飯袋子。江西湖南。便恁麼去。師於是大悟。

洞山、雲門に到る。門問う。近離いずれの処ぞ。師云く。査渡。門云く。夏いずれの処にか在りし。師云く。湖南の報慈。門云く。いくばくの時か彼の中を離れし。師云く。八月二十五。門云く。汝にゆるす、三頓の棒。次の日、師、方丈に上って問うて云く。昨日、和尚のそれがしに三頓の棒をゆるすことを蒙る。いぶかし、とがいずれの処にかある。門云く。飯袋子《はんたいす》、江西湖南《こうざいこなん》すなわちいんもにし去るや。師ここにおいて大悟す。

この洞山は、雲門大師の法を嗣いだ、洞山守初禅師である。雲門大師のことは、前に度々出ている。この公案は、洞山が初めて、雲門に参じた時と見える。

前にも言うたかも知れないが、学人が師家に参問するのは、法の第一義を問うのが目的であって、仏教教理のような、第二義的のことは取り扱わないものである。況んや、旅行談のような、第三義的の世間話をするものではない。たとえ言葉の表面は世間話のように見えても、その中に法の第一義を響かせているものである。このことをよく心得て、この公案を見るのだ。

「門問う。近離いずれの処ぞ」。どこから来たかとは、もちろん探り棒であるが、本来の自己に往き来があるかということだ。「師云く。査渡」。最初の一言は、相手に調子を合わせて、相手の出方を見るという戦法もあるから、これでよいとしても、次の問いからは、火花を散らして戦わなければならない。

「門云く。夏いずれの処にか在りし」。この夏の接心はどこでやったか。湖南省の報慈寺でやりましたと来ては、全くの無眼子だ。雲門がもう一度、泥を吐かせようというので、いつ報慈寺を出立して来たか。はい、はい、八月二十五日に立って参りました。

「門云く。汝にゆるす、三頓の棒」。貴様のような奴は、五、六十ぶん殴ってやってもよいが、殴るほどの価値もないからやめておく。さっさと帰れ！　と、恐ろしい見幕で叱りとばした。洞山は、ほうほうの体で引き下がったが、なぜ叱られたのか、さっぱりわからない。

査渡湖南幾許時　　査渡湖南、幾許時ぞ。
東西浪浪草離離　　東西に浪浪して草離離。
棒頭放汝雲門涙　　棒頭、汝に放す雲門の涙。
飯袋元来万世師　　飯袋元来、万世の師。

第二八一則　趙勘庵主*

趙州訪一庵主。云有麼有麼。庵創主堅起挙頭。師云。水浅不是泊船処。便去。又訪一庵主。云。有麼有麼。庵主堅起挙頭。能縦能奪。能刹能活。礼去。

師云。有道如天。無道如天。何故。今日一抑一揚耶。青空一発雷。天下視聴喪。

堅起挙頭水浅深　挙頭を堅起す、水浅深。
東西庵主不相侵　東西の庵主、相侵さず。
趙州勘検何児戯　趙州勘検、何の児戯ぞ。
能奪誰知殺活鋮　能奪誰か知る、殺活の鋮。

＊以下、本則（原文）と頌のみ記す。

第二八二則　玄沙円相

玄沙見皷山来。作一円相。山云人人出這箇不得。師云。情知汝向驢胎馬腹裏作活計。山云。和尚又若何。師云。人人出這箇不得。山云。和尚与麼道得。某用与麼道為什麼不得。師云。我得汝不得。

師云。玄沙起模。自不出是中。皷山開口。不出圏䦨。得不得。奈容擬議。如何判定。両倶瞎也。

玄沙円相皷山円　玄沙円相、皷山円なり。
両両三三出入鮮　両両三三、出入鮮なり。
馬腹驢胎何活計　馬腹驢胎、何の活計ぞ。
天高月冷不成眠　天高く月冷にして、眠を成さず。

第二八三則　雪峯不答

雪峯因僧問。古澗寒泉時如何師云。瞪目不見底僧云。飲者如何。不従口入。趙州聞云。不可従鼻孔入。僧便問古澗寒泉時如何。州云。苦僧云。飲者如何。州云。死師聞之云。趙州古仏。師従此不答話。

師云。不見不入。洒水無涓滴趙老苦你量大地。絶斤両之量。蔵天下於天下。雪峯古仏。独知他古仏。二仏非仏。喪世間之眼鼻。従此不答話。踏倒西来関祖意。

古閑寒泉飲者誰　古閑寒泉、飲む者は誰ぞ。
非甘非苦忽成屍　甘に非ず苦に非ず、忽ち屍と成る。
如従鼻入彼還活　如し鼻より入らば、彼還た活せん。
雪老何関不答時　雪老何ぞ関わらん、不答の時。

第二八四則　天平両錯

天平従漪和尚（嗣洪進）行脚時。到西院。常請今時莫道会仏法。覓箇話底（一本作挙話）人也難得。一日従法堂下過。西院高聲召云。従漪。平挙頭。西院云。錯。平。行三両歩。院又云。錯。平近前。院云。適来這両錯。老僧錯。上座錯。平云。是従漪錯。院云錯。平休去。西院云。上座且在這裏度夏。待与爾商量是両錯。平。当時便行後住院請衆云。山僧昔年行脚時被業風吹。思明長老処勘我連下両錯。更留我度夏。待与我商量両錯。我不道其時錯。我発足向南方時早知道錯了也。

師云。猟人善示。瞎狗無獲。徒向古椿旧処覓。両錯至于今不休。一酔猶無醒。今日如何。胡不蹈破途路。

発足誰知罪過身　　発足、誰か知る、罪過の身なることを。
天平瞎漢倣他颦　　天平の瞎漢、他の颦に倣う。
思明両錯空成錯　　思明の両錯、空しく錯と成る
到得帰来正始親　　到り得、帰り来って、正に始めて親し。

第二八五則　踈山法身

踈山示衆云。老僧咸通年前。会法身辺事。咸通年後。会法身向上事。雲門出衆問。如何是法身辺事。師云。枯椿。門云。如何是法身向上事。師云。非枯椿。門云。還許学人説道理也無。師云。許。門云。只如枯椿。豈不是明法身辺事。師云。是。門云。非枯椿。豈不是明法身向上事。師云。是。門云。未審。法身還具一切也無。師云。法身周徧。争得不該。門指浄瓶云。這箇還有法身也無。師云。莫向浄瓶辺認。門云。喏喏（一本作便礼拝）。師云。法身是何名。縦令論師与主。猶是半提。踈山打草驚蟒。雲門見機呈脱皮。浄瓶辺与不認者。一句道時若何。此中無閑家具。汝若得閑噇眠去。

法身辺事曰枯椿　　法身の辺事を枯椿と曰う。
向上拈来不云椿　　向上に拈じ来れば、椿と云わず。
周徧満天誰得覓　　周徧満天、誰か覓むることを得ん。
空瓶認著作枯椿　　空瓶も認著すれば、枯椿と作る。

第二八六則　鏡清雨滴

鏡清問僧。外什麼聲。僧云。雨滴聲。師云。衆生迷亡逐物。僧云。和尚奈何。師云。洎不迷亡。僧云。意旨如何。師云。出身猶可易。脱体道応難。

師云。門外何聲。是何聲也。入厠須弾指。

雨滴声声説什麼
人聞作巳既成窠
閑庭寂寞虚堂裡
午下眠深囈悟多

雨滴声声、什麼をか説く。
人、聞いて巳と成さば、既に窠と成る。
閑庭、寂寞たり、虚堂の裡。
午下、眠り深うして、囈悟多し。

第二八七則　雪峯火炎

雪峯示衆。云。三世諸仏。在火炎裏転大法論。玄沙云。火炎為三世諸仏説法。三世諸仏。立地聴。

師云。異言而心同。同口而心別。然父子但共説仏辺。未見火焔裏冷灰。何物是。扨捏鼻頭令汝脱去。

火炎説法聴人誰　　火炎法を説く、聴く人は誰そ。
三世三千諸仏師　　三世三千の諸仏師。
冷灰成薪薪不灰　　冷灰は薪と成るも、薪は灰ならず。
君看天下太平時　　君看よ、天下、太平の時。

第二八八則　趙州不壊

趙州有僧問。未有世界。早有此性。世界壊時。此性不壊。如何是不壊性。師云。四大五蘊。僧云。此猶是壊底。如何是不壊性。師云。四大五蘊。

師云。趙老師。正直捨方便。但説無上道。然眉底著眼。

自性無性是甚人　　自性は無性なり、是れ甚人ぞ。
如今朕兆未萌春　　如今、朕兆未萌の春。
三千世界空中夢　　三千世界、空中の夢。
五蘊元来不壊身　　五蘊元来、不壊の身。

第二八九則　道吾弔慰

道吾与漸源。至一家弔慰。源拍棺問師云。生耶死耶。師云。生也不道。死也不道。源云。為什麼不道。師云。不道不道。源罔測後在異処。聞人誦経聲頌語。

師云。古人沈癖。可医治也難。且如不道。有何的意。後来得悟著賊也不知。欲直活捉者。拍棺時当聞棺中応者。是猶落機宜。汝問死生噫果哉奈不摩頭看。

生死可憐雲往来
春秋冬夏独徘徊
打棺莫問塵中事
格外逍遥万朶開

生死憐む可し、雲の往来。
春秋冬夏、独り徘徊す。
棺を打って問うこと莫かれ、塵中の事。
格外に逍遥すれば、万朶開く。

第二九〇則　雪峯相見

雪峯示衆云。望州亭与汝相見了也烏石嶺与汝相見了也。僧堂前。与汝相見了也。保福問鵞湖僧堂前且置。望州亭。烏石嶺。相見事如何。鷺湖聚歩歸方丈。保福低頭入僧堂。
師云。三処相見。是有誰相見耶。三処不問。即今何処。打云。蝦蟆跨跳荷葉。

望州烏石又堂前　望州烏石、又、堂前。
雪老婆心酔欲顚　雪老婆心、酔って顚ぜんと欲す。
甚処何人相見了　甚れの処の、何人か相見了。
鷺湖保福更堪憐　鷺湖、保福、更に憐れむに堪えたり

第二九一則　夾山目前

挙。礼州夾山和尚（嗣船子、諱善会）示衆。云。目前無法。意在目前。他不是目前法。非耳目之所到。
師云。森羅万象。一法所印。何故無法。応無所住。而生其心。因何意在目前。諸法無自他生。因何言他。見聞淳真。因何非耳目之所到。四句若自在。則一切現成。設能如之。須知時中不犯処。

目前無法目前明　目前に法無く、目前明らかなり。
眼耳元来絶色声　眼耳、元来、色声を絶す。
一切皆空空劫外　一切皆空、空劫の外。
風収雨霄報春晴　風収まり雨霄れて、春晴を報ず。

第二九二則　南泉知有

南泉示衆。云。三世諸仏不知有。狸奴白牯却知有。師云。師云。諸仏何余。狸奴何欠。若出窠臼。無計度。則三世十方。狸奴皆猫。看諸仏・南泉・我・諸人・皆其物。知不知。

諸仏従来有不知　諸仏従来、有ることを知らず。
猫児白牯却名師　猫児白牯、却って名師。
南泉可謂年還老　南泉謂つ可し、年、還た老いたりと。
歳末寒天慣忍飢　歳末寒天、飢を忍に慣る。

第二九三則　趙州乾坤

趙州云。把定乾坤眼。綿綿不漏糸毫。我要汝会。汝如何会。
師云。尽乾坤。是眼目。是尽乾坤。無分外法。無法分外。忽然椀落地。

把定乾坤眼目明　乾坤を把定して、眼目明らかなり。
誰人分外玉彫成　誰人か分外ぞ、玉彫成る。
綿綿不漏糸毫隙　綿綿として漏さず、糸毫の隙。
雨霽風収唱太平　雨霽れ風収まって、太平を唄う。

第二九四則　雪峯古鏡

雪峯与三聖行次。見一羣猢猻。師云。這猢猻各負一面古鏡。聖云。一千五百人善知識。話頭也不識。師云。老僧住持事繁。師云。雪峯老大出此名。古鏡是何名。今日人人何負。三聖相酬。長連牀上余気。今猢猻何背。栗・柿・梨・不燃負産子。産子多少。三千三百三十三。一箇未見人。

雪峯三聖見猢猻　雪峯、三聖、猢猻を見る。
古鏡従来負仏恩　古鏡従来、仏恩に負く。
歴劫無名何以表　歴劫無名、何を以てか表せん。
瑕生老衲住持繁　瑕生の老衲、住持繁し。

第二九五則　雲門一宝

雲門示衆云。乾坤之内。宇宙之間。中有一宝。秘在形山。拈灯籠向仏殿裏。将三門。来灯籠上。

師云。雲門将他家旧物。為人情也灯籠仏殿相唱和云。不知不知。何以乎昨日是。今日非。吾無閑暇。

乾坤一宝在形山　　乾坤の一宝、形山に在り。
仏殿三門積翠間　　仏殿三門、積翠の間。
失却灯籠無月夜　　灯籠を失却す、無月の夜。
空来宇宙玉珊珊　　宇宙を空じ来って、玉珊珊。

第二九六則　法眼声色

法眼因僧問。聲色両子如何透得。師云。大衆。若会此僧問処。透聲色也不難。

師云。清涼老人。因人鼻孔。通自家気。且道透聲色者。十二時。在何処。有僧纔出欲進語。師拽棒驀趁下。

声色如何透得来　　声色如何が、透得し来る。
不難進語百花魁　　難からずんば進語せよ、百花の魁。
乾坤一白誰人弁　　乾坤一白、誰か弁ぜん。
馥郁芳香雪裡梅　　馥郁たる芳香、雪裡の梅。

第二九七則　龍牙西来

龍牙因僧問。如何是祖師西来意。師云。侍石烏亀解語。即向難道。師云。此僧祇知一問。不解再問。昔日若見龍牙語。則道和尚親説某甲伏聴。

西来祖意石烏亀　　西来の祖意、石烏亀。
的的分明解語時　　的的分明なり、解語の時。
昔日龍牙親咬玉　　昔日龍牙、親しく玉を咬む。
如今使汝見流曦　　如今、汝をして、流曦を見む。

第二九八則　長慶三毒

長慶有時云。寧。説阿羅漢有三毒。不説如来有二種語。不道如来無語。但是無二種語。保福云。作麼生是如来語。師云。聾人争得聞。福云。情知汝向第二頭道。師云。作麼生是如来語。福云。喫茶去。

師云。長慶只思送客処。未懐別家時。又遇聾人而又自聾。保福祗対。勧君喫一盞。亦無二種語。

保福長慶是甚人　　保福長慶、是れ甚人ぞ。
無風起浪酔相親　　風無きに浪を起こして、酔うて相親しむ。
伊離三毒阿羅漢　　伊は三毒を離る、阿羅漢。
聾啞喫茶互語真　　聾啞茶を喫して、互に真を語る。

第二九九則　五洩契語

五洩霊黙和尚（嗣馬祖）参石頭問云。一言相契則住。不契則去。石頭不顧。師便払袖行。出至三門。頭喚云。闍梨。師回首。頭云。従生至死。只這是。回頭転脳作麼。師乃契悟。

師云。抜群之機。不借多多。已払袖行。因何回首。倒地拾金。好放下。洞山道。猶渉途程。抓在痒処。

一言相契住斯山　一言相契わば、斯の山に住まらん。
石老何曽顧厚顔　石老何ぞ曽て、厚顔を顧みん。
転脳回頭唯這是　転脳回頭、唯這是。
三門倒壊破禅関　三門倒壊して、禅関を破る。

第三〇〇則　臨済露柱

臨済入軍営赴斎。門首見員僚。師指露柱問。是凡是聖。員僚無語。師打露柱云。直饒道得祇是箇水橛。便入去。師云。露柱響。臨済言。是凡是聖。落処若此。又言木橛。終不喚応。不要直下醒醒。不要全身不覚。師高聲喚云凡聖。

是凡是聖問官人　是れ凡か是れ聖か、官人に問う。
露柱醒醒明答真　露柱醒醒、明らかに真を答う。
済老営中時赴斎　済老営中、時に斎に赴く。
元来木橛別無神　元来木橛、別に神無し。

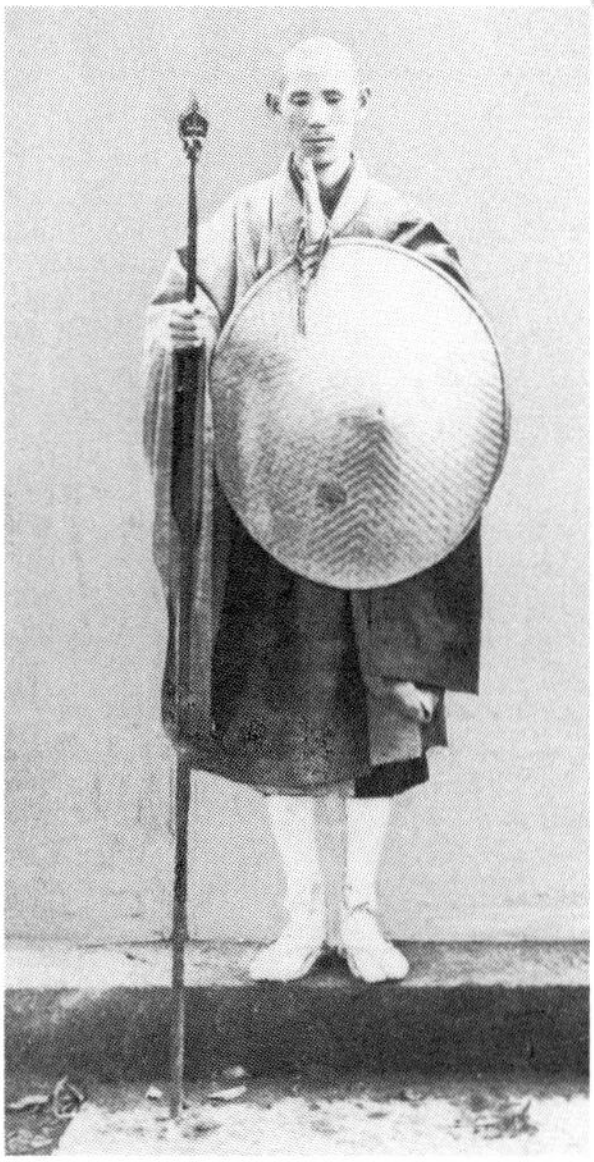

安谷白雲老師

◆著者略歴◆

安谷白雲（やすたに　はくうん）

1885年静岡県生まれ。1897年禅門の僧籍に入る。

1914年東京府豊島師範学校を卒業、1925年原田祖岳老師につき参禅・印可を受ける。

1962年以降、アメリカ・ヨーロッパ諸国を巡錫伝道。

1973年遷化。

著書に『禅の心髄　無門関』『正法眼蔵参究　現成公案』ほか。

編集・校訂者略歴

泉宏勝（いずみ　こうしょう）
1947年北海道生まれ。1970年室蘭工業大学電気工学科卒業。
現、高台山全修寺住職。

安谷淳信（やすたに　あつのぶ）
1962年生まれ。1985年札幌大学経営学部卒業。
現、慈眼山真光寺、大光山来迎寺住持。

正法眼蔵三百則提唱

2019年 8 月16日　第 1 刷発行

著者　　安谷白雲

発行者　神田明

発行所　株式会社春秋社

〒101-0021 東京都千代田区外神田2-18-6

電話　03-3255-9614（編集）03-3255-9611（営業）

振替　00180-6-24861

http://www.shunjusha.co.jp/

印刷所　信毎書籍印刷株式会社

製本所　ナショナル製本協同組合

ISBN 978-4-393-15344-4　C3015

定価はカバー等に表示してあります